21世纪应用型本科规划教材

U0674947

劳动与
社会保障法

（第二版）

马瑄　主编

邵文娟　杨林　副主编

Labor and Social Security Law

东北财经大学出版社
Dongbei University of Finance & Economics Press

大连

图书在版编目（CIP）数据

劳动与社会保障法 / 马瑄主编. —2版. —大连：东北财经大学
出版社，2017.9（2018.7重印）

（21世纪应用型本科规划教材）

ISBN 978-7-5654-2825-8

Ⅰ．劳… Ⅱ．马… Ⅲ．①劳动法-中国-高等学校-教材 ②社
会保障-行政法-中国-高等学校-教材 Ⅳ．①D922.5 ②D922.182.3

中国版本图书馆CIP数据核字（2017）第164796号

东北财经大学出版社出版

（大连市黑石礁尖山街217号 邮政编码 116025）

网 址：http：//www.dufep.cn

读者信箱：dufep@dufe.edu.cn

大连永盛印业有限公司印刷 东北财经大学出版社发行

幅面尺寸：148mm×210mm 字数：394千字 印张：13

2017年9月第2版 2018年7月第3次印刷

责任编辑：孙晓梅 责任校对：惠恩乐

封面设计：冀贵收 版式设计：钟福建

定价：30.00元

教学支持 售后服务 联系电话：（0411）84710309

版权所有 侵权必究 举报电话：（0411）84710523

如有印装质量问题，请联系营销部：（0411）84710711

第二版前言

　　劳动法和社会保障法是我国法律体系中重要的法律部门，为了构建稳定、和谐的劳动关系和社会关系，我们必须高度重视劳动法和社会保障法的学习。为了满足教学需要，我们结合最新的法律法规编写了这本《劳动与社会保障法》，目的是为应用型本科院校的学生提供一部学习劳动法和社会保障法的优质教材，为政法工作者、企事业单位从事劳动和社会保障的工作人员提供一部实用的学习读本。

　　本书在结构上设计了系列教学栏目，以拓展和深化知识点，主要包括：

　　（1）在每章开始设计"学习目标"，明确本章学习的目标；设计"案例导入"，将与本章主要内容有关的典型案例编入其中，激发学生的学习兴趣，引导其进入本章内容的学习。

　　（2）在正文中穿插"法律小知识"，介绍与教学内容有关的法律概念，加强学生对知识点的理解；穿插"小思考"，针对容易引起混淆的概念提出一些问题并进行解答，巩固学生对相关知识点的掌握；穿插"小案例"，主要将不易掌握的知识点，设计成小案例、事例并进行分析，旨在培养学生实际运用知识的能力；穿插"资料链接"，主要介绍实际发生的与本章教学内容有关的案例及法律规定，拓展学生的知识面，培养学生融会贯通的能力。

　　（3）在每章最后设计"本章小结"，对本章的重点内容做出概括；设计"复习与思考"，强化对本章内容的掌握，检验对本章的学习效果。

　　本书由马瑄主编，并负责统稿工作；由邵文娟和杨林担任副主编。具体分工如下：马瑄编写第一、二、四、五、十章，杨林编写第三、六、七、九章，王丽云编写第八、十七章，刘媛媛编写第十一、十二章，邵文娟编写第十三、十四、十五、十六章。本书配有电子课件和参考答案，请登录东北财经大学出版社网站查询。

　　本次修订，我们更新了部分数据，根据《中华人民共和国民法总则》修订了相关内容。

　　在撰写本书的过程中，我们吸收、引用了许多学者的学术观点，东北财经大学出版社的编辑付出了辛勤的劳动，在此一并表示感谢。教材中可能会存在许多问题甚至错误，恳请专家、读者批评指正。

编者

目 录

第一章
劳动法概述

▶ **学习目标**

通过本章学习，重点掌握劳动法律关系；掌握劳动法的概念及法律渊源；明确劳动法的调整对象；理解劳动法的基本原则；了解劳动法产生及发展的历史。

▶ **案例导入**

事实劳动关系受法律保护

2007年11月1日，杨某经人介绍到高某的Z家具店做木工活，双方口头协商：杨某自带工具，按件计发工资。2007年12月19日，杨某在操作电锯时右手拇指受伤，高某将其送往医院治疗，先后花费1 730元，该款高某已支付。杨某称2008年1月20日左右自己在工商部门没有查到Z家具店的执照，即向偃师市劳动监察大队申诉要求工伤赔偿，后又向偃师市劳动争议仲裁委员会申请仲裁，要求确认其与高某的家具店存在事实劳动关系。偃师市劳动争议仲裁委员会于2008年9月25日做出仲裁裁决，确认申请人与被申请人存在事实劳动关系。高某不服该裁决向法院提起诉讼。

原审法院认为，杨某在高某的Z家具店工作，工资按件计发，该事实高某在偃师市劳动监察大队已经认可，并对杨某受伤一事书面表示愿意协商解决，由此可以认定双方存在事实劳动关系。高某不服，上诉称其在劳动监察大队的笔录是在不知情的情况下作的，已经上访到政府法制办，该证据被宣布无效，且该证据涂改明显，存在瑕疵并且其仲裁笔录是仲裁员故意用诱导和陷阱式的语言询问做出的，不是其真实的意思表示。

洛阳市中级人民法院认为，2007年12月19日，杨某在操作电锯时右手拇指受伤。随后，由于杨某、高某就赔偿等问题未达成一致意见，杨某先后到偃师市劳动监察大队、偃师市劳动争议仲裁委员会申请确认劳动关系并给予工伤赔偿。偃师市劳动监察大队、偃师市劳动争议仲裁委员会在受理杨某的申请后，先后对高某进行了调查，高某均承认杨某在其家具店工作，工资按件计发，并对杨某受伤一事书面表示愿意协商解决，同时，杨某受伤后高某支付了一定的医疗费。现高某虽然提出上诉，但并未向法院提供相应的有效证据证明原审法院的定案证据并非是其真实的意思表示，经洛阳市中级人民法院释明后，仍未提供证据证明该证据是非法的已经被"宣告无效"的相关证据，故该证据应作为本案的定案依据，依法认定高某经营的家具店与杨某之间在2007年11月1日至2007年12月19日存在事实劳动关系。

综上所述，劳动关系的存在可以通过多方面的证据进行证明，包括人证、物证、书证等，如果劳动者和用人单位确实存在劳动关系，劳动者的合法权益是受法律保护的。同时，用人单位应当遵循诚实信用的原则。

资料来源　佚名.《中华人民共和国劳动法》案例注释版［M］.2版.北京：中国法制出版社，2013.

第一节　　劳动法的概念与调整对象

一、劳动法的概念

劳动法自19世纪产生以来，因其在稳定劳动关系和促进经济发展方面所发挥的特殊作用，奠定了其不可撼动的重要地位，为世界各国普遍认同，并得到了迅速的发展。

劳动法是我国社会主义法律体系中一个重要的法律部门。国家制定劳动法的目的是保护劳动者的合法权益，调整劳动关系，建立和维护适应社会主义市场经济的劳动制度，促进经济发展和社会进步。

关于劳动法的概念，中外学者众说纷纭。日本学者认为劳动法是调整雇佣劳动关系的法律规范；韩国学者认为劳动法是调整劳动者与使用者之间的劳动关系的法；新加坡学者认为劳动法是调整雇主与雇员之间的劳动关系的法；德国学者认为劳动法是调整与劳动有关的法律规范的总和；俄罗斯学者认为劳动法是调整全体劳动者的劳动关系的法。尽管如此，可以肯定的是，学者们关于劳动法的概念的观点在以下方面是取得共识的：劳动法是有关"劳动者"与"用人单位"（或者是"雇员"与"雇主"）的法律；劳动法是与"劳动"行为有关的法律；劳动法是调整"劳动关系"的法律；劳动法除了调整劳动关系外，还调整与劳动关系密切联系的其他社会关系。因此，可以将劳动法定义为：劳动法是调整劳动关系和与劳动关系密切联系的其他社会关系的法律规范的总称。

劳动法的概念有广义和狭义的理解。从狭义上讲，我国劳动法是指1994年7月5日第八届全国人民代表大会常务委员会第八次会议通过，自1995年1月1日起施行的《中华人民共和国劳动法》（以下简称《劳动法》）；从广义上讲，我国劳动法是调整劳动关系以及与劳动关系密切联系的其他社会关系的法律规范的总称。

二、劳动法的调整对象

任何一个独立的法律部门，都必须有自己特定的调整对象。我国劳动法是一个独立的部门法，有其特定的调整对象。通过对劳动法的定义进行分析可见，劳动法的调整对象包括两个方面的社会关系：一是劳动关系；二是与劳动关系密切联系的其他社会关系。

（一）劳动关系是劳动法调整的最重要、最基本的社会关系

《劳动法》第2条第1款规定："在中华人民共和国境内的企业、个体经济组织（以下统称用人单位）和与之形成劳动关系的劳动者，适用本法。国家机关、事业单位、社会团体和与之建立劳动合同关系的劳动者，依照本法执行。"这就确立了我国《劳动法》的调整对象主要是劳动关系。

1.劳动法上的劳动

劳动关系是发生在劳动过程中的社会关系。劳动是人们为创造社会财富所进行的有目的、有意识的活动，它是劳动关系产生的前提。劳动法上的劳动有其特定的内涵。我国台湾的史尚宽教授认为："劳动法上的劳动为基于契约上义务在从属的关系所为之职业上有偿的劳动。"我国大陆的王全兴教授将其界定为"专指职工为谋生而从事的，履行劳动法规、集体合同和劳动合同所规定义务的集体劳动"。因此，劳动法上的劳动是指在生产资料与劳动力的"他我"结合的基础上形成的劳动。

【小思考1-1】

农村村民的劳动和个体劳动者的劳动是否属于劳动法的调整范围？

答：劳动者的劳动力与用人单位提供的生产资料相结合，完成劳动过程，是劳动关系产生的条件。这种结合是以劳动力所有权与使用权相分离为前提的。农村村民的劳动和个体劳动者的劳动是自己的劳动力与自有生产资料的结合，因此不属于劳动法的调整范围。但是个体劳动者如果请了帮工，就具备了劳动力所有权与使用权相分离的前提条件，就产生了劳动关系。

2.劳动关系的含义

劳动关系有广义和狭义之分。广义的劳动关系是指劳动主体在实现集体劳动过程中彼此之间发生的各种社会关系，具体包括劳动者在集体劳动过程中与所在单位之间发生的关系，以及在集体劳动过程中与其他劳动者或其他组织之间产生的关系。狭义的劳动关系仅指劳动者在集体劳动过程中与所在单位之间发生的关系。劳动法所调整的劳动关系仅限于狭义的劳动关系。

【小案例1-1】

锦绣装修公司承接了为某酒吧装修的任务，在施工的过程中，站在施工台上的装修工人周某不慎掉落一桶涂料，将下面的工友吴某砸伤。请问：锦绣装修公司与周某、吴某之间的关系是否属于狭义的劳动关系？锦绣装修公司和酒吧之间的关系，周某与吴某之间的关系是否属于狭义的劳动关系？

分析提示：劳动法中所称的劳动关系是指劳动者和用人单位之间在实现劳动过程中发生的关系。在劳动过程中劳动者之间的关系、用人单位之间的关系等，都不是劳动关系，均不由劳动法调整。

3.劳动关系的当事人

在我国，作为劳动关系一方当事人的劳动者，也被称为"职工"、"工人"或"雇员"，是指为用人单位提供劳动力的自然人。"劳动者"

具体指达到法定年龄，具有劳动能力，以从事某种社会劳动获得收入为主要生活来源，依据法律或合同的规定，在用人单位的管理下从事劳动并获取劳动报酬的自然人。但并不是所有自然人都是合法的劳动者，要成为合法的劳动者必须具备一定的条件并取得劳动权利能力和劳动行为能力，区别于"非法劳动者"，如偷渡者打工。劳动者包括本国人、外国人和无国籍人。对其称呼有：职工、工人、学徒、帮手、帮工等。劳动者的主体资格始于劳动者最低用工年龄（除特种工作外为16周岁），终于法定退休年龄。劳动者达到法定退休年龄后即丧失劳动者主体资格，不能再与单位形成劳动关系。此时与单位之间的用工关系，由劳动关系转变为劳务关系。

作为劳动关系另一方当事人的用人单位，也被称为"用工单位""企业主""资方""雇主"等，在我国，统称为用人单位。劳动法中的用人单位是指生产资料所有者或经营者，包括企业、一定范围的个体经济组织和一定范围的国家机关、事业单位、社会团体。

4.劳动关系的特征

作为《劳动法》最基本调整对象的劳动关系，具有不同于其他社会关系的特征：

（1）劳动关系产生于劳动过程之中。劳动者只有与用人单位提供的生产资料相结合，在实现劳动过程中才能与用人单位产生劳动关系，没有劳动过程便不可能形成劳动关系。这里提到的劳动过程，是指劳动者的劳动力与物化劳动的交换过程，而不是指物与物的交换过程。前者属于劳动法的调整范围，后者属于民法的调整范畴。

（2）劳动关系的存在以劳动为目的，以劳动的给付为主要内容。用人单位与劳动者建立劳动关系，是为了实现劳动过程，为社会生产或社会产品提供服务。劳动者的劳动成果归属于用人单位，也就是说，劳动者向用人单位提供劳动力，是在用人单位组织指挥下，为了最终实现用人单位的利益而劳动的。相应地，用人单位必须为劳动者实施劳动行为提供有利条件和物质保障，并向劳动者支付合理的报酬。

（3）劳动关系主体之间既有法律上的平等性，又具有客观上的隶属性。劳动关系主体双方在法律面前享有平等的权利，劳动者向用人单位提供劳动或服务，用人单位向劳动者支付劳动报酬，双方在平等自愿的基础上建立劳动关系。同时，劳动者作为用人单位的成员，在实现劳动过程中理所当然地应当遵守用人单位的规章制度，服从用人单位的管理，双方形成领导与被领导的隶属关系。

（4）劳动者与用人单位间的劳动关系具有排他性。劳动关系只能产生于劳动者与用人单位之间，劳动者与其他社会主体之间发生的社会关系不能称之为劳动关系。同时，作为自然人的劳动者，在同一时间只能与一个用人单位签订劳动合同、建立劳动关系。任何劳动者都不能同时与两个用人单位签订劳动合同、建立劳动关系；任何两个用人单位也不得同时与一个劳动者签订劳动合同、建立劳动关系，劳动关系具有排他性。至于现实社会中存在的灵活就业者，比如作家、自由撰稿人、小时工等，他们可以和不同的用人单位建立劳动关系。有学者认为，灵活就业者在本质上并没有违背劳动关系排他性，因为灵活就业者在工作时间上是相互错开的，依然符合劳动者在同一时间只能与一个用人单位签订劳动合同、建立劳动关系的规范，只不过这里的"同一时间"更为灵活、更为具体而已。

（5）劳动关系具有国家意志和当事人意志相结合的双重属性。劳动关系是依据劳动法律规范规定和劳动合同约定形成的，既体现了国家意志，又体现了双方当事人的共同意志。我国劳动合同法对用人单位和劳动者的权利、义务作了明确的规定，体现了国家对劳动关系的强制干预性质，同时当事人双方对劳动关系的具体事项可以在平等自愿的基础上自由约定，体现了契约自由的本质属性。

【小思考1-2】

劳动者就业是否属于劳动关系的范畴？

答：从严格意义上讲，劳动法所涉及的范围只限于劳动过程之中，不应包括未形成劳动关系之前的就业过程。但是，由于我国是一个劳动力资源大国，就业问题成为一个社会问题，在今后相当长的一个时期内，都关系到社会经济的发展和稳定。同时，就业与劳动关系又有特别紧密的联系。因此，我国的《劳动法》将就业纳入自己的调整范围，是出于我国实际的考虑，不能因此将就业也归于劳动关系的范畴。

5.劳动关系的范围

我国《劳动法》调整的劳动关系主要包括两类：一是各类企业的劳动关系。这里的企业包括国有企业、集体所有企业、外商投资企业、外商独资企业、私营企业以及个体经济组织。《劳动法》实施后，在同一用人单位中，全体职工统称为劳动者，他们的身份界限不复存在，都必须遵守《劳动法》的规定，通过与用人单位签订劳动合同来明确各自的权利和义务。二是国家机关、事业组织、社会团体通过与劳动者签订劳动合同建立的劳动关系，具体包括：（1）国家机关、事业组织、社会团体与所有工勤人员之间的劳动关系；（2）实行企业化管理的事业组织与其职工之间形成的劳动关系；（3）其他劳动者通过签订劳动合同与国家机关、事业组织、社会团体建立的劳动关系。

随着《中华人民共和国劳动合同法》（以下简称《劳动合同法》）及其实施条例的颁布施行，《劳动法》调整劳动关系的范围正在逐步地扩大。

首先，事业单位的劳动关系被有条件地纳入劳动法的调整范围。最高人民法院《关于人民法院审理事业单位人事争议案件若干问题的规定》第1条规定，事业单位与其工作人员之间因辞职、辞退及履行聘用合同所发生的争议，适用《劳动法》的规定处理。《劳动合同法》第96条规定，事业单位与实行聘用制的工作人员订立、履行、变更、解除或者终止劳动合同，法律、行政法规或者国务院另有规定的，依照其规定；未作规定的，依照本法有关规定执行。

【小思考1-3】

事业单位中劳动关系的法律适用具体包括哪几种？

答：事业单位中劳动关系的法律适用具体包括以下3种：一是参照公务员管理的工作人员的劳动关系，适用《公务员法》；二是实行聘用制人员的劳动关系，如有特别规定的从其规定；三是工勤人员及实行聘用制又无特别规定的人员的劳动关系适用《劳动合同法》。

其次，社会团体的劳动关系基本都被纳入劳动法的调整范围。除了工会、共青团、妇联等使用国家行政编制的社会团体参照《公务员法》

进行管理外，其他社会团体与其劳动者的劳动关系，按照《劳动合同法》第2条第2款的规定，均由该法调整，进而被纳入《劳动法》的调整范围。

再次，将民办非企业单位与其劳动者的劳动关系纳入《劳动法》的调整范围。

【法律小知识1-1】

民办非企业单位是个新概念。1998年10月，国务院颁布了《民办非企业单位登记管理暂行条例》，将民办非企业单位界定为：企业事业单位、社会团体和其他社会力量以及公民个人利用非国有资产举办的，从事非营利性社会服务活动的社会组织。可以说，民办非企业单位分布在社会各行各业中，每个领域都会产生和存在民办非企业单位。但其主流分布在以下行业、事业中：（1）教育事业，如民办大中小学等；（2）卫生事业，如民办医院等；（3）文化事业，如民办艺术表演团体等；（4）科技事业，如民办科学研究院（所、中心）等；（5）体育事业，如民办体育俱乐部等；（6）劳动事业，如民办职业培训学校或中心等；（7）民政事业，如民办福利院等；（8）社会中介服务业，如民办人才交流中心等；（9）法律服务业；（10）其他。

最后，将依法成立的会计师事务所、律师事务所等合伙组织和基金会与其劳动者之间的劳动关系纳入《劳动法》的调整范围。

农村农业劳动者（不包括进城务工的农民工）、现役军人、家庭佣人等性质的劳动关系，仍未在我国《劳动法》的调整范围之内。

【小思考1-4】

如果村委会、居委会因用工问题与劳动者发生争议，劳动关系如何认定？

答：在实践中，村委会、居委会招聘劳动者从事劳动已经非常普遍，用工性质也符合劳动关系的特征。长期以来，由于法律未明确规定村委会、居委会的法人地位，在司法实践中，裁判机关基本上都不认可它们的用工主体资格，这对劳动者保护十分不利。《中华人民共和国民法总则》（以下简称《民法总则》）明确规定，村委会、居委会为特别法人，具有基层群众性自治组织资格，可以从事为履行职能所需要的民事活动。这对该类主体的劳动关系认定将产生积极的影响。

6.劳动关系和劳务关系的联系与区别

劳动关系是指用人单位与劳动者个人之间，依法签订劳动合同，劳动者成为用人单位的成员，接受其管理，从事其安排的工作，领取其发放的劳动报酬和受劳动保护所产生的法律关系。在实际生活中，用人单位不与劳动者签订劳动合同的现象相当普遍，但只要双方实际履行了上述权利义务，即形成事实上的劳动关系。事实上的劳动关系与劳动关系相比，仅仅是欠缺了书面合同这一形式要件，但并不影响劳动关系的成立。劳务关系是劳动者与用工者根据口头或书面约定，由劳动者向用工者提供一次性的或者是特定的劳动服务，用工者依约向劳动者支付劳务报酬的一种有偿服务的法律关系。如加工承揽、运输、保管、建设工程承包、委托、居间代理等。

劳动关系和劳务关系有着紧密的联系，具体体现在：都是由一方当事人提供劳动力归他方使用，由他方支付劳动报酬。

在实践中，区别劳动关系和劳务关系具有十分重要的意义，这关系到用何种法律保护劳动者的合法权益。二者的区别体现在以下方面：

（1）产生的依据不同。劳动关系是基于用人单位与劳动者之间生产要素的结合而产生的关系；劳务关系产生的依据是双方当事人的约定。

（2）主体资格不同。劳动关系的主体只能一方是法人或组织，即用人单位，另一方则必须是劳动者个人。劳动关系的主体不能同时都是自然人，也不能同时都是法人或组织；劳务关系的主体双方当事人可以同时都是法人、组织、公民，也可以是公民与法人或组织。

【小思考1-5】

公司筹建期间的劳动关系应该如何处理？

答：《民法总则》第75条规定，设立人为设立法人从事的民事活动，其法律后果由法人承受。法人未成立的，其法律后果由设立人承受；设立人为两人以上的，享有连带债权，承担连带债务。在实务中，若发生公司设立人（自然人）招聘劳动者从事公司筹建活动，如果筹建成功，设立人在筹备过程中的行为即被追认为公司行为，因用工产生的相关权利义务由筹建成功的公司承受。如果筹建失败，则法律后果由设立人承受；如果设立人是自然人，其与雇用的劳动者之间的争议按照劳务关系处理。如果在筹建期间就发生争议，由于设立人才是真正的用人主体，双方关系属于劳务关系，因此设立人应对员工承担用工责任，对筹建期间的债务，如果存在多个设立人，则承担连带责任。

（3）主体性质及其关系不同。劳动关系的双方主体间不仅存在财产关系即经济关系，还存在人身关系，即行政隶属关系。劳动者除提供劳动之外，还要接受用人单位的管理，服从其安排，遵守其规章制度（如考勤、考核等）等，成为用人单位的内部职工。但劳务关系的双方主体之间只存在财产关系，即经济关系，彼此之间无从属性，不存在行政隶属关系，没有管理与被管理、支配与被支配的权利和义务，劳动者提供劳务服务，用人单位支付劳务报酬，各自独立、地位平等。这是劳动关系与劳务关系最基本、最明显的区别。

（4）劳动的组织及风险责任的承担不同。劳动关系是劳动者以用人单位的名义进行工作，劳动者属于用人单位的职员，其提供劳动的行为属于职务行为，构成用人单位整体行为的一部分，由用人单位承担法律责任，与劳动者本人没有关系。《民法通则》第43条规定："企业法人对它的法定代表人和其他工作人员的经营活动，承担民事责任。"最高人民法院《关于贯彻执行〈中华人民共和国民法通则〉若干问题的意见》第58条也规定："企业法人的法定代表人和其他工作人员，以法人名义从事的经营活动，给他人造成经济损失的，企业法人应当承担民事责任。"劳务关系是提供劳务的一方以本人的名义从事劳务活动，独立承担法律责任。如果在提供劳务过程中纯粹是由于自身的过错给第三人的人身或财产造成损害的，该损害与雇主无关。

（5）稳定性不同。一般来说，劳动关系中劳动者有长期、持续、稳定地在用人单位工作的主观意图，同时用人单位在招聘时也是以劳动者长期为单位提供劳动为目的；而劳务关系中一般以完成一定工作为目的，不具有长期、持续、稳定的特征。

（6）报酬支付方式不同。在劳动关系中发生的劳动报酬，其支付方式具有持续性和定期的特点，一般按月支付；而因劳动关系产生的劳务费，其支付方式一般为一次性或分次给付。

（7）合同内容受国家干预程度不同。劳动合同的条款及内容，国家常以强制性法律规范来规定。劳务合同受国家干预程度低，在合同内容的约定上主要取决于双方当事人的意思自治，除违反国家法律、法规的强制性规定外，由双方当事人自由协商确定。

（8）内部规章制度的约束力不同。劳动合同是一种特殊的雇佣契约或者从属的雇佣契约。企业对职工遵守内部规章制度的情况有进行奖惩的单方权力。用人单位经职工大会或者职工代表大会通过的规章制度，或未设职工代表大会的用人单位经股东大会、董事会等权力机构或依相应民主程序制定的规章制度，只要不违反国家法律、行政法规及政策规定，并尽到告知义务的，一旦发生劳动争议，这些规章制度将和劳动合同一起作为处理争议的依据。而劳务合同双方发生争议，只有劳务合同本身可以作为解决争议的依据，任何一方的内部规章制度不能成为双方权利义务的依据。

（9）性质及适用的法律不同。劳动关系是有别于民事关系的一种社会关系，适用的是劳动法；劳务关系属于民事关系，适用民法。

【小案例1-2】

某酒吧因店面陈旧，需要重新装修。经过比较，选定由王某经营的装修队承揽该项业务，并与之签订了一份装修合同。合同约定：由王某负责提供装修所需材料，按照双方议定好的效果图进行装修，王某不得私自更改装修方案。双方还就交工时间、报酬等事项作了约定。王某如期完成了工程，酒吧在验收时提出吧台的效果与当初的约定不符，遂拒付报酬，双方因此产生了争议。请问：酒吧与王某之间是劳动关系还是劳务关系？

分析提示：王某为酒吧提供装修服务，首先，他不是酒吧的员工，与酒吧没有任何隶属关系；其次，他按照合同约定完成装修任务，与酒吧不存在管理与被管理的关系；最后，如约完成装修任务后，他就享有要求酒吧支付报酬的权利，报酬等相关事宜了结后，他与酒吧的关系就此终止，并不具有长期、持续、稳定的特征。因此，酒吧与王某之间是劳务关系。

（二）与劳动关系密切联系的某些关系也是劳动法的调整对象

劳动法除了调整劳动关系外，还调整与劳动关系密切联系的其他关系。这些关系也可称为劳动附随关系或附随劳动关系。其本身虽然不是劳动关系，但与劳动关系有着千丝万缕的联系，有的是劳动关系赖以建立的前提，有的是为了使劳动关系正常运行而伴随劳动关系发生的，有的是劳动关系的直接后果。正是因为具有与劳动关系密切联系的特点，所以将其列为我国《劳动法》的调整对象。

这些关系包括以下几个方面：

（1）劳动行政管理方面的社会关系。主要指劳动行政部门、其他业务主管部门因行使劳动行政管理权与用人单位之间发生的社会关系。

（2）人力资源配置服务方面的关系。如职业介绍机构、职业培训机构为人力资源的配置与流动提供服务过程中与用人单位、劳动者之间发生的关系。

（3）社会保险方面的社会关系。国家和地方社会保险机构与用人单位及职工劳动者之间因执行社会保险制度而发生的关系。

（4）工会组织关系、工会监督方面的社会关系。工会在代表和维护职工合法权益的活动中与用人单位之间发生的关系。

（5）处理劳动争议方面的社会关系。劳动争议的调解机构、劳动争议的仲裁机构、人民法院与用人单位、职工之间由于调解和审理劳动争议而产生的关系。

（6）劳动监督检查方面的社会关系。国家劳动行政部门、卫生部门等有关主管部门与用人单位之间因监督、检查劳动法律、法规的执行而产生的关系。

第二节　　劳动法的起源与发展

一、19世纪初出现在英国的劳动立法

劳动关系是和人类社会同时产生的，早在奴隶社会时期，中外的许

多法律均有关于奴隶主与奴隶的关系的规定。在封建社会，劳动者也没有完全的人身自由，劳动关系表现为农奴对封建主的依附关系。无论是奴隶主与奴隶的关系，还是封建主与农奴的关系，都不是独立的劳动关系，因此也不存在独立的劳动法规。

专门调整劳动关系的法律起源于资本主义社会。为了满足资本家获取最大限度的剩余劳动，从资本主义制度最早产生的英国开始，发展到欧洲的其他资本主义国家，先后制定了强制工人劳动的"劳工法规"，对此给予保护。大多数劳动者由于丧失了生产资料，迫于生计接受了资本家规定的苛刻条件。在18世纪后半期的英国，工作时间竟然延长到每昼夜14小时、16小时甚至18小时，劳资关系日趋紧张。

18世纪末至19世纪初，无产阶级为了维护自己的生存权，自发起来与资本家做斗争。轰轰烈烈的无产阶级斗争迫使资产阶级政府不得不做出让步，制定了限制工作时间和对女工及童工实施某些保护的立法。

1802年，英国议会通过了一项限制纺织工厂童工工作时间的法律——《学徒健康与道德法》，规定纺织童工的最低年龄为9岁，纺织厂不得雇用9岁以下的学徒；童工每天工作不得超过12小时，工作时间限于清晨6时至晚间9时之间，禁止童工做夜工。这一法规的出台，开启了资产阶级"工厂立法"的新篇章，较之以往的劳工立法有了质的改变，它是为保护个人的利益而制定的，因此是现代劳动法产生的标志。

二、19世纪劳动法的发展

1802年英国颁布《学徒健康与道德法》后，于1819年和1833年两次修订了《学徒健康与道德法》。1847年英国又颁布了《10小时工作日法》，规定13岁至18岁的童工以及女工的日工作时间不得超过10小时。1864年，英国颁布了适用于一切大工业的《工厂法》。此后，工厂立法逐渐适用于英国的一切大工业。

英国的劳工立法，带动了其他工业发达的资本主义国家着手制定相应的劳动立法。例如，德国于1839年颁布了《普鲁士工厂矿山条例》，规定禁止童工工作和禁止未成年工每日10小时以上的劳动和夜间劳动。法国于1806年制定了《工业法》，1841年和1879年又分别颁布法律，对限制童工工作时间以及限制女工工作时间和女工的工资等问题作了规定。瑞士于1848年颁布了第一个限制成年人工作时间的法律。

自英国颁布《学徒健康与道德法》起的百余年内，劳动立法从制定某一方面的劳动法开始，发展到制定全面的劳动立法；从针对某一部分劳动者的劳动问题，发展到面向全体劳动者的立法。劳动法终于从民法中分离出来，成为一个独立的法律部门。

三、20世纪以来的劳动法

（一）第一次世界大战以后至第二次世界大战以前各国的劳动法

第一次世界大战后，由于国际无产阶级斗争的高涨，西方国家陆续制定了不少劳动法。1918年德国颁布了《工作时间法》，明确规定对产业工人实行8小时工作制，还颁布了《失业救济法》《工人保护法》《集体合同法》，这些法律都在一定程度上保护了劳动者的利益，对资本家的权益作了适当的限制。

到20世纪30年代，西方国家劳动立法出现了两种不同倾向：一种是以德、意、日为代表的法西斯国家，它们不仅把已经颁布实施的改善劳动条件的法令一一废除，而且把劳动立法作为实现法西斯专政、进一步控制工人的工具。另一种是以英、美为代表的一些国家，它们为了摆脱经济危机，对工人采取了一定的让步政策。例如，1932—1938年间，英国先后颁布了缩短女工和青工劳动时间，实行保留工资、年休假以及改善安全卫生条件的几项法律。美国在1935年颁布了《国家劳工关系法》（《华格纳法》），规定工人有组织工会及工会有代表工人同雇主订立集体合同的权利，1938年又颁布了《公平劳动标准法》，规定工人最低工资标准和最高工作时间限额，以及超过时间限额的工资支付办法。

这一时期俄国十月社会主义革命的胜利对其劳动立法具有十分重要的意义。俄国十月革命后，在1918年颁布了第一部《劳动法典》，1922年又重新颁布了更完备的《俄罗斯联邦劳动法典》，体现了工人阶级地位的转变以及国家对劳动和劳动者的态度。它以法典的形式使劳动法彻底脱离了民法的范畴。

（二）第二次世界大战结束以后各国的劳动法

第二次世界大战结束后，资本主义危机进一步加深，资本主义国家产生了一批现代的反工人立法。如1947年美国国会通过的《塔夫脱-哈特莱法》，把工会变成一种受政府和法院监督的机构，禁止工会以工会基金用于政治活动；规定要求废除或改变集体合同，必须在60天前通知对方，在此期间，禁止罢工或关厂，而由联邦仲裁与调解局进行调解；规定政府有权命令大罢工延期80天举行，禁止共产党人担任工会的职务等。又如1947年法国国民议会通过的《保卫共和国劳动自由法》，同样是镇压工人运动的法律。

到20世纪60年代，西方国家的劳动立法出现了新的趋势。在工人运动的压力下，各主要国家相继颁布了一些改善劳动条件和劳动待遇的法律，如法国颁布了关于改善劳动条件、男女同工同酬、限制在劳动方面种族歧视的法律；日本于1976年重新修订了《劳动标准法》，还制定了关于最低工资、劳动安全与卫生、职业训练、女工福利等方面的法律。

20世纪70年代以后，苏联的劳动立法也有了很大的变化。1970年颁布了《苏联和各加盟共和国劳动立法纲要》，其后，各加盟共和国又根据这一立法纲要颁布了自己的劳动法典。东欧国家在20世纪50年代先后颁布了劳动法典，到20世纪60—80年代，除有的国家如保加利亚，对其劳动法典进行了修订和补充外，大部分国家如罗马尼亚、匈牙利、民主德国、捷克斯洛伐克、阿尔巴尼亚、波兰、南斯拉夫等，都曾再次颁布了劳动法典。

经过近两个世纪的历程，劳动法越来越受到重视，在世界各国的法律体系中已经占有了重要的地位。

四、中国的劳动立法

（一）新中国成立前的劳动立法

中国的劳动立法，始于20世纪初期。北洋政府农商部于1923年3月29日公布了《暂行工厂规则》，内容包括最低的受雇年龄、工作时间与休息时间、对童工和女工工作的限制，以及工资福利、补习教育等规定。国民党政府则沿袭清末《民法草案》的做法，把劳动关系作为雇佣关系载入1929—1931年的民法中。1929年10月颁布的《工会法》，实际上是限制与剥夺工人民主自由的法律。

为了维护工人利益，中国共产党领导下的中国劳动组合书记部在1922年发动了大规模的劳动立法运动，并提出《劳动法大纲》19条等。这一代表工人利益的《劳动法大纲》并未得到当时政府的确认。

在中国共产党领导下的革命根据地，产生了真正代表职工利益的劳动立法。1931年11月7日，中华工农兵苏维埃第一次全国代表大会通过了《中华苏维埃共和国劳动法》。抗日战争时期，各边区政府也曾公布过许多劳动法令，如晋冀鲁豫边区1941年11月1日就曾公布过《晋冀鲁豫边区劳工保护暂行条例》。1948年8月第六次全国劳动大会通过了《关于中国职工运动当前任务的决议》，对解放区的劳动问题提出了全面的、相当详尽的建议，对调整劳动关系提出了基本原则。各个解放区的人民政府，也曾先后颁布过不少劳动法规。这些都为中华人民共和国的劳动立法提供了丰富的经验。

（二）新中国成立后至改革开放前的劳动立法

新中国成立后，1950年6月，中央人民政府公布《中华人民共和国工会法》。同年，劳动部公布《关于劳动争议解决程序的规定》。1951年2月，政务院公布《中华人民共和国劳动保险条例》（1953年1月经修正后重新公布）。1952年8月，政务院发布《关于劳动就业问题的决定》。1954年7月，政务院公布《国营企业内部劳动规则纲要》。1956年6月，国务院公布《关于工资改革的决定》。1956年国务院公布《工厂安全卫生规程》、《建筑安装工程安全技术规程》和《工人职员伤亡事故报告规程》。

在全面进行社会主义建设阶段，中国的劳动立法有了新的进展。1958年，国务院公布了《关于工人、职员退休处理的暂行规定》等4项重要规定。1966—1976年，劳动立法基本上处于停滞状态。1976年10月以后，我国的劳动立法进入了一个新的发展阶段。1978年5月，全国人民代表大会常务委员会原则上批准了国务院《关于安置老弱病残干部的暂行办法》和《关于工人退休、退职的暂行办法》；同年5月，国务院发布了《关于实行奖励和计件工资制度的通知》。

（三）十一届三中全会后我国的劳动立法

1978年《宪法》恢复了有关劳动权利的规定，有关劳动法规和规章得到恢复和改进。党的十一届三中全会以后，劳动立法得到党和国家的高度重视，逐步走向全面发展。

1982年2月，国务院发布了《矿山安全条例》《矿山安全监察条例》《锅炉压力容器安全监察暂行条例》等3项法律文件。1982年4

月，国务院发布了《企业职工奖惩条例》。1986年7月，国务院发布了《国营企业实行劳动合同制暂行规定》《国营企业招用工人暂行规定》《国营企业辞退违纪职工暂行规定》《国营企业职工待业保险暂行规定》。1986年9月，中共中央、国务院联合发布了《全民所有制工业企业职工代表大会条例》。1987年7月，国务院发布了《国营企业劳动争议处理暂行规定》，同年劳动部发出了《关于禁止招用童工的通知》。1988年7月，国务院颁布了《女职工劳动保护规定》。

1992年4月，七届全国人大五次会议通过了新的《中华人民共和国工会法》。1992年11月，全国人民代表大会常务委员会通过了《中华人民共和国矿山安全法》。1993年7月，国务院颁布了《企业劳动争议处理条例》。1994年2月，国务院发布了《关于职工工作时间的规定》。这些劳动法规在调整劳动关系方面发挥了积极作用。

五、《劳动法》的制定与颁布

1956年，中国曾起草《劳动法》，由于历史原因，中途夭折。1979年第二次起草《劳动法》，1983年7月曾由国务院常务会议讨论通过草案，但因很多问题难以妥善解决，未提交全国人大审议。20世纪90年代初期第三次起草《劳动法》，1994年7月5日经全国人大常委会审议通过。《劳动法》的颁布标志中国劳动法制进入一个新的历史阶段。

《劳动法》共13章107条，包括总则、就业促进、劳动合同和集体合同、工作时间和休息时间、工资、劳动安全卫生、女职工和未成年工特殊保护、职业培训、社会保险和福利、劳动争议、监督检查、法律责任、附则。

六、国际劳动立法

（一）国际劳动立法的概念

国际劳动立法有广义和狭义之分。广义的国际劳动立法是指：（1）国际劳工组织的章程、公约和建议书；（2）联合国和区域性的公约或者协定；（3）国与国之间的双边协定。狭义的国际劳动立法一般指国际劳工组织章程、国际劳工公约和建议书。国际劳工公约和建议书也合称国际劳工标准。

国际劳动立法思想开始于19世纪上半叶，但是一直到19世纪下半叶，国际劳动立法思想才开始被工人组织、社会团体所接受，并提出了制定国际标准等主张。1900年在巴黎成立了国际劳动法协会，在它的推动下，相继通过了一些公约。第一次世界大战结束后，战胜国于1919年初在巴黎召开会议，讨论国际劳工问题，拟定了《国际劳工组织章程草案》和一个包括9项原则的宣言，后来编入《凡尔赛和平条约》的第13篇，即《国际劳动宪章》，从此开启了劳动立法的新篇章。

（二）国际劳工组织

1919年，国际劳工组织成立，其性质是普遍的、官方的国际劳动立法组织。国际劳工组织的成员国必须是独立的国家，现在已有185个成员国。作为联合国的一个专门机构，它旨在促进社会公正和国际公认的人权与劳工权益。

国际劳工组织是以国家为单位参加的国际组织，但在组织结构上实行独特的"三方性"原则，即参加各种会议和活动的成员国代表团由政府、雇主组织和工人组织的代表组成，三方代表有平等独立的发言和表决权。三方性原则主要是指在涉及劳动问题上，劳工代表、雇主代表应与政府代表处于平等地位，共同协商做出决定，以协调劳动关系。

（三）国际劳工立法

国际劳工立法，即制定国际劳工标准，是国际劳工组织的一项重要任务。国际劳工标准采用两种形式：国际劳工公约和国际劳工建议书。公约是国际条约，以出席国际劳工大会2/3以上代表表决通过的方式制定，此后，经会员国自主决定，可在任何时间履行批准手续，即对该国产生法律约束力，对不批准的国家则无约束力；建议书以同样方式制定，但无须批准，其作用是供会员国在相关领域制定国家政策和法律、法规时参考。在实践中，多采用在制定一个公约的同时另外制定一个同样名称，但内容更为详尽具体的补充建议书的办法。自成立至今的历届国际劳工大会已制定了188项公约和199项建议书。

【法律小知识1-2】

《费城宣言》重申了国际劳工组织的基本原则，主要包括：
（1）劳动者不是商品；（2）言论自由和结社自由是不断进步的必要条

件；（3）任何地方的贫困对一切地方的繁荣构成威胁；（4）反对贫困的斗争需要各国在国内以坚持不懈的精力进行，还需要国际社会作持续一致的努力。

（四）新中国与国际劳工立法

中国是国际劳工组织的创始成员国，也是该组织的常任理事国。1971年，中国恢复了在该组织的合法席位。1983年以前，中国未参加该组织的活动。1983年6月，中国派出由劳动人事部部长率领的代表团出席了第69届国际劳工大会，正式恢复了在国际劳工组织的活动。自1983年至今，中国每年均派代表团出席各种会议，并积极参与该组织在国际劳工立法和技术合作方面的活动。中国批准的国际劳工公约涉及最低就业年龄、最低工资、工时与休息时间、海员劳动条件、男女同工同酬和残疾人就业等内容。

第三节　　我国劳动法的基本原则

一、保护劳动者合法权益原则

劳动法立法的最基本目的之一就在于保护劳动者的合法权益，这主要是基于我国国家和法的社会主义性质，基于保护弱者，基于调动劳动者积极性，提高劳动效率，发展社会生产力的迫切需要。保护劳动者的合法权益应是劳动法的立法、司法、执法的宗旨。

我国《宪法》和《劳动法》规定的劳动者的合法权益主要有劳动权、劳动报酬权、休息休假权、劳动安全卫生保护权、职业技能培训权、享受社会保险和福利权、提请劳动争议处理权等。

保障劳动权原则是基本原则中首要的和最重要的原则。因为劳动权是劳动法的基本问题，劳动法中所规定的其他权利，如休息权、劳动报酬权、劳动安全卫生权、物质帮助权等，都是以劳动权的实现为前提的，整个劳动法可以说是建立在劳动者的劳动权得以实现和保障的基础上。劳动权是公民生存权利的基础。

【法律小知识1-3】

劳动权一般是指凡是有劳动能力的公民，均有获得参加社会劳动和切实保障按劳动取得报酬的权利。劳动权在世界各国的法律中有不同的解释，例如，《牛津法律大辞典》将其解释为：（1）工作自由权，即任何人不能因性别、民族、肤色或是否是工会会员而对就业进行限制。（2）职业保障权，即任何人都有请求提供工作或者可以得到工作的权利。

对我国现阶段来说，保障劳动者的劳动权是非常重要的。我国人口众多，实行社会主义市场经济后，由于国家经济政策的调整，产业政策的变化，企业增效减员的需要，就业问题成为劳动问题中最为突出的问题，也是我国长期面临的问题，需要我国采取长期的、稳定的劳动方针予以积极应对。

此外，我国《宪法》中关于劳动权的规定过于笼统、简单，只规定公民有劳动的权利和义务，未能赋予劳动权丰富的内容，不能充分体现立法本意，这就需要通过劳动法基本原则的规定，对劳动权赋予丰富的内容，进行科学的界定，对劳动权予以全面的保障。

劳动法对劳动者权益保护通过两方面表现出来：一方面是直接规定劳动者的权利，如《劳动法》第3条的规定；另一方面是劳动法通过对用人单位义务的规定来进一步维护劳动者的合法权益。总之，劳动法体现了对劳动者的一种倾斜性保护，故应把维护劳动者合法权益作为劳动法基本原则之一。

二、依法订立劳动合同原则

劳动法属于社会法，以社会为本位，以社会权为核心，是以调整法为形式的立法体系。因此，劳动关系的调整既要依靠合同化手段又要依靠基准化手段，应将其纳入基准化与合同化相结合的社会化调整的轨道中来。

合同一词来源于罗马法，本意为"共相交易"。劳动关系合同化是当事人意思自治的表现形式，它是要将所有的劳动关系逐步纳入合同的运行轨道，使合同成为劳动关系的维系方式和权利义务确定方式。劳动合同是劳动者与用人单位之间为确立劳动关系，依法协商达成的双方权利和义务的协议。为了切实保护劳动者的合法权益，依法订立劳动合同势在必行。通过劳动合同可将劳动者与用人单位的权利和义务明确地规定清楚，在发生劳动争议时可以将其作为解决纠纷的依据。在劳动合同订立过程中，一定要以劳动法基本原则为基准，以法条为依据。

推进劳动合同制度实施，促进建立规范有序、公正合理、互利共赢、和谐稳定的社会主义新型劳动关系，受益的不仅是劳动者，同样也包括用人单位。

三、三方协调劳动关系原则

三方协调劳动关系原则是指政府、工会组织、企业组织代表（应包括各种所有制形式、各种经济形式的组织代表）三方共同参与劳动关系的协调。它们是协调劳动关系的主体。

关于三方原则在西方国家早有提出，全称是三方协商决定劳动标准和处理劳动关系的原则，具体是指在劳动标准的确定和劳动关系的处理上由政府、雇主和工人的代表在平等的基础上协商解决。这一原则是由国际劳工组织确立的，世界上实行市场经济的国家普遍实行这一原则。

三方原则对于解决劳动问题、协调劳动关系、避免社会动荡的发生有着积极的意义。国际劳工组织在1976年通过了《三方协商以促使实施国际劳工标准公约》和《三方协商以促使实施国际劳工标准建议书》，即国际劳工组织第144号公约和152号建议书。1990年9月7日，全国人民代表大会常务委员会批准了这一公约，这就为我国实行"三方原则"提供了法律依据。三方协调劳动关系的原则应包括如下内容：

1.在立法活动中应体现三方原则

在制定重要的劳动法律、法规时，应由政府、工会和企业组织代表共同参与，政府在立法活动中处于主导地位，政府在立法时必须听取工会和企业组织的意见和建议，采纳其合理建议。工会和企业组织代表参与立法，能够及时地反映劳动关系参与者的意愿，使立法内容更切合实际，更具有可执行性；而且，也使政府的劳动政策和重大决策对工会和企业组织的活动产生更为直接的影响，便于劳动法律、法规的执行。

2.进行集体协商谈判，签订集体合同要体现三方原则

集体合同的签订、集体协商谈判要由政府宏观指导和调控，在我国现阶段国家仍有必要使用国家权力，对具体劳动关系施加影响，在诸如工资、劳动标准、劳动条件等方面体现国家的产业政策。在政府指导下签订集体合同，主要表现在两方面：其一是集体合同的内容要符合劳动

基准法关于工资、工时、劳动安全卫生保障等方面的规定；其二是集体合同由劳资双方协议确定后还必须交由劳动行政部门审核，行政部门无异议后方能生效。集体协商谈判由政府进行指导、协调，能够及时化解集体合同双方当事人的纠纷，避免集体争议的出现。

3.三方对日常出现的重大劳动争议和突发性事件进行协调和斡旋

随着我国市场经济的发展，不可避免地会在一定范围内发生一些重大的劳动争议和突发性的劳动事件，解决不好，会影响到我国政治、经济的稳定，通过三方协调和斡旋，使其得到化解，能避免矛盾激化。

4.三方共同监督劳动法的执行

政府通过劳动行政部门监督劳动执法，依法进行劳动监察和劳动仲裁，正是其国家权力的体现。工会和企业代表也可通过三方协调机制，监督劳动法律、法规的具体执行情况。

第四节　　　　　　　劳动法的渊源

法律渊源是指法的各种具体表现形式。劳动法的渊源即由我国国家制定或认可的劳动法律规范的表现形式。

一、宪法中有关劳动问题的规定

《宪法》是国家的根本大法，由国家最高权力机关全国人民代表大会制定，它规定国家的根本经济制度、政治制度及公民的基本权利和义务，在国家的法律体系中具有最高的法律效力，其他任何法律和规则都不能与宪法相抵触。《宪法》中关于劳动问题的规定是我国劳动法的首要渊源。《宪法》中的有关规定是劳动法基本原则的依据，指导和规范劳动法的制定、修改和废止。

《宪法》全面规定了劳动者的基本权利，如劳动权、报酬权、休息休假权、劳动安全卫生保护权、物质帮助权、培训权、结社权等原则。

《宪法》关于劳动的规定保证了劳动法的权威与劳动法制的统一。

二、劳动法律

全国人民代表大会及其常务委员会依据宪法制定的调整劳动关系的规范属于劳动法律，其法律效力仅低于宪法。劳动法律包括《工会法》《劳动法》等。

在其他市场经济国家中，按照宪法制定法律是实现国家统治的最重要的形式。劳动法律必须符合宪法规定的基本原则是劳动立法的基本准则。劳动法律是劳动法的最主要的表现形式。其主要内容分为劳动关系法与劳动标准法。劳动标准通常为最低标准，实际的劳动标准一般高于最低标准规定的水平。此外，劳动法律所规定的标准通常属于强制性规范，具有单方面的强制力，不能由劳动关系的当事人协议予以变更。在当代，虽然强调当事人意思自治，但是在劳动法领域，当事人在劳动合同、集体合同中约定的劳动条件，只能高于法律规定的标准。

三、国务院劳动行政法规

国务院作为国家最高行政机关，为管理劳动事务，有权根据宪法和劳动法律制定调整劳动关系和各项劳动标准的规范性文件，这些规范性文件统称为劳动行政法规，其效力低于宪法和法律，在全国具有普遍的法律效力。国务院劳动行政法规是当前我国调整劳动关系的主要依据，规范性文件数量多，覆盖劳动关系的各个方面，如《工伤保险条例》《企业劳动争议处理条例》《职工奖惩条例》《劳动保障监察条例》《女职工劳动保护规定》《国务院关于建立统一的企业职工基本养老保险制度的决定》等。

四、劳动规章

国务院组成部门依据劳动法律和劳动行政法规，有权在本部门范围内制定和发布规范性文件，其中关于调整劳动关系的规章，也是劳动法的渊源。《劳动法》第9条规定："国务院劳动行政部门主管全国劳动工作。"依据法律规定，我国劳动和社会保障部主管全国劳动工作，依据部门职责的规定，劳动和社会保障部的职责之一就是起草劳动和社会保险法律法规，制定行政规章和基本标准并组织实施和监督检查；制定劳动和社会保险政策服务咨询机构的管理规则；代表国家行使劳动和社会保险的监督检查职权，制定劳动和社会保险的监督检查规范，监督地方劳动和社会保险监督检查机构的工作。劳动和社会保障部发布的规范性文件称为劳动规章。

五、地方性劳动法规

在我国，依据法律规定，省、自治区、直辖市人民代表大会及其常委会和政府，为管理本行政区域内的劳动事务，在不与宪法、法律和劳动行政法规相抵触的前提下，可以制定和发布地方性劳动法规，报全国人民代表大会常委会、国务院备案或批准后生效；依据有关规定，地方县级以上各级人民代表大会及其常委会和政府，依照法律规定的权限，制定和发布规范性文件。所有这些只在本行政区域内具有效力的规范性文件也都属于劳动法的渊源，如《××省劳动合同规定》《××市工伤保险条例实施办法》等。

六、我国政府批准生效的国际劳工组织通过的劳动公约和建议书

国际劳工组织通过的劳动公约和建议书属于国际劳动法的范畴，其中经我国政府批准的公约和建议书在我国具有法律效力，它们也是我国劳动法的组成部分。例如，1984年5月，我国承认的旧中国政府批准的14个国际劳工公约；1987年9月，我国政府批准的《残疾人职业康复和就业公约》等。

第五节　劳动法律关系

一、劳动法律关系的概念与特征

（一）劳动法律关系的概念

劳动法律关系是指劳动法律规范在调整劳动关系过程中形成的法律上的劳动权利和劳动义务关系。劳动法律关系是一种权利义务关系，用人单位和劳动者之间根据劳动法各自享有法律上的权利与义务。它是劳动关系在法律上的表现，是劳动关系为劳动法调整的结果。

劳动法律关系不能简称为劳动关系，它们是分属于两个不同范畴的概念。二者的区别表现在以下方面：第一，劳动法律关系是劳动关系在法律上的表现，是劳动关系为劳动法调整的结果；劳动关系则是劳动法的调整对象。第二，劳动法律关系的成立须满足法定的形式和条件，如劳动者主体合格、用人单位主体合格、劳动合同内容合法等；而劳动关系的成立仅以当事人双方的合意以及劳动者的社会劳动为条件。第三，劳动法律关系有国家强制力作保障；而劳动关系则没有。第四，劳动法律关系的范围小于劳动关系，只有经过劳动法律规范承认的劳动关系才能构成劳动法律关系。

（二）劳动法律关系的特征

1.劳动法律关系与社会劳动过程密不可分

劳动法律关系形成于社会劳动中，只有劳动者与用人单位的生产资料相结合并进行了社会劳动，劳动法律关系才能得以形成；而社会劳动的实现过程，也是劳动权利义务的实现和履行过程。

2.劳动法律关系具有特定的主体

劳动法律关系的主体一方是劳动者，一方是用人单位。

3.劳动法律关系建立前后当事人的地位不同

劳动法律关系建立前，劳动者与用人单位的地位平等，按照平等自愿、协商一致的原则确定劳动关系。劳动法律关系建立后，劳动者成为用人单位的员工，必须遵守用人单位的规章制度，服从用人单位的领导；用人单位则处于领导地位，与劳动者形成领导与被领导的隶属关系。

4.劳动法律关系围绕着对劳动者的保护与劳动力的使用而展开

在劳动法律关系中，劳动者作为提供劳动力的一方当事人，其劳动力的发挥是以保全其人身健康为条件的。劳动者的人身安全直接关系着用人单位的经济效益和劳动者的切身利益，因此，劳动法律关系将对劳动者的人身保护置于核心地位。

5.劳动法律关系的内容不得违反国家法律的强制性规定

虽然劳动法律关系建立在双方当事人自愿平等、协商一致的基础上，但是，由于劳动法律关系的特殊性，在具体确定权利义务时，不能违反国家法律的强制性规定，否则不产生预期的法律效力。

二、劳动法律关系的种类

根据不同的分类标准，劳动法律关系可以划分成不同的类型。一般而言，劳动法律关系可以作如下划分：

（一）根据生产资料所有制形式的不同来划分

按照生产资料所有制形式的标准来划分劳动法律关系是最重要的一种分类方式。按此标准，劳动法律关系可分为：全民所有制单位劳动法律关系、集体所有制单位劳动法律关系、劳动者个体经营单位劳动法律关系、私营企业劳动法律关系、中外合资经营企业和中外合作经营企业劳动法律关系、外商独资经营企业劳动法律关系。

（二）根据劳动法律关系发生的依据不同来划分

按照劳动法律关系发生的依据不同，劳动法律关系可以分为个别劳动法律关系和集体劳动法律关系。个别劳动法律关系产生于劳动者个人与用人单位之间，是通过签订劳动合同而形成的劳动法律关系，因此，产生这种劳动法律关系的依据是劳动合同。集体劳动法律关系产生于劳动者集体与用人单位之间，是由职工代表（或工会）与用人单位（或用人单位团体）通过签订集体合同而形成的劳动法律关系，因此，产生这种劳动法律关系的依据是集体合同。

（三）根据劳动者与用人单位实际关系的不同来划分

按照劳动者与用人单位实际关系的不同，劳动法律关系可以分为劳动者与本单位形成的劳动法律关系和劳动者与其兼职单位形成的劳动法律关系。适用这种划分标准的前提条件是劳动者既在本单位工作，也在其他用人单位兼职。这时，就出现了三方当事人：劳动者、本单位、兼职单位；两个劳动法律关系：劳动者与本单位之间的劳动法律关系、劳动者与兼职单位之间的劳动法律关系。

（四）根据劳动法律关系是否具有涉外因素来划分

按照劳动法律关系是否具有涉外因素，劳动法律关系可以分为涉外劳动法律关系和国内劳动法律关系。涉外劳动法律关系是指主体、客体和内容中有一个或一个以上的涉外因素的劳动法律关系。例如，主体一方或双方为外国人或无国籍人，工作任务需在国外完成等。国内劳动法律关系是指主体、客体和内容均无涉外因素的劳动法律关系。

三、劳动法律关系的要素

任何一种劳动法律关系，都存在构成劳动法律关系的三要素，即劳动法律关系的主体、劳动法律关系的客体、劳动法律关系的内容，此三要素缺一不可。

（一）劳动法律关系的主体

劳动法律关系的主体是指依照劳动法享有权利和承担义务的劳动法律关系的参与者。劳动法律关系的主体是构成劳动法律关系的第一要素，包括劳动者和用人单位。

1.劳动者

劳动者是指达到法定年龄、具有劳动能力并自愿参加社会劳动以获得主要生活来源的自然人，主要指本国公民。

（1）劳动者劳动权利能力和劳动行为能力的概念。劳动者的劳动权利能力是指劳动者根据劳动法的规定，享有劳动权利和承担劳动义务的资格。劳动者的劳动行为能力是指劳动者根据劳动法的规定，实际行使权利和承担义务的能力。

【法律小知识1-4】

权利能力是法律认定法律关系主体的前提。公民的民事权利能力和民事行为能力有别于劳动者的劳动权利能力和劳动行为能力。公民的民事权利能力是指公民享有民事权利和承担民事义务的能力，行为能力是指能够以自己的行为依法行使权利和承担义务，从而使法律关系产生、变更和消灭的能力。具有民事行为能力的人，首先要有民事权利能力，但有民事权利能力的人不一定都有民事行为能力。

（2）劳动者具有劳动权利能力和劳动行为能力的条件。根据我国法律规定，只有达到法定年龄，具有完全劳动能力或部分劳动能力的劳动者，才能具备劳动权利能力和劳动行为能力。因此，达到法定年龄和具备劳动能力是劳动者具有劳动权利能力和劳动行为能力的两个必备条件，且缺一不可。关于劳动者的就业年龄各国劳动法均有规定，我国劳动法将就业年龄规定为16周岁，禁止招用未满16周岁的未成年人。某些特殊职业，如文艺、体育和特种工艺单位确需招用未满16周岁的人（如演员、运动员）时，须报县以上劳动行政部门批准。劳动者的劳动能力属于其自然因素，根据生理状况可以将其分为完全劳动能力、有部分劳动能力和无劳动能力。要求劳动者具备劳动能力是指劳动者具有完全劳动能力或者部分劳动能力。

【小思考1-6】

劳动者的劳动权利能力与劳动权利是否是同一概念？劳动者的劳动行为能力能否简称为劳动能力？

答：劳动者的劳动权利能力与劳动权利不是同一概念，二者的区别表现在：首先，劳动权利能力是界定公民能够参加哪些劳动法律关系和享有哪些权利、承担哪些义务的范围；劳动权利则指公民参与劳动法律关系后所实际享有的各项具体权利。其次,公民的劳动权利能力具有平等性,而公民实际取得的劳动权利却因劳动内容的不同而存在差异。最后,劳动权利能力以劳动法律法规为依据,劳动权利以劳动合同为依据。

劳动者的劳动行为能力与劳动能力是两个不同的概念。劳动者的劳动行为能力具有法律属性的特点,是国家对公民一定劳动能力的法律认可。劳动能力则具有自然属性的特点,表明公民身体中所存在的体力和脑力的一种自然状态。

(3)劳动者劳动权利能力和劳动行为能力的特点。

与民事权利能力和民事行为能力不同,劳动者的劳动权利能力和劳动行为能力具有以下特点:

第一,劳动者的劳动权利能力和劳动行为能力同时产生,产生于劳动者年满16周岁之日。其民事权利能力和民事行为能力不同时产生,民事权利能力从出生开始到死亡为止,民事行为能力则受年龄和智力健康状况的影响。

第二,劳动者的劳动权利能力和劳动行为能力,只能由其本人依法行使,不允许他人代理。民事法律关系允许其他人代理,后果由被代理人承担。

第三,为了保护未成年人和妇女的身体健康,我国劳动法规定,某些工种对未成年人和妇女的劳动权利能力和劳动行为能力进行了限制,但并没有否认他们的劳动权利能力和劳动行为能力。而民事权利能力和民事行为能力,在法定范围内是不受限制的。

第四,我国劳动法规定,劳动者凡是与用人单位建立了劳动法律关系的,一般情况下不允许再与其他用人单位建立新的劳动法律关系。而劳动者的民事权利能力和民事行为能力的行使则无此限制,一个主体可以同时参加若干个法律允许的民事法律关系。

2.用人单位

(1)用人单位的概念。用人单位是指生产资料所有者或经营者,包括企业、一定范围的个体经济组织和一定范围的国家机关、事业单位、社会团体。

（2）用人单位的劳动权利能力和劳动行为能力。作为劳动法律关系一方当事人的用人单位，也必须具备一定的条件，取得在劳动法中的权利能力和行为能力。用人单位的劳动权利能力是指用人单位依法享有雇用劳动者权利和承担雇用劳动者义务的资格。用人单位的劳动权利能力因其性质的不同，范围也各异。用人单位的劳动行为能力是指用人单位依法以自己的行为行使用人权利和承担用人义务的资格。

用人单位的劳动权利能力和劳动行为能力，与劳动者的劳动权利能力和劳动行为能力一样，同时产生、同时消灭。

（二）劳动法律关系的客体

劳动法律关系的客体是指劳动法律关系主体双方的权利和义务所共同指向的对象，即劳动力。马克思说："我们把劳动力或劳动能力，理解为人的身体即活的人体中存在的，每当人生产某种使用价值时运用的体力和智力的总和。"劳动法律关系是因劳动者有偿让渡劳动力使用权而产生的法律关系。在劳动法律关系中，劳动者作为劳动力所有者有偿地向用人单位提供劳动力，用人单位则通过支配、使用劳动力来创造社会财富，双方权利、义务共同指向的对象就是那种蕴含在劳动者体内，只有在劳动过程中才会发挥出作用的劳动力。

明确劳动法律关系的客体是劳动力，对劳动法学体系的建立产生积极的影响。劳动者是主体，而劳动力是客体，正是劳动力与其所有人在经济意义上的分离决定了劳动法律关系是具有私法因素的契约关系；而劳动力与其物质载体——劳动者在自然状态上的不可分，即劳动力的人身性，又决定了劳动法律关系在运行过程中须以国家干预为特征，具有公法因素。

我们认为，劳动法律关系的客体有主次之分，其中，劳动行为是基本客体，劳动待遇和劳动条件是辅助客体。无论是基本客体还是辅助客体，都是劳动法律关系中不可缺少的构成要素。

1.劳动行为

劳动者为完成用人单位安排的劳动任务而支出劳动力的活动，是劳动法律关系的基本客体。它作为被支出和使用的劳动力的外在形态，在劳动法律关系存续期间连续存在于劳动过程中，在劳动法律关系双方当事人的利益关系中主要承载或体现用人单位的利益。

2.劳动待遇和劳动条件

劳动者因支出劳动力而有权获得的、用人单位因使用劳动力而有义务提供的各种待遇和条件，是劳动法律关系的辅助客体。其中，劳动待遇是对劳动者支出劳动力的物质补偿，劳动条件是劳动者完成劳动任务和保护安全健康所必需的物质技术条件。它们从属和受制于劳动行为，主要承载或体现劳动者的利益。

（三）劳动法律关系的内容

劳动法律关系的内容是指劳动法律关系主体双方依法享有的劳动权利和承担的劳动义务。它是劳动法律关系的核心，没有劳动法律关系的内容，劳动法律关系就失去了实际意义。

1.劳动者的权利与义务

我国《劳动法》规定，劳动者享有平等就业和选择职业的权利、取得劳动报酬的权利、休息休假的权利、获得劳动安全卫生保护的权利、接受职业技能培训的权利、享受社会保险和福利的权利、提请劳动争议处理的权利以及法律规定的其他劳动权利。

根据《劳动法》的规定，劳动者承担的义务包括完成劳动任务、提高职业技能、执行劳动卫生规程、遵守劳动纪律和职业道德。

2.用人单位的权利与义务

劳动法律关系主体双方的劳动权利和劳动义务是相互对应的。劳动者的权利即用人单位的义务，劳动者的义务即用人单位的权利。

四、劳动法律关系的产生、变更和消灭

劳动法律关系的产生、变更、消灭，是指构成劳动关系产生、变更和消灭的条件。构成劳动法律关系产生、变更和消灭的依据，是劳动法律事实。

所谓劳动法律事实，是指劳动法律规范所规定的、能够引起劳动法律关系产生、变更和消灭的客观情况。按照其发生是否以行为人的意志为转移来划分，可以将其分为行为和事件两类。行为是指劳动法规定的，能够引起劳动法律关系产生、变更和消灭的人的有意识的活动。行为可以是合法行为，也可以是违法行为。事件是指不以行为人的意志为转移的客观现象。事件包括自然现象和社会现象。它们虽然不以人的意志转移，但同样能够引起劳动法律关系的产生、变更和消灭。

劳动法律关系的产生是指劳动者与用人单位依据劳动法律规范，确定彼此的权利义务关系，形成劳动法律关系的行为。劳动法律关系的变更是指劳动者与用人单位根据劳动法律规范，变更原来劳动合同中确定的权利义务的行为。劳动法律关系的消灭是指劳动者与用人单位根据劳动法律规范，终止双方的劳动权利义务关系的行为。

需要明确的是，产生劳动法律关系的法律事实与引起变更、消灭劳动法律关系的法律事实之间有很多差异。产生劳动法律关系的法律事实，仅限于劳动法规定的能够产生劳动法律关系且双方意思表示一致的合法的法律行为。例如，劳动者与用人单位之间为了确立劳动法律关系，订立劳动合同。与产生劳动法律关系的法律事实不同，在引起变更、消灭劳动法律关系的法律事实中，除双方合意外，一些突发的事件，也可以引起劳动法律关系的变更与消灭。例如，劳动者由于疾病，治愈后不能从事原工作，调离原用人单位，从而引起劳动法律关系的变更。又如，劳动者因为工伤死亡，从而引起劳动法律关系的消灭。法律事实中的违法行为，也可以引起劳动法律关系的变更、消灭。例如，会计岗位的劳动者，由于存在挪用公款的行为被调离会计岗位，从而引起劳动法律关系的变更。再如，劳动者由于违章作业，造成重大责任事故，被用人单位开除，从而引起劳动法律关系的消灭。

▶ 本章小结

劳动法是调整劳动关系和与劳动关系密切联系的其他社会关系的法律规范的总称。劳动法的调整对象包括两个方面：一是劳动关系；二是与劳动关系密切联系的其他社会关系。我国劳动法的基本原则包括保护劳动者合法权益原则、依法订立劳动合同原则、三方协调劳动关系原则。劳动法的渊源即由我国国家制定或认可的劳动法律规范的表现形式，具体包括宪法中有关劳动问题的规定、劳动法律、国务院劳动行政法规、劳动法规、地方性劳动法规、我国政府批准生效的国际劳工组织通过的劳动公约和建议书。劳动法律关系是指劳动法律规范在调整劳动关系过程中形成的法律上的劳动权利和劳动义务关系。任何一种劳动法律关系，都存在构成这种关系的三要素，即劳动法律关系的主体、客体和内容，此三要素缺一不可。构成劳动法律关系产生、变更和消灭的依据，是劳动法律事实。

▶ 复习与思考

一、名词解释

劳动法　劳动关系　劳动者　用人单位　劳务关系　三方协调劳动关系原则　国际劳动立法　劳动法的渊源　劳动法律关系　劳动法律关系的主体　劳动法律关系的客体　劳动法律关系的内容　劳动法律事实

二、选择题

1.下列社会关系不属于劳动法调整对象的是（　　）。

A.演员与剧组之间的关系

B.某私营企业与职工因培训发生的关系

C.工会在代表和维护职工合法权益的活动中与用人单位之间发生的关系

D.劳动争议仲裁机构与劳动者发生的关系

2.劳动法的主要宗旨是（　　）。

A.调整劳动关系　　　　　　　B.处理劳动争议

C.保护劳动者　　　　　　　　D.劳动管理

3.下列选项中，存在劳动关系的是（　　）。

A.领取高温作业津贴　　　　　B.签订集体合同

C.劳动争议诉讼　　　　　　　D.劳动监察

4.关于劳动关系的表述，下列（　　）选项是正确的。

A.劳动关系是特定当事人之间的法律关系

B.劳动关系既包括劳动者与用人单位之间的关系，也包括劳动行政部门与劳动者、用人单位之间的关系

C.劳动关系既包括人身关系也包括财产关系

D.劳动关系既具有平等关系的属性也具有从属关系的属性

5.下列劳动合同或劳务合同，（　　）属于劳动法的调整范围。

A.某私营企业与职工之间的劳动合同

B.某国家机关与工勤人员之间的劳动合同

C.某公司董事长与公司之间的聘用合同

D.甲公司与乙公司之间的劳务合同

6.对于劳动关系和劳务关系，以下说法错误的是（　　）。

A.劳动关系适用劳动法，劳务关系适用民法

B.劳动关系和劳务关系一般都比较稳定，具有连续性

C.甲企业某技术人员利用业余时间在乙企业兼职，属于劳务关系

D.某工厂下水管道堵塞，聘请工人修理，属于劳动关系范畴

三、简答题

1.简述劳动关系的特征。

2.简述劳动关系与劳务关系的区别。

3.简述我国劳动法的基本原则。

4.简述劳动法律关系与劳动关系的区别。

▶ **学习目标**

通过本章学习，重点掌握劳动者的基本权利义务的具体内容；了解劳动者的权利与义务的法律特征。

▶ **案例导入**

劳动者工作时间在工作场所的卫生设施内发生伤亡能否认定为工伤？

死者何某生前系成都某厂工人。2002年9月24日下午的上班时间，何某被发现摔倒在车间旁的厕所内不省人事，经送往医院抢救无效死亡。何某之父于2002年10月8日向某区劳动局申请对何某伤亡性质认定，某区劳动局认定何某不是工伤。何某之父认为死者明显是被厕所内的积水滑倒而致颅脑损伤，且应与工作有关，请求法院撤销被告某区劳动局对何某做出的伤亡性质认定。

法院认为，劳动者享有获得劳动安全卫生保护的权利，是劳动法规定的基本原则，任何用工单位或个人都应当为劳动者提供必要的劳动卫生条件，维护劳动者的基本权利。"上厕所"虽然是个人的生理现象，与劳动者的工作内容无关，但这是人的必要的、合理的生理需要，与劳动者的正常工作密不可分，应当受到法律的保护。被告片面地认为"上厕所"是个人生理需要的私事，与劳动者的本职工作无关，认定何某不是工伤，与劳动法保护劳动者合法权利的基本原则相悖，也有悖于社会常理。被告做出的行政认定未体现劳动法中保护劳动者合法权益的基本原则，属于适用法律、法规错误。

资料来源　佚名.《中华人民共和国劳动法》案例注释版［M］.2版.北京：中国法制出版社，2013.

第一节　　劳动者权利与义务的法律特征

一、各国宪法及国际劳工组织对劳动者权利与义务的规定

劳动者在宪法上的基本权,是以18、19世纪资产阶级启蒙学者的民主自由观念为基础的,因此特别强调对自由权的保障。20世纪以后,各国宪法对于人权的保障有了新的特点,突出了国家为人民集合的团体,个人的自由应当受到社会繁荣与发展的约束,应以法律加以限制。以卢梭为代表的资产阶级启蒙学者,强调通过社会契约确认自由平等权利是法律权利,主张在社会状态下,一切权利都被法律固定下来,而自由和平等是一切法律体系的两大重要目标,不存在没有法律的自由,也不存在任何人是高于法律之上的。此后,劳动者的权利与义务成为宪法和法律的重要内容。很多国家的宪法都规定劳动权利受法律保护,每个人都可以自由地选择工作,各种劳动受到法律保护,确保劳动者获得公平报酬,同工同酬。劳动者有权享有每周依法的休息权和每年带薪休假,劳动者不得放弃自己的这两项权利。

《世界人权宣言》第23条、第24条规定了劳动者的劳动权利和休息权利,包括就业权、自由选择职业权、公平报酬和平等待遇权、组织和参加工会权、休息和休假权。国际劳工组织将涉及结社自由和承认集体谈判权利、消除强迫或强制劳动、废除童工、消除就业与职业歧视4个方面的劳工公约视为"核心标准",或者称为劳动者的基本权利。

【法律小知识2-1】

国际劳工组织确定的劳动者的基本权利涉及8个公约:(1)结社自由和承认集体谈判权利的公约有1948年《结社自由和保护组织权利公约》和1949年《组织权利和集体谈判权利公约》;(2)消除强迫或强制劳动的公约有1930年《强迫劳动公约》和1957年《废除强迫劳动国际公约》;(3)废除童工的公约有1973年《最低年龄公约》和1999年《最恶劣形式童工劳动公约》;(4)消除就业与职业歧视的公约有1951年《对男女工人同等价值的工作付与同等报酬公约》和1958年《(就业和职业)歧视公约》。

我国《宪法》第42条至第45条对劳动者享有的权利和义务作了详细规定，从而确认了其在劳动法中的重要地位。《劳动法》第3条规定："劳动者享有平等就业和选择职业的权利、取得劳动报酬的权利、休息休假的权利、获得劳动安全卫生保护的权利、接受职业技能培训的权利、享受社会保险和福利的权利、提请劳动争议处理的权利以及法律规定的其他劳动权利。劳动者应当完成劳动任务，提高职业技能，执行劳动安全卫生规程，遵守劳动纪律和职业道德。"

【小思考2-1】

宪法上的劳动权与劳动法上的劳动权利有何不同？

答：劳动权是指公民要求从事社会劳动的一项权利，是一项基本人权。作为基本人权的劳动权是一种与人身紧密联系的资格，往往比劳动法上的劳动权利更侧重保障公民个人的独立、平等的人格，一个人不会因为暂时没有劳动而失去劳动的资格；劳动法上的劳动权利则更加注重权利中的物的因素，有明确、具体的权利客体，公民享有劳动权利的前提是必须参加社会劳动。对于一个没有参加劳动的人来说，不存在劳动法上的劳动权利，但享有作为基本人权的劳动权。

二、我国劳动者权利与义务的法律特征

由我国《劳动法》的相关规定可见，我国劳动者的权利义务具有以下显著的法律特征：

1.劳动者的权利与义务具有统一性

依照法理，没有无权利的义务，也没有无义务的权利，不能一方只享受权利而不承担义务，或另一方只承担义务而不享受权利。这一原理在劳动法中即体现为劳动者权利与义务相互依存，不可分割，即劳动者既享有法律规定的广泛的权利，同时又承担着法律规定必须履行的义务。如劳动者享有劳动的权利，同时就必须承担提高职业技能的义务；劳动者享有获取劳动报酬的权利，同时就负有依约从事实际劳动并完成劳动任务的义务；劳动者享有获得劳动安全卫生保护的权利，同时就必须承担遵守劳动纪律和职业道德的义务等。

2.劳动者的权利与义务具有人身属性

劳动者的权利与义务原则上只能由本人享有或履行，第三人不能代为行使权利和履行义务。如《劳动法》第50条规定，工资应当以货币形式按月支付给劳动者本人，不得克扣或者无故拖欠劳动者的工资。即使劳动者因病或因工死亡，其遗属依法享受遗属津贴，也是劳动者权利的一种延伸。劳动者权利义务的这一特征，是由劳动关系本身具有人的身份属性这一性质决定的。

3.劳动者的权利、义务与用人单位的义务、权利是相对应的

劳动者和用人单位作为劳动关系的双方当事人，其劳动权利和义务是相对应的。一方的劳动权利即为对方的劳动义务，一方的劳动义务即为对方的劳动权利。据此，《劳动法》第3条规定的劳动者享有的基本劳动权利和承担的基本劳动义务，就是用人单位应当承担的基本劳动义务和享有的基本劳动权利。

4.劳动者的权利、义务受法律保障

法律规定劳动者享有的劳动权利受到不法侵害时，其可以通过法律途径，维护自己的合法权利；法律规定劳动者履行的劳动义务没有履行时，其必然受到相应的法律制裁。

【小思考2-2】

根据劳动者与用人单位的劳动权利与义务相对应的原则，用人单位享有的基本劳动权利有哪些？承担的基本义务有哪些？

答：用人单位的基本劳动权利有：要求劳动者按质按量完成劳动任务的权利；要求劳动者努力提高职业技能的权利；要求劳动者认真执行劳动安全卫生规程的权利；要求劳动者严格遵守劳动纪律和职业道德的权利。用人单位承担的基本义务有：平等和择优录用职工；支付劳动者劳动报酬；保证劳动者休息休假；为劳动者提供安全卫生和劳动保护；为劳动者提供职业培训；为劳动者提供社会保险和福利；配合解决劳动争议；保证劳动者实现法律规定的其他权利的义务。

第二节　　劳动者的基本劳动权利

劳动者的权利范围广泛，是由多层次构成的综合权利：在劳动者的人身权利方面，有劳动安全权、自由择业权、休息权；在劳动者的财产

和经济权利方面，有劳动报酬权、福利权和社会保障权；在劳动者的政治、文化权利方面，有结社权、职业教育权、民主管理权等。在我国《劳动法》中具体表现为：平等就业和选择职业权、劳动报酬权、休息权、劳动保护权、职业培训权、社会保险和福利权、提请劳动争议处理权以及法律规定的其他权利。

为了保障劳动者的权利，几乎劳动者的每一项基本劳动权利，《劳动法》中都有一项具体的法律制度保证其得以充分实现。

一、平等就业和选择职业权

劳动者的平等就业权指具有劳动能力的公民在就业方面一律平等，不因民族、种族、性别、宗教信仰等的不同而受歧视。劳动是人们生活的第一个基本条件，是创造物质财富和精神财富的源泉。劳动就业权是有劳动能力的公民获得参加社会劳动和切实保证按劳取酬的权利。劳动就业权在各项劳动权利中居于首要地位，它是公民享有其他各项权利的基础。如果公民的劳动就业权不能实现，其他一切权利也就失去了基础。因此，它是各国宪法确认和保护的公民的一项重要的基本权利。就业问题一直被各国政府视为影响社会稳定和发展的重要课题。我国政府也一向重视保护劳动者的劳动就业权，并积极创造条件帮助劳动者就业。我国《宪法》第42条规定，中华人民共和国公民有劳动的权利。《宪法》的这项原则性规定在《劳动法》中得到了充分的贯彻和落实。《劳动法》第3条规定，劳动者享有平等就业和选择职业的权利。为了保障劳动者的这项权利得以实现，《劳动法》第5条规定，国家采取各种措施，促进劳动就业。《劳动法》第12条和《就业促进法》第3条均明确规定，劳动者就业，不因民族、种族、性别、宗教信仰等的不同而受歧视。《就业促进法》还在"公平就业"一章中针对妇女、少数民族及残疾人劳动者就业权的保护作了专门规定。这些规定，对于实现劳动者之间的公平竞争及社会公正具有积极的意义。

劳动者的选择职业权是指劳动者有权根据自己的意愿，选择适合自己才能、爱好的职业，不受外界力量的干涉。劳动者拥有自由选择职业的权利，有利于劳动者充分发挥自己的特长，促进社会生产力的发展。劳动者在劳动力市场上作为就业的主体，具有支配自身劳动力的权利，可根据自身的素质、能力、志趣和爱好，以及市场资讯，选择用人单位和工作岗位。选择职业的权利是劳动者劳动权利的体现，是社会进步的一个标志。

劳动者的平等就业和选择职业权主要通过《劳动法》第二章促进就业和第三章劳动合同和集体合同法律制度保证其实现。

【小思考2-3】

我国国有企业进行改革，造成几千万人下岗。对于下岗问题，国家极为重视，采取了大量有效的措施。经过各级政府的努力，下岗职工70%实现了再就业，但还有30%没有工作。请问：这种情形是否侵犯了劳动者的平等就业和选择职业权？

答：国有企业职工下岗问题产生的主要原因是由于我国社会生产力水平的提高和产业结构的调整与优化，另外我国巨大的人口压力也是问题产生的原因之一。对于下岗问题，党和政府极为重视，实施了再就业工程，国家确实是在采取措施，确保劳动者的劳动权利得以真正实现。所以，此问题不属于侵犯劳动者的平等就业和选择职业权。

二、劳动报酬权

劳动报酬权是指劳动者依照劳动法律关系，履行劳动义务，由用人单位根据按劳分配的原则及劳动力价值支付报酬的权利。一般情况下，劳动者一方只要在用人单位的安排下按照约定完成一定的工作量，劳动者就有权要求按劳动取得报酬。劳动者通过自己的劳动获得劳动报酬，再用其所获得的劳动报酬来购买自己和家人所需要的消费，从而才能维持和发展自己的劳动力和供养自己的家人，从而实现劳动力的再生产。劳动报酬权是劳动权利的核心，它不仅是劳动者及其家属有力的生活保障，也是社会对其劳动的承认和评价。因此，我国《劳动法》将劳动报酬权作为劳动者的一项重要的基本权利。

劳动报酬是指劳动者为用人单位提供劳务而获得的各种报酬。用人单位在生产过程中支付给劳动者的全部报酬包括3部分：一是货币工资，用人单位以货币形式直接支付给劳动者的各种工资、奖金、津贴、补贴等；二是实物报酬，即用人单位以免费或低于成本价提供给劳动者的各种物品和服务等；三是社会保险，指用人单位为劳动者直接向政府和保险部门支付的失业、养老、人身、医疗、家庭财产等保险金。

为了切实保护劳动者的劳动报酬权不受侵犯，《劳动法》设专章对此作了规定。据此，劳动者的劳动报酬权主要包括：

（1）根据按劳分配原则，取得应有的劳动报酬的权利。按劳分配是我国社会主义初级阶段的主要分配方式。劳动者有权根据所提供的社会劳动的数量和质量获取劳动报酬。作为支付劳动报酬一方的用人单位，除了应该依法支付劳动报酬外，还必须严格执行同工同酬的规定，平等地计算和支付劳动报酬。

（2）享有最低工资保障的权利。获得最低工资制度的保障是劳动报酬权的核心内容，国家保障劳动者的最低工资标准，其目的是保护劳动者个人及家庭成员的基本生活需要。我国实行最低工资保障制度。用人单位支付给劳动者的工资不得低于当地最低工资标准。

（3）按时以货币形式取得劳动报酬的权利。用人单位应当以货币形式按月支付给劳动者本人工资。不得克扣或者无故拖欠劳动者的工资。

（4）获得加班加点工资的权利。用人单位在法定节假日、休息日安排劳动者加班或在工作日安排劳动者延长工作时间的，应当按照法定标准支付高于劳动者正常工作时间工资的劳动报酬。

（5）在法定休假日、婚丧假期间以及依法参加社会活动期间，依法获得工资的权利。

劳动者的劳动报酬权主要通过《劳动法》第五章工资法律制度保证其实现。

【法律小知识2-2】

《劳动法》第46条规定，工资分配应当遵循按劳分配原则，实行同工同酬。同工同酬是指用人单位对于技术和劳动熟练程度相同的劳动者在从事同种工作时，不分性别、年龄、民族、区域等差别，只要提供相同的劳动量，就获得相同的劳动报酬。同工同酬体现着两个价值取向：确保贯彻按劳分配这个大原则，即付出了同等的劳动应得到同等种劳动报酬；防止工资分配中的歧视行为，即要求在同一单位，对同样劳动岗位，在同样劳动条件下，不同性别、不同身份、不同户籍或不同用工形式的劳动者之间，只要提供的劳动数量和劳动质量相同，就应给予同等的劳动报酬。

三、休息权

休息权是指劳动者在劳动中经过一定的体力和脑力的消耗以后，依法享有获得恢复体力、脑力以及用于娱乐和自己支配的必要时间的权利。休息权作为一种法定权利，具有以下特征：

（1）休息权是劳动者的权利，是相对于劳动权的一种权利。它既是劳动权存在的前提条件，也是劳动权的一种派生形态，因而又以劳动权为前提。

（2）休息权具有人身自由的特性。一方面，休息权与人身自由的关系通过劳动权来显现。如果一个人只有劳动权而不享有休息权，这就意味着人在这种情况下已经没有了任何人身自由。虽然这种状况在现实世界中是不可能存在的，但从反面说明劳动者是否享有休息权以及享有休息权的程度与其人身自由在一定程度上存在相当的关联。另一方面，自然人的人身自由与劳动者的劳动权完全是另一个概念。休息或者安宁的生活，或者免被骚扰的自由权是自然人的人格权，没有这种人格权，自然人的独立的民事主体地位就无法得到充分的显现，现代社会以人为本的理念就难以得到真正的实现。

（3）休息权与个人发展权也存在一定的关联。休息权不仅可以使劳动者在参加一定时间的劳动或工作之后通过休息和休养，恢复体力和精力，而且还可以使人们在休息时间里，不断充实自己的知识，提高技能，发展身心。这就意味着休息权不仅是实现劳动权的手段，还有其自身的特殊意义，即发展和完善劳动者自身的含义。劳动者正是通过充分享有该权利而使个人的发展权得到满足的。

休息权是我国宪法直接赋予公民的基本权利之一。《宪法》第43条明确规定："劳动者有休息的权利。国家发展劳动者休息和休养的设施，规定职工的工作时间和休假制度。"依据《宪法》的这一规定，我国《劳动法》不仅在第3条将休息权作为劳动者的一项基本权利予以确认，而且通过第四章的专门规定，建立了保证其得以实现的具体的法律制度。我国劳动者的休息权具体包括：

（1）享有法律规定的休息总量的权利。我国目前的法定工作时间是职工每日工作8小时，每周工作40小时。

（2）享有法律规定的最低休息时间的权利。我国《劳动法》第38

条规定，用人单位应当保证劳动者每周至少休息1日。

（3）享有在法定节日休息的权利。

（4）享有法律规定的年休假的权利。

此外，《劳动法》通过严格控制加班和延长劳动时间的法律规定，保证劳动者休息权的切实实现。

劳动者的休息权主要通过《劳动法》第四章工作时间和休息休假法律制度保证其实现。

四、劳动保护权

劳动保护权是指劳动者在安全卫生的条件下进行工作的权利，用人单位有义务提供达到安全卫生标准的劳动条件。劳动保护的目的是为劳动者创造安全、卫生、舒适的劳动工作条件，消除和预防劳动生产过程中可能发生的伤亡、职业病和急性职业中毒，保障劳动者以健康的状态参加社会生产，促进劳动生产率的提高，保证各项事业的顺利进行。

依据《劳动法》第六章和第七章的规定，我国劳动者享有的劳动保护权主要包括以下内容：

（1）获得安全卫生的劳动环境权。劳动者有权在安全和卫生的生产环境中从事劳动。依据这项权利，用人单位必须建立、健全安全卫生制度，严格执行国家安全卫生规程和标准，适时安装安全卫生设施，使劳动场所和劳动环境始终保持安全和卫生的状态。

（2）获取劳动保护用品的权利。用人单位必须为劳动者提供符合国家规定的劳动安全卫生条件。对特定场合、岗位、职业的劳动者，用人单位还应当提供必要的劳动保护用品。

（3）定期健康检查权。为了切实保护劳动者的身体健康，《劳动法》规定，对未成年工和从事有职业危害作业的劳动者，用人单位应当定期进行健康检查。

（4）拒绝权。为了保护劳动者的生命健康不受人为因素的侵害，《劳动法》还确立了劳动者在特定情形下的拒绝权。如劳动者对用人单位管理指挥人员违章指挥，强令冒险作业，有权拒绝执行；用人单位安排女职工和未成年劳动者从事国家规定禁忌范围内的劳动时，女职工和未成年劳动者有权拒绝接受等。

（5）依法获得特殊保护的权利。《劳动法》第58条规定，国家对女职工和未成年工实行特殊劳动保护。因此，取得法律规定的各项特殊保护待遇和条件，是女职工和未成年劳动者劳动保护权的重要内容。

劳动者的劳动保护权主要通过《劳动法》第六章劳动安全卫生、第七章女职工和未成年工特殊保护法律制度保证其实现。

【小案例2-1】

2014年8月2日7时34分，昆山中荣金属制品有限公司抛光二车间发生特别重大铝粉尘爆炸事故，当天造成75人死亡、185人受伤。事故发生后30日报告期内，共有97人死亡、163人受伤，直接经济损失3.51亿元。

分析提示：事故的直接原因是事故车间除尘系统较长时间未按规定清理，铝粉尘集聚，发生氧化放热反应，引发除尘系统及车间的系列爆炸。事故的管理原因是中荣公司无视国家法律，违法违规组织项目建设和生产；苏州市、昆山市和昆山开发区对安全生产重视不够，安全监管责任不落实，对中荣公司违反国家安全生产法律法规、长期存在安全隐患治理不力等问题失察；负有安全生产监督管理责任的有关部门未认真履行职责，审批把关不严，监督检查不到位，专项治理工作不深入、不落实；江苏省淮安市建筑设计研究院、南京工业大学、江苏莱博环境检测技术有限公司和昆山菱正机电环保设备有限公司等单位，违法违规进行建筑设计、安全评价、粉尘检测、除尘系统改造。

五、职业培训权

职业培训权是指劳动者根据自己的择业需要和工作需要，有接受职业培训以培养和提高职业技能的权利。我国《宪法》在劳动权条款中，将职业培训权视为劳动权中的一个组成部分。劳动者接受职业技能培训的目的在于获得从事某种职业所必需的专业技术知识、实际操作技能、职业道德和职业纪律的教育和训练，以便选择职业和在职业上获得发展。就业前，劳动者必须通过职业技能培训获得所需要的技术业务知识和实际操作技能，才能为自己创造更多的就业机会；上岗后，劳动者也必须参加职业技能培训，以适应工作岗位对劳动者素质的要求。

因此，我国《职业教育法》第5条和第6条规定，公民有依法接受职业教育的权利。各级人民政府应当将发展职业教育纳入国民经济和社会发展规划。行业组织和企业、事业组织应当依法履行实施职业教育的义务。

我国劳动者的职业培训权，主要表现在对劳动者的在职培训中，但也包括就业前培训。对于就业前培训，我国《就业促进法》第48条和第50条规定，县级以上地方人民政府对有就业要求的初高中毕业生实行一定期限的职业教育和培训，使其取得相应的职业资格或者掌握一定的职业技能。地方各级人民政府采取有效措施，组织和引导进城就业的农村劳动者参加技能培训，鼓励各类培训机构为进城就业的农村劳动者提供技能培训，增强其就业能力和创业能力。

劳动者在就业之后的职业培训权内容广泛，主要有：

（1）获得参加各种职业培训资格的权利。劳动者依法要求参加规定的各种职业技能培训，用工单位不得拒绝。对于按规定必须安排一定工作时间进行在职学习的，用人单位应当积极安排，创造条件完成劳动者的在职培训。

（2）要求用人单位承担相应培训费用的权利。在职业培训中，按规定由用人单位承担的费用，用人单位应当支付。

（3）要求进行特殊培训的权利。《劳动法》第55条规定，从事特种作业的劳动者必须经过专门培训并取得特种作业资格。对从事特种作业的劳动者而言，要求进行专门培训是职工培训权的具体内容之一。

（4）获得职业培训证书或资格证书的权利。我国职业培训的中心环节就是建立统一的资格证书制度。通过国家确定职业分类，制定职业技能标准，建立起职业技能培训网络、职业资格证书制度和职业技能鉴定网络，逐步建立和完善职业技能开发体系，保障劳动者的职业培训权得以实现。

劳动者的职业培训权主要通过《劳动法》第八章职业培训法律制度保证其实现。

【小思考2-4】

职业培训与普通教育的联系和区别有哪些？

答：二者的联系：都是为了培养和提高人的才能和文化技术水平。二者的区别表现在：（1）从权利主体看，职业培训的权利主体是社会劳动者；而普通教育的权利主体主要是青少年。（2）从权利内容看，劳动者享有的是职业技能的提高；而普通教育所要达到的目的是全面素质的提高。（3）从权利实现的方式看，职业培训权实现的方式是灵活多样的，没有定式；而普通教育的实现方式主要是固定学制的学校教育。

六、社会保险和福利权

社会保险权，又称为劳动保险权或社会福利保险权，是指劳动者由于年老、疾病、失业、伤残、生育等原因失去劳动能力或劳动机会因而没有正常的劳动收入来源时，通过国家社会保险制度获得物质帮助的权利。社会保险权是我国《宪法》和《劳动法》赋予劳动者的一项基本权利。《宪法》第45条规定，中华人民共和国公民在年老、疾病或者丧失劳动能力的情况下，有从国家和社会获得物质帮助的权利。国家发展为公民享受这些权利所需要的社会保险、社会救济和医疗卫生事业。《劳动法》第九章对我国的社会保险制度做出了具体规定。《劳动法》第70条规定，国家发展社会保险事业，建立社会保险制度，设立社会保险基金，使劳动者在年老、患病、工伤、失业、生育等情况下获得帮助和补偿。第73条规定，劳动者在下列情形下，依法享受社会保险待遇：（1）退休；（2）患病、负伤；（3）因工伤残或者患职业病；（4）失业；（5）生育。劳动者死亡后，其遗属依法享受遗属津贴。此外，还对社会保险水平、社会保险基金来源和监督、社会保险层次等作了规定，目的在于保证社会保险制度的运转，保障劳动者社会保险权利的实现。社会保险权作为劳动者基本人权的构成，其社会意义在于对劳动者生存权的保障。

社会福利是国家和社会为方便劳动者工作和生活，为其提供基本生活保障并不断改善生活状况的一种社会保障制度。社会福利权，是指劳动者依据国家制定的社会福利制度所享有的权利。社会福利权也是我国

《宪法》和《劳动法》赋予劳动者的一项基本权利。《宪法》第42条规定，国家通过各种途径，创造劳动就业条件，加强劳动保护，改善劳动条件，并在发展生产的基础上，提高劳动报酬和福利待遇。《劳动法》第76条规定，国家发展社会福利事业，兴建公共福利设施，为劳动者休息、休养和疗养提供条件。用人单位应当创造条件，改善集体福利，提高劳动者的福利待遇。

劳动者的社会保险和福利权主要通过《劳动法》第九章社会保险和社会福利制度保证实现。

七、提请劳动争议处理权

提请劳动争议处理权是指劳动者有权将与用人单位在劳动过程中发生的争议，提请有关部门进行处理的权利。《劳动法》确认劳动者享有提请劳动争议处理权具有双重意义，既提醒劳动者运用其拥有的劳动诉权，有效地解决与用人单位之间的劳动争议，维护自己的合法权益；也敦促用人单位认真履行其义务，切实保护劳动者的合法权利。

劳动者行使提请劳动争议处理权，具体包括以下几个方面：（1）争议处理方式的选择权，即劳动者享有的对劳动争议处理途径和方式的选择权。依据《劳动法》第77条的规定，当发生劳动争议时，劳动者可以依法申请调解、仲裁、提起诉讼，也可以协商解决。（2）请求依法受理劳动争议权。为了充分保护劳动者劳动诉权的实现，杜绝不予受理劳动争议现象的发生。法律规定，劳动争议处理机构应当自收到申诉书之日起，在法定时间内做出受理或者不予受理的决定。决定不予受理的，应当说明理由。（3）控告权。依据《劳动法》第88条第2款的规定，当劳动者的合法权益遭受不法侵害时，其对相关侵权主体或者不依法行政的劳动行政部门，有权提出检举和控告。

劳动者的提请劳动争议处理权主要通过《劳动法》第十章劳动争议制度保证实施。

八、法律规定的其他劳动权利

除了上述权利外，劳动者依法享有的劳动权利还包括：

（一）参加和组织工会的权利

依据我国《工会法》的规定，工会是职工自愿结合的工人阶级的群众组织。中国工会是中国共产党领导的职工自愿结合的工人阶级群众组织，是国家政权的重要社会支柱，是会员和职工权益的代表。全国总工会是各地方总工会和各产业工会全国组织的领导机关。《工会法》第2条第2款规定，中华全国总工会及其各工会组织代表职工的利益，依法维护职工的合法权益。第6条第1款规定，维护职工合法权益是工会的基本职责。工会在维护全国人民总体利益的同时，代表和维护职工的合法权益。

《劳动法》第7条第1款规定，劳动者有权依法参加和组织工会。劳动者的这项权利在我国现行《工会法》中得到进一步确定。《工会法》第3条规定，在中国境内的企业、事业单位、机关中以工资收入为主要生活来源的体力劳动者和脑力劳动者，不分民族、种族、性别、职业、宗教信仰、教育程度，都有依法参加和组织工会的权利。任何组织和个人不得阻挠和限制。

【法律小知识2-3】

工会的一般法律性质是社团法人。中华全国总工会、地方总工会、产业工会具有社会团体法人资格。基层工会组织具备民法通则、《中华人民共和国工会法》和《基层工会法人资格登记办法》规定的法人条件的，依法取得社会团体法人资格。具备法人资格的工会组织依法独立享有民事权利，承担民事义务。建立工会的企业、事业单位、机关与所建工会以及工会投资兴办的企事业单位，根据法律和司法解释的规定，是各自独立的法人主体，应当分别承担各自的民事责任。

（二）参与企业民主管理的权利

企业民主管理，主要是通过工会代表和组织发动职工民主参与企业经济活动和管理活动，实施群众监督，促进企业决策民主、利益关系公平公正、职工团结和谐。民主管理是构建和谐企业的强大动力。

劳动者参与企业民主管理是指职工依照法律规定，以主人的身份，通过职工代表大会或其他形式，对企业经济生活、政治生活、社会生活、文化生活以及其他事务实行民主决策、民主参与、民主监督的管理制度和管理方式。劳动者的此项权利通过《劳动法》的相关规定予以确定。《劳动法》第8条规定，劳动者依照法律规定，通过职工大会、职工代表大会或者其他形式，参与民主管理或者就保护劳动者合法权益与用人单位进行平等协商。由此可见，无论何种类型的企业，劳动者均有权参加企业的民主管理，其参与企业民主管理的途径主要是通过职工大会、职工代表大会或其他形式来实现。

此外，劳动者享有的劳动权利还有很多，例如，劳动者依法享有参加社会义务劳动的权利，从事科学研究、技术革新、发明创造的权利，依法解除劳动合同的权利，对用人单位管理人员违章指挥、强令冒险作业有拒绝执行的权利，对危害生命安全和身体健康的行为有权提出批评、举报和控告的权利，对违反劳动法的行为进行监督的权利等，这里不作——表述。

第三节　劳动者的基本劳动义务

劳动者的基本义务在我国《劳动法》中的具体表现为：完成劳动任务、提高职业技能、执行安全卫生规程、遵守劳动纪律和职业道德。

一、完成劳动任务

劳动者有完成劳动任务的义务。劳动者有劳动就业的权利，而劳动者一旦与用人单位发生劳动关系，就必须履行其应尽的义务，其中最主要的义务就是完成劳动生产任务。这是劳动关系范围内的法定的义务，同时也是强制性义务。它与劳动者享有的劳动报酬的基本权利相对应。劳动者不能完成劳动任务，就意味着劳动者违反劳动合同的约定，非但得不到约定的劳动报酬，用人单位甚至可以单方与其解除劳动合同。

劳动者完成劳动任务，须满足3个基本要求：（1）主体方面，必须是劳动者本人。劳动关系的特性决定了劳动者必须亲自完成劳动合同中约定的劳动任务，不得由他人代替。（2）内容方面，必须按照劳动合同中约定的条款全面地完成劳动任务。劳动者只有保质保量地完成自己所承担的劳动任务，才能保证整个劳动过程顺利进行。国家鼓励劳动者超额完成劳动任务，并给予相应的奖励。（3）形式方面，要求劳动者必须按照劳动合同中约定的方式进行劳动，如需变动，须经与用人单位双方协商一致，才能发生法律效力。

二、提高职业技能

提高职业技能，是指劳动者负有自觉地在学习和实践中不断接受新的业务知识，提高业务能力和操作技能的义务。劳动者履行提高职业技能的义务是通过行使接受职业技能培训的权利来实现的。用人单位除了必须对劳动者进行相应的职业技能培训外，劳动者自己还必须加强学习，不断提高自身的劳动能力和业务水平，以适应不断发展的新的生产技术的需要。当用人单位的生产技术提高到一定水平，而劳动者的职业技能不能与之相适应，不再具备完成本工作岗位的劳动任务的能力时，即使劳动者主观上无过错且无违纪行为，用人单位也可以该劳动者未能履行法定义务为由将其辞退。

三、执行安全卫生规程

从劳动者的角度出发，劳动安全卫生工作关系到劳动者的生命安全、身体健康，关系到职工和家庭的切身利益。与劳动者享有安全卫生保护的权利相对应，劳动者在劳动过程中必须执行劳动安全卫生规程，这是劳动者应当履行的法定义务。《劳动法》第3条第2款规定，劳动者应当执行劳动安全卫生规程。《劳动法》第56条又明确规定，劳动者在劳动过程中必须严格遵守安全操作规程。《劳动法》规定劳动者在劳动安全卫生法律制度方面的基本义务，就是要求其严格遵守安全操作规程，执行企业内部规章制度和岗位责任制。同时，不断提高工作的熟练程度和专业技术水平，防止因主观因素导致伤亡事故和职业病的发生。

【法律小知识2-4】

近年来，为从法律制度上保证生产经营单位健康有序地开展生产经营活动，保护劳动者的身体健康和生命安全，督促各级地方人民政府、生产经营单位从制度、体制、经济等方面采取各种有效措施避免和减少工伤事故、职业病的发生，除了《劳动法》外，国家先后颁布实施了一系列有关劳动安全卫生工作的法律法规，主要有《中华人民共和国职业病防治法》《中华人民共和国安全生产法》《中华人民共和国矿山安全法》《中华人民共和国建筑法》《中华人民共和国消防法》《中华人民共和国道路交通安全法》《中华人民共和国工会法》，以及国务院《关于特大安全事故行政责任追究的规定》《生产安全事故报告和调查处理条例》《工伤保险条例》等法律法规。

四、遵守劳动纪律和职业道德

遵守劳动纪律和职业道德，是作为劳动者最基本的条件。我国《宪法》规定遵守劳动纪律是公民的基本义务，其意义是重大的。劳动纪律是劳动者在共同劳动中所必须遵守的劳动规则和秩序。它要求每个劳动者按照规定的时间、质量、程序和方法完成自己应承担的工作。劳动者应当履行规定的义务，不断增强国家主人翁责任感，自觉地遵守劳动纪律，维护工作制度和生产秩序。职业道德是从业人员在职业活动中应当遵循的道德。职业道德在职业生活中形成和发展，调节职业活动中的特殊道德关系和利益矛盾，它是一般社会道德在职业活动中的体现，其基本要求是忠于职守，并对社会负责。遵守劳动纪律和职业道德，是保证生产正常进行和提高劳动生产率的需要。现代社会化的大生产，客观上要求每个劳动者严格遵守劳动纪律，以保证集体劳动的协调一致，从而提高劳动生产率，保证产品质量。劳动者在维护企业和自身利益的同时，还要就自己提供的产品和服务向社会负责，这是现代社会法律要求劳动者必须履行的义务。

【小案例2-2】

李某是广州一家有限责任公司的员工。公司配有汽车和专职司机。李某为了用车方便，私自配了公车钥匙。2013年6月5日，李某趁司机不在，与同事开车出去购物，被领导发现，李某与同事受到罚款处理。李某并未吸取教训，同年8月12日，他又开着公车带女友兜风。为了不被公司发现，他将油箱里的汽油加满。谁料，就在他偷偷将车送回单位时，恰巧碰上了公司后勤管理人员。公司以李某偷开公车且屡教不改，违反《员工手册》为由，与李某解除了劳动合同。李某不服，向当地劳动争议仲裁委员会提出申诉。请问：公司能否以李某违反单位内部规章制度为由解除劳动合同？[①]

分析提示：李某私配公车钥匙，擅自开车办私事，在任何单位都是不被允许的，违反了劳动纪律。至于这种违纪行为应否受到解除劳动合同的处罚，关键看公司是否履行了公示程序，即将直接涉及劳动者切身利益的规章制度和重大人事决定公示，或者告知劳动者。

---

① 黎建飞. 劳动法案例分析 [M]. 2版. 北京：中国人民大学出版社，2010.

五、法律规定的其他义务

除了上述义务外，劳动者还应当履行我国法律规定的其他义务，如《劳动法》第22条规定的劳动者有保守用人单位商业秘密的义务；第72条规定的劳动者有参加社会保险，缴纳属于个人部分保险费的义务；以及《劳动合同法》第3条规定的劳动者应当履行劳动合同约定的义务等。

▶ 本章小结

我国劳动者的权利和义务，具有以下显著的法律特征：（1）劳动者的权利与义务具有统一性。（2）劳动者的权利与义务具有人身属性。（3）劳动者的权利、义务与用人单位的义务、权利相互对应。（4）劳动者的权利义务受法律保障。劳动者的基本权利包括平等就业和选择职业权、劳动报酬权、休息权、劳动保护权、职业培训权、社会保险和福利权、提请劳动争议处理权以及法律规定的其他权利。劳动者的基本义务包括完成劳动任务、提高职业技能、执行安全卫生规程、遵守劳动纪律和职业道德的义务以及法律规定的其他义务。法律规定劳动者享有的劳动权利受到不法侵害时，其可以通过法律途径，维护自己的合法权利；法律规定劳动者履行的劳动义务没有履行时，其必然受到相应的法律制裁。

▶ 复习与思考

一、名词解释

劳动权 平等就业权 选择职业权 劳动报酬权 休息权 劳动保护权 职业培训权 社会保险权 社会福利权 劳动纪律 职业道德

二、选择题

1. 工会的一般法律性质是（　　）。

A.社团法人　　　　　　　B.财团法人

C.社会团体法人　　　　　D.民间组织

2. 获得（　　）的保障是劳动报酬权的核心内容。

A.劳动合同约定的劳动报酬　　B.加班加点工资

C.最低工资　　　　　　　　　D.法定节假日工资

3.关于我国劳动者的权利和义务，以下说法正确的是（　　　）。

A.劳动者的权利与义务具有统一性

B.劳动者的权利与义务具有人身属性

C.劳动者的权利、义务与用人单位的义务、权利相互对应

D.劳动者的权利义务受法律保障

4.劳动者的基本义务在我国《劳动法》中具体表现为（　　　）。

A.完成劳动任务　　　　　　　　B.提高职业技能

C.执行安全卫生规程　　　　　　D.遵守劳动纪律和职业道德

5.以下关于我国劳动者享有的休息权的具体表述，正确的是（　　　）。

A.我国目前的法定工作时间是职工每日工作8小时，每周工作40小时

B.我国目前的法定工作时间是职工每日工作8小时，每周工作44小时

C.用人单位应当保证劳动者每周至少休息1日

D.用人单位应当保证劳动者每周至少休息2日

三、简答题

1.简述我国劳动者享有的劳动保护权的主要内容。

2.简述职业培训与普通教育的联系和区别。

3.劳动者行使提请劳动争议处理权，具体包括哪些方面的内容？

4.劳动者完成劳动任务应满足哪些要求？

四、案例分析题

1.某年8月27日，被告某工程公司的项目部与被告罗某签订工程承包合同，约定由罗某承包大桥行车道板的架设安装。该合同还约定，施工中发生伤、亡、残事故，由罗某负责。合同签订后，罗某即组织民工进行安装。同年9月2日，原告刘某经人介绍至被告罗某处打工。为防止工伤事故，罗某曾召集民工开会强调安全问题，要求民工在安放道板下的胶垫时必须使用铁钩，防止道板坠落伤人。10月6日下午6时许，刘某在安放道板下的胶垫时未使用铁钩，直接用手放置。由于支撑道板的千斤顶滑落，重达10多吨的道板坠下，将刘某的左手砸伤。后原告因工伤赔偿纠纷问题，将两被告诉至法院。请问：用人单位仅以口头形式提醒劳动者注意防止安全事故的能否免责？

2.宏都制衣厂与进城务工的孙振在协商一致的基础上签订一份劳动合同，内容如下：宏都制衣厂招用孙振为制衣厂工人，从事衣服的裁

剪、制作等工作，每月向其支付工资800元，且由宏都制衣厂提供统一的宿舍和伙食，但是宏都制衣厂不为其缴纳社会保险。对此，孙振欣然同意。半年后，经与其他工友交流，孙振逐渐了解了社会保险的性质和意义，于是要求宏都制衣厂为其办理社会保险，宏都制衣厂以劳动合同有约定为由拒绝了孙振的请求。双方因此发生纠纷，孙振向劳动争议仲裁委员会申请仲裁。宏都制衣厂在答辩时声称，其与孙振之间的劳动合同是在协商一致的基础上签订的，宏都制衣厂没有违背孙振的意愿强迫其签订劳动合同，并且在签订该合同时，已经告知了孙振，要是为其办理社会保险，就不提供免费的食宿，由其选择。孙振选择了免费的食宿，因此宏都制衣厂可以依照劳动合同的约定不为其办理社会保险。请问：本案应该如何处理？[①]

① 邹杨，丁玉海. 劳动合同法最新理论与实务 [M]. 大连：东北财经大学出版社，2009.

▶ 学习目标

通过本章学习，重点掌握公平就业的内在要求、就业歧视的界定、禁止就业歧视的相关法律规定；掌握我国促进就业的政策支持体系，就业援助的对象、方法、程序和途径；了解我国劳动就业的相关立法、形式。

▶ 案例导入

陕西省原央属企业唐华集团破产就业援助案

2008年，陕西省迄今最大的企业破产案——唐华纺织印染集团有限责任公司（以下简称唐华集团）破产，备受社会各界关注。有近万名下岗分流人员急需再就业，西安市政府由此开展就业援助。

十多年前，在纺织行业的产业结构调整中，原西北国棉三厂、西北国棉四厂、西北国棉六厂、陕棉十一厂、西北第一印染厂等5个省属企业，被总部位于北京的央属企业华诚投资管理有限公司，以承债方式兼并，并以上述五个企业的实收资本之和组建了陕西唐华纺织印染集团有限责任公司。破产启动前，5个企业中有3个企业部分停产，一个企业随时面临全面停产的危险，另一个企业虽可维持生产经营，但计入还原债务利息后亏损严重；到2007年年底，唐华集团共有在册职工、离退休人员合计4.2万人。在唐华集团近万名下岗分流职工中，有70%左右的女工年龄普遍在40岁左右，再就业问题成为当地一个严峻的社会问题。

为此，西安市政府决定从2008年12月14日起对唐华集团政策性破产产生的下岗分流人员采取五大措施，开展就业援助。主要措施有：（1）开展政策宣传和咨询活动；（2）发放"再就业优惠证"和"失业证"，积极帮助分流人员托管档案，接续社保关系、享受社保补贴等；（3）享受各项就业优惠政策；（4）免费提供转岗培训、技能培训和创业培训，免费进行技能鉴定和职业介绍；（5）提供公益性岗位安置下岗分流人员。总之，西安市政府的各项就业援助举措，推动了破产工作的平稳顺利进行，有效地维护了企业职工的合法权益，维护了社会的稳定。

资料来源　毛清芳.劳动法与社会保障法［M］.北京：经济科学出版社，2011.

第一节　　就业促进概述

一、劳动就业

（一）劳动就业的概念

劳动就业是指劳动力与生产资料结合生产社会物质财富，并进行社会分配的过程，是劳动者的谋生手段。从劳动法的角度看，劳动就业是指具有劳动权利能力和劳动行为能力并有就业愿望的公民获得有报酬的职业。

从法律上把握此概念应明确以下要点：

第一，劳动就业主体必须是具有劳动权利能力和劳动行为能力的自然人，即在法定劳动年龄范围内，并且具有劳动能力。

【法律小知识3-1】

关于法定劳动年龄，《劳动法》第15条规定，禁止用人单位招用未满16周岁的未成年人。文艺、体育和特种工艺单位招用未满16周岁的未成年人，必须依照国家有关规定，履行审批手续，并保障其接受义务教育的权利。《关于落实再就业政策考核指标几个具体问题的函》（劳社厅函〔2003〕227号）规定，就业人员是指在法定劳动年龄内（男16～60岁，女16～55岁），从事一定的社会经济活动，并取得合法劳动报酬或经营收入的人员。

第二，劳动就业主体在主观上必须有求职的愿望。若无就业愿望，国家也无需保障其就业。公民办理失业或求职登记，就是有就业愿望的表示。如果公民在主观上不具有求职愿望，即使临时参加社会劳动，也不能算是就业。例如，在校学生勤工俭学不算就业。

第三，劳动就业主体从事的是国民经济领域内合法性的活动。凡从事不合法的活动，不能被视为就业。

第四，劳动就业的结果必须是获得了有劳动报酬或经营收入的职业。所获劳动报酬或经营收入能够用以维持劳动者本人及其赡养一定的家庭人口的基本生活需要。这是就业劳动与社会义务劳动的主要区别。

与劳动就业相对应的法律概念是失业，它是指在法定劳动年龄范围内并且有劳动能力和就业愿望的公民得不到劳动机会或就业后又失去工作的状态。世界各国都在探讨如何实行积极的就业保障政策，以提高就业率，降低失业率。我国由于一直存在城乡二元就业机制，政策法规中的失业（待业）概念仅指城镇失业，而将乡村中的未就业者称为农村剩余劳动力。

（二）劳动就业立法

就业问题一直是我国长期面临的重大经济问题和社会问题。新中国成立以来，尤其是党的十一届三中全会以后，为建立适应社会主义市场经济的新型就业制度，我国制定了大量的就业法规和政策，对就业方针、就业形式、职工招用、劳动力流动、就业服务、就业管理和特殊就业政策等问题作了明确规定。在《劳动法》颁布后，制定了《就业登记规定》（1995年）、《职业指导办法》（1994年）、《农村劳动力跨省流动就业管理暂行规定》（1994年）、《劳动就业服务企业管理规定》（1990年）、《职业介绍服务规程（试行）》（1998年）、《劳动力市场管理规定》（2000年）等一系列配套法规。另外，我国于2007年8月30日颁布了《中华人民共和国就业促进法》（以下简称《就业促进法》），自2008年1月1日起施行，这是我国劳动就业立法的一个里程碑。

我国劳动就业立法的完整体系主要包括以下几个部分：

1.就业调控法

就业调控法调整国家行政机关在运用宏观调控手段来促进就业的过程中发生的社会关系。其内容包括就业调控的机构、就业调控的目标、就业调控的政策工具等。我国《就业促进法》第一章"总则"的部分内容和第二章"政策支持"的内容属于就业调控法。

2.就业管理法

就业管理法也就是劳动力市场管理法，调整国家行政机关在就业管理也就是劳动力市场管理过程中发生的社会关系。其内容包括就业管理体制、劳动力市场准入管理体制、劳动力市场中介管理、就业信息制度等。我国《就业促进法》第四章"就业服务和管理"的部分内容属于就业管理法。

3.反就业歧视法

反就业歧视法调整劳动者在获得职业过程中因受到就业歧视而与用人单位和就业服务机构发生的社会关系，主要规范用人单位和就业服务机构的就业歧视行为。反就业歧视法规定了就业歧视的界定和就业歧视的法律责任。我国《就业促进法》第三章"公平就业"的内容属于反就业歧视法。

4.特殊群体就业保障法

特殊群体就业保障法调整妇女、未成年人、残疾人、退役军人、少数民族人员等劳动力市场上的弱势群体在就业过程中发生的社会关系。特殊群体就业保障法追求实质平等，对谋求职业有困难的特殊人群的就业予以特别保护。我国《妇女权益保障法》《未成年人保护法》《残疾人保障法》《民族区域自治法》等均有相关规定，《就业促进法》中有个别条文对残疾人等特殊群体的就业予以特别规定。

5.就业服务法

就业服务法调整政府、就业服务机构与劳动者、用人单位之间为形成劳动关系提供就业服务而发生的社会关系。就业服务法一般包括职业介绍法、职业指导法等。我国《就业促进法》第四章"就业服务和管理"的部分内容属于就业服务法。

6.职业培训法

职业培训法作为系统规定职业培训制度的专门法，所规定的职业培训包括就业前的培训（即就业训练）与就业后的培训（或就业中的培训），而劳动就业立法主要涉及的是就业前的培训。各国对职业培训一般单独立法，我国也制定有专门的《职业教育法》，《劳动法》第八章"职业培训"、《就业促进法》第五章"职业教育和培训"的内容属于职业培训法。

7.就业援助法

就业援助法调整政府与劳动者、用人单位之间为形成劳动关系提供就业援助而发生的社会关系。就业援助的对象是就业困难人员。我国《就业促进法》第六章"就业援助"的内容属于就业援助法。

8.失业保险法

失业保险法调整政府、失业保险经办机构和失业者之间因失业保险而发生的社会关系。失业保险具有生存保障和促进再就业双重功能,失业保险法也具有社会保障法和劳动法的双重属性。我国《就业促进法》在第二章第16条原则性地规定,国家建立健全失业保险制度,依法确保失业人员的基本生活,并促进其实现就业。《中华人民共和国社会保险法》第五章"失业保险"的内容属于失业保险法。

(三)我国劳动就业的形式

1.我国劳动就业的一般形式

(1)劳动者与用人单位直接洽谈就业。例如,国家每年在大中专院校学生毕业之前在各地举办大规模的人才交流洽谈会,即将就业的高校毕业生通过洽谈会与有关的用人单位直接见面、洽谈,双向选择后实现就业。

(2)职业介绍机构介绍就业。按照我国法律规定,职业介绍机构应有常年固定的服务场所、专职从事就业服务工作的工作人员和相应的工作设施,帮助求职者和用人单位沟通联系,提供就业服务,促进求职者和用人单位相互选择,充分开发和利用劳动力资源。

(3)劳动者自己组织起来就业。劳动者在国家的扶持下,自愿组织起来通过举办各种集体经济组织实现就业。例如,创办劳动服务企业,国家在资金、税收、场地等方面都给予优惠和照顾。

(4)自谋职业。自谋职业即劳动者自谋就业的出路,如劳动者从事个体经营等。随着市场经济的发展,自谋职业越来越受到重视,并在安置失业和下岗职工中发挥着越来越大的作用。

(5)国家安置就业。目前,国家对少数劳动者仍然负有保证其实现第一次就业的义务。这部分劳动者包括城镇复员军人、在服役期内荣立二等功和因公致残的三等以上伤残的原农业户口的复员军人及转业军人、烈士的子女（仅限 1 名）等。

2.特定人员的就业方式

（1）农村劳动者到城镇就业。我国对农村劳动者到城镇就业经历了禁止、限制和帮助的历程。目前，国家要求相关部门做好农民工转移就业服务工作，建立健全县乡公共就业服务网络，为农民转移就业提供服务；大力开展农民工职业技能培训和引导性培训，提高农民转移就业能力和外出适应能力；完善农民工培训补贴办法，对参加培训的农民给予适当培训费补贴等。

（2）外国人在中国就业。我国允许没有取得居留证件的外国人和来中国留学的外国人在中国就业。上述人员申请在中国就业必须符合以下条件：①年满 18 周岁，身体健康；②持有有效护照或可能代替护照的其他国际旅行证件；③具有从事其工作所必需的技能和专业知识；④无犯罪记录；⑤所从事的工作是国家法律允许外国人从事的。

（3）我国台、港、澳居民在内地就业。台、港、澳人员在内地就业是指台、港、澳人员依法应聘受雇于内地用人单位从事一定社会劳动并取得劳动报酬或经营收入的行为。为保护在内地就业的台、港、澳人员的合法权益，我国于 2005 年 10 月 1 日起施行了《台湾香港澳门居民在内地就业管理规定》。

二、就业促进

就业促进是指国家为保障公民实现劳动权，所采取的创造就业条件、扩大就业机会的一系列措施的总称。

就业促进是国家的基本职责，也是国家赋予公民劳动权的必然要求。我国《宪法》第 42 条规定，中华人民共和国公民有劳动的权利和义务；国家通过各种途径，创造就业条件。《劳动法》第 5 条规定，国家采取各种措施，促进劳动就业。

此外，政府就业促进责任的必要性还在于保持社会的稳定性。在市场经济条件下，改革、发展依据的主要是效率与竞争的原则，必然会产生淘汰者，它也是市场规则运行的必然结果。如果被淘汰者的合法权益得不到有效保护，社会的稳定度就难以保证，因此，必须处理好效率与公平的问题，政府责无旁贷。

我国《就业促进法》主要规定了以下内容：

1.就业促进的工作机制

（1）国务院建立研究就业工作重大问题、协调推动全国促进就业工作的协调工作机制，国务院劳动保障部门具体负责全国的促进就业工作；（2）省、自治区、直辖市人民政府根据工作需要，建立协调解决本行政区域就业工作重大问题的促进就业工作协调机制；（3）县级以上人民政府有关部门按照各自的职责分工，共同做好促进就业工作；（4）工会、共青团、妇女联合会、残疾人联合会以及其他社会组织协助人民政府开展就业促进工作，依法维护劳动者的劳动权利。

2.建立政策支持体系

为了切实解决劳动力供求总量矛盾和劳动力结构性矛盾突出的问题，充分发挥国家宏观经济社会政策在就业促进工作中的重要作用，《就业促进法》主要做了以下规定：

（1）国家实行有利于促进就业的产业政策、经贸政策、投资政策、财政和税收政策、信贷政策等。

（2）国家实行统筹城乡和区域的就业政策，逐步建立城乡劳动者平等就业的制度，促进和引导农村劳动者有序转移就业，鼓励区域协作。

（3）各级人民政府统筹做好城镇新增劳动者就业、农村剩余劳动力转移就业、失业人员再就业工作；应当根据妇女、残疾人、高等学校和中等职业学校毕业生、退役军人等不同就业群体的特点，鼓励社会各方面开展创业培训、就业服务等活动，提高其就业能力和创业能力。

3.规范市场秩序

为了规范人才和劳动力市场秩序，促进劳动者通过市场实现就业，《就业促进法》主要做了以下规定：

（1）县级以上人民政府应当培育和完善统一、开放、竞争、有序的人才和劳动力市场，规范市场秩序，创造公平的就业环境，促进劳动者通过市场实现就业。

（2）用人单位招用人员、职业中介机构从事职业中介活动不得以民族、种族、性别、宗教信仰、年龄、身体残疾等因素歧视劳动者，农村劳动者进城就业享有与城镇劳动者平等的劳动权利。

（3）县级以上人民政府及其有关部门应当加强对职业中介机构

的管理，提高职业中介机构的服务质量，并对职业中介机构设立的条件、程序，以及职业中介机构从事职业中介活动的原则做出规定。

（4）企业成规模裁减人员，应当遵守有关法律、法规的规定；县级以上人民政府应当建立失业预警制度，预防、调节和控制可能出现的较大规模的失业。

（5）国家建立劳动力调查统计制度和就业登记、失业登记统计制度；县级以上人民政府建立健全人才和劳动力市场信息服务体系；省级人民政府逐步完善用人单位用工备案制度。

4.职业教育和培训

为了提高劳动者的职业技能，增强劳动者的就业能力和创业能力，《就业促进法》主要做了以下规定：

（1）国家依法发展职业教育，鼓励开展职业培训，县级以上人民政府根据经济社会发展和市场需求，制订并实施以就业为导向的职业能力开发计划，加强对劳动者的职业技能操作训练。

（2）鼓励和支持各类职业院校、职业技能培训机构和用人单位依法开展就业前培训、在职职业技能培训、继续教育培训和再就业培训。

（3）逐步推行劳动预备制度，对未能继续升学的初高中毕业生实行一定期限的职业培训。

（4）各级人民政府应当组织和引导进城就业的农村劳动者参加技能培训，鼓励各类培训机构为进城就业的农村劳动者提供技能培训，增强其就业能力。

（5）国家建立促进劳动者就业的职业能力评价体系，对规定的职业实行职业资格证书制度。

5.就业服务和就业援助

为了进一步发挥就业服务和就业援助的作用，《就业促进法》主要做了以下规定：

（1）县级以上人民政府应当完善公共就业服务制度，建立健全公共就业服务体系，提高公共就业服务的质量和效率，并明确规定了政府设立的公共就业服务机构应当为劳动者免费提供的服务项目。

（2）各级人民政府应当建立健全就业与再就业援助制度，将就业援助与解决就业困难人员的生产生活结合起来，对就业困难人员实行优先扶持和重点帮助。

（3）县级以上地方人民政府应当加强基层就业援助服务工作，对就业困难人员实施重点帮助，提供有针对性的就业服务和公益性岗位援助。

此外，为了保证促进就业工作的顺利进行，《就业促进法》还规定了各项监督检查措施和相应的法律责任。

第二节　公平就业

一、公平就业

（一）就业平等权

所谓就业平等权，又称平等就业权，是指公民平等获得就业机会的权利。就业平等权是公民的基本权利之一，是宪法赋予公民的平等权在劳动领域的延伸和具体化。由于就业机会在当今社会是一种稀缺资源，所以其公平分配就显得格外重要。就业平等权就是保护公民的平等就业权利，使每个劳动者都能有平等的机会去竞争工作岗位，其实质就是要反对就业与职业中的各种歧视行为。

【小思考3-1】

就业平等权的实现是否意味着绝对平均主义并否定待遇差别？

答：就业平等权并不等同于绝对平均主义。绝对平均主义意味着完全一致，绝对平等，而我们所说的就业平等，侧重于强调就业权利和获得就业机会的平等，是相对的、有条件的平等。因为在现实社会中，由于历史条件、生活环境、个人能力等各方面的限制，在就业待遇方面实现绝对平均是不可能的。因此，应肯定合理的待遇差别。

（二）公平就业的法律规定

公平就业，是指劳动者进入劳动力市场就业应获得公正、平等的对待。我国《劳动法》第3条规定，劳动者享有平等就业和选择职业的权利；第12条规定，劳动者就业，不因民族、种族、性别、宗教信仰不同而受歧视；第46条规定，工资分配应当遵循按劳分配原则，实行同工同酬。这些条文都涉及了劳动者公平就业和禁止就业歧视的内容。此外，《妇女权益保障法》《残疾人保障法》对妇女就业、残疾人公平就业以及禁止歧视等也都作了相应规定。《就业促进法》第3条规定，劳动者依法享有平等就业和自主择业的权利。劳动者就业，不论民族、种族、性别、宗教信仰等不同而受歧视。与《劳动法》第12条相比，这里增加了一个"等"字，为进一步促进公平就业和扩大禁止就业歧视范围奠定了基础。

（三）公平就业的内在要求

1.就业权利平等

劳动者的就业权利应获得公正、公平的对待。劳动者就业，不论其个体有何差异，不论民族、种族、性别、宗教信仰等有何不同，就业资格平等，均应享有平等的就业权利，不应有所差别，法律赋予的劳动权，每一个劳动者都完整地享有。

2.就业机会平等

就业机会平等，是指在劳动力市场上，社会为劳动者提供的机会应该是均等的，包括报名应招机会均等、录用考核标准公平等，使每一个劳动者都能公平地进入劳动力市场，自主择业，通过公平竞争实现就业。

3.就业环境公平

就业环境是对劳动者就业有直接或间接影响的范围，如就业资格、就业政策、就业权利、就业机会、就业服务、就业援助、就业保障等。

4.反对就业歧视

就业歧视是对公平原则的挑战，破坏公平的就业环境，加剧劳动者在求职、就业方面的困境，与人类文明和社会进步的发展背道而驰。因此，我国的《就业促进法》明确规定反对就业歧视，依法保护公民的平等就业权利。

二、就业歧视

（一）就业歧视的界定

结合国际公约以及其他国家和地区的相关规定并根据我国国情，就业歧视可界定为：没有合法的目的和原因，基于种族、肤色、宗教、政治见解、民族、社会出身、性别、户籍、残障或身体健康状况、年龄、身高、语言等原因，采取的任何区别、排斥、限制或者给予优惠，其目的或作用在于取消或损害劳动者的就业平等权。

理解就业歧视，至少需要把握以下3点：

（1）就业歧视表现为某些劳动者与其他劳动者相比在客观上受到了不公平对待，而不问这种不公平对待实施者的主观动机如何，即是否故意。

【小案例3-1】

秋子出生在河南商丘一个普通家庭，2006年7月毕业于商丘职业技术学院英语专业，并取得教师资格证。2006年12月1日，秋子与上海昂立教育投资管理咨询有限公司分别签订了实习合同与外派合同。根据实习合同的约定，秋子需在公司华北大区师训部（位于郑州）进行为期一个月的实习。实习期满后，外派到分校工作。12月21日，秋子接到公司通知，被告知外派到公司的加盟学校——浙江省昂立国际教育嘉善学校工作。12月24日，秋子到达学校，学校校长以秋子相貌不佳为由，拒绝录用。12月26日，秋子返回位于郑州的华北大区师训部，多次要求公司继续给她安排工作，但均以相貌不佳为由拒绝履行。秋子利用MP3将其与公司经理的谈话内容录制下来，并于2007年2月5日，前往上海劳动仲裁部门维权，该案被称为全国"相貌歧视第一案"。最终，经劳动部门调解，双方达成和解。请问：该公司的行为是否构成就业歧视？[1]

分析提示：判断是否构成就业歧视，最关键的是看雇用单位的要求是否出于职务本身的客观需要。如果相貌与劳动者完成工作岗位职责无关，而用人单位以此为由区别对待，则构成就业歧视。至于岗位对相貌的要求，不是由雇用单位说了算，而是要由法律进行判断，按照职业要求作具体分析。

（2）劳动者受到的不公平对待是基于种族、性别、民族、年龄、户

---

① 蒲春平，唐正彬. 劳动法与社会保障法［M］. 北京：航空工业出版社，2013.

籍、宗教信仰、健康状况、社会出身等与特定职业内在需要无关的原因，如果是因工作岗位客观、内在需要而受到的区别对待，应属于正当的理由，不以就业歧视论之。

【小案例3-2】

2005年12月14日，江西日报社于《江西日报》上登出招聘编辑、记者启示，其中基本条件中写明：具有国家计划内统招大学本科以上学历，所学专业与报考职位要求相符。李金仁是有着3年工作经验的成人法学本科生，于12月8日前往报名，但被招聘人员告知其成人教育毕业与招聘条件不符而不能参加考试。李金仁以江西日报社违反了劳动者享有平等就业权利、存在学历歧视为由，将其告上法庭。请问：该单位是否存在就业歧视行为？①

分析提示：该案主要涉及公民平等就业权和用人单位用人自主权的冲突与平衡问题。《就业促进法》第8条规定，用人单位依法享有自主用人权利。同时，有些情形不应视为就业歧视：一是对一项特定职业基于其内在需要的任何区别、排斥或优惠不应视为歧视；二是针对有正当理由被怀疑或证实参与了有损国家安全活动的个人所采取的任何措施，不应视为歧视；三是为适合某些人员特殊需要而制定的保护或援助的特殊措施不应视为歧视。

（3）劳动者受到的不公平对待是在就业或工作过程中发生的，即就业歧视不仅包括就业中的歧视，也包括就业后工作条件、职业待遇方面的歧视。也就是说，就业歧视是就业和职业歧视的简称。

（二）禁止就业歧视

1. 禁止性别歧视

《就业促进法》第27条规定，国家保障妇女享有与男子平等的劳动权利。用人单位招用人员，除国家规定的不适合妇女的工种或者岗位外，不得以性别为由拒绝录用妇女或者提高对妇女的录用标准。用人单位录用女职工，不得在劳动合同中规定限制女职工结婚、生育的内容。

---

① 方乐华，吴晓宇. 劳动法与社会保障法案例与图表 [M]. 北京：法律出版社，2013.

【小案例3-3】

小李是某大学本科毕业生，应聘某企业文秘一职。面试时，企业人事主管表示，小李符合录取条件，但要求其填写一份承诺书，保证其5年内不生育。由于找工作困难，小李虽对此很反感，但还是违心写了承诺书。工作1年后，小李结婚，结婚不久便怀孕了。公司高管得知后，恼羞成怒，认为小李违背了当初的承诺，决定将小李除名，解除其劳动合同。小李决定拿起法律武器，维护自己的合法权益。请问：该企业的行为是否违反相关法律规定？①

分析提示：用人单位录用女职工，不得在劳动合同中规定限制女职工结婚、生育的内容。该企业录用女职工时要求其承诺5年内不生育的行为，不但无效，而且应当承担相应的法律责任。此外，《劳动合同法》第42条明确规定，女职工在孕期、产期、哺乳期的，用人单位不得解除劳动合同。

2.禁止民族歧视

《就业促进法》第28条规定，各民族劳动者享有平等的劳动权利。用人单位招用人员，应当依法对少数民族劳动者给予适当照顾。同时，《民族区域自治法》对就业问题有专门规定，即民族自治区域地方的自治机关、企业、事业单位在招录工作人员时，要优先招收少数民族人员。

3.禁止残疾歧视

《就业促进法》第29条规定，国家保障残疾人的劳动权利。各级人民政府应当对残疾人就业统筹规划，为残疾人创造就业条件。用人单位招用人员，不得歧视残疾人。同时，《残疾人就业保障法》规定了通过如国家的集中安置、分散吸收、鼓励残疾人自主创业等多渠道、多层次、多种形式，使残疾人就业逐步普及、稳定、合理。

4.禁止健康歧视

《就业促进法》第30条规定，用人单位招用人员，不得以是传染病病原携带者为由拒绝录用。但是，经医学鉴定传染病病原携带者在治愈

---

① 根据南昌市东湖区人民法院民事判决书（2006）东民初字第71号整理。

前或者排除传染嫌疑前，不得从事法律、行政法规和国务院卫生行政部门规定禁止从事的易使传染病扩散的工作。

5.禁止户籍歧视

《就业促进法》第31条规定，农村劳动者进城就业享有与城镇劳动者平等的劳动权利，不得对农村劳动者进城就业设置歧视性限制。目前我国的户籍制度仍存在农业户口和非农业户口的区别，随着产业结构的调整和城市化进程的推进，大量的农业劳动者向城镇转移。为了消除这部分人口在城镇就业时受到的限制，2006年《国务院关于解决农民工问题的若干意见》提出，要逐步实行城乡平等的就业制度。

（三）我国就业歧视的法律救济

关于法律责任和救济程序，《就业促进法》第62条明确规定："违反本法规定，实施就业歧视的，劳动者可以向人民法院提起诉讼。"用人单位招用人员、职业中介机构从事职业中介活动时，如果实施了就业歧视，违反了向劳动者提供平等的就业机会和公平的就业条件的义务，应当承担法律责任。

第三节　就业服务与管理

一、就业服务

（一）就业服务概述

就业服务是指就业服务主体为劳动者实现就业和用人单位招用劳动者提供的社会服务。它是劳动力市场运行机制和国家劳动政策实施体系的一个重要组成部分。具体来说，应该从以下几个方面加以理解：

第一，就业服务的提供者是专门的就业服务主体。该就业服务主体既可以是公共就业服务机构，也可以是私立就业服务机构；既可以是营利性服务机构，也可以是非营利性服务机构。

第二，就业服务的对象是劳动者和用人单位，即劳动力的供求双方。

第三，就业服务的内容是提供各种社会服务。这种社会服务内容主要包括把劳动力的供求双方匹配起来，正确评估劳动者的能力，开发劳动技能以及各种促进就业项目等。

第四，获得就业服务是劳动者的一项基本劳动权利。就业服务权是劳动权的基本内容，主要包括获得职业指导、职业介绍等内容的权利。在现代社会中，获得就业服务权是实现劳动权的前提，国家负有保护和协助实现的义务。

（二）我国就业服务的相关立法

我国就业服务体系是随着就业体制的改革逐步发展起来的，起步比较晚。就业服务立法长期以来比较零散，主要以部门规章为主。我国2007年通过的《就业促进法》在第四章规定了"就业服务和管理"，相应地，劳动和社会保障部2007年通过了《就业服务与就业管理规定》，自2008年1月1日起施行。

（三）就业服务的内容

1.公共就业服务体系

县级以上人民政府建立健全公共就业服务体系，设立公共就业服务机构，为劳动者免费提供下列服务：（1）就业政策、法律咨询；（2）职业供求信息、市场工资指导价位信息和职业培训信息发布；（3）职业指导和职业介绍；（4）对就业困难人员实施就业援助；（5）办理就业登记、失业登记等事务；（6）其他公共就业服务。

2.人力资源市场信息服务体系

公共就业服务机构应当建立健全人力资源市场信息服务体系，完善职业供求信息、市场工资指导价位信息、职业培训信息、人力资源市场分析信息的发布制度，为劳动者求职择业、用人单位招用人员以及培训机构开展培训提供支持。

3.就业服务的对象

我国就业服务机构大都设在城镇，服务对象大多为城镇居民。2008年《就业服务与就业管理规定》第63条规定："在法定劳动年龄内，有劳动能力，有就业要求，处于无业状态的城镇常住人口，可以到公共就业服务机构进行失业登记。其中，没有就业经历的城镇户籍人员，在户籍所在地登记；农村进城务工人员和其他非本地户籍人员在常住地稳定就业满6个月的，失业后可以在常住地登记。"该规定已经将农村进城务工人员和其他非本地户籍人员有条件地纳入失业登记的对象范围，在城乡统一的劳动力市场建设上迈出了重要的一步。

二、就业管理

（一）就业管理概述

就业管理是指国家有关劳动行政部门、管理部门对人力资源市场进行管理的行为，目的是实现国家对人力资源市场的宏观调控，规范人力资源市场主体的行为，促进劳动力市场机制形成和确保其正常发挥功能。2007年《就业促进法》在第四章规定了"就业服务和管理"，并提出"县级以上人民政府培育和完善统一开放、竞争有序的人力资源市场"，劳动和社会保障部于2007年10月30日通过了《就业服务与就业管理规定》予以配套，指出"县级以上劳动保障行政部门依法开展本行政区域内的就业服务和就业管理工作"。

（二）就业管理的内容

1.培育和完善人力资源市场

县级以上人民政府培育和完善统一开放、竞争有序的人力资源市场，为劳动者就业提供服务；鼓励社会各方面依法开展就业服务活动，加强对公共就业服务和职业中介服务的指导和监督；加强人力资源市场信息网络及相关设施的建设；对职业中介机构提供公益性就业服务的，按照规定给予补贴；加强对职业中介机构的管理，鼓励其提高服务质量，发挥其在就业促进中的作用。

2.对职业中介机构的管理

职业中介机构，是指由法人、其他组织和公民个人举办，为用人单位招用人员和劳动者求职提供中介服务以及其他相关服务的经营性组织。

职业中介机构须依法从事职业中介活动：

（1）职业中介机构提供虚假就业信息，为无合法证照的用人单位提供职业中介服务，伪造、涂改、转让职业中介许可证的，由劳动行政部门或者其他主管部门责令改正。有违法所得的，没收违法所得，并处1万元以上、5万元以下的罚款。情节严重的，吊销职业中介许可证。

（2）职业中介机构扣押劳动者的居民身份证和其他证件的，由劳动行政部门责令限期退还劳动者，并依照《居民身份证法》等有关法律规定给予处罚。

（3）职业中介机构向劳动者收取押金的，由劳动行政部门责令限期退还劳动者，并以每人500元以上、2 000元以下的标准处以罚款。

（4）职业中介机构提供职业中介服务不成功的，应当退还向劳动者收取的中介服务费；未退还的，由劳动保障行政部门责令改正，并可处以1 000元以下的罚款。

【小案例3-4】

老王是一位下岗职工，在朋友的介绍下，来到了一家职业中介所。工作人员当即给老王联系了一家工作单位，条件是需交100元押金，求职成功后则再交50元中介费，并承诺如果失败了则只需交5元服务费，100元押金退回。老王去那家单位进行面试过程中，发现工作待遇太低且工作环境很差，故没有与公司签约。回到职业中介所要求返还押金时，工作人员却说单位已经给你找好了，是你自己不愿意去，这也算介绍成功。当老王提出要看中介机构的营业执照时，遭到工作人员的拒绝。请问：中介机构的做法合理吗？①

分析提示：依据我国《就业服务与管理规定》，职业中介机构必须在服务场所明示中介许可证，不得以任何理由拒绝出示，否则应依据国家有关规定接受处罚。此外，职业中介机构不得向劳动者收取押金，提供职业中介服务不成功的，应当退还向劳动者收取的中介服务费，否则应由劳动保障行政部门责令其改正，并可罚款。

3.失业预警制度

县级以上人民政府建立失业预警制度，对可能出现的较大规模失业，实施预防、调节和控制。

4.劳动力调查统计制度

国家建立劳动力调查统计制度，开展劳动力资源和就业、失业状况调查统计，并公布调查统计结果。统计部门和劳动行政部门进行劳动力调查统计和就业、失业状况调查时，用人单位和个人应当如实提供调查统计所需要的信息。

5.全国人力资源市场信息网

县级以上劳动保障行政部门应当按照信息化建设统一要求，逐步实

---

① 蒲春平，唐正彬. 劳动法与社会保障法［M］. 北京：航空工业出版社，2013.

现全国人力资源市场信息联网。其中，城市应当按照劳动保障数据中心建设的要求，实现网络和数据资源的集中和共享；省、自治区应当建立人力资源市场信息网省级监测中心，对辖区内人力资源市场信息进行监测；人力资源和社会保障部设立人力资源市场信息网全国监测中心，对全国人力资源市场信息进行监测和分析。

第四节　　职业教育与培训

一、职业教育与培训的概念及意义

职业教育，是指学校依据国家教育主管部门规定的标准，为职业训练的目的而提供理论知识和职业技能的教育。职业培训，又称职业技能培训或职业技术培训，是指根据社会职业的需要和劳动者从业的意愿及条件，按照一定标准，对劳动者进行的旨在培养和提高其职业技能的非学历教育培训活动。

【小思考3-2】

职业教育与职业培训有何不同？

答：职业教育，通常由职业院校实施，有国家规定的学制，进行较为系统的教育，颁发学历证书；而职业培训则形式比较灵活，可以由多种机构实施，包括各类职业院校、职业技能培训机构和用人单位，没有国家规定的学制，只有培训证书而没有学历证书。

职业教育和培训是开发人力资源、提高劳动者素质以促进生产力发展的一个重要手段，是国家教育制度中的重要一环。它不仅通过提高劳动者的专业技术、业务知识和操作技能，直接为促进经济发展和提高劳动生产率服务，而且通过对劳动者的教育和培训，提高劳动者的个人素质。另外，从劳动权利的角度看，职业教育与培训对于劳动者充分实现劳动权，更好地实现劳动报酬权，获得更为充分的劳动安全卫生保护权都具有更为显著的意义。

二、我国的职业教育和培训立法

（一）国家负有促进职业教育和培训发展义务的法律依据

《劳动法》第66条规定，国家通过各种途径，采取各种措施，发展职业培训事业，开发劳动者的职业技能，提高劳动者素质，增强劳动者的就业能力和工作能力。

此外，《就业促进法》第五章"职业教育和培训"规定了国家促进职业教育和培训发展的具体相关义务：

（1）国家依法发展职业教育，鼓励开展职业培训，促进劳动者提高职业技能，增强就业能力和创业能力。

（2）县级以上人民政府根据经济社会发展和市场需求，制订并实施职业能力开发计划。

（3）县级以上人民政府加强统筹协调，鼓励和支持各类职业院校、职业技能培训机构和用人单位依法开展就业前培训、在职培训、再就业培训和创业培训，鼓励劳动者参加各种形式的培训。

（4）县级以上地方人民政府和有关部门根据市场需求和产业发展方向，鼓励、指导企业加强职业教育和培训。

（5）职业院校、职业技能培训机构与企业应当密切联系，实行产教结合，为经济建设服务，培养实用人才和熟练劳动者。

（6）企业应当按照国家有关规定提取职工教育经费，对劳动者进行职业技能培训和继续教育培训。

（7）国家采取措施建立健全劳动预备制度，县级以上地方人民政府对有就业要求的初高中毕业生实行一定期限的职业教育和培训，使其取得相应的职业资格或者掌握一定的职业技能。

（8）地方各级人民政府鼓励和支持开展就业培训，帮助失业人员提高职业技能，增强其就业能力和创业能力，失业人员参加就业培训的，按照有关规定享受政府培训补贴。

（9）地方各级人民政府采取有效措施，组织和引导进城就业的农村劳动者参加技能培训，鼓励各类培训机构为进城就业的农村劳动者提供技能培训，增强其就业能力和创业能力。

（10）国家对从事涉及公共安全、人身健康、生命财产安全等特殊工种的劳动者，实行职业资格证书制度，具体办法由国务院规定。

（二）用人单位负有对劳动者进行职业培训义务的法律依据

《劳动法》第68条规定，用人单位应当建立职业培训制度，按照国家规定提取和使用职业培训经费，根据本单位实际，有计划地对劳动者进行职业培训。从事技术工种的劳动者，上岗前必须经过培训。

企业未按照国家规定提取职工教育经费，或者挪用职工教育经费的，须承担法律责任。《就业促进法》第67条规定，违反本法规定，企业未按照国家规定提取职工教育经费，或者挪用职工教育经费的，由劳动行政部门责令改正，并依法给予处罚。

三、我国职业教育与培训的分类和主要形式

（一）职业教育与培训的分类

以培训对象为标准，职业教育与培训可以分为两类：

（1）就业前的职业教育与培训，是指以处于非就业状态且有就业愿望的劳动者为对象的职业教育与培训。从事技术工种的劳动就业上岗前必须接受岗前教育与培训。

（2）就业后的职业教育与培训，也称在职培训，是指以已经就业的劳动者为对象的教育与培训。用人单位在使用劳动力的同时负有对劳动者进行职业教育与培训的义务。《劳动法》第68条规定："用人单位应当建立职业培训制度，按照国家规定提取和使用职业培训经费，根据本单位实际，有计划地对劳动者进行职业培训。"用人单位对职工进行在职教育和培训，可以根据本单位实际情况和实际需要，选择灵活多样的教育培训形式。

（二）职业教育与培训的主要形式

1.学校的正规教育与培训

学校的正规教育与培训是指由技工学校、职业（技术）学校（院）和成人高等学校等教学机构承担的职业教育与培训。

（1）技工学校是指国家、社会和企事业单位举办的培养中等技术水平和中等文化程度的技术工人的学校。技工学校的学制根据受培训者原有的文化程度和专业知识要求确定，一般为2~3年。

（2）职业（技术）学校（院）是指由国家、社会组织或个人举办的，将初、高中毕业生培养成为能够从事某种职业技术工作的中、高等专门人才的学校。其招生对象为初、高中毕业生，学制为2~3年，主要进行职业技术教育，同时开设有普通文化课。

（3）成人高等学校是国家、企事业单位和其他社会组织举办的，将在职人员和其他人员培养成具有大专以上文化程度的专业人才的学校。

成人高等学校主要有教育学院、管理学院、职工大学和各类业余大学（例如夜大、电大、函大等）。成人高等学校的教育是我国高等教育系统的一个组成部分，但又与职业教育紧密联系在一起。

2.用人单位举办的职业培训

用人单位举办的职业培训是指用人单位按照工作需要，由其独办或联合设置的职业培训机构对职工进行的技术业务、操作技能等方面的教育和训练活动。对于参加由用人单位承担培训费用的脱产和半脱产的职工，用人单位可与之订立培训合同，明确双方权利、义务及违约责任。

3.就业训练中心的培训

就业训练中心的培训是指由劳动就业服务机构管理和指导的就业训练实体组织和举办的职业培训，受培训者与就业训练中心的权利和义务由双方签订培训合同确定。

4.学徒培训

学徒培训是指企业对招收的学徒采取以师带徒的培训方式，是一种传统的培训方式，双方通过订立学徒培训合同确立相互之间的权利和义务。

四、职业技能标准和职业技能鉴定

职业技能标准是指在法定的职业分类目录的基础上，根据具体职业（工种）现有的全社会平均技术水平，经调查、测算所确定的技能要求，对从事或将要从事特定职业（工种）的劳动者的技术水平进行检测的考核标准体系。根据《劳动法》第69条的规定，国家对规定的职业制定职业技能标准。职业技能标准的制定必须以法定的职业（工种）分类为前提。

职业技能鉴定是指对劳动者进行技术等级的考核和技师、高级技师资格的考评。职业技能鉴定由政府批准的专门机构负责实施，它以劳动者所具有的并被列入国家规定职业范围的职业技能作为鉴定对象，以国家制定的职业技能标准作为鉴定依据，以颁发职业资格证书作为确认劳动者职业技能达到一定等级的法定凭证。

我国职业技能鉴定实行政府指导下的社会化管理体制。国家人力资源和社会保障行政部门综合管理全国职业技能鉴定工作，制定规划、政策和标准，审查批准有关行业的职业技能鉴定机构。

各省、自治区、直辖市人力资源和社会保障行政部门综合管理本地区职业技能鉴定工作，审查批准各类职业技能鉴定指导中心和站（所），制定参加技能鉴定人员的申报条件和鉴定程序、专业技术知识和操作技能考核、考务及考评人员工作守则和考评小组成员组成原则及管理办法、职业技能鉴定站（所）考场规则、《技术等级证书》的印鉴和核发办法。职业技能鉴定中心负责组织、协调、指导职业技能鉴定工作。职业技能鉴定站（所）具体实施对劳动者职业技能的鉴定。

第五节　就业援助

就业援助是国家对就业困难人员和零就业家庭实施优先扶持和重点帮助的援助措施和制度，充分体现政府对就业困难人员的关怀。《就业促进法》规定各级人民政府应建立健全就业援助制度，对就业困难人员给予扶持和帮助。

一、就业援助的对象

就业困难对象包括就业困难人员和零就业家庭。就业困难人员是指因身体状况、技能水平、家庭因素、失去土地等原因难以实现就业，以及连续失业一定时间仍未能实现就业的人员。省、自治区、直辖市人民政府根据本行政区域的实际情况规定具体范围。零就业家庭是指法定劳动年龄内的家庭人员均处于失业状况的城市居民家庭。援助对象的认定办法，由省级劳动保障行政部门依据当地人民政府规定的就业援助对象范围制定。

二、就业援助实行的优惠政策

国家采取税费减免、贷款贴息、社会保险补贴、岗位补贴等办法，对就业困难人员实行就业援助。

（1）税费减免，是指在一定期限一定限额内，减收或者免收就业困难人员从事个体经营应缴纳的税收以及各项行政事业收费。

（2）贷款贴息，是指符合条件的就业困难人员贷款由政府对其利息部分给予补贴。

（3）社会保险补贴，是指对符合条件的就业困难人员参加社会保险的，政府对其社会保险缴费给予一定的补贴。

（4）岗位补贴，是指政府开发公益性岗位等安排就业困难对象，并与其签订一定期限以上劳动合同的，根据补贴标准，按实际招用的人数给予岗位补贴，期限与劳动合同一致，且不超过国家或地方规定的最长期限。

三、就业援助的程序

就业困难人员和零就业家庭可以向所在地街道、社区公共就业服务机构申请就业援助。经街道、社区公共就业服务机构确认属实的，纳入就业援助范围。街道、社区公共就业服务机构应当对辖区内就业援助对象进行登记，建立专门台账，实行就业援助对象动态管理和援助责任制度，提供及时、有效的就业援助。

四、就业援助的途径

就业援助的途径就是国家通过提供岗位和就业服务等使就业困难人员实现就业。我国通过公益性岗位安置和有针对性的就业援助等途径，对就业困难人员实行优先扶持和重点帮助。

（一）公益性就业岗位安置

政府投资开发的公益性岗位，应当优先安排符合岗位要求的就业困难人员。就业困难人员被安排在社区公益性岗位工作的，按照国家规定给予岗位补贴。政府采取多种就业形式，拓宽公益性岗位范围，开发就业岗位，确保城市有就业需求的家庭至少有一人实现就业。

【资料链接3-1】

公益性岗位的范围

从我国各省市的实践情况来看，公益性岗位的范围可分为3类（见表3-1）。

表3-1　　　　　　　　公益性岗位的范围

分类	公益性岗位的范围
社区管理岗位	社区劳动保障协管员、交通执勤、市场管理、环境管理、物业管理等
社区服务岗位	社区保安、卫生保洁、环境绿化、停车场管理、公用设施维护、报刊亭、电话亭、社区文化、教育体育、保健、托老、托幼、助残服务等
社区内单位的后勤岗位	机关事业单位的门卫、收发、司机、厨房厨工、餐厅（机关）服务员、保洁绿化以及从事水、电设施设备维护等后勤服务的临时用工岗位

　　公益性岗位中用人单位和劳动者的关系由《劳动法》调整。一般来说，公益性岗位中用人单位和劳动者的关系是劳动关系，需订立劳动合同。基于公益性岗位的目的和特点，《劳动合同法实施条例》第12条规定，地方各级人民政府及县级以上地方人民政府有关部门为安置就业困难人员提供的给予岗位补贴和社会保险补贴的公益性岗位，其劳动合同不适用《劳动合同法》有关无固定期限劳动合同的规定以及支付经济补偿的规定。这样可以推动开发更多的公益性岗位，通过降低用工成本来鼓励用人单位招用就业困难对象，最终达到最大限度地促进就业困难人员就业的目的。

　　（二）有针对性的就业援助

　　国家鼓励和支持社会各个方面为就业困难人员提供服务，建立就业困难人员帮扶制度，通过落实各项就业扶持政策、提供就业岗位信息、组织技能培训等有针对性的就业服务和公益性岗位援助，对就业困难人员实施优先扶持和重点帮助，突出表现在以下几个方面：

　　1.促进残疾人就业

　　各级人民政府采取特别扶助措施，促进残疾人就业。用人单位应当按照国家规定安排残疾人就业，具体办法由国务院规定。国务院于2007年颁布了《残疾人就业条例》，对残疾人就业的促进措施做出了详细规定。

　　2.对零就业家庭的就业援助

　　县级以上地方人民政府采取多种就业形式，拓宽公益性岗位范围，开发就业岗位，确保城市有就业需求的家庭至少有一人实现就业。法定劳动年龄内的家庭人员均处于失业状况的城市居民家庭，可以向住所地街道、社区公共就业服务机构申请就业援助。街道、社区公共就业服务机构经确认属实的，应当为该家庭中至少一人提供适当的就业岗位。这就是所谓的"零就业家庭及时岗位援助制度"。

　　3.资源开采型城市、独立工矿区就业援助制度

　　国家鼓励资源开采型城市和独立工矿区发展与市场需求相适应的产业，引导劳动者转移就业。对因资源枯竭或者经济结构调整等原因造成就业困难人员集中的地区，上级人民政府应当给予必要的扶持和帮助。

▶ 本章小结

　　就业促进是国家为保障公民实现劳动权所采取的创造就业条件、扩

大就业机会的一系列措施的总称。就业促进是国家的基本职责，也是国家赋予公民劳动权的必然要求。我国就业促进举措主要包括公平就业、就业服务与管理、职业教育和培训、就业援助等内容。公平就业的内在要求涉及就业权利的平等、就业机会的平等和就业环境的公平。就业歧视的主要表现有性别歧视、民族歧视、残疾歧视、健康歧视和户籍歧视等。就业管理的内容主要包括培育和完善人力资源市场、对职业中介机构的管理、失业预警制度、劳动力调查统计制度及建立全国人力资源市场信息网。职业教育与培训的主要形式有学校的正规教育与培训、用人单位举办的职业培训、就业训练中心的培训和学徒培训。我国就业援助的对象是就业困难人员和零就业家庭，国家通常对援助对象采取税费减免、贷款贴息、社会保险补贴、岗位补贴等优惠政策。

▶ 复习与思考

一、名词解释

劳动就业　就业促进　就业平等权　公平就业　就业歧视　就业服务　就业管理　职业教育　职业培训　职业技能标准　就业援助

二、选择题

1.《中华人民共和国就业促进法》自（　　）开始施行。

A.2007年8月30日　　　　　　　B.2008年1月1日

C.2007年1月1日　　　　　　　　D.2008年8月30日

2.职业中介机构的下列行为中，合法的是（　　）。

A.为无合法证照的用人单位提供职业中介服务

B.向劳动者收取押金

C.扣押劳动者的居民身份证

D.提供职业中介服务不成功，退还向劳动者收取的中介服务费

3.下列属于我国劳动就业的一般形式的有（　　）。

A.国家安置就业　　　　　　　　B.自谋职业

C.劳动者与用人单位直接洽谈就业

D.劳动者自己组织起来就业

4.劳动就业主体必须满足下列条件中的（　　），才能符合劳动就业的要求。

A.法定劳动年龄范围内

B.具有劳动能力

C.在主观上必须有就业愿望

D.从事的是国民经济领域内合法性的活动

5.我国《劳动法》第12条规定，劳动者就业，不因（　　　）而受歧视。

A.民族不同　　　　　　　　　　B.种族不同

C.性别不同　　　　　　　　　　D.宗教信仰不同

三、简答题

1.简述我国劳动就业立法的完整体系。

2.简述我国劳动就业的一般形式。

3.简述就业管理的内容。

4.简述职业教育与培训的主要形式。

5.简述就业援助实行的优惠政策。

四、案例分析题

1.小周是今年的应届大学毕业生，由于成绩优异，班主任把他推荐给一家IT企业做网络编辑。经过一番笔试下来，小周不负众望以第一名的成绩进入了最后的面试。可令他没有想到的是，公司以他是乙肝病毒携带者为由，拒绝录用他。请问：（1）该公司的行为是否合法？（2）若小周将公司告上法庭，本案应该如何处理？

2.大学毕业生王某2012年7月大学毕业后与某中外合资化妆品制造公司签订了为期1年的劳动合同，合同期自2012年8月至2013年8月，试用期2个月。在试用期的第一个月，公司人事部统一安排对9名新员工进行了入职培训，内容包括公司的文化和理念、规章制度、车间行为规范、操作规程等，并一一进行考核，考核合格后王某被留用。2013年2月，王某提出辞职，公司要求他支付培训费2 500元，王某拒绝支付。双方发生纠纷，公司向劳动争议仲裁委员会申诉，要求王某返还培训费2 500元。请问：（1）劳动争议仲裁委员会是否应对公司的申诉予以支持？（2）依据是什么？①

---

①　方乐华，吴晓宇.劳动法与社会保障法案例与图表［M］.北京：法律出版社，2013.

▶ 学习目标

通过本章学习，重点掌握劳动合同的必备条款以及补充条款、用人单位解除劳动合同的条件及法律后果、劳动者解除劳动合同的条件及法律后果；掌握劳动合同的定义及区别于其他合同的法律特征、劳动合同订立的程序、劳动合同无效的法定条件；明确劳动合同变更及终止的法定条件；了解劳动合同的期限、劳动合同的形式以及劳动合同双方当事人违反劳动合同的法律责任。

▶ 案例导入

劳动合同被确认无效及其法律后果

甲公司向社会公开招聘员工，其中拟招收办公室打字员2名，要求女性，高中以上文化程度，视力（裸眼）1.0以上。孙某前往应聘，在体检时，因自己视力不好（左眼0.4，右眼0.5）就让其孪生妹妹代做视力检查。后来，孙某与甲公司签订了为期2年的劳动合同，并约定了试用期。工作中孙某常出差错，有时还影响公司对外关系。在试用期内，甲公司也没有太在意，以为是孙某尚未熟悉公司业务。试用期过后，孙某的表现依旧，甚至几次都给甲公司带来了较大的经济损失。于是，甲公司认为孙某不能胜任本职工作，并决定解除与孙某的劳动合同。孙某不服而申请仲裁，要求维持劳动关系，理由是：工作中的差错是因为不熟悉公司业务引起的，现试用期已过，公司不能单方面解除劳动合同。在仲裁过程中，甲公司提出反请求，要求孙某赔偿因其工作差错导致的公司经济损失。经仲裁庭调解，双方不能达成一致意见。仲裁庭最终裁决：（1）确认劳动合同无效，驳回孙某请求；（2）孙某赔偿甲公司所受经济损失。

　　本案中，孙某明知自己视力不符合甲公司的招聘要求，在招聘体检中，由其孪生妹妹代做视力检查，甲公司因此与之订立了劳动合同，孙某的行为明显违反了劳动合同订立的协商一致、诚实信用原则，构成了欺诈。因此，根据《劳动法》第17条、《劳动合同法》第3条、第26条第1款的规定，孙某与甲公司之间的劳动合同无效。考虑到孙某的身体情况及工作表现，且双方调解不成，故不宜继续维持双方的劳动关系，对于孙某的请求，应予以驳回。

　　无效的劳动合同，自始没有法律效力，不能作为确定当事人权利和义务的依据。因此，无效劳动合同就不存在合同解除的问题，因为合同解除是以劳动合同依法成立生效为前提的。所以，对于甲公司来说，如果在清楚孙某欺诈的情况下，正确的做法应是请求确认劳动合同无效，而不是决定解除劳动合同。

　　劳动合同被确认无效后，会产生相应的法律后果。根据《劳动合同法》第86条"劳动合同依照本法第二十六条规定被确认无效，给对方造成损害的，有过错的一方应当承担赔偿责任"的规定，孙某与甲公司之间的劳动合同因孙某的过错而导致无效，并给甲公司造成了损害，孙某理应承担损害赔偿责任，赔偿甲公司所受经济损失。

　　资料来源　教学辅导中心组.劳动与社会保障法配套测试［M］.6版.北京：中国法制出版社，2013.

第一节　　　　　　　劳动合同概述

一、劳动合同的概念和法律特征

　　我国《劳动法》第16条第1款规定："劳动合同是劳动者与用人单位确立劳动关系、明确双方权利和义务的协议。"根据协议，劳动者加入某一用人单位，承担一定的工作和任务，遵守用人单位内部的劳动规则和其他规章制度。用人单位有义务按照劳动者的劳动数量和质量支付劳动报酬，并根据劳动法律、法规和双方的协议，提供各种劳动条件，保证劳动者享受本单位成员的各种权利和福利待遇。

　　劳动合同除了具有合同的一般特征，还有其特有的法律特征：

　　（1）劳动合同是建立劳动关系的一种法律形式，以合同形式确立了劳动者与用人单位的权利义务。

（2）劳动合同的主体由劳动者和特定的用人单位构成。劳动合同双方当事人中，一方必须是具有劳动权利能力和劳动行为能力的中国人、外国人或者无国籍人，另一方必须是企业、事业单位、国家机关、社会团体或个体经济组织等用人单位。

（3）劳动合同的当事人之间存在职业上的从属关系。作为劳动合同一方当事人的劳动者，在订立劳动合同后，成为另一方当事人某用人单位的一员，用人单位有权指派劳动者完成劳动合同规定的属于劳动者劳动职能范围内的任何任务。这种职业上的从属关系，是劳动合同区别于其他合同的重要特点之一。

（4）劳动合同双方当事人的权利和义务是统一的。双方当事人既是劳动权利主体，又是劳动义务主体，根据签订的劳动合同，劳动者有义务完成工作任务，遵守本单位内部的劳动规则，用人单位有义务按照劳动者劳动数量和质量支付劳动报酬。劳动者有权享受法律、法规及劳动合同规定的劳动保险和生活福利待遇，用人单位有义务提供劳动法律、法规及劳动合同规定的劳动保护条件。

（5）劳动合同在时间上具有继续性。通常，劳动者和用人单位签订劳动合同是为了建立长期稳定的劳动关系。劳动者希望得到稳定的工作，而用人单位也需要技术熟练的劳动者。另外，国家也通过立法加强劳动合同的法律效力，希望通过劳动合同维护和谐的劳动关系，促进社会的安定。

二、劳动合同的种类

劳动合同按照不同的标准可以划分成不同的种类。

（一）按照合同期限的不同分

按照合同期限的不同，劳动合同分为有固定期限、无固定期限和以完成一定工作为期限的劳动合同。

1.有固定期限的劳动合同

有固定期限的劳动合同，又称定期劳动合同，是劳动合同双方当事人明确约定合同有效的起始日期和终止日期的劳动合同。期限届满，合同即告终止。双方当事人可根据生产、工作的需要确定劳动合同的期限。有固定期限劳动合同的特点是适用范围比较广泛，极大地满足了企业灵活用工的需要。但是，如果用人单位滥用权力，易造成劳动合同期限的短期化，不利于维护劳动关系的稳定性。

2.无固定期限的劳动合同

无固定期限的劳动合同，又称不定期劳动合同，是劳动合同双方当事人只约定合同的起始日期，不约定其终止日期的劳动合同。对于无固定期限的劳动合同，只要不出现法律、法规或合同约定的可以变更、解除、终止劳动合同的情况，双方当事人就不得擅自变更、解除、终止劳动关系。无固定期限劳动合同的特点在于它有利于稳定劳动关系和保护劳动者的合法权益，同时，它不限制合同双方当事人解除合同的自由。

3.以完成一定工作为期限的劳动合同

以完成一定工作为期限的劳动合同，是指劳动合同双方当事人将完成某项工作或工程作为合同有效期限的劳动合同。它实际上是一种特殊的定期劳动合同。合同中不明确约定起止日期，以某项工作或工程完工之日为合同终止之时。它一般适用于建筑业、临时性、季节性的工作或由于其工作性质可以采取此种合同期限的工作岗位。

（二）按照劳动合同产生的方式不同分

按照劳动合同产生的方式不同，劳动合同分为录用合同、聘用合同、借调合同。

1.录用合同

录用合同是指用人单位通过公开招收、择优录用的方式，与被录用劳动者之间，为确立劳动关系，明确双方权利义务关系而订立的劳动合同。录用合同是劳动合同的一种形式，一般适用于招收普通劳动者。目前，用人单位招收录用劳动者的流程是：用人单位按照预先规定的条件，面向社会，公开招收劳动者；应招者根据用人单位公布的条件，自愿报名；用人单位全面考核、择优录用劳动者；双方签订劳动合同。

2.聘用合同

聘用合同，也叫聘任合同，它是指用人单位通过向特定的劳动者发聘书的方式，直接建立劳动关系的合同。这种合同一般适用于招聘有技术业务专长的特定劳动者。例如，企业聘请技术顾问、法律顾问等，就是劳动合同的一种形式。

3.借调合同

借调合同，也叫借用合同，它是借调单位、被借调单位与借调职工个人之间，为借调职工从事某种工作，明确相互责任、权利和义务的协议。借调合同一般适用于借调单位急需的工人或职工。当借调合同终止时，借调职工仍然回原单位工作。借调合同不是劳动合同。

（三）按照劳动合同劳动者一方人数的不同分

按照劳动合同劳动者一方人数的不同，劳动合同分为个人劳动合同和集体合同。

1.个人劳动合同

个人劳动合同是指由劳动者个人与用人单位签订的明确彼此在劳动过程中的权利义务的协议。劳动合同的内容仅对劳动者个人和用人单位有法律约束力。此种类型的劳动合同目前较为常见。

2.集体合同

集体合同是企业、事业单位和代表劳动者的工会之间就各项具体劳动标准协商谈判而缔结的协议。例如，在中外合资经营企业中，由工会代表劳动者集体同企业签订的合同就是集体合同，对全体劳动者和企业均有法律约束力。

三、劳动合同的作用

（一）劳动合同是建立劳动关系的基本形式

以劳动合同作为建立劳动关系的基本形式是世界各国的普遍做法。这是由于劳动过程是非常复杂的，也是千变万化的，不同行业、不同用人单位与劳动者在劳动过程中的权利义务各不相同，国家法律、法规只能对共性问题做出规定，不可能对当事人的具体权利义务做出规定，这就需要签订劳动合同明确权利义务。

（二）劳动合同是促进劳动力资源合理配置的重要手段

用人单位可以根据自身经营或工作需要确定录用劳动者的条件和方式、数量，并且通过签订不同类型、不同期限的劳动合同，发挥劳动者的特长，合理使用劳动力。

（三）劳动合同有利于避免或减少劳动争议

劳动合同明确规定劳动者和用人单位的权利义务，这既是对合同主体双方的保障又是一种约束，有助于提高双方履行合同的自觉性，促使双方正确行使权利，严格履行义务。因此，劳动合同的订立和履行有利于避免或减少劳动争议的发生，有利于稳定劳动关系。

四、劳动合同与劳务合同的区别

（一）性质不同

劳动合同主要是确立和调整劳动力和生产资料相结合而产生的劳动关系，而劳务合同则属于民事关系的范畴。

（二）当事人构成及其关系不同

劳动合同的主体由用人单位和劳动者双方构成。其中，用人单位应当具有法律上的用人资格，即用人单位必须是企业、事业单位、国家机关、社会团体、个体经济组织之一，劳动者只能是自然人。劳动合同主体双方在签订合同时是平等的，但合同签订后劳动者就与用人单位产生了一定的隶属性，劳动者要遵守用人单位的劳动纪律，接受用人单位在劳动过程中的管理。

劳务合同的主体由雇用方和劳务提供方双方构成。其中，雇用方无需具备法律上的用人资格，劳务提供方既可以是自然人，也可以是法人或其他组织。劳务合同的一方无需成为另一方成员即可为需方提供劳动，双方之间的地位自始至终是平等的。

【小案例4-1】

李某分别与甲装修公司、乙家具厂签订了一份合同，委托甲装修公司为其装修新购的商品房，委托乙家具厂为其制作一套家具。请问：李某与甲装修公司、乙家具厂签订的合同属于劳动合同还是劳务合同？

分析提示：劳动合同的用人单位一方应当具有法律上的用人资格，劳动者只能是自然人。

（三）承担劳动风险责任的主体不同

劳动合同的双方当事人由于在劳动关系确立后具有隶属关系，劳动者必须服从用人单位的组织、支配，因此在提供劳动过程中的风险责任须由用人单位承担；劳务合同提供劳动的一方有权自行支配劳动，因此劳动风险责任自行承担。

（四）劳动报酬的法律保障不同

因劳动合同支付的劳动报酬称为工资，具有按劳分配性质，工资除当事人自行约定数额外，其他如最低工资、工资支付方式等都要遵守法律、法规的规定；而劳务合同支付的劳动报酬称为劳务费，主要由双方当事人自行协商数额及支付方式等，国家法律不过分干涉。

（五）适用法律和争议解决方式不同

劳动合同纠纷受劳动法调整，要求采用仲裁前置程序，当事人对仲裁裁决不服，才能向人民法院起诉；而劳务合同属于民事合同的一种，受民法及合同法调整，故因劳务合同发生的争议可以直接向人民法院起诉。

【小案例4-2】

2012年1月1日，某乳制品厂（甲方）与吴某（乙方）订立牛奶运送合同。双方在合同中约定：乙方为甲方运送100瓶牛奶给指定地区的用户（用户名单由甲方提供），乙方每天下午4点到甲方处取牛奶，须在次日6点前送到用户奶箱。若乙方没有完成工作，甲方有权扣减乙方的报酬。甲方按月向乙方支付1000元报酬，支付日期为每月的最后一天。合同期限为1年。2012年7月22日，吴某在骑自行车运送牛奶的路上与一辆摩托车相撞而死亡。其妻要求甲方认定吴某为工伤，遭到甲方拒绝。请问：吴某的死亡是否为工伤？

分析提示：本案的焦点是确认甲乙双方究竟是劳动关系还是劳务关系。如果是劳动关系，那么吴某之死应被认定为工伤；如果是劳务关系，吴某之妻只能寻求民事赔偿。本案中吴某与乳制品厂之间存在的是劳务关系。

第二节　　　　　劳动合同的订立

一、劳动合同订立的原则

我国《劳动合同法》第3条规定："订立劳动合同，应当遵循合法、公平、平等自愿、协商一致、诚实信用的原则。"

（一）合法原则

合法原则要求用人单位和劳动者在订立劳动合同时，不能违反国家法律、行政法规的规定，这是劳动合同得以有效并受法律保护的前提条件。依法订立劳动合同，必须符合几项要求：

1.订立劳动合同的目的必须合法

当事人不得以订立劳动合同的合法形式掩盖非法意图和违法行为，以达到不良企图的目的。

2.订立劳动合同的主体必须合法

双方当事人必须具备法律、法规规定的主体资格。作为用人单位，应是依法成立的企业、个体经济组织、国家机关、事业组织、社会团体等用人单位。作为劳动者，必须具有劳动权利能力和劳动行为能力，即应是年满16周岁、具有劳动行为能力的中国人、外国人和无国籍人，双方主体在签约时，主体资格必须合法。

3.订立劳动合同的内容必须合法

双方当事人在劳动合同中所设定的权利、义务条款必须符合国家法律、法规和有关政策的规定。例如，有的劳动合同规定"发生工伤事故，单位概不负责""旷工3天予以除名"，"不享受星期天休假"等，均属于内容违法而无效的条款。对此，用人单位应承担由此而产生的法律责任。

4.订立劳动合同的程序必须合法

有些地方性法规除了要求当事人签订书面合同并签字盖章外，还规定由劳动行政主管部门的劳动合同管理机构进行鉴证，方能生效。

（二）公平原则

基于劳动者与用人单位在劳动关系中地位不平等的现实，公平原则主要是针对用人单位而言的，强调在订立劳动合同时，处于强势地位的用人单位应当给予劳动者公平公正的待遇。特别是针对双方当事人可以协商约定的条款，用人单位应当从公平的角度出发约定条款的具体内容，维护劳动者的合法权益，如关于合同试用期的约定、违反培训协议的违约金条款等。

（三）平等自愿、协商一致原则

平等是指双方当事人法律地位平等，均有权选择对方并就合同内容表达各自独立的意志。自愿是指劳动者与用人单位均有权自由表达各自意志，任何一方都不得强迫对方接受其意志。凡采取欺诈、胁迫等手段，把自己的意愿强加给对方，均不符合自愿原则。对双方当事人来讲，平等是自愿的基础和条件，自愿是平等的表现，二者相辅相成、不可分割。平等自愿原则是劳动合同订立的基础和基本条件。协商一致是指在订立合同的过程中，劳动者与用人单位双方对劳动合同的内容、期限等条款进行充分协商，达到双方对劳动权利、义务意思表示的一致。只有协商一致，合同才能成立。需要明确的是，协商一致必须建立在遵守劳动法律、法规的基础上。

（四）诚实信用原则

诚实信用原则要求劳动者与用人单位在订立劳动合同时，如实陈述，信守诺言，用善意的方式订立和履行合同的各项条款。诚实信用原则在《劳动合同法》中的体现之一是该法第8条的规定，即"用人单位招用劳动者时，应当如实告知劳动者工作内容、工作条件、工作地点、职业危害、安全生产状况、劳动报酬，以及劳动者要求了解的其他情况；用人单位有权了解劳动者与劳动合同直接相关的基本情况，劳动者应当如实说明"。用人单位与劳动者缔结劳动合同的目的，是为了相互配合，顺利地完成劳动任务。因此，任何一方均享有知情权，对方均有义务如实告知必要信息。

【小案例4-3】

2012年4月2日，纪纲持伪造的某大学市场营销专业的文凭与某商场签订了一份为期3年的劳动合同，商场聘任纪纲为销售经理，每月工资3 800元，负责该商场服装部的销售事宜，并为其设定了每年度的销售指标。次年6月，该商场得知纪纲的毕业文凭是伪造的，其并非某大学的毕业生，欲以此为由，解除与纪纲之间的劳动合同，同时，扣发2013年6月的工资，声称对纪纲只能按照一般工作人员月薪2 500元的标准发放，并要求其退回多拿的工资。纪纲不服，认为自己虽然没有大学文凭，但工作业绩比其他具有大学文凭的销售经理更好，不同意解除合同，要求商场继续履行劳动合同。对此，双方发生分歧，诉诸法院。请问：本案应该如何处理？

分析提示：本案涉及劳动合同订立时的知情权问题。根据《劳动合同法》第8条的规定，知情权是双方面的，劳动者有义务如实告知自己的真实身份、学历等情况。本案中，纪纲与商场之间的劳动合同因纪纲的欺诈行为而无效，但其付出了劳动，商场仍应依法支付其劳动报酬，且纪纲已实际完成了销售经理的工作任务，因此月工资不应降低。

二、劳动合同订立的程序

劳动合同的订立就是劳动合同当事人就合同条款通过协商达成一致意思的过程，这一过程一般分为要约和承诺两个阶段。

（一）要约

要约是指一方当事人以订立合同为目的向另一方就合同主要内容做出的意思表示。因而，要约的发出人和接受人均须特定，且要约的内容足以构成合同的主要条款，同时应做出缔约的表示，否则不能算有效要约。如果仅有订约的意思而未就合同主要内容做出表示，只能称为要约邀请，不能产生要约的效力。要约仅在要约有效期内对要约人具有法律拘束力，要约期满其效力自动解除。因而，用人单位如果仅在招工启事、广告或简章中介绍自身情况，并发出招工信息，并未就合同主要内容给予说明，该行为只能算是要约邀请，不构成有效要约。而如果用人单位在招工简章中对合同条件给予明确说明，则属于要约，一旦应招者承诺，用人单位有义务与劳动者签订劳动合同。如应招者不同意所列条件，而提出新的条件，则属于反要约，用人单位可以承诺，也可不予承诺而不成立合同。

（二）承诺

承诺是指受要约人完全无条件地接受要约以成立合同的意思表示。承诺必须由受要约人本人在有效期内做出，且应当完全接受要约条款，如果接受的意思与要约不一致而改变了要约的实质性内容，则只能视为反要约，不构成有效承诺。劳动者或用人单位一旦同意对方要约而做出承诺，劳动合同即告成立。

任何一个劳动合同的成立，一般都要经过上述两个阶段，但具体可能要经过要约—反要约—再要约—承诺的复杂的反复协商，最后成立合同的过程，合同一经成立，即对双方当事人产生法律拘束力。

【小案例4-4】

　　2012年7月，丁某从国内一所财经大学的金融专业毕业，他先后向多家投资公司投寄简历，应聘理财顾问岗位。A投资公司在收到其简历后，要求其参加该公司组织的统一测试，丁某顺利通过各项测试后，A公司在其网站上公布了录用者名单，其中包括丁某在内，并注明了相应的录用岗位、报到日期等，同时该公司的人力资源部向丁某电话通知了上述事宜。与此同时，丁某收到了B投资公司的录用通知书。经过慎重考虑，丁某选择了A投资公司，并答复自己将在规定的日期内去报到。就在丁某准备前去报到时，A投资公司人力资源部电话通知丁某之前的录用通知无效。理由是该公司战略调整，决定缩减编制，减少人员招聘，丁某恰在减招人员之列。对此，丁某不能接受。请问：丁某能否要求A投资公司与之订立劳动合同？

　　分析提示：本案的焦点是录用通知的法律效力问题。与招聘广告不同，录用通知一般属于要约。虽然要约人在受要约人未承诺之前可以撤销要约，但是根据《合同法》第19条的规定："有下列情形之一的，要约不得撤销：（一）要约人确定了承诺期限或者以其他形式明示要约不可撤销；（二）受要约人有理由认为要约不可撤销，并已经为履行合同作了准备工作。"本案中，A投资公司规定了丁某的报到时间，应视为要约确定了承诺期限，且丁某回绝了B投资公司，应认定为受要约人有理由认为要约不可撤销，并已经为履行合同作了准备工作。

三、劳动合同订立的注意事项

　　根据《劳动合同法》的规定，用人单位自用工之日起即与劳动者建立劳动关系。用人单位与劳动者在用工前订立劳动合同的，劳动关系自用工之日起建立。建立劳动关系，应当订立书面劳动合同。已建立劳动关系，未同时订立书面劳动合同的，应当自用工之日起1个月内订立书面劳动合同。

　　用人单位招用劳动者，不得扣押劳动者的居民身份证和其他证件，不得要求劳动者提供担保或者以其他名义向劳动者收取财物。

用人单位未在用工的同时订立书面劳动合同，与劳动者约定的劳动报酬不明确的，新招用的劳动者的劳动报酬按照集体合同规定的标准执行；没有集体合同或者集体合同未规定的，实行同工同酬。

【小案例4-5】

小王是沈阳某高校市场营销专业的应届毕业生，欲在西安的一家公司应聘营销专员的职位。该公司要求其交付面试费、资料费、报名费、考试费、体检费、招聘费、试讲费等各项费用，合计600元，如被录用，还得交付上千元的培训费、保证金。面对用人单位各种名目的收费，小王陷入了两难境地。请问：用人单位向求职者收取招聘费用、保证金是否合法？

分析提示：用人单位的做法是违法的。《劳动合同法》第9条规定："用人单位招用劳动者，不得扣押劳动者的居民身份证和其他证件，不得要求劳动者提供担保或者以其他名义向劳动者收取财物。"并在第84条第2款规定了用人单位违反上述规定应承担的法律责任："用人单位违反本法规定，以担保或者其他名义向劳动者收取财物的，由劳动行政部门责令限期退还劳动者本人，并以每人500元以上2000元以下的标准处以罚款；给劳动者造成损害的，应当承担赔偿责任。"

第三节　　劳动合同的内容与形式

一、劳动合同的内容
（一）劳动合同的条款
1.必备条款

劳动合同的必备条款是指法律规定的劳动合同必须具备的内容。根据《劳动合同法》第17条的规定，劳动合同应当具备以下条款：（1）用人单位的名称、住所和法定代表人或者主要负责人；（2）劳动者的姓名、住址和居民身份证或者其他有效身份证件号码；（3）劳动合同期限；（4）工作内容和工作地点；（5）工作时间和休息休假；（6）劳动报酬；（7）社会保险；（8）劳动保护、劳动条件和职业危害防护；（9）法律、法规规定应当纳入劳动合同的其他事项。

与《劳动法》相比，《劳动合同法》在总结前者实施十几年来的经验和教训的基础上，对前者规定的必备条款进行了补充和修正，表现出立法的进步，具体体现在：（1）增加了3项必备条款：双方当事人的基本信息、职业危害和社会保险；（2）取消了一项必备条款，即"劳动合同终止的条件"；（3）限制了"约定违约金"这项必备条款的应用。

需要明确的是，缺少了必备条款的劳动合同，可以通过相关规则进行补充，因而不会导致劳动合同无效或者不成立，也不会影响劳动关系的成立。例如，缺少了劳动报酬条款，用人单位与劳动者可以重新协商；协商不成的，适用集体合同规定；没有集体合同或者集体合同未规定劳动报酬的，实行同工同酬。

2.约定条款

劳动合同的约定条款是指法律没有要求必须包括的合同内容，而由当事人协商一致在合同中约定的条款。《劳动合同法》第17条第2款规定，试用期、培训、保守商业秘密、补充保险和福利待遇等属于约定条款。约定条款以及约定条款以外的其他事项，也必须遵守法律和劳动合同的基本原则，否则将不具有法律约束力。

（二）劳动合同的期限

劳动合同的期限是指劳动合同有效存在的期间。如前所述，我国劳动合同的期限有3种：固定期限、无固定期限和以完成一定工作为期限。

《劳动合同法》在劳动合同期限方面转变了立法态度，根据该法的规定，按照平等自愿、协商一致的原则，用人单位和劳动者只要达成一致，都可以签订无固定期限的劳动合同。有下列情形之一，劳动者提出或者同意续订、订立劳动合同的，除劳动者提出订立固定期限劳动合同外，应当订立无固定期限劳动合同：（1）劳动者在该用人单位连续工作满10年的；（2）用人单位初次实行劳动合同制度或者国有企业改制重新订立劳动合同时，劳动者在该用人单位连续工作满10年且距法定退休年龄不足10年的；（3）劳动者没有严重违规并且能够胜任工作，连续订立两次固定期限劳动合同的。

【小案例 4-6】

　　褚健被某烟草公司聘为烟草鉴定技术员，双方签订了为期 10 年的劳动合同。合同到期后，双方均同意续签劳动合同。褚健向烟草公司提出签订无固定期限劳动合同，被烟草公司拒绝，认为褚健曾经因病休假了 1 年多，在烟草公司连续工作的时间不满 10 年，不符合签订无固定期限劳动合同的法定要求，故同意和褚健再签订 3 年的劳动合同。对此，双方发生争议，褚健向当地劳动争议仲裁委员会申请仲裁。请问：烟草公司的说法能否成立？[①]

　　分析提示：《劳动合同法》第 14 条第 2 款规定，劳动者在用人单位连续工作满 10 年的，除劳动者提出订立固定期限劳动合同外，应当订立无固定期限劳动合同。此处"连续工作满 10 年的"，是指劳动者与用人单位的劳动合同不能间断或劳动关系不能间断，达到 10 年以上，而不是指劳动者在工作岗位上的工作不能间断。

　　法律规定无固定期限劳动合同签订条件的目的在于保护劳动者的"黄金年龄"。《劳动合同法》不再像《劳动法》那样对固定期限和无固定期限劳动合同的应用不加限制，而是明确采取了限制固定期限劳动合同的应用、鼓励无固定期限劳动合同应用的做法。如上所述，《劳动合同法》第 14 条第 2 款明确规定了在劳动者没有相反意见时，用人单位应当订立无固定期限劳动合同的 3 种情形，这是明确鼓励使用无固定期限劳动合同，限制固定期限劳动合同的应用，有利于防止劳动合同短期化、保护劳动者的就业稳定性，体现了劳动合同立法的进步。

　　需要明确的是，不能将无固定期限的劳动合同视为计划经济时代的"终身制"和"铁饭碗"。因为对劳动者来说，可以依法行使辞职权；对用人单位来说，可以在法定条件下辞退劳动者。

【资料链接 4-1】

固定期限劳动合同适用的限制

固定期限劳动合同具有既不利于保护雇员的就业稳定性，又限制

---

① 邹杨，丁玉海. 劳动合同法最新理论与实务 [M]. 大连：东北财经大学出版社，2009.

了劳动合同双方当事人选择自主权的弊端，所以其应用在国外受到普遍限制。尤其因为它通常是短期的，造成劳动者职业的不稳定，增加了求职付出，同时也给社会制造了不稳定因素，立法一般只允许其应用在临时性的岗位上。固定期限劳动合同仅被作为某些例外劳动关系存续的法律形式。欧盟1999年6月28日颁布的关于保护固定期限劳动合同雇员的指令（1999/70/EU）明确指出："固定期限的劳动合同适用于特殊情形下，由成员国立法根据行业的特点在征询劳资团体意见后确定其适用范围及其续延。"

法国《劳动法典》关于固定期限劳动合同的应用规定得最为严厉，在适用的岗位、订立的期限和次数等方面都规定了严格的限制。例如，规定固定期限劳动合同只能续订一次，续订期限加上原合同期限一般不得超过18个月。英国劳动法为了落实欧盟1999年的指令制定了关于固定期限劳动合同雇员的条例，并于2002年10月1日起实施。根据该条例，固定期限劳动合同的初始期限和续延期限总和一般不得超过4年。超过4年后劳动关系继续存在的，除非雇主有客观理由证明需要签订固定期限合同，否则即视为双方已签订了无固定期限的劳动合同。德国劳动促进法也要求固定期限劳动合同的期限不得超过18个月。

从国外立法来看，无固定期限的劳动合同被一致认为是劳动合同的常态，是劳动关系存续的一般形式，只要不出现法定的单方解除合同的情形，劳动关系将一直持续下去，直到职工退休。上述欧盟关于保护固定期限劳动合同雇员的指令（1999/70/EU）明确指出："无固定期限的劳动合同是劳动关系的一般形式，有助于保护雇员的生活、改善其职业稳定性和工作待遇。"

（三）试用期

试用期是劳动合同双方当事人约定的彼此相互考察的一段时间。通过试用期，劳动者可以考察自己是否适应岗位需求以及是否适应用人单位的工作环境；用人单位可以考察劳动者是否符合录用条件。

为了规范用人单位在试用期内的用工行为，《劳动合同法》对试用期的长短以及待遇做了具体的限制。劳动合同期限3个月以上不满1年的，试用期不得超过1个月；劳动合同期限1年以上不满3年的，试用期不得超过2个月；3年以上固定期限和无固定期限的劳动合同，试用期不得超过6个月。同一用人单位与同一劳动者只能约定一次试用期。以完成一定工作任务为期限的劳动合同或者劳动合同期限不满3个月的，不得约定试用期。试用期包含在劳动合同期限内。劳动合同仅约定试用期的，试用期不成立，该期限为劳动合同期限。劳动者在试用期的工资不得低于本单位相同岗位最低档工资或者劳动合同约定工资的80%，并不得低于用人单位所在地的最低工资标准。在试用期中，除劳动者有劳动合同法第39条和第40条第1项、第2项规定的情形外，用人单位不得解除劳动合同。用人单位在试用期解除劳动合同的，应当向劳动者说明理由。劳动者在试用期内提前3日通知用人单位，可以解除劳动合同。

【小案例4-7】

韩影应聘到远达贸易公司从事销售工作，合同期3年，试用期3个月，基本工资为每月800元加销售提成。合同到期前1个月，鉴于韩影3年的销售业绩非常出色，公司决定与韩影续签3年劳动合同，并升任韩影为公司销售部经理。但是，在续签的劳动合同中有一条"凡是新调整岗位人员均实行3个月的试用期"，对此，韩影虽然觉得不妥，但是考虑到自己升职，也没有过分在意。未曾预料的是，韩影任销售部经理的前3个月，公司销售业绩非常不理想。于是，公司向韩影发出通知，以其在试用期内不符合录用条件为由解除了劳动合同。对此，韩影很气愤，与公司发生纠纷。请问：公司的处理是否妥当？为什么？[①]

分析提示：《劳动合同法》第19条第2款规定："同一用人单位与同一劳动者只能约定一次试用期。"据此，即使劳动合同的内容发生了变化，如用人单位对劳动者的岗位进行了调整，也不能再次约定试用期。同理，用人单位与劳动者续签劳动合同时，也不得再次约定试用期。

（四）违约金条款

《劳动合同法》第25条规定，除该法第22条和第23条规定的情形外，用人单位不得与劳动者约定由劳动者承担违约金。

《劳动合同法》第22条规定的适用违约金的情形为：用人单位为劳动者提供专项培训费用，对其进行专业技术培训的，可以与该劳动者订立协议，约定服务期。劳动者违反服务期约定的，应当按照约定向用人单位支付违约金。违约金的数额不得超过用人单位提供的培训费用。用人单位要求劳动者支付的违约金不得超过服务期尚未履行部分所应分摊的培训费用。

《劳动合同法》第23条规定的适用违约金的情形为：用人单位与劳动者可以在劳动合同中约定保守用人单位的商业秘密和与知识产权相关的保密事项。对负有保密义务的劳动者，用人单位可以在劳动合同或者保密协议中与劳动者约定竞业限制条款，并约定在解除或者终止劳动合同后，在竞业限制期限内按月给予劳动者经济补偿。劳动者违反竞业限制约定的，应当按照约定向用人单位支付违约金。

【小案例4-8】

某制冷设备公司派其技术骨干杨扬到德国西门子公司学习制冷储藏专业技术，为期1年，公司为其支付培训费用为12万欧元。对此，公司与杨扬签订了一份服务期协议，即在杨扬学成归国后，必须为公司服务4年，否则要赔偿公司为其支付的全部培训费用。杨扬培训归来继续在公司工作，3年之后，杨扬认为公司提供给其的待遇远远比不上其他同行业公司同等岗位的待遇，要求公司与其重新签订劳动合同，提高工资及其他福利待遇，遭到公司的拒绝。杨扬毅然辞职，对此应该承担多少违约金？

分析提示：根据《劳动合同法》第22条第2款的规定，杨扬只需向公司支付3万欧元（12×（（4-3）÷4））的违约金，无需支付全部的违约金12万欧元，其差额部分9万欧元因杨扬已经为公司服务3年，对此不再承担相应的赔偿责任。

（五）竞业禁止条款

为了保护企业的商业秘密，我国制定了关于竞业禁止的法律规定。竞业禁止是指根据法律规定或用人单位通过劳动合同和保密协议禁止劳动者在本单位任职期间同时兼职于与其所在单位有业务竞争的单位，或禁止他们在原单位离职后从业于与原单位有业务竞争的单位，包括创建与原单位业务范围相同的企业。

竞业禁止的限制对象负有不从事特定竞业行为的义务，这种义务的产生原因有二：一是基于法律的直接规定，如公司法对董事、经理等的竞业禁止义务所作的规定；二是基于当事人之间签订的竞业禁止协议约定，此类协议通常用于保护雇主的商业秘密。

竞业禁止的种类包括劳动者在职期间的竞业禁止和劳动者离职后的竞业禁止两种。

1.劳动者在职期间的竞业禁止

劳动者在职期间的竞业禁止是指劳动者在劳动关系存续期间的竞业禁止。依照我国法律的规定，只有企业的董事、经理等高级经营管理人员在职期间才受竞业禁止的约束，这是法定的竞业禁止义务。至于企业的一般劳动者在劳动关系存续期间是否受竞业禁止的约束，法律对此未作规定。

【小思考4-1】

企业的一般劳动者在劳动关系存续期间是否受竞业禁止的约束？

答：对于劳动者在职期间的竞业禁止问题，各国的认识不尽一致。在大陆法系国家，根据其民商法律的规定，经理人、代办商、董事等负有竞业禁止的义务，而对于一般的雇员是否以及如何承担竞业禁止的义务，每个国家的规定不同。例如，德国法律认为，雇员对其接受的劳务应当向雇主报告，不得违背忠实义务收受贿赂或者从事对雇主不利的事情。日本法律对于一般雇员的竞业禁止未作规定。我国《个人独资企业法》《合伙企业法》等有关企业法中也未作类似的规定。

2.劳动者离职后的竞业禁止

劳动者离职后的竞业禁止是指劳动者在与企业的劳动关系终止后的

竞业禁止。劳动者离职后的竞业禁止主要通过企业与劳动者签订竞业禁止合同来实现。知悉企业商业秘密的劳动者在劳动合同终止后，如果从事与原企业相同或者相关的职业，例如到与原企业有竞争关系的企业就职，或者自办与原企业有竞争关系的企业，就很有可能会不自觉地使用原企业的商业秘密，或者因为熟悉原企业的经营情况而成为原企业的竞争对手。原企业为了维护自己的利益，可以在劳动者劳动关系终止后与劳动者签订竞业禁止合同来保护自己的利益。由此，《劳动合同法》第23条规定，对负有保密义务的劳动者，用人单位可以在劳动合同或者保密协议中与劳动者约定竞业限制条款，并约定在解除或者终止劳动合同后，在竞业限制期限内按月给予劳动者经济补偿。劳动者离职后的竞业禁止义务是约定义务，不是法定义务。如果劳动者与企业之间没有竞业禁止的书面约定，劳动者则不承担竞业禁止的义务。如果用人单位不约定竞业禁止经济补偿金或不实际支付该经济补偿金的，竞业禁止约定条款对劳动者无效。《劳动合同法》第24条规定，竞业限制的人员限于用人单位的高级管理人员、高级技术人员和其他负有保密义务的人员。竞业限制的范围、期限由用人单位与劳动者约定，竞业限制的约定不得违反法律、法规的规定。在解除或者终止劳动合同后，竞业限制人员的竞业限制期限不得超过2年。

【小案例4-9】

朱翔，某大学计算机专业的毕业生，于2008年1月8日与大连市某电脑公司签订劳动合同，被聘为技术员，聘期2年，每月工资2 000元。同时，双方当事人还在劳动合同中约定了竞业限制条款，即朱翔在离职后3年内不得在本地区从事与该公司相同性质的工作；如果违反竞业限制条款，应当一次性赔偿电脑公司经济损失5万元。后朱翔因个人原因提前30天向公司提出解除劳动合同。电脑公司同意朱翔的请求，但要求朱翔遵守劳动合同中的竞业限制条款的约定，向电脑公司支付经济补偿金5万元，并在3年内不得在本地区从事与该公司相同性质的工作。对此，双方争执不下。请问：本案应该如何处理？①

---

① 邹杨，丁玉海. 劳动合同法最新理论与实务［M］. 大连：东北财经大学出版社，2009.

分析提示：根据《劳动合同法》第23条的规定，电脑公司与朱翔在劳动合同中约定了竞业限制条款，但是该条款显然属于《劳动合同法》第26条第2项规定的情形，即用人单位免除自己的法定责任、排除劳动者权利的，应认定该条款无效。且该条款对朱翔的竞业限制年限超过法律规定的上限，超过的部分应当认定为无效。

二、劳动合同的形式

劳动合同的形式是指订立劳动合同的方式。劳动合同的形式一般有书面形式和口头形式两种。书面合同是由双方当事人达成协议后，将协议的内容用文字形式固定下来，并经双方签字盖章的合同。采用书面形式明确劳动合同双方当事人的权利与义务，便于履行和监督检查，一旦发生劳动争议，便于当事人举证，也便于有关部门处理。口头合同是双方当事人口头承诺即告成立，不必文字写成书面形式的合同。采用口头形式订立劳动合同，虽然灵活、便捷，但是口说无凭，一旦产生纠纷，无法举证，不利于劳动争议的解决。

鉴于口头合同的特点，尤其是它不利于保护处于弱势地位的劳动者的合法权益，因此，我国《劳动法》和《劳动合同法》均要求当事人签订劳动合同必须采用书面形式。与《劳动法》相比，《劳动合同法》加大了推行书面劳动合同的力度。《劳动合同法》第10条对签订书面合同的时间做了规定，用人单位与劳动者建立劳动关系，应当订立书面劳动合同。已建立劳动关系，未同时订立书面劳动合同的，应当自用工之日起1个月内订立书面劳动合同。《劳动合同法》还特别规定了违反订立书面劳动合同的法律后果：用人单位自用工之日起超过1个月不满1年未与劳动者订立书面劳动合同的，应当向劳动者每月支付2倍的工资。用人单位自用工之日起满1年不与劳动者订立书面劳动合同的，视为用人单位与劳动者已订立无固定期限劳动合同。

【小思考4-2】

实践中，如果不是用人单位不愿意订立书面劳动合同，而是劳动者不愿意订立书面劳动合同，怎么处理？

答:《劳动合同法实施条例》规定,自用工之日起1个月内,经用人单位书面通知后,劳动者不与用人单位订立书面劳动合同的,用人单位应当书面通知劳动者终止劳动关系,无需向劳动者支付经济补偿,但是应当依法向劳动者支付其实际工作时间的劳动报酬。如果自用工之日起超过1个月不满1年,经用人单位提出补订劳动合同而劳动者拒绝的,用人单位应当书面通知劳动者终止劳动关系,并依照《劳动合同法》第47条的规定支付经济补偿。

第四节　劳动合同的履行与变更

一、劳动合同的履行

（一）劳动合同履行的概念

劳动合同的履行是指劳动合同的双方当事人按照法律规定和已经生效的劳动合同的约定,履行各自的义务和实现各自的权利的法律行为。劳动合同的履行是用人单位与劳动者签订劳动合同的目的所在,通过履行劳动合同,双方当事人可以实现各自的合同目的。因此,劳动合同的履行是劳动合同的核心环节,有助于保护双方当事人的合法权益,有助于维护劳动关系的和谐与稳定。

（二）劳动合同履行的原则

1.实际履行的原则

合同双方当事人要按照合同规定的标的履行自己的义务和实现自己的权利,不得以其他标的或方式来代替。实际履行的原则要求,劳动者一方要向用人单位提供自己一定数量和质量的劳动,以保障生产经营活动的正常开展;用人单位一方要为劳动者支付必要的劳动报酬和提供必要的劳动条件等,以保障劳动者正常的生活和工作需要。

2.亲自履行的原则

双方当事人要以自己的行为履行合同规定的义务和实现合同规定的权利,不得由他人代为履行。这就是说,劳动者的义务只能由劳动者自己去履行;用人单位的义务只能由用人单位去履行。双方当事人权利的实现也是这样,只能依靠自己。亲自履行的原则要求,合同双方当事人要以自己实际行为去完成合同规定的任务，实现合同约定的目标。

3.协作履行的原则

双方当事人在合同的履行过程中要发扬协作精神，为对方履行合同创造条件，共同完成合同规定的义务，共同实现合同规定的权利。协作履行的原则包括以下内容：

（1）在合同的履行过程中，双方当事人要相互关心，并进行必要的相互检查和监督；遇到问题，双方都要寻找解决问题的办法，提出合理化建议。

（2）合同没有得到正确的履行或发生不适当履行时，任何一方违约，另一方都要帮助竭力纠正。

【小思考4-3】

在劳动合同履行的过程中，如果发生用人单位变更名称、法定代表人、主要负责人（投资人）等事项，或者用人单位发生合并、分立等情况，劳动合同是否继续履行？

答：为了保障劳动者的劳动关系的稳定，《劳动合同法》第33条、第34条规定，用人单位变更名称、法定代表人、主要负责人（投资人）等事项，不影响劳动合同的履行；用人单位发生合并或者分立等情况，原劳动合同继续有效，劳动合同由承继其权利义务的用人单位继续履行。

二、劳动合同的变更

（一）劳动合同变更的概念

广义的劳动合同变更是指合同当事人依法或按照双方的意愿，修改或补充劳动合同条款的行为。修改后的劳动合同仍然有效，双方当事人要按照变更后的劳动合同来履行。

（二）劳动合同变更的分类

劳动合同变更具体包括两类：法定变更和协议变更。法定变更是指在劳动合同的履行过程中，依据法律的规定对劳动合同的条款进行修改或补充的行为。协议变更是指基于一方的提议，双方当事人通过协商一致对劳动合同的某些条款进行的修改。狭义的劳动合同变更仅指协议变更。

劳动合同的法定变更主要指劳动合同的主要内容因为劳动法律、法规的变化而发生相应的变更。例如，法定最低工资的提高可以直接引起劳动合同中最低工资标准的变化，这种变化是由法律规定引起的，是不以当事人的意志为转移的。此外，我国《劳动合同法》第33条、第34条规定的因劳动合同主体中用人单位一方出现某种特殊情况而劳动合同应继续履行，也应视为一种法定变更情形。

劳动合同的协议变更是双方当事人合议的结果，必须遵循协商一致的原则。除了法定变更情形外，任何一方当事人都不得单方变更劳动合同的条款。当一方提出变更劳动合同的某项条款时，对方可以表示同意，也可以表示拒绝，且不应产生任何不良后果。与一般合同不同的是，劳动合同的某些条款属于具体落实劳动法律、法规规定的基本劳动标准，其变更无需双方协商确定，由用人单位在不违反劳动法律、法规的条件下单方变更即可。例如，用人单位提供的劳动条件方面的条款。但是，劳动合同的某些条款属于必须双方协商一致才能变更的内容。例如，涉及劳动者工资、工作岗位、工作地点以及福利待遇等方面权利的条款，变更时必须经过劳动者的同意，用人单位无权以拥有经营自主权为由单方变更。

（三）劳动合同变更的程序

劳动合同变更后，双方当事人即按照变更后的合同条款享有各自的权利、承担相应的义务。《劳动合同法》第35条规定，变更劳动合同，应当采用书面形式。欲变更劳动合同的一方提出变更请求，经过双方协商一致，签订书面的协议，变更后的劳动合同文本由双方当事人各执一份。

【小案例4-10】

魏巍系国内某知名大学电子技术专业的学生，2008年7月大学毕业后顺利入职于大连市一家IT公司。在与公司签订的书面劳动合同中，双方约定：魏巍从事研发岗位，每月工资5 000元。后因公司投入市场的产品销售情况不佳，公司决定调整战略部署，裁减研发中心技术人员，成立了售后服务部，将部分研发中心的人员转为售后服务人员。魏巍被公司通知立即到售后服务部上班。魏巍认为售后服务部不适合自己的发展，同时也知道公司售后服务部的工资是每月3 000元，与研发岗位的待遇差别较大，因此对公司调整自己的岗位不满。

公司经理警告其说："公司有自主的用人权，可以根据经营的需要调整员工的工作岗位，你最好服从，否则公司有权以你不服从公司的劳动管理为由解聘你，并且不需要向你支付任何经济补偿。"请问：公司经理的观点成立吗？为什么？①

分析提示：本案涉及劳动合同内容的变更问题。《劳动合同法》第35条第1款规定："用人单位与劳动者协商一致，可以变更劳动合同的内容。变更劳动合同，应当采用书面形式。"据此，用人单位在未与劳动者协商一致的情况下，不得擅自变更劳动合同的内容。

第五节　劳动合同的解除与终止

一、劳动合同的解除

（一）劳动合同解除的概念及分类

1.劳动合同解除的概念

劳动合同的解除是指劳动合同订立后终止前，因特定事由的出现，导致劳动合同的当事人单方或双方提前终止劳动合同、消灭劳动关系的法律行为。它是劳动合同的提前终止，是在具备法定或约定事由情形下因当事人依法做出提前终止合同的意思表示而终止。

2.劳动合同解除的分类

按照不同的标准，可以对劳动合同的解除进行不同的分类。一般来说，劳动合同的解除主要包括以下两种分类：

（1）根据劳动合同解除的方式不同，可以分为单方解除和双方解除。单方解除是指劳动者或用人单位一方行使解除权而将劳动合同解除的行为。在此种解除方式下，只要劳动者或者用人单位按照法律规定的条件和程序实施相应的解除行为，无需与对方进行协商，即可解除劳动合同，终止双方之间的劳动关系。双方解除，又称协商解除，是指劳动者和用人单位经过协商达成合意，将劳动合同解除的行为。在此种解除方式下，不以拥有解除权为必要，只要双方当事人在平等的基础上协商

---

① 邹杨，丁玉海.劳动合同法最新理论与实务 [M].大连：东北财经大学出版社，2009.

一致，即可解除劳动合同。

（2）根据劳动合同解除权的产生原因不同，可以分为法定解除和约定解除。这种分类是在单方解除的基础上做的进一步分类，前提条件是行为人拥有相应的解除权。在单方解除的情况下，如果行为人的解除权是来自于法律的规定，即为法定解除；如果行为人的解除权是来自于双方当事人在劳动合同中的约定，即为约定解除。

（二）劳动合同的协商解除

劳动合同的协商解除，是劳动者与用人单位在真实的意思表示的基础上经过平等友好的协商而解除双方之间的劳动合同，不易产生劳动纠纷。因此，劳动法律、法规对此种解除方式均持肯定的态度。例如，《劳动法》第24条规定："经劳动合同当事人协商一致，劳动合同可以解除。"《劳动合同法》第36条规定："用人单位与劳动者协商一致，可以解除劳动合同。"《劳动合同法实施条例》第18条和第19条分别规定，劳动者和用人单位在双方协商一致的前提下依照劳动合同法规定的条件、程序可以解除与对方之间的固定期限劳动合同、无固定期限劳动合同或者以完成一定工作任务为期限的劳动合同。可见，劳动者和用人单位可以采取协商解除的方式来解除双方之间的劳动合同，无需具备相应的条件，也不受解除预告期限和限制解除条件的约束。

（三）劳动合同的单方解除

1.劳动者单方解除劳动合同的情形

（1）劳动者提前30天书面通知用人单位解除。《劳动合同法》第37条规定："劳动者提前30日以书面形式通知用人单位，可以解除劳动合同。劳动者在试用期内提前3日通知用人单位，可以解除劳动合同。"《劳动合同法实施条例》第18条也规定，劳动者提前30日以书面形式通知用人单位的，依照劳动合同法规定的条件、程序，可以与用人单位解除固定期限劳动合同、无固定期限劳动合同或者以完成一定工作任务为期限的劳动合同。

劳动者采取这一行为时，须满足两个条件：一是需要提前30日通知用人单位。法律允许劳动者单方解除劳动合同，是劳动者自主择业权的体现。但是，劳动者在行使这一权利时，必须尊重用人单位的合法权益，即需要给用人单位充足的时间寻找替代人选。因此，须提前30日通知用人单位。该期限应从劳动者解除劳动合同的通知送达用人单位时起算。二是必须以书面形式通知用人单位。劳动者单方解除劳动合同后，双方当事人之间的劳动关系即随之消灭，影响较大，因此，法律规定劳动者在行使单方解除劳动合同权利的同时必须满足法定的形式，其目的主要是防止出现不必要的劳动纠纷。

（2）试用期内提前3日通知解除。《劳动合同法》第37条和《劳动合同法实施条例》第18条均规定，劳动者在试用期内提前3日通知用人单位，可以解除劳动合同。需要明确的是，此项规定既有别于《劳动法》在试用期内可以随时解除劳动合同的规定，也没有法定形式的要求，劳动者可以书面形式通知解除，也可以口头形式通知解除，只需将解除劳动合同的意思表示明确通知对方即可。

【小案例4-11】

2016年12月19日，付玉与当地一家食品批发公司签订了为期1年的劳动合同，从事食品销售工作。双方约定试用期为1个月，每月工资2 600元，试用期内每月工资2 100元。次日，公司就让其上岗工作。由于临近圣诞节和元旦，食品的销售行情非常好，加班加点是常事。对此，付玉向公司提出，自己有年迈的母亲需要照顾，希望公司减少安排自己加班，被公司拒绝。付玉遂向公司递交了辞呈。公司人事部经理没有接受，并告知付玉："你若单方解除劳动合同，须经过我们的同意。"请问：付玉应该如何应对？

分析提示：根据《劳动合同法》第37条的规定，劳动者在试用期内履行提前3天通知用人单位的义务，即可单方解除劳动合同，无需征得用人单位的同意。付玉可以依法辞职，并取得实际工作天数的工资报酬。

（3）随时通知解除。随时通知解除是指由于用人单位的单方原因且无需提前通知用人单位即可解除与其签订的劳动合同的行为。根据《劳动合同法》第38条的规定，用人单位有下列情形之一的，劳动者可以解除劳动合同：一是未按照劳动合同约定提供劳动保护或者劳动条件的；二是未及时足额支付劳动报酬的；三是未依法为劳动者缴纳社会保险费的；四是用人单位的规章制度违反法律、法规的规定，损害劳动者权益的；五是因第26条第1款规定的情形致使劳动合同无效的；六是法律、行政法规规定劳动者可以解除劳动合同的其他情形。需要明确的是，以上6种情形的解除，虽然劳动者有单方面的解除权，但在行使这一权利时，有通知用人单位的义务，即告知用人单位是基于以上何种原因解除劳动合同；否则，会给用人单位的正常生产经营活动带来负面影响。

【小案例4-12】

　　2015年1月，胡某被一家建筑公司录用为搬运工，双方签订为期3年的劳动合同。合同约定：公司每月向胡某支付工资2 200元，任何一方提前解除劳动合同，须按每年1万元的标准向对方支付违约金。2016年6月以后，建筑公司以效益不好为由，每月仅向胡某支付1 000元的工资。胡某多次要求公司足额支付劳动报酬未果，遂于2016年12月向公司提出解除劳动合同，遭到公司拒绝，并要求胡某向公司支付1万元的违约金。请问：本案应该如何处理？

　　分析提示：根据《劳动合同法》第38条的规定，用人单位未及时足额支付劳动报酬的，劳动者可以解除劳动合同。胡某可以据此随时单方解除与建筑公司之间的劳动合同，并要求公司按照合同约定的标准补发不足部分的工资。另外，由于公司违约在先，合同约定的违约金条款对胡某不适用。

　　（4）无需事先通知立即解除。《劳动合同法》第38条第2款和《劳动合同法实施条例》第18条第11款、第12款均规定，用人单位以暴力、威胁或者非法限制人身自由的手段强迫劳动者劳动的，或者用人单位违章指挥、强令冒险作业危及劳动者人身安全的，劳动者可以立即解除劳动合同，无需事先告知用人单位。据此，当用人单位出现上述法条所述情形时，劳动者享有无需事先告知立即解除劳动合同的权利。

【小案例4-13】

金某经人介绍到当地的一家采石场工作，合同一年一签，每月工资1 000元。该采石场为了提高经济效益，多次采用放大炮等冒险方式进行掠夺性开采。一次，该采石场又采用放大炮的方式开采山石，导致开采的山体出现危岩。此时，采石场老板仍责令金某等人前去采石，当他们犹豫不前时，遭到老板的责骂。金某考虑再三，决定解除与采石场之间的劳动合同。请问：在此种情况下解除劳动合同，金某需履行哪些义务？①

分析提示：根据《劳动合同法》第38条第2款的规定，在用人单位违章指挥、强令冒险作业危及劳动者人身安全的情况下，劳动者为了保护自身的合法权益不受用人单位非法行为的侵犯，有权立即解除劳动合同，且无需事先告知用人单位。

2.用人单位单方解除劳动合同的情形

遵循法律公平正义的宗旨，《劳动合同法》第40条和第41条对用人单位单方解除劳动合同的情形做出了规定，以维护其合法权益。《劳动合同法实施条例》第19条对用人单位单方解除劳动合同的14种情形进行了综合。我们可将此划分为即时通知解除、预告通知解除和经济性裁员3类。

（1）即时通知解除。即时通知解除，也称过失性解除，是指因劳动者存在一定的过错，用人单位从维护自己的利益免受损失出发，可以根据法律的规定，不事先通知劳动者而单方面即时解除劳动合同。在此情形下，用人单位是因为劳动者的过错而解除劳动合同，因此无需向劳动者支付经济补偿金。《劳动法》对用人单位享有的法定解除权仅规定了4种情形，分别是：劳动者在试用期内被证明不符合录用条件的；严重违反劳动纪律或者用人单位规章制度的；严重失职、营私舞弊给用人单位利益造成损害的；被依法追究刑事责任的。《劳动合同法》将此适用情形扩大为6种，分别是：在试用期间被证明不符合录用条件的；严重违反用人单位的规章制度的；严重失职、营私舞弊给用人单位造成重大

---

① 邹杨，丁玉海.劳动合同法最新理论与实务［M］.大连：东北财经大学出版社，2009.

损害的；劳动者同时与其他用人单位建立劳动关系，对完成本单位工作任务造成严重影响，或者经用人单位提出，拒不改正的；以欺诈、胁迫的手段或者乘人之危，使对方在违背真实意思的情况下订立或者变更劳动合同，致使劳动合同无效的；被依法追究刑事责任的。

【小案例4-14】

　　许某是某市水产品加工厂的职工，2012年入厂工作，合同期限3年。2013年12月20日下午，许某向主管其车间的副总经理刘某请假15天，打算探望外地的女友。因临近双节，全厂上下都在为完成订单而加班加点，人员十分紧张，刘某没有准假。许某从次日起至2014年1月14日均未到厂里上班。期间人事部门的工作人员虽然多次电话通知许某上班，但许某未予理会。该厂《员工手册》规定，职工无正当理由连续旷工15天，厂方可以单方解除劳动合同。请问：对于许某的旷工，水产品加工厂能否单方解除劳动合同？

　　分析提示：《劳动法》和《劳动合同法》均规定，劳动者严重违反用人单位规章制度的，用人单位可以单方解除劳动合同。

　　（2）预告通知解除。预告通知解除，也称非过失性解除，是指劳动者本身无任何过失，但是由于特定情况的出现使原劳动合同的履行发生困难，对此，用人单位可以在预告通知之后解除劳动合同。《劳动合同法》第40条规定了3种用人单位可以预告通知解除劳动合同的情形：劳动者患病或者非因工负伤，在规定的医疗期满后不能从事原工作，也不能从事用人单位另行安排的工作的；劳动者不能胜任工作，经过培训或者调整工作岗位，仍不能胜任工作的；劳动合同订立时所依据的客观情况发生重大变化，致使劳动合同无法履行，经用人单位与劳动者协商，未能就变更劳动合同内容达成协议的。

　　预告通知解除是法律赋予用人单位的权利，但是，由于解除劳动合同同样关系到劳动者的切身利益，因此，法律对用人单位行使预告通知解除权进行了一定的限制，主要体现在以下方面：

　　一是用人单位行使预告通知解除权必须按照法定程序进行，须提前30日以书面形式通知劳动者。不履行上述法定程序，用人单位也可以选择以代通知金方式，即额外向劳动者支付1个月工资后，可以解除劳动合同。

二是用人单位行使预告通知解除权解除劳动合同，其解除的效力仅涉及劳动合同尚未履行的部分，已经履行完毕的部分仍然有效，用人单位负有依照劳动合同的约定向劳动者支付劳动报酬的义务。

三是用人单位行使预告通知解除权解除劳动合同，因为劳动者并无过错，因此需要向劳动者支付经济补偿金。

【小思考4-4】

用人单位能否以末位淘汰制为由单方解除劳动合同？

答：《劳动合同法》第40条第2款仅规定了劳动者不能胜任工作、经过培训或者调整工作岗位仍不能胜任工作的情况下，用人单位可以提前30日以书面形式通知劳动者本人或者额外支付1个月工资后，解除劳动合同。而"末位淘汰"与"不能胜任工作"是两码事。一般来说，只要劳动者不能按质按量地完成同工种、同岗位工作人员的通常工作量即视为劳动者不能胜任工作（用人单位故意提高劳动定额标准的除外）。劳动者因业绩考核处于末位可以作为其不能胜任工作而调岗或者进行培训的重要参考，但不应作为解除劳动合同的依据，用人单位不得据此单方解除劳动合同。

（3）经济性裁员。经济性裁员，是指用人单位由于某种经济方面的原因而导致本单位的劳动力出现剩余，依法需要通过裁减部分劳动者以改善生产经营状况的一种制度。经济性裁员是用人单位扭转不良经营状况的一种较为有效的手段，因此各国劳动法基本上都赋予其在一定条件下的经济性裁员的权利。但是，经济性裁员会导致部分劳动者失去工作，增加社会的不稳定因素，因此，法律亦对该权利的行使进行了必要的限制。

《劳动法》第27条虽然对经济性裁员制度进行了规定，但是随着市场经济的迅速发展，已经略显滞后，不能适应经济发展的要求。《劳动合同法》第41条对经济性裁员的适用做了系统的规定。

《劳动合同法》第41条第1款规定了经济性裁员的适用情形：①依照企业破产法规定进行重整的；②生产经营发生严重困难的；③企业转

产、重大技术革新或者经营方式调整，经变更劳动合同后，仍需裁减人员的；④其他因劳动合同订立时所依据的客观经济情况发生重大变化，致使劳动合同无法履行的。

综合《劳动合同法》第41条第1款和《企业经济性裁减人员规定》第4条的规定，用人单位确需裁减人员的，应按照以下程序进行：①提前30日向工会或者全体职工说明情况，并提供有关生产经营状况的资料；②提出裁减人员方案，包括裁减人员名单、裁减时间、实施步骤以及对被裁减人员的补偿办法；③将裁减人员方案征求工会或者全体职工的意见，并对裁减方案进行修改和完善；④向当地劳动行政部门报告裁减人员方案及工会或者全体职工的意见，并听取劳动行政部门的意见；⑤由用人单位正式公布裁减人员方案，与被裁减人员办理解除劳动合同手续，按照有关规定向被裁减人员本人支付经济补偿金，出具裁减人员证明书。

《劳动合同法》对用人单位行使经济性裁员的权利做了相关限制，主要体现在被裁人员的顺序以及被裁的对象方面。在被裁人员的顺序方面，该法第41条第2款规定，裁减人员时，应当优先留用下列人员：一是与本单位订立较长期限的固定期限劳动合同的；二是与本单位订立无固定期限劳动合同的；三是家庭无其他就业人员，有需要扶养的老人或者未成年人的。同时，顺序排列越在前的人员，其受法律保护的程度越高。在被裁的对象方面，该法第42条规定，劳动者有下列情形之一的，用人单位不得依照本法第40条、第41条的规定解除劳动合同：第一，从事接触职业病危害作业的劳动者未进行离岗前职业健康检查，或者疑似职业病病人在诊断或者医学观察期间的；第二，在本单位患职业病或者因工负伤并被确认丧失或者部分丧失劳动能力的；第三，患病或者非因工负伤，在规定的医疗期内的；第四，女职工在孕期、产期、哺乳期的；第五，在本单位连续工作满15年，且距法定退休年龄不足5年的；第六，法律、行政法规规定的其他情形。

用人单位经济性裁员的法律后果主要体现在以下方面：第一，经济性裁员的直接后果是劳动者与用人单位的劳动关系因此被解除；第二，用人单位依照《劳动合同法》第41条第1款的规定进行经济性裁员的，应当向被裁的劳动者支付经济补偿金；第三，对于用人单位依照《劳动合同法》第41条第1款的规定裁减的人员，在6个月内重新招用人员时，应当通知被裁减的人员并在同等条件下优先招用；第四，《企业经济性裁减人员规定》第3条规定，用人单位在依法进行经济性裁员后，如果有条件，应当为被裁减的人员提供一定的培训或者就业帮助。

【法律小知识4-1】

在劳动合同解除过程中，如果是因为用人单位单方解除劳动合同，并且劳动者对此存在异议的，用人单位将负有更重的举证责任。例如，《最高人民法院关于审理劳动争议案件适用法律若干问题的解释》第13条规定："因用人单位做出的开除、除名、解除劳动合同、减少劳动报酬、计算劳动者工作年限等决定而发生的劳动争议，用人单位负举证责任。"

（四）劳动合同解除的限制

劳动合同解除的限制，旨在保护劳动者的合法权益，即在特定的情形下，不允许用人单位单方解除与劳动者之间的劳动合同。《劳动法》第29条规定了4种用人单位不得单方解除劳动合同的情形。《劳动合同法》在此基础上进行了适当的修改，同时新增了两种新的情况，进一步完善了劳动合同解除的限制性条件。

根据《劳动合同法》第42条的规定，当劳动者具有该条所述的6种情形之一时，用人单位不能通过预告通知和经济性裁员的方式解除劳动合同，但是该限制不适用于《劳动合同法》第39条规定的过失性解除情形以及用人单位与劳动者之间的协商解除、劳动者单方面解除劳动合同的情形。

根据《劳动合同法》第43条的规定，用人单位单方解除劳动合同的，无论是用人单位的即时通知解除、预告通知解除还是经济性裁员，均应事先将理由通知工会。如果用人单位解除劳动合同的行为违反法律、行政法规规定或者劳动合同约定的，工会有权要求用人单位予以纠正。用人单位应当研究工会的意见，并将处理结果书面通知工会。

二、劳动合同的终止

（一）劳动合同终止的概念

劳动合同终止是指因一定法律事实的出现而引起劳动者与用人单位

之间的权利义务的消灭。

　　劳动合同的解除与劳动合同的终止都导致劳动法律关系的消灭，其区别主要表现在：第一，两者发生的时间不同。劳动合同的解除发生在劳动合同订立后，有效期届满或者履行完毕之前；劳动合同的终止发生在劳动合同有效期届满或者履行完毕时。第二，劳动关系消灭的原因不同。劳动合同的解除主要取决于劳动合同双方或一方的意志而导致劳动关系的消灭，例如双方协商解除、劳动者单方预告解除、劳动者单方随时解除、用人单位即时通知解除、用人单位预告通知解除、经济性裁员等；劳动合同的终止则主要是因当事人意志以外的原因而导致劳动关系的消灭，如劳动合同期满、当事人主体资格的灭失、劳动者达到法定退休年龄等。第三，劳动关系消灭的程序不同。劳动合同解除的程序较为复杂，并且不同的解除方式需要遵循不同的程序；劳动合同终止的程序相对简单，没有特定的程序要求，只需要及时通知对方即可。

　　（二）劳动合同终止的情形

　　《劳动合同法》第44条规定，有下列情形之一的，劳动合同终止：（1）劳动合同期满的；（2）劳动者开始依法享受基本养老保险待遇的；（3）劳动者死亡，或者被人民法院宣告死亡或者宣告失踪的；（4）用人单位被依法宣告破产的；（5）用人单位被吊销营业执照、责令关闭、撤销或者用人单位决定提前解散的；（6）法律、行政法规规定的其他情形。《劳动合同法实施条例》在此基础上新增一条，即劳动者达到法定退休年龄的，即使劳动者与用人单位之间的劳动合同没有到期，也视为已经到期，双方之间的劳动关系自行终止。在劳动合同期满时，如果出现法律规定的用人单位不得解除劳动合同的情形，劳动合同应当续延至相应的情形消失时终止。其中丧失或者部分丧失劳动能力劳动者的劳动合同的终止，按照国家有关工伤保险的规定执行。

【法律小知识4-2】

　　末位淘汰制不属于《劳动合同法》第44条规定的法定终止劳动合同的情形。其作为人力资源管理的一个手段，具有一定的合理性。如果用人单位与劳动者在平等协商的基础上，在劳动合同中约定将末位淘汰制作为劳动合同终止的情形是可以的，但是要受到严格的限制。

其评判的标准不得与"不能胜任工作"的认定标准相冲突，更不得损害劳动者的合法权益，否则应被认为无效。

三、劳动合同解除、终止的法律后果

（一）经济补偿金

经济补偿金，是指法律规定的、当劳动合同由于劳动者过错以外的原因而解除或终止时，由用人单位向劳动者一次性支付的一定数额的费用。经济补偿金是劳动法上一项颇具特色的制度，兼具劳动补偿和社会保障的双重功能，充分体现了劳动法对劳动者的倾斜保护。

根据《劳动合同法》第46条的规定，有下列情形之一的，用人单位应当向劳动者支付经济补偿金：第一，劳动者由于用人单位违法而被迫解除劳动合同的；第二，用人单位主动向劳动者提出解除劳动合同并与劳动者协商一致解除劳动合同的；第三，用人单位依法预告解除劳动合同的；第四，用人单位因经济性裁员而解除劳动合同的；第五，固定期限劳动合同期满未续订，但用人单位维持或者提高劳动合同约定条件续订劳动合同而劳动者不同意续订的情形除外；第六，用人单位被依法宣告破产；第七，用人单位被吊销营业执照、责令关闭、撤销或者用人单位决定提前解散的；第八，法律、行政法规规定的其他情形。

根据《劳动合同法》第47条的规定，经济补偿按劳动者在本单位工作的年限，每满1年支付1个月工资的标准向劳动者支付。6个月以上不满1年的，按1年计算；不满6个月的，向劳动者支付半个月工资的经济补偿。劳动者月工资高于用人单位所在直辖市、设区的市级人民政府公布的本地区上年度职工月平均工资3倍的，向其支付经济补偿的标准按职工月平均工资3倍的数额支付，向其支付经济补偿的年限最高不超过12年。此处所称月工资是指劳动者在劳动合同解除或者终止前12个月的平均工资。

（二）赔偿金

赔偿金，是指用人单位因违反《劳动合同法》的规定解除或终止劳动合同，给劳动者造成损失的，依法应当向劳动者支付一定的费用以补偿其损失。此处的赔偿金支付，仅适用于用人单位违法解除或终止劳动合同的情形，不适用合同履行中因一方的过错给对方造成损害时支付的损害赔偿。

用人单位存在违法解除或终止劳动合同的行为，是其承担支付赔偿金的前提条件。对用人单位违法解除或终止劳动合同行为的认定，主要

包括两方面的内容：一是用人单位违反法律规定的条件解除或终止劳动合同。例如，用人单位在女职工怀孕期间，非因其过错而解除或终止了与该女职工的劳动合同，即为违法行为。该女职工可以根据《劳动合同法》第48条的规定要求用人单位继续履行劳动合同，用人单位应当继续履行。如果该女职工未要求继续履行劳动合同或者劳动合同已经不能继续履行的，用人单位应当向其依法支付赔偿金。二是用人单位违反法律规定的程序解除或终止劳动合同。例如，某劳动者患病，用人单位在解除与其之间的劳动合同前，需要依照法律规定给劳动者相应的医疗期。在规定的医疗期满后劳动者不能从事原工作的，用人单位还需给劳动者调整工作岗位。只有在劳动者经过调岗后仍不能胜任工作的，用人单位方可解除劳动合同，但仍须履行法定程序：提前30日以书面形式通知劳动者本人，或者额外支付劳动者1个月的工资，否则即为非法。劳动者可以依据《劳动合同法》第48条的规定寻求法律救济。

在赔偿金的计算上，应当按照《劳动合同法》第87条的规定处理，在用人单位因违法解除或者终止劳动合同的情况下，应当依照《劳动合同法》第47条规定的经济补偿标准的2倍向劳动者支付赔偿金。需要明确的是，根据《劳动合同法实施条例》第25条的规定，用人单位为此支付了赔偿金的，不再支付经济补偿。赔偿金的计算年限自用工之日起计算。

【法律小知识4-3】

《最高人民法院关于审理劳动争议案件适用法律若干问题的解释（三）》第10条规定，劳动者与用人单位就解除或者终止劳动合同办理相关手续，支付工资报酬、加班费、经济补偿或者赔偿金等达成的协议，存在重大误解或者显失公平情形，当事人请求撤销的，人民法院应予支持。《民法总则》第147条和第151条也赋予当事人对重大误解和显失公平民事法律行为的撤销权，当事人自知道或者应当知道撤销事由之日起1年内、重大误解的当事人自知道或者应当知道撤销事由之日起3个月内应行使该权利。自该行为发生之日起5年内没有行使撤销权的，撤销权消灭。需要注意的是，根据《民法总则》第199条的规定，撤销权不适用于诉讼时效中止、中断和延长的规定，到期权利即消灭。

四、劳动合同解除或终止后当事人的义务

劳动合同解除或终止后，劳动者的义务主要体现在对用人单位承担的忠实义务，例如保密义务、竞业禁止义务等方面。同时，劳动者还负有一定的协作义务，即应积极配合用人单位做好本职工作交接以保证用人单位工作的有序进行。

对于用人单位在劳动合同解除或终止后的义务，《劳动合同法》第50条及《劳动合同法实施条例》第25条均进行了具体的规定。据此，用人单位的义务主要有：第一，出具解除或者终止劳动合同的证明的义务，且须写明劳动合同期限、解除或者终止劳动合同的日期、工作岗位、在本单位的工作年限。应当保存已经解除或者终止的劳动合同的文本，至少保存2年以上备查。第二，在法律规定的期限内为劳动者办理档案和社会保险关系转移手续。第三，向劳动者支付经济补偿金。

第六节　　劳务派遣劳动合同和非全日制劳动合同

一、劳务派遣劳动合同

（一）劳务派遣的概念和特征

劳务派遣是指依法设立的劳务派遣单位（用人单位）与接受派遣的单位（用工单位）订立劳务派遣协议，约定由用人单位按照用工单位的用工需求招聘劳动者，并把劳动者派遣到用工单位劳动的一种特殊的用工方式。

劳务派遣具有与传统的用工方式不同的特点：

1.劳务派遣法律关系涉及三方主体、两个合同

在劳务派遣关系中，有三方主体：劳务派遣单位（用人单位）、接受派遣的单位（用工单位）和被派遣的劳动者（劳动者）。

依照《劳动合同法》的规定，用人单位与用工单位之间签订劳务派遣协议，劳动者与用人单位之间签订劳动合同。用人单位和用工单位之间应当订立劳务派遣协议，该协议是在平等主体之间订立的，因此具有民事合同的性质，其内容主要约定用人单位为用工单位招聘和派遣劳动者的数量、岗位、派遣期限、劳动待遇、工资的支付和社会保险的缴纳、派遣费用等。劳动者与用人单位应当订立劳动合同，该合同除了应

当具备劳动合同的必备条款外，还应当载明被派遣劳动者的用工单位以及派遣期限、工作岗位等内容。

至于劳动者与用工单位之间的关系，《劳动合同法》并没有准确地界定。实践中，被派遣的劳动者在用工单位中提供劳动，且服从用工单位的规章制度，接受其指挥，本质上属于劳动关系的性质。用工单位接受被派遣劳动者，在被派遣劳动者劳动过程中，应当执行国家劳动标准，为被派遣劳动者提供相应的劳动条件和劳动保护，支付加班费、绩效奖金，提供与工作岗位相关的福利待遇。根据《劳动合同法》第63条的规定，被派遣劳动者享有与用工单位的劳动者同工同酬的权利。用工单位无同类岗位劳动者的，参照用工单位所在地相同或者相近岗位劳动者的劳动报酬确定。"同工"是指同等岗位、同等付出；"同酬"是指在同工的前提下，应享受相同的劳动报酬，包括工资、保险和福利等待遇。

【小案例4-15】

2012年1月，江西省某县公路管理处与一家劳务派遣单位签订"劳务派遣协议"，由劳务派遣单位向公路管理处派遣50名劳动者。劳动过程中，被派遣劳动者与公路管理处员工同属一个岗位，做同样的工作，但劳动报酬只是同等岗位公路管理处员工工资报酬的80%。2012年10月，派遣期限届满，公路管理处将50名劳务派遣工退回劳务派遣单位。2012年11月，50名劳务派遣工向劳动争议仲裁委员会提起申请，要求公路管理处按照本单位职工的工资标准补足其工资差额。

分析提示：本案涉及被派遣劳动者"同工同酬"的待遇问题。公路管理处违反了《劳动合同法》第63条的规定，应当按照同工同酬的标准，参照本单位同岗位员工的工资标准补足被派遣劳动者的工资。

关于用工单位承担的法律责任，《劳动合同法》第92条规定，劳务派遣单位违反本法规定，给被派遣劳动者造成损害的，由劳务派遣单位与用工单位承担连带赔偿责任。

【小思考4-5】

被派遣劳动者的工伤待遇应当由谁承担？

答：被派遣劳动者是劳务派遣单位的员工，基于其与劳务派遣单位之间的劳动关系，工伤待遇可以向劳务派遣单位主张。但是，根据《劳动合同法》第92条的规定，被派遣劳动者的实际用工单位与劳务派遣单位承担连带责任，因此，被派遣劳动者也可以向实际用工单位提出主张。

2.劳动力的雇用与使用相分离

与传统的用工关系不同的是，在劳务派遣的用工关系下，劳动者与劳务派遣单位建立劳动关系，而劳动者的劳动行为实际发生在用工单位，因此，出现劳动关系存在于用人单位，而劳动行为存在于用工单位，即劳动力的雇用与使用相分离的现象。这也是劳务派遣最显著的特征。

（二）劳务派遣单位

《劳动合同法》第57条对劳务派遣单位的资质作了专门规定，劳务派遣单位应当依照公司法的有关规定设立，注册资本不得少于50万元。《劳动合同法》第58条规定，劳务派遣单位作为用人单位，应当履行用人单位对劳动者的义务。劳务派遣单位与被派遣劳动者订立的劳动合同，除应当载明本法第17条规定的事项外，还应当载明被派遣劳动者的用工单位以及派遣期限、工作岗位等情况。劳务派遣单位应当与被派遣劳动者订立2年以上的固定期限劳动合同，按月支付劳动报酬；被派遣劳动者在无工作期间，劳务派遣单位应当按照所在地人民政府规定的最低工资标准，向其按月支付报酬。

（三）劳务派遣的适用范围

劳务派遣并不适用于所有工作岗位。从《劳动合同法》第66条的规定看，劳务派遣一般在临时性、辅助性或者替代性的工作岗位上实施。《劳动合同法》的此条规定适用性比较差，因为无法得知哪些情况下不能适用劳务派遣，对何为"临时性、辅助性或者替代性的工作岗位"也没有清楚的界定。这种模糊的规定导致实践中劳务派遣的泛滥。为了避免一些用人单位自设派遣机构，《劳动合同法》第67条规定，用人单位不得设立劳务派遣单位向本单位或者所属单位派遣劳动者。《劳动合同法实施条例》第28条规定，用人单位或者其所属单位出资或者合伙设立的劳务派遣单位，向本单位或者所属单位派遣劳动者的，也属于《劳动合同法》第67条规定的不得设立的劳务派遣单位。

二、非全日制劳动合同

（一）非全日制劳动合同的概念

非全日制劳动合同是指劳动者和用人单位签订的，以小时计酬的，劳动者在同一用人单位一般平均每日工作时间不超过4小时，每周工作时间累计不超过24小时的特殊形式的劳动合同。

近年来，以小时工为主要形式的非全日制用工在我国发展较快。这一用工形式突破了传统的全日制用工模式，适应了用人单位灵活用工和劳动者自主择业的需要，已成为促进就业的重要途径。

【法律小知识4-4】

从事非全日制工作的劳动者与用人单位因履行劳动合同引发的劳动争议，按照国家劳动争议处理规定执行，即在劳动争议发生后60日内双方当事人均可以向劳动争议仲裁委员会提起仲裁，如果对劳动争议仲裁委员会的仲裁裁决不服的，任何一方均可以向人民法院提起诉讼。但是，如果是劳动者直接向其他家庭或者个人提供非全日制劳动的，当事人双方发生的争议不属于劳动争议，不适用劳动争议处理规定。在此情况下，应当认定双方当事人之间存在的是劳务关系，应当适用民事法律的规定去处理发生的争议。

（二）有关非全日制劳动合同的特殊规定

与全日制劳动合同相区别，《劳动合同法》对非全日制用工进行了特殊的规定，具体体现在：（1）非全日制用工双方当事人可以订立口头协议；（2）从事非全日制用工的劳动者可以与一个或者一个以上用人单位订立劳动合同，但是，后订立的劳动合同不得影响先订立的劳动合同的履行；（3）非全日制用工双方当事人不得约定试用期；（4）非全日制用工双方当事人任何一方都可以随时通知对方终止用工，终止用工时，用人单位无需向劳动者支付经济补偿；（5）非全日制用工小时计酬标准不得低于用人单位所在地人民政府规定的最低小时工资标准；（6）非全日制用工劳动报酬结算支付周期最长不得超过15日。

【小案例4-16】

袁恒是某理工大学电子计算机专业的硕士研究生。2008年4月研究生毕业后，与A公司签订为期3年的劳动合同，担任公司的网络游戏设计师，每天至少到公司工作3小时，其他时间可以自由安排，每月工资2 000元，但是袁恒每年至少要为公司设计两套游戏，并能投入运行，如不能完成任务，需向公司承担违约责任。此后不久，袁恒又与B商务公司签订一份劳动合同，担任该公司网络产品开发部的副主任，每月须到公司对其员工进行业务指导20小时，对公司的网络产品进行审查、检验并提出修改意见等，但无需每天都来公司上班。B公司按月向其支付报酬，每月3 000元。后因B公司网络产品出现问题，袁恒只得全力以赴进行处理，导致其不能按照劳动合同的约定到A公司上班，年底也仅开发出一套游戏。为此，A公司以袁恒和B公司为被申请人，向当地劳动争议仲裁委员会提起仲裁，要求其赔偿自己的损失。请问：A公司的请求是否合法？为什么？[①]

分析提示：袁恒与A、B两个公司签订的劳动合同都属于非全日制用工合同，两份劳动合同在订立的条件、程序、内容等方面均无违法行为，因此具有相应的法律效力。《劳动合同法》第69条第2款规定："从事非全日制用工的劳动者可以与一个或者一个以上的用人单位订立劳动合同；但是，后订立的劳动合同不得影响先订立的劳动合同的履行。"

▶ 本章小结

劳动合同是劳动者与用人单位确立劳动关系、明确双方权利和义务的协议。劳动合同除了具有合同的一般特征，还有其特有的法律特征。订立劳动合同，应当遵循合法、公平、平等自愿、协商一致、诚实信用

---

① 邹杨，丁玉海. 劳动合同法最新理论与实务［M］. 大连：东北财经大学出版社，2009.

的原则。订立劳动合同一般要经过要约和承诺的阶段。劳动合同应当具备法律规定的条款，缺少了必备条款的劳动合同，可以通过相关规则进行补充，不会导致劳动合同无效或者不成立，也不会影响劳动关系的成立。劳动合同的形式一般有书面形式和口头形式两种。劳动合同的履行是用人单位与劳动者签订劳动合同的目的所在，须遵循实际履行、亲自履行和协作履行的原则。劳动合同当事人依法或按照双方的意愿，可以修改或补充劳动合同的条款。劳动合同的解除是劳动合同的提前终止。双方当事人可以通过协商的方式，也可以单方行使解除权解除劳动合同。与解除不同的是，劳动合同终止是指因一定法律事实的出现而引起劳动者与用人单位之间的权利义务的消灭。劳动合同解除或终止时，用人单位应视不同原因向劳动者支付经济补偿金或赔偿金。

▶ 复习与思考

一、名词解释

劳动合同　有固定期限的劳动合同　无固定期限的劳动合同　以完成一定工作为期限的劳动合同　要约　承诺　劳动合同的必备条款　劳动合同的约定条款　试用期　竞业禁止　劳动合同的履行　劳动合同的变更　劳动合同的解除　经济性裁员　劳动合同的终止　经济补偿金　赔偿金　劳务派遣　非全日制劳动合同

二、选择题

1.根据《劳动合同法》的规定，已建立劳动关系，未同时订立书面劳动合同的，应当自用工之日起（　　）个月内订立书面劳动合同。

A.2　　　　　　　　B.1　　　　　　　　C.半　　　　　　　　D.3

2.根据《劳动合同法》的规定，用人单位自用工之日起满1年未与劳动者订立书面劳动合同的，（　　）。

A.劳动关系有效，支付2倍月工资

B.终止劳动关系，支付劳动者工资

C.劳动关系无效

D.视为同劳动者已订立无固定期限劳动合同

3.某独资企业欲与张某签订一份为期2年的劳动合同，试用期不得超过（　　）个月。

A.1　　　　　B.2　　　　　C.3　　　　　D.6

4.刘某与甲公司签订了一份为期5年的劳动合同，合同履行2年后，甲公司与乙公司合并为丙公司，则刘某原先与甲公司之间的劳动合同（　　）。

A.继续有效　　　B.自然终止　　　C.应当解除　　　D.可以续订

5.甲公司在胡某与乙公司签订的劳动合同有效期内，允诺给胡某更高的报酬，与胡某签订了劳动合同，给乙公司造成了经济损失，甲公司对此应承担（　　）。

A.说服胡某回乙公司工作的责任

B.解除与胡某签订的合同的责任

C.行政责任　　　　　　　　　D.连带赔偿责任

6.根据《劳动合同法》的规定，以下属于劳动合同必备条款的是（　　）。

A.劳动纪律与违反合同的责任　　B.合同终止条件

C.社会保险与职业危害防护　　　D.劳动保护与劳动条件

7.按照劳动合同期限的不同，劳动合同可分为（　　）。

A.固定期限劳动合同

B.无固定期限劳动合同

C.以完成一定工作为期限的劳动合同

D.长期劳动合同

8.下列情形中，劳动者可以随时通知用人单位解除劳动合同的是（　　）。

A.支付的工资低于社会平均工资水平

B.用人单位规定本单位员工之间不得结婚

C.单位保安殴打劳动者、强迫其劳动

D.用人单位随意加班加点

9.下列情形中，用人单位不可以解除劳动合同的是（　　）。

A.劳动者在试用期被证明不符合录用条件的

B.劳动者患病或负伤，在规定的医疗期内的

C.女职工在孕期、产期、哺乳期的

D.劳动者患职业病并被确认丧失劳动能力的

10.以下情形中，用人单位可以依法进行裁员的是（　　　）。

A.依照企业破产法规定进行重整的

B.生产经营发生严重困难的

C.企业转产、重大技术革新或者经营方式调整

D.所欠债务较多

三、简答题

1.简述劳动合同与劳务合同的区别。

2.简述劳动合同的必备条款有哪些。

3.简述劳动者可以随时通知用人单位解除劳动合同的情形。

4.简述用人单位即时通知劳动者解除劳动合同的情形。

5.简述劳动合同终止的情形。

四、案例分析题

1.王强是某高校会计专业的毕业生，在学校组织的一次招聘会上，报名参加了一家日资企业的选拔考试，经过层层选拔，最终被录用。该企业向其提供了一份劳动合同：王强将从事公司的出纳岗位，合同期1年，如果考核合格，将续签合同；每月工资3 000元，公司为其办理社会保险；试用期为3个月，试用期内工资为2 000元，而该日资企业相同岗位最低档工资为2 600元。请问：这份劳动合同是否合法？

2.李虎大学毕业后加入了顺达报关行，担任报关员，公司与其签订了为期3年的劳动合同，每月工资3 000元，同时要求所有员工不得兼职，否则公司有权解除劳动合同，并要求其支付违约金1万元。一开始，李虎还是本本分分地上班，没有出去兼职，后因孩子上学生活开支加大，不得以利用晚上及周末的业余时间到某报关学校讲授报关课程。此事被顺达报关行知道后，立即通知李虎解除双方的劳动合同，并要求其支付违约金1万元。李虎对此不服，向当地劳动争议仲裁委员会提起仲裁，要求认定劳动合同中关于兼职支付1万元违约金的条款无效，顺达报关行继续履行双方之间的劳动合同。请问：本案应该如何处理？

3.李某是某制药公司职工，已经在该单位工作了15年，并与该厂订立了无固定期限劳动合同。现因生产经营存在严重困难，该公司需要裁减人员。4月2日，向公司工会说明情况，并听取了工会意见。5月

10日，公司向全体员工宣布修改通过后的减员方案，决定裁减30人，其中包括李某、苏某、曲某等，并自即日起生效。此时，苏某因患肺炎刚出院，在家休养；曲某家的小孩正在哺乳期。公司按规定程序办理手续，每人发给经济补偿金3 000元。4个月后，公司经营状况好转，决定向社会招聘一部分职工，当初被裁减的职工黄某等10人前来应聘，公司以其不符合岗位需求为由未予录用。请问：（1）该公司的此次裁员存在哪些不合法之处？（2）经济补偿金的给付是否合法？（3）黄某等人主张优先录用权，是否应予支持？

4.赵倩工作的一家自行车厂因资不抵债破产，赵倩因此失业在家。正在她为寻找新工作一筹莫展时，其所在的街道办事处获知其处境后，积极对外联系，为其介绍工作，最后联系到一家影楼。赵倩与这家影楼签订了一份非全日制用工合同，其大致内容如下：公司聘赵倩为服装管理员，每天工作5小时，1小时15元，一周工作6天，合同期为1年，试用期为1个月，工资每月10日发放。请问：本案中非全日制用工合同有哪些不合法之处？应如何处理？

第五章
集体合同法律制度

▶ **学习目标**

通过本章学习，重点掌握集体合同与劳动合同的区别、集体合同的法律效力、解决集体合同争议的途径；掌握集体合同变更、解除和终止的情形；了解集体合同订立的程序。

▶ **案例导入**

用人单位未签订行业性集体合同，劳动者能否依据该
合同要求用人单位履行义务？

某市制药业行业工会是该市制药业的行业性工会，其工会主席与该市制药业行业协会协商，为了保护劳动者的身体健康，体现制药业用人单位对从事制药业的劳动者的人身关怀，制药单位应安排本单位的劳动者每年进行两次健康检查，得到行业协会的积极回应。双方分别选举出各方的集体协商代表，并签订专项的行业性集体合同，即规定该市制药单位每年给予本单位劳动者两次免费健康检查，时间分别是每年的7月和12月，具体时间由各单位自行确定。该集体合同签订后，立即报送该市的劳动行政部门审查备案，该市劳动行政部门在接到该行业性集体合同之后，一直未予答复。

昌建军为该市新光制药厂的药剂师，与制药厂签订了无固定期限劳动合同。由于长期处理各种药剂，昌建军总是感觉身体存在某种不可名状的不舒服。当得知该市对单位有义务给职工进行两次免费健康检查的行业性集体合同之后，昌建军要求新光制药厂为其提供一年两次的免费健康检查要求，但遭到新光制药厂的拒绝，其理由是因该市劳动行政部门没有审批，该行业性集体合同还没有生效。同时，新光制药厂的法定代表人也没有在该集体合同上签字，该集体合同对新光制药厂不

适用。

　　本案涉及两个问题：一是行业性集体合同是否已经生效；二是行业性集体合同对行业性的用人单位是否具有普适性。《劳动合同法》第54条第1款规定："集体合同订立后，应当报送劳动行政部门；劳动行政部门自收到集体合同文本之日起15日内未提出异议的，集体合同即行生效。"行业性集体合同是集体合同的一种，其生效时间在没有法律特别规定的情况下，应当适用集体合同关于生效时间的规定。该市劳动行政部门在收到集体合同文本之日起15日内没有提出异议，应视为该行业性集体合同已经生效。本案中的行业性集体合同是由该市的制药业行业工会和制药业行业协会分别选举出协商代表进行集体谈判确定的，订立的过程和内容均符合法律的规定，《劳动合同法》第54条第2款规定："依法订立的集体合同对用人单位和劳动者具有约束力。行业性、区域性集体合同对当地本行业、本区域的用人单位和劳动者具有约束力。"即使新光制药厂没有在该合同上签字，该合同仍对其具有约束力，新光制药厂应当履行集体合同中规定的义务。

　　资料来源　邹杨，丁玉海.劳动合同法最新理论与实务［M］.大连：东北财经大学出版社，2009.

第一节　　集体合同概述

　　集体合同是在劳动合同的基础上产生和发展起来的，是工人阶级罢工斗争的必然产物。集体合同制度产生于资本主义制度的企业中，但它不是专属于资本主义制度的法律制度。在社会主义制度下，集体合同仍有存在的必要并发挥着重要的作用。在我国，集体合同制度的内容经过了几次重大的立法活动日臻完善，其对劳动关系的健康和谐发展发挥了重要的作用。1995年的《劳动法》仅在第33~35条对集体合同进行了规定，内容过于简单和原则，操作性较差。同年，劳动和社会保障部根据《劳动法》的立法精神对集体合同专门制定了《集体合同规定》，2003年12月30日对《集体合同规定》进行了修订，并于2004年5月1日正式实施。而2008年1月1日正式施行的《劳动合同法》则进一步在第五章第一节使用了6个条款对集体合同制度进行了系统规定。

一、集体合同的概念和法律特征

（一）集体合同的概念

集体合同，又称集体协议、团体协议，是指工会与用人单位或其团体为规范劳动关系，以各项具体劳动标准为中心内容协商谈判而缔结的协议。

【法律小知识5-1】

　　1951年国际劳工组织在其91号建议书《集体合同建议书》中将集体合同界定为："以一个雇主或一群雇主，，或者一个或几个雇主组织为一方，一个或几个有代表性的工人组织为另一方，如果没有这样的工人组织，则根据国家和法规由工人正式选举并授权的代表为另一方，上述各方之间缔结的关于劳动条件和就业条件的一切书面协议，称为集体合同。"我国2004年5月1日修正后的《集体合同规定》第3条则在此基础上，将集体合同规定为：用人单位与本单位职工根据法律、法规、规章的规定，就劳动报酬、工作时间、休息休假、劳动安全卫生、职业培训、保险福利等事项，通过集体协商签订的书面协议。

（二）集体合同的法律特征

集体合同除具有一般协议的主体平等性、意思表示一致性、合法性和法律约束性等共性外，它还具有一些自身特征：

（1）集体合同是特定的当事人之间订立的协议。在集体合同中，当事人一方是代表职工的工会组织或职工代表，另一方是用人单位。当事人中至少有一方是由多数人组成的团体。特别是职工方，必须由工会或职工代表参加，集体合同才能成立。

（2）集体合同是一种劳动协议，内容包括劳动报酬、工作时间、休息休假、劳动安全卫生、保险福利等事项。在集体合同中，劳动标准是集体合同的核心内容，对劳动者个人的劳动合同起制约作用。

（3）集体合同的双方当事人的权利义务不均衡。其条款基本上都是强调用人单位的义务，如为劳动者提供合法的劳动设施和劳动条件等。

二、集体合同的种类

（1）根据适用范围的不同，可以将集体合同划分为行业性集体合同、区域性集体合同和职业性集体合同。《劳动合同法》第53条规定："在县级以下区域内，建筑业、采矿业、餐饮服务业等行业可以由工会与企业方面代表订立行业性集体合同，或者订立区域性集体合同。"

（2）根据集体合同涉及的内容不同，可以将集体合同划分为一般性集体合同和专项集体合同。所谓专项集体合同，是指用人单位与本单位职工根据法律、法规、规章的规定，就集体协商的某项内容签订的专项书面协议。

（3）根据集体合同的谈判协商的级别不同，可以将集体合同划分为全国性集体合同、地区性集体合同和企业集体合同。

三、集体合同与劳动合同的区别

集体合同和劳动合同都是劳动法中用来调整劳动关系的合同形式。它们同属于劳动法律关系的重要组成部分，都是调整劳动关系的方法和手段，两者相互弥补，相辅相成。但是，它们的区别也很明显，主要体现在：

1.当事人不同

集体合同中一方是用人单位，另一方是代表全体职工的工会组织或职工推举的代表；劳动合同中一方是用人单位，另一方是劳动者个人。

2.目的不同

协商订立集体合同的目的是规定企业的一般劳动条件，为劳动关系的各个方面设定具体标准，并作为单个劳动合同的基础和指导原则。劳动合同的目的是确立劳动者和企业的劳动关系。

3.内容不同

集体合同的内容是关于企业的一般劳动条件标准的约定，以全体劳动者共同权利和义务为内容，内容具有广泛性和整体性。劳动合同的内容根据《劳动合同法》第17条的规定来约定，只适用于用人单位和劳动者个人。

4.形式不同

集体合同为要式合同，当事人订立集体合同后，还须经过劳动行政部门的审查，非经审查通过，集体合同不发生相应的法律效力；劳动合同的订立形式，有的是要式合同，有的是不要式合同，如非全日制用工的劳动合同，可以是口头协议。

5.效力不同

集体合同规定企业的最低劳动标准，凡劳动合同约定的标准低于集体合同标准的一律无效，故集体合同的法律效力高于劳动合同。

<h2>集体合同的订立与效力</h2>

一、集体合同的订立

（一）签订集体合同的当事人

《劳动法》第33条第2款明确规定："集体合同由工会代表职工与企业签订；没有建立工会的企业，由职工推举的代表与企业签订。"《劳动合同法》第51条第2款规定："集体合同由工会代表企业职工一方与用人单位订立；尚未建立工会的用人单位，由上级工会指导劳动者推举的代表与用人单位订立。"据此，在我国集体合同签订过程中，根据用人单位是否已经建立了工会组织，劳动者一方的签约主体有所不同。已经建立工会的用人单位，由工会代表该单位全体劳动者，与用人单位进行协商订立集体合同；没有建立工会的用人单位，则由上级工会指导该用人单位的劳动者推举代表，再由推举出的代表与用人单位进行协商以订立集体合同。用人单位一方的签约主体，通常是该单位的法定代表人。

（二）签订集体合同的程序

为了更好地发挥集体合同的作用，我们必须认真对待签订集体合同的工作。集体合同的订立程序与劳动合同的订立程序相比，更为复杂，具体包括以下几个阶段：

1.提出集体协商的要求

签订集体合同的任何一方当事人均有权就签订集体合同等事宜，以书面形式向对方提出进行集体协商的要求，对方应自接到集体协商要求之日起20日内以书面形式答复，无正当理由不得拒绝进行集体协商。

2.确定集体协商代表

集体协商双方的代表人数应当对等，每方至少3人，并各确定1名首席代表。劳动者方面的协商代表由本单位工会选派；未建立工会的，由本单位职工民主推荐，并经本单位半数以上职工同意。首席代表由本单位的工会主席担任。用人单位方面的协商代表由用人单位法定代表人指派，首席代表由法定代表人担任或由其书面委托其他管理人员担任。

3.制订集体合同草案

由集体协商双方的代表组成集体合同草案的起草小组，在充分研究、交换意见的基础上，广泛听取各方对集体合同的要求，就集体合同所应包括的内容共同拟订集体合同草案。

4.讨论集体合同草案

集体合同关系到全体职工的共同利益，因此，集体合同草案制订出来后，应发动企业行政和全体职工或者职工代表大会对草案进行讨论、修改，务必使集体合同能够反映企业行政和广大职工的意见及要求。

5.通过集体合同草案

《劳动法》第33条和《劳动合同法》第51条第1款都规定："集体合同草案应当提交职工代表大会或者全体职工讨论通过。"职工代表大会或者全体职工审议集体合同草案，应当有2/3以上职工代表或者职工出席，且须经全体职工代表半数以上或者全体职工半数以上同意，方能通过。

6.签字、备案

集体合同草案经过法定程序通过后，应由双方首席代表即法定代表人和工会主席签字。集体合同签订后，应当自双方首席代表签字之日起10日内，由用人单位一方将文本一式三份报送当地劳动行政部门登记备案。劳动行政部门对集体合同有审查其是否合法的责任。劳动行政部门对集体合同有异议的，应当自收到文本之日起15日内将《审查意见书》送达双方协商代表。劳动行政部门自收到文本之日起15日内未提出异议的，集体合同即行生效。

7.公布

集体合同一经生效，用人单位应当及时向全体职工公布。

二、集体合同的效力

根据《劳动合同法》第54条第2款的规定，依法订立的集体合同对用人单位和劳动者具有约束力。任何一方不得擅自变更或解除集体合同。如果集体合同的当事人违反集体合同的规定，就要承担相应的法律责任。对于劳动者来说，除集体合同有特别规定外，集体合同的内容适用于企业内部全体职工，即在一个企业内部，只要工会与企业签订了集体合同，工会就代表了全体职工，而不只是代表工会会员，对于非工会会员也适用。对集体合同生效后被企业录用的职工而言，集体合同也是适用的。对于用人单位来说，集体合同生效后不因法定代表人的变动而影响其效力。

【小案例 5-1】

李某是某运输公司为完成运输任务临时招聘的一名农民工。运输公司向李某等同批录用的农民工每月支付工资 1 800 元。2 个月后，李某从其他工友处得知，半年前该运输公司与公司工会订立了一份集体合同，约定公司职工最低工资标准不得低于 2 100 元。对此，李某等人找到公司，要求按照公司集体合同中规定的最低工资标准向他们支付工资，遭到公司的拒绝。公司声称集体合同是公司与公司工会签订的，只适用于公司的正式职工，对他们这批临时工不适用。请问：公司的说法能否成立？

分析提示：根据《劳动合同法》第 54 条第 2 款的规定，依法订立的集体合同对用人单位和劳动者具有约束力。这里的劳动者是指用人单位的全体职工，包括用人单位的正式工和临时工，因此，用人单位的集体合同对临时工同样适用。同时，职工与用人单位订立的劳动合同中约定的劳动条件和劳动报酬等标准不得低于集体合同的规定。

1.集体合同对人的法律效力

集体合同对人的法律效力，是指集体合同对什么人具有法律约束力。依法订立的集体合同对用人单位和劳动者具有约束力。这种约束力表现在：集体合同双方当事人必须全面履行集体合同规定的义务，任何一方都不得擅自变更或解除集体合同。如果集体合同的当事人违反集体合同的规定就要承担相应的法律责任。集体合同中劳动报酬和劳动条件等标准不得低于当地人民政府规定的最低标准；用人单位与劳动者订立的劳动合同中劳动报酬和劳动条件等标准不得低于集体合同规定的标准。劳动者与用人单位订立的劳动合同对劳动报酬和劳动条件等标准约定不明确，引发争议的，用人单位与劳动者可以重新协商；协商不成的，适用集体合同规定；没有集体合同或者集体合同未规定劳动报酬的，实行同工同酬；没有集体合同或者集体合同未规定劳动条件等标准的，适用国家有关规定。

2.集体合同的时间效力

集体合同的时间效力，是指集体合同从什么时间开始发生效力，什么时间终止其效力。集体合同的时间效力通常以其存续时间为标准，一般从集体合同成立之日起生效，如果当事人另有约定的，应在集体合同中明确规定。集体合同的期限届满，其效力终止。

3.集体合同的空间效力

集体合同的空间效力，是指集体合同在什么地域、产业、职业等范围内发生法律效力。一般而言，全国性集体合同在全国范围内发生法律效力；地方集体合同只在该地方特定的区域内发生法律效力；产业集体合同对特定行业的用人单位及劳动者发生法律效力；职业集体合同对从事特定职业的用人单位及其劳动者发生法律效力。

【小案例5-2】

郝某与某食品公司签订了一份为期3年的劳动合同。合同约定：郝某的工资每月发放一次，发放时间为每月10日。合同履行期间，公司工会与公司协商订立了一份集体合同，双方约定：公司员工每年12月可获得一次双薪的工资。该集体合同经公司职代会通过并报送当地劳动行政部门审查合格后生效施行。12月10日，郝某并未得到双薪的待遇，遂向公司提出补发一个月工资的请求，遭到公司的拒绝。公司声称应该按照劳动合同的约定履行。请问：公司的说法是否正确？

分析提示：《劳动合同法》第54条第2款规定，依法订立的集体合同对用人单位和劳动者具有约束力。第55条规定，用人单位与劳动者订立的劳动合同中劳动报酬和劳动条件等标准不得低于集体合同规定的标准。据此，当劳动合同的内容与集体合同的内容不一致时，劳动合同中有关劳动条件和劳动报酬等标准不得低于集体合同的规定，否则，应适用集体合同的标准。

第三节　　　　　　集体合同的内容

集体合同的内容是以规定集体合同当事人应承担的义务的方式来体现的。集体合同所涉及的内容比较广泛，有关劳动者与用人单位之间的劳动关系的问题都可以在集体合同中约定。《劳动合同法》对集体合同内容的规定，则侧重于对劳动者权益的保护。例如，《劳动合同法》第51条第1款规定："企业职工一方与用人单位通过平等协商，可以就劳动报酬、工作时间、休息休假、劳动安全卫生、保险福利等事项订立集体合同。集体合同草案应当提交职工代表大会或者全体职工讨论通过。"《劳动合同法》第52条规定："企业职工一方与用人单位可以订立劳动安全卫生、女职工权益保护、工资调整机制等专项集体合同。"

根据《集体合同规定》第8条的规定，集体协商双方可以就下列多项或某项内容进行集体协商，签订集体合同或专项合同：

1.劳动报酬

劳动报酬主要包括：（1）用人单位工资水平、工资分配制度、工资标准和工资分配形式；（2）工资支付办法；（3）加班、加点工资及津贴、补贴标准和奖金分配办法；（4）工资调整方法；（5）试用期及病、事假期间的工资待遇；（6）特殊情况下职工工资（生活费）支付办法；（7）其他劳动报酬分配办法。

2.工作时间

工作时间主要包括：（1）工时制度；（2）加班加点办法；（3）特殊工种的工作时间；（4）劳动定额标准。

3.休息休假

休息休假主要包括：（1）日休息时间、周休息日安排、年休假办法；（2）不能实行标准工时职工的休息休假；（3）其他假期。

4.劳动安全卫生

劳动安全卫生主要包括：（1）劳动安全卫生责任制；（2）劳动条件和安全技术措施；（3）安全操作规程；（4）劳保用品发放标准；（5）定期健康检查和职业健康检查。

5.补充保险和福利

补充保险和福利主要包括：（1）补充保险的种类、范围；（2）基本福利制度和福利设施；（3）医疗期延长及待遇；（4）职工亲属福利制度。

6.女职工和未成年工特殊保护

女职工和未成年工特殊保护主要包括：（1）女职工和未成年工禁忌从事的劳动；（2）女职工的经期、孕期、产期和哺乳期的劳动保护；（3）女职工、未成年工定期健康检查；（4）未成年工的使用和登记制度。

7.职业技能培训

职业技能培训主要包括：（1）职业技能培训项目规划及年度计划；（2）职业技能培训费用的提取和使用；（3）保障和改善职业技能培训的措施。

8.劳动合同管理

劳动合同管理主要包括：（1）劳动合同签订时间；（2）确定劳动合同期限的条件；（3）劳动合同变更、解除、续订的一般原则及无固定期限劳动合同的终止条件；（4）试用期的条件和期限。

9.奖惩

奖惩主要包括：（1）劳动纪律；（2）考核奖惩制度；（3）奖惩程序。

10.裁员

裁员主要包括：（1）裁员的方案；（2）裁员的程序；（3）裁员的实施办法和补偿标准。

11.其他条款

其他条款主要包括：（1）集体合同期限；（2）变更、解除集体合同的程序；（3）履行集体合同发生争议时的谈判处理办法；（4）违反集体合同的责任；（5）双方认为应当谈判的其他内容。

第四节　　集体合同的履行、变更与终止

一、集体合同的履行

集体合同的履行是指集体合同订立并生效后，双方当事人按照

集体合同约定的各项内容，全面地履行各自应当承担的义务从而使对方的权利得以实现的过程。当事人订立集体合同的目的就是履行集体合同，通过履行集体合同，可以实现其在集体合同中的权利。集体合同一旦生效，任何一方当事人都必须履行其在集体合同中的义务，否则，将承担相应的法律责任，这也是集体合同法律效力的集中体现。

与一般合同的履行一样，集体合同的履行也必须遵守相应的原则，具体包括实际履行原则、适当履行原则、协作履行原则等。在履行集体合同的过程中，双方当事人都必须严格按照集体合同约定的条款，如实履行自己的义务，不得随意解除或者变更集体合同的内容。同时，在对方履行集体合同时，必须采取措施协助对方的履行。

此外，集体合同的履行有其独有的特点，应当针对具体条款采取不同的履行方法。例如，有关集体合同制定的各项劳动标准，应当保证个人劳动合同制定的劳动标准不得低于集体合同规定的标准；有关集体合同中确定的劳动关系的运行规则，应当保证其符合劳动法律、法规的规定，并将其具体化、规范化，切实保护劳动者的合法权益。

二、集体合同的变更与解除

集体合同的变更，是指集体合同没有履行或者没有完全履行之前，因订立集体合同所依据的主客观条件发生了变化，当事人依照法律规定的条件和程序，对原合同中的某些条款进行修改。集体合同的解除，则是指在集体合同尚未履行或者尚未履行完毕之前，因特定事由的出现导致集体合同订立时所依据的基础丧失，致使合同履行成为不可能或不必要，当事人依法终止原集体合同。

依法订立的集体合同，具有法律约束力，当事人应当按照集体合同的约定履行自己的义务。但是，考虑到实际情况的不同，法律也允许当事人在法定条件下变更或解除集体合同。《集体合同规定》第39条规定："双方协商代表协商一致，可以变更或解除集体合同或专项集体合同。"

在实践中，集体合同或专项集体合同变更或解除的情形包括：（1）国家法律、政策发生变化，可以变更或解除集体合同或专项集体合同；（2）发生破产等原因，致使用人单位无法继续履行原集体合同或专项集体合同；（3）发生不可抗力事件，致使集体合同或专项集体合同无法继续履行；（4）法律、行政法规规定的其他情形。

根据《集体合同规定》第41条的规定，变更或解除集体合同或专项集体合同的，应当适用集体协商程序，并报劳动行政部门审查。

【小案例5-3】

徐某因在外地的祖母病危来不及向单位请假就回家了。5天后，徐某回到公司正打算向公司说明原委，却接到公司人事部从即日起他被解职的通知。原来，公司工会与公司签订的集体合同中第8条规定，"劳动者无故连续旷工5天，公司有权随时单方解除劳动合同"，公司人事部遂以徐某连续旷工5天为由，决定单方解除与徐某之间的劳动合同。徐某认为自己虽然有过错，但公司的处理决定过重，且自己从来不知道公司还有所谓的集体合同，遂向当地劳动争议仲裁委员会申诉。公司在答辩中出示了由工会主席和公司法定代表人双方签名的集体合同，并有职工代表大会对此表决的会议记录，这些都发生在徐某不在公司期间，但是公司还未来得及将该集体合同报送当地劳动行政部门审查。请问：该集体合同是否已经生效？

分析提示：《劳动合同法》第54条第1款规定："集体合同订立后，应当报送劳动行政部门；劳动行政部门自收到集体合同文本之日起15日内未提出异议的，集体合同即行生效。"据此，集体合同经职工代表大会审议通过后，尚未发生相应的法律效力，仍须报送劳动行政部门，由劳动行政部门对集体合同的合法性进行审查，这是一个必经的法定程序。

三、集体合同的终止

集体合同的终止，是指集体合同因某种法律事实的出现，从而导致集体合同的法律效力归于消灭。《集体合同规定》第38条规定："集体合同或专项集体合同期限一般为1至3年，期满或双方约定的终止条件出现，即行终止。"

在实践中，集体合同终止的情形包括：

（1）因集体合同的目的实现而终止。集体合同约定的义务已经得到全面适当的履行，集体合同的目的已经得以实现，集体合同终止。

（2）因集体合同的有效期届满而终止。根据《集体合同规定》第38条的规定，集体合同或专项集体合同期满前3个月内，任何一方均可向对方提出重新签订或续订的要求。截止到集体合同有效期届满时，双方当事人没有进行重新签订或续订的，集体合同将终止。

（3）因集体合同的依法解除而终止。集体合同或专项集体合同会在法定条件下解除，依法解除的情形具体包括：双方协商一致而解除；合同中约定的解除事由出现而解除；因发生不可抗力事件而解除；因用人单位破产导致集体合同或专项集体合同无法继续履行而解除等。

第五节　　集体合同的争议与解决

一、集体合同争议概述

（一）集体合同争议的概念

集体合同争议，是劳动争议的一种，是指集体合同当事人就有关集体合同的内容、履行情况等产生的争议。

【法律小知识5-2】

集体合同争议不同于集体争议，其区别在于：

（1）集体合同当事人，一方是工会或职工推举的代表和企业的全体职工，另一方是用人单位；集体争议是指职工一方当事人为10人以上（劳动者一方当事人在30人以上的集体劳动争议，根据国家劳动法律、法规的规定适用劳动争议处理的特别程序）有共同理由的劳动争议。集体争议不过是多个个别劳动争议的集合，其实质仍然为个别劳动争议。此类争议的显著特征是对既存权利义务的争议。

（2）集体合同争议的标的是工会所代表的全体劳动者的共同劳动权利义务；集体争议的标的是用人单位部分特定劳动者的劳动权利义务。

（二）集体合同争议的分类

集体合同的争议，根据其发生的原因的不同，可以分为：

1.因集体合同内容发生的争议

因集体合同内容发生的争议，是指当事人在集体合同协商时就确定合同的标准条件、义务条款产生的纠纷或对已签订的合同的标准条件、义务条款在理解和解释上产生的分歧。

2.因集体合同履行情况发生的争议

因集体合同履行情况发生的争议，是指当事人对合同是否已经履行或是否已经按约定的方式履行产生的分歧。

3.因不履行集体合同所产生后果发生的争议

因不履行集体合同所产生后果发生的争议，是指当合同没有履行或没有完全履行时，当事人对应当由哪一方承担责任和承担多少责任产生的分歧。

二、集体合同争议的解决

（一）集体合同争议的管辖

1.集体合同处于协商争议阶段产生的纠纷

按照《集体合同规定》第51条的规定，集体协商争议处理实行属地管辖，具体管辖范围由省级劳动保障行政部门规定。中央管辖的企业以及跨省、自治区、直辖市用人单位因集体协商发生的争议，由人力资源和社会保障部指定的省级劳动保障行政部门组织同级工会和企业组织等三方面的人员协调处理，必要时，人力资源和社会保障部也可以组织有关方面协调处理。

2.集体合同履行阶段产生的纠纷

如果是申请仲裁的，按照《工会法》第20条第4款的规定，企业违反集体合同，侵犯职工劳动权益的，工会可以依法要求企业承担责任；因履行集体合同发生争议，经协商解决不成的，工会可以向劳动争议仲裁机构提请仲裁，仲裁机构不予受理或者对仲裁裁决不服的，可以向人民法院提起诉讼。《集体合同规定》第55条也规定，因履行集体合同发生的争议，当事人协商解决不成的，可以依法向劳动争议仲裁委员会申请仲裁。

3.如果提起诉讼的，则按照诉讼法所规定的诉讼管辖来执行

（二）解决集体合同争议的途径

在我国，由于集体合同当事人之间没有根本的利害冲突，大多数合同纠纷通过当事人双方协商、政府协调、劳动争议仲裁机构仲裁便可得到解决。少数经协调、仲裁仍不能解决和当事人直接提起诉讼的案件，可由人民法院判决解决。

1.协商解决集体合同纠纷

协商解决集体合同纠纷是指企业与工会在自愿的基础上，互谅互让，按照法律、法规规定，解决双方纠纷。协商解决集体合同纠纷的原则是：（1）在国家法律、法规允许的范围内协商解决。协议内容不得违反国家法律、法规，不得损害第三者的利益，即国家利益、社会利益和其他人的利益。（2）在平等的前提下协商解决。集体合同当事人双方的法律地位是平等的，在协商解决集体合同纠纷时，应以平等的态度对待对方，不允许给对方施加压力，将自己的意愿强加给对方。协商解决集体合同纠纷，简便易行，能够及时解决纠纷，且有利于双方团结，防止矛盾扩大。

2.协调解决集体合同纠纷

协调解决集体合同纠纷是指由当地劳动行政部门会同有关部门通过调解，使集体合同当事人之间的纠纷得以解决。《劳动法》规定，因签订集体合同发生争议，当事人协商解决不成的，当地人民政府劳动行政部门可以组织有关各方协调处理。一般来讲，由当地人民政府出面协调，有利于企业内部的集体合同纠纷的解决。

当地劳动行政部门协调解决集体合同纠纷，应查清事实，分清责任，耐心听取双方意见，并明确指出当事人的过错、责任。只有这样，才能促使双方在自愿的基础上达成协议。集体合同纠纷，经协调达成协议，应制定协议书，作为解决集体合同纠纷的根据。当事人双方和主持协调部门应在协议书上签名盖章。

根据《集体合同规定》第53条的规定，协调处理集体合同争议应当按照以下程序进行：

（1）受理协调处理申请。由申请处理的一方或者双方向协调处理机构或者人员提交处理申请。协调处理机构或者人员接受该申请。

（2）调查了解争议的情况。在受理申请后，协调处理机构或者人员

应该对双方争议的事实进行调查，以便进一步进行处理。

（3）研究制订协调处理争议的方案。通过调查，掌握相关的资料；在已有资料的基础上，制订让双方都能接受的处理方案。

（4）对争议进行协调处理。制订方案后，要对双方当事人进行协调处理，使其能够接受协调方案。

（5）制作《协调处理协议书》。《协调处理协议书》应当载明协调处理申请、争议的事实和协调结果，双方当事人就某些协商事项不能达成一致的，应将继续协商的有关事项予以载明。《协调处理协议书》由集体协商争议协调处理人员和争议双方首席代表签字盖章后生效。

3.集体合同争议的仲裁

集体合同争议的仲裁是指劳动争议仲裁机关对集体合同纠纷的仲裁。它既不同于当地人民政府行政部门协调解决，也不同于法院的审判，它是具有法律效力的行政措施。通过仲裁，对不遵守集体合同的有过错的一方，采取强制措施，追究违约责任，以保护集体合同的全面履行。集体合同仲裁兼有行政、社会和法律的三重性质。

4.集体合同争议的审判

集体合同争议的审判是指人民法院审理集体合同争议案件的活动。目前我国集体合同争议案件，一般通过行政手段加以解决。通过司法手段解决行政手段不能解决的那部分集体合同争议案件，有利于集体合同制度的推行和生产、工作秩序的稳定。

▶ 本章小结

集体合同，又称集体协议、团体协议，是指工会与用人单位或其团体为规范劳动关系，以各项具体劳动标准为中心内容协商谈判而缔结的协议。集体合同与劳动合同有着密切的联系，两者相互弥补、相辅相成。但它们的区别也很明显，主要体现在：（1）当事人不同；（2）目的不同；（3）内容不同；（4）形式不同；（5）效力不同。在我国现阶段，集体合同主要是由工会或职工代表与用人单位依法就劳动报酬、工作时间、休息休假、劳动安全卫生、职业培训、保险福利等事项，通过集体协商签订。集体合同草案应当提交职工代表大会或者全体职工讨论通过。集体合同订立后，应当报送劳动行政部门。集体合同争议可以通过双方协商、政府协调、仲裁和诉讼的方式解决。

▶ **复习与思考**

一、名词解释

集体合同　集体合同的履行　集体合同的变更　集体合同的解除
集体合同的终止　集体合同争议

二、选择题

1.集体合同的萌芽出现在（　　　）。

A.18世纪末　　　B.18世纪中叶　　C.19世纪初　　　　D.19世纪中叶

2.下列关于集体合同的表述，错误的是（　　　）。

A.建立工会的企业，集体合同应由职工推举的代表与企业签订

B.劳动合同中的劳动条件和劳动报酬标准可以高于集体合同的规定

C.并非所有的企业都必须签订集体合同

D.集体合同必须经劳动行政部门审查批准方能生效

3.集体合同生效的标志是（　　　）。

A.收到劳动行政部门审查意见书

B.集体合同双方首席代表在合同文书上签字

C.集体合同文书报送当地劳动行政部门备案

D.劳动行政部门自收到集体合同文本之日起15日内未提出异议

4.根据我国劳动法的规定，劳动者与用人单位建立劳动关系，应当
订立劳动合同；又规定企业职工方与企业可以就劳动报酬、工作时间、
休息休假、劳动安全卫生、保险福利等事项，签订集体合同。劳动合同
与集体合同有联系又有区别。下列关于两者异同点的表述，正确的是
（　　　）。

A.签订集体合同的当事人一方不是单个劳动者，而是代表全体劳
　动者的工会

B.劳动者个人与企业订立的劳动合同中劳动条件和劳动报酬标准
　不得低于集体合同的规定

C.劳动合同和集体合同都是要式合同，都必须以书面形式签订，
　但备案、鉴证或公证都不是订立合同的必备条件

D.根据特别优于普通的原则，个人劳动合同的效力优于集体合同

的效力

5.在集体合同有效期内，允许变更或解除集体合同的情形有（　　）。

A.双方当事人协商同意

B.合同约定的变更或解除条件出现

C.公司破产致使集体合同无法履行

D.因不可抗力致使集体合同部分或全部不能履行

6.集体合同的约束力及于（　　）。

A.用人单位主管部门　　　　B.非工会会员职工

C.单位行政　　　　　　　　D.临时工

三、简答题

1.简述集体合同和劳动合同的区别。

2.简述集体合同的效力范围。

四、案例分析题

1.尚美家居有限公司系中日双方投资组建的中外合资企业。该公司希望和全体职工订立集体合同，但是该公司没有成立工会，公司决定从全体职工中选举3名了解公司状况的职工作为职工一方参与订立集体合同，且将该名单交由全体职工表决通过。虽然该职工代表名单遭到了部分职工的反对，但是该名单还是获得了参与表决的职工的过半数同意。而后，上述3名职工方代表和公司方派出的3名代表进行谈判。公司方将事先拟订好的集体合同草案，其中包括职工福利待遇等内容，交由双方谈判代表进行表决，并暗示如果此草案通不过，公司将重新改选甚至解雇职工代表。最后该集体合同草案一字未改顺利得以通过，随即全体代表签订了集体合同，并送交当地劳动行政部门审查备案。请问：此案中存在哪些违法行为？说明理由。①

2.某矿业股份有限公司为了扩大公司的生产经营规模，新招聘一批矿工，从事野外开矿作业。公司与新招聘的矿工在劳动合同中规定：每天工作8小时，上下午各4小时；每月最低工资3000元，外加野外作业津贴等。后来，新招聘的矿工发现，他们与老矿工的野外开矿作业待遇

---

① 邹杨，丁玉海.劳动合同法最新理论与实务［M］.大连：东北财经大学出版社，2009.

有点不同，原来老矿工根据公司与工会签订的集体合同规定，在下午野外作业期间有20分钟的间休时间，老矿工们可以喝口茶、抽袋烟解解乏，而新矿工却没有。于是他们与公司交涉，要求一视同仁，也能享受20分钟的间休时间，但遭到公司的拒绝，理由是公司与工会集体合同的订立是在这批矿工入职之前订立的，因而对他们不适用，并且提出在当时的集体合同中规定公司职工的最低工资是2 500元，而且没有野外津贴。如果新矿工要适用该集体合同，那么集体合同中关于最低工资以及不享有野外津贴的规定也要同样适用。双方因此产生争议。请问：公司的说法能否成立？说明理由。①

————————————

① 邹杨，丁玉海. 劳动合同法最新理论与实务［M］. 大连：东北财经大学出版社，2009.

▶ 学习目标

通过本章学习，重点掌握工资的构成、形式和工资支付保障的措施；掌握最低工资的概念、特征及给付；理解工资的基本职能；了解我国的基本工资制度、工资分配的立法原则。

▶ 案例导入

用人单位克扣工资导致低于最低工资标准的法律后果

2008年6月20日，私企职工杨某因工作疏忽造成企业损失，企业因此给予杨某警告处分并罚款200元。2008年7月，企业向杨某发放6月份工资，扣除罚款后实发工资700元，导致杨某该月工资低于当地最低工资的标准。与此同时，杨某到劳动监察部门反映了企业未发放加班费的情况。劳动监察部门核实后要求企业按时足额发放职工加班工资。接到通知后，企业及时发放了杨某的加班费。此后，企业经常单独安排杨某在休息时间加班。2008年10月，杨某申请劳动仲裁，要求企业补足6月份与最低工资标准的差额部分。企业表示，杨某因自身疏忽而被处罚符合企业规章制度规定，并无不当，而且6月份杨某领取了加班工资，加上他所领的700元工资已经超过最低工资标准，故认为没有补足差额的必要。

本案中，杨某在工作中虽有失误，但企业罚款200元导致杨某当月工资低于当地最低工资标准，不符合我国的《工资支付暂行规定》第16条对工资扣除数额进行的限制，即因劳动者本人原因给用人单位造成经济损失的，用人单位可按照劳动合同的约定要求其赔偿经济损失，经济损失的赔偿，可从劳动者本人的工资中扣除，但每月扣除的部分不得超过劳动者当月工资的20%；若扣除后的剩余工资部分低于当地月最低工资标准，则按月最低工资标准支付。再者，《最低工资规定》第12条规定，最低工资不包括加班费在内，用人单位应依法支付劳动者最低工资报酬。因此，杨某要求企业补偿最低工资差额的请求，劳动仲裁部门予以支持。

资料来源　方乐华，吴晓宇.劳动法与社会保障法案例与图表［M］.北京：法律出版社，2013.

第一节　　工资概述

一、工资的概念和特征

（一）工资的概念

工资，又称薪金或薪酬，在传统的西方经济学中，是指以劳动力市场价格来衡量的劳动要素投入的报酬，其实质为劳动力给付的对价。在我国，工资的含义，有广义与狭义之分。从广义上说，工资即职工劳动报酬，是指劳动关系中，用人单位依据国家有关规定或者劳动合同的约定，以货币形式直接支付给本单位劳动者的劳动报酬，一般包括计时工资、计件工资、奖金、津贴和补贴、延长工作时间的工资报酬以及特殊情况下支付的工资等。从狭义上说，工资仅指职工劳动报酬中的基本工资（或称标准工资），如国家机关、事业单位实行新工资制度中的基础工资和职务工资部分。

（二）工资的特征

（1）工资是劳动者基于劳动关系所获得的劳动报酬。

（2）工资是用人单位对劳动者履行劳动给付义务的物质补偿，支付工资是用人单位的法定义务。所谓履行劳动给付义务，一般是指劳动者按照劳动法规、集体合同和劳动合同的要求，从事用人单位所安排的劳动；在法定特殊场合，劳动者即使未实际进行劳动给付，也视为已履行劳动给付义务。

（3）工资量的确定必须以劳动法规、劳动政策、集体合同和劳动合同的规定为依据，即必须符合法定和约定的工资标准。

（4）工资必须以法定方式，持续地、定期地支付。一般按月支付，不得克扣或无故拖欠，同时只能用法定货币支付，以实物、有价证券支付工资是属于严重违反劳动法的行为。

二、工资的基本职能

1.分配职能

工资是向职工分配个人消费品的社会形式，职工所得的工资额也就是社会分配给职工的个人消费品份额。

2.保障职能

工资作为职工的主要生活来源，其首要作用是保障职工及其家属的基本生活需要。"对社会上绝大多数通过劳动来维护其生存的劳动者来说，工资的重要性不必赘言。不管社会上对之以'工资'、'薪水'、'薪酬'、'薪资'等或其他名称相称，出卖劳动换得的报酬乃全部劳动关系核心中之核心"。工资是维持劳动者生存、发展以及其教育和赡养直系亲属所必需的基本费用。

3.激励职能

工资是对职工劳动的一种评价尺度或手段，对职工的劳动积极性具有鼓励作用。

4.杠杆职能

工资是国家进行宏观经济调节的经济杠杆，对劳动力总体布局、劳动力市场、国民收入分配、产业结构变化等都具有直接或间接的调节作用。

三、我国工资分配的立法原则

工资分配原则是由立法所确认的贯穿于整个工资制度的基本准则。《劳动法》第46条规定："工资分配应当遵循按劳分配原则，实行同工同酬。工资水平在经济发展的基础上逐步提高。国家对工资总量实行宏观调控。"因此，我国工资分配原则主要有以下几项：

（一）按劳分配原则

工资的按劳分配是指工资的分配应根据劳动者提供劳动数量和质量进行，等量劳动领取等量报酬，多劳多得，少劳少得，不劳动者不得，体现了劳动者履行劳动义务与享受劳动报酬权利的一致性。同时，为实现按劳分配，必须逐渐减少和消除非劳动因素对工资分配的影响，如劳动者的身份（城镇工与农民工）、性别、国籍等因素的影响。

（二）同工同酬原则

同工同酬原则是指用人单位对所有劳动者同等价值的劳动付给同等的劳动报酬。根据该原则，用人单位在工资支付过程中不得对从事相同工作、提供同等价值劳动的劳动者因其性别、民族、种族、年龄等方面的不同而支付不等量的报酬。同工同酬原则是保护全体劳动者合法权益，防止发生性别歧视、民族歧视等各种歧视行为的重要保障。同工同酬原则不仅体现在《劳动法》中，在我国宪法和国际公约中也有规定。《宪法》第48条规定："国家保护妇女的权利和利益，实行男女同工同酬。"值得注意的是，除了在男女性别上不允许存在差别待遇，其他方面的歧视待遇也都是违背同工同酬原则的。

（三）在经济发展的基础上逐步提高工资水平的原则

工资水平是指在某一时期内，一定地域范围内劳动者平均工资的高低程度。它与经济发展水平相联系。它一方面要求劳动生产率提高的速度必须超过工资增长的速度，另一方面要求工资增长速度必须与劳动生产率提高的速度相适应。工资水平及其增长幅度只有在一定经济水平发展的前提下进行计划和实施才能保证。

（四）工资总量宏观调控原则

工资总量是指一定时期国民生产总值用于工资分配的总数量。工资总量宏观调控是指在社会主义市场经济条件下，在企业享有充分的内部工资分配自主权的基础上，国家运用法律的、经济的以及必要的行政手段对工资总量进行干预和调整，以保证工资总量与国民经济宏观发展水平相协调，在经济发展的基础上保障工资的正常增长速度和合理的增长比例。实行工资总量宏观调控，要使消费基金的增长与生产基金的增长相协调；消费与生产比例关系趋于合理。建立最低工资保障制度，确定劳动者的最低工资水平，保障劳动者获得基本生活需要。通过行政手段，干预分配和再分配过程，建立与工资分配相关的其他制度，克服按劳分配和用人单位行使工资自主权中可能产生的不合理、不公平现象，避免贫富两极分化。

（五）用人单位自主决定工资分配方式和工资水平原则

《劳动法》第47条规定："用人单位根据本单位的生产经营特点和经济效益，依法自主确定本单位的工资分配方式和工资水平。"在国家对工资总量进行宏观调控的基础上，企业等用人单位作为独立法人，在工资分配上享有充分的自主权。在遵循"两低于"原则的条件下（即工资总额增长速度应低于经济效益增长速度，平均工资增长速度应低于劳动生产率增长速度），可以自主地决定本单位的工资分配方式和工资水平。

第二节 工资的构成与形式

一、工资的构成

工资一般由基本工资和辅助工资两部分组成。基本工资是用人单位支付给劳动者在法定工作时间范围内提供正常劳动的劳动报酬，主要包括计时工资和计件工资等。基本工资是工资的重要组成部分，构成工资的主干，是最低工资保障制度和工资集体协商制度的主要调整对象。辅助工资是基本工资以外，处于基本工资辅助地位的工资组成部分，主要包括奖金、津贴和加班费等，通常是用人单位针对劳动者超出正常工作时间额外付出的劳动提供的报酬。

工资是劳动者劳动收入的主要组成部分，法律对工资作了排除说明，以下劳动收入不属于工资范围：

（1）单位支付给劳动者个人的社会福利保险费用，如丧葬抚恤救济费、生活困难补助费、计划生育补贴等；

（2）劳动保护方面的费用，如用人单位支付给劳动者的工作服、解毒剂、清凉饮料费用等；

（3）按规定未列入工资总额的各种劳动报酬及其他劳动收入，如根据国家规定发放的创造发明奖、国家星火奖、自然科学奖、科学技术进步奖、合理化建议和技术改进奖、中华技能大奖等，以及稿费、讲课费、翻译费等。

二、工资的形式

工资的形式是以一定的工资分配制度为基础，按照确定的劳动标准和报酬标准，计量每个劳动者的实际劳动报酬的方式。根据国家统计局《关于工资总额组成的规定》，目前我国的工资形式主要有以下几类：

（一）计时工资

计时工资是按照计时工资标准和工作时间支付劳动者个人工资的一种形式。根据计算工资的时间单位不同，计时工资可以分为月工资制、日工资制和小时工资制3种。

（二）计件工资

计件工资是指按照劳动者完成的合格产品的数量和预先规定的计件单位计算工资的形式。它是用一定时间内的劳动成果来计算的工资，即用间接劳动时间来计算，因此它是计时工资的转化形式。计件工资形式包括以下几种：（1）实行超额累进计件（指根据完成的数量不同计算不同的工资标准）、直接无限计件（不管完成多少，都按统一的标准计算工资）、限额计件（对计件工人所得的超额工资规定一个最高限额，限额以上不再支付工资），以及超定额计件（定额完成部分按本人基本工资，超额部分按统一计价单价计发工资）等工资制，按照劳动部门或主管部门批准的定额和计件单价支付给个人的工资；（2）按工作任务包干办法支付给个人的工资；（3）按营业额提成或利润提成办法支付给个人的工资。

【小思考6-1】

计时与计件工资分别有什么优缺点？

答：计时工资的优点是操作简单易行，适用面广，任何用人单位和工种均可适用；缺点是只以劳动时间作为计算工资报酬的依据，工资报酬没有与劳动的数量和质量相挂钩。计件工资的优点是能够使劳动成果与劳动报酬直接联系起来，更好地体现了按劳分配的原则；缺点是容易因追求数量而忽视质量，甚至影响安全生产。

（三）奖金

奖金是指支付给劳动者的超额劳动报酬和增收节支的劳动报酬。奖金对于调动劳动者的生产积极性，更好地体现按劳分配的原则具有重要意义。按照不同的标准，可以对奖金进行不同的分类：

（1）以直接增加社会财富为标准，可以将其分为超产奖、质量奖、节约奖等；

（2）以增加社会财富创造条件为标准，可以将其分为劳动竞赛奖、创造发明奖、安全生产奖等；

（3）以设奖形式为标准，可以将其分为单项奖、综合奖、集体奖、个人奖等。

（四）津贴

津贴是指为了补偿职工特殊或额外的劳动消耗和因其他特殊原因而支付给职工的报酬，具有补偿作用和激励作用。依据津贴的设置目的和所起的作用，可以将我国现行的津贴分为以下几大类：

（1）为补偿劳动者额外劳动消耗而设置的津贴，如高空作业津贴、高温津贴、夜班津贴；

（2）为补偿职工特殊劳动和生活费额外支出的双重性而设置的津贴，如林区津贴、山区津贴、驻岛津贴、艰苦气象站津贴、船员津贴、外勤工作津贴、铁路乘务津贴，以及为鼓励职工到艰苦地方去工作而设置的津贴等；

（3）为保障职工身体健康而设置的津贴，如对从事粉尘、高压、有毒有害气体、接触放射性物质和从事潜水作业等工作的劳动者发放的保健津贴、医疗卫生津贴等；

（4）为激励职工钻研技术、努力工作而设置的津贴，如科研津贴、优秀运动员津贴、体育津贴等；

（5）为维护社会所需要的工作的正常进行而设置的津贴，如环卫工人、物资回收工人所享有的津贴等；

（6）为补偿职工的特殊贡献而设置的奖励性津贴，如对做出突出贡献的专家、学者和科技人员的政府特殊津贴等。

（五）补贴

补贴是指为了保证职工工资水平不受物价影响而支付给职工的物价补贴。补贴是工资构成中比较固定的工资形式，一般是特定条件下因物价变动影响而支付给劳动者的临时性工资补助，目的是保证劳动者的生活水平不会受到较大的冲击。

（六）特殊情况下的工资

特殊情况下的工资是指用人单位依照法律、法规规定或者劳动合同约定，在特殊时间内或特殊工作情况下支付给劳动者的工资，主要包括延长工作时间工资、履行国家和社会义务期间的工资、休假期间的工资、停工期间的工资等。

三、我国的基本工资制度

我国的工资法律主要包括 3 方面的内容：一是基本工资制度；二是最低工资制度；三是工资支付保障制度。其中，基本工资制度的核心内容是确立工资分配制度以及工资分配的集体协商机制。

（一）工资分配制度

《劳动法》第 47 条规定："用人单位根据本单位的生产经营特点和经济效益，依法自主确定本单位的工资分配方式和工资水平。"这从法律上确定了用人单位的工资分配自主权。

用人单位的工资分配自主权包括：第一，用人单位有权根据生产经营状况和劳动力供求关系确定本企业的工资水平；第二，用人单位有权根据生产工作特点，采用适合本企业的工资形式和分配办法；第三，用人单位有权在国家法律、政策允许的范围内，通过增加生产、扩大经营、降低物耗等合法途径，取得资金来源，提高职工的工资。

企业可以根据自身的特点来决定工资分配方式。目前主要的工资分配制度包括：

1. 等级工资制

等级工资制是根据劳动者的技术等级和职务等级划分工资级别，按等级发放工资的制度，包括工人技术等级制和职员职务等级制两种形式。

2. 岗位/技能工资制

岗位/技能工资制是以劳动技能、劳动责任、劳动强度和劳动条件等基本劳动要素评价为基础，以岗位工资、技能工资为主要内容的工资制度，包括岗位工资制和技能工资制。岗位/技能工资制打破了等级工资制的等级限制，能较好地贯彻按劳分配的原则，使劳动者的工资收入与其劳动技能、劳动强度、劳动条件、劳动贡献等密切相关，充分发挥工资的激励功能。

3. 效益工资制

效益工资制又称工效挂钩制，即企业的工资总额同企业经济效益挂钩。自 1985 年企业工资制度改革以来，国家开始在大中型企业实行效益工资制。1993 年《国有企业工资总额同经济效益挂钩规定》对工资总额同经济效益挂钩的原则、经济效益指标及其基数、工资总额基数、浮动比例、工效挂钩的管理等内容作了规定。效益工资制，一方面将职工个人的工资同企业的经济效益相联系，另一方面也将职工个人的工资同其劳动贡献相联系。

4.年薪制

年薪制又称年工资收入制，是指以企业会计年度为考核周期来计发工资收入，主要针对公司经理、企业高级职员，因而又称为经营者年薪制。年薪是将经营者的工资收入与企业经营业绩挂钩的一种工资分配方式，通常由基薪和风险收入两部分组成。

（二）工资分配的集体协商方式

工资集体协商，是指职工代表与企业代表依法就企业内部工资分配制度、工资分配形式、工资收入水平等事项进行平等协商，在协商一致的基础上签订工资协议的行为。工资集体协商的目的在于，通过集体协商方式确定工资分配，避免用人单位在行使工资分配自主权时独断专行，损害劳动者的合法权益。我国劳动和社会保障部（现人力资源和社会保障部）于2000年出台了《工资集体协商试行办法》，为企业与职工依法开展工资集体协商、签订工资协议提供了法律依据。

第三节　　最低工资制度

一、最低工资的概念、特征及其构成

（一）最低工资的概念及特征

最低工资是指劳动者在法定工作时间内，提供正常劳动的前提下，用人单位应依法支付的最低劳动报酬。其中，法定工作时间是指国家规定的最低工作时间；正常劳动是指劳动者按照劳动合同的约定在法定工作时间内从事的劳动，劳动者依法享受带薪年休假、探亲假、婚丧假、产假等国家规定的假期间，以及法定工作时间内依法参加社会活动期间，视为提供了正常劳动。

最低工资的特征主要有：

（1）最低工资是国家通过立法确定的法定标准。劳动者在经济上处于弱势地位，而工资是与其密切相关的最重要的劳动条件，为防止用人

单位滥用工资分配权，侵害劳动者获得工资的权利，国家往往通过立法确定最低工资。

（2）最低工资的设立主要是解决低薪劳动者的生存问题，故其确定依据是劳动者个人及其家庭成员的基本生活需要。

（3）最低工资是劳动者获得劳动报酬的最低限度。最低工资具有劳动基准的性质，劳动合同和集体合同中约定的用人单位向劳动者支付的工资标准均不得低于最低工资标准，否则约定无效，按照最低工资标准执行。

（二）最低工资的给付

《最低工资规定》第12条规定，在劳动者提供正常劳动的情况下，用人单位应支付给劳动者的工资在剔除下列各项以后，不得低于当地最低工资标准：（1）延长工作时间的工资；（2）中班、夜班、高温、低温、井下、有毒有害等特殊工作环境、条件下的津贴；（3）法律、法规和国家规定的劳动者福利待遇等。另外，实行计件或提成工资等工资形式的用人单位，在科学、合理的劳动定额基础上，其支付劳动者的工资不得低于相应的最低工资标准。按照1994年劳动部《关于实施最低工资保障制度的通知》，用人单位通过贴补伙食、住房等支付给劳动者的非货币性收入，也不包括在最低工资的范围内。

《工资支付暂行规定》第16条对工资扣除数额进行了限制，因劳动者本人原因给用人单位造成经济损失的，用人单位可按照劳动合同的约定要求其赔偿经济损失。经济损失的赔偿，可从劳动者本人的工资中扣除，但每月扣除的部分不得超过劳动者当月工资的20%；若扣除后的剩余工资部分低于当地月最低工资标准，则按月最低工资标准支付。

此外，《劳动合同法》第20条明确规定，劳动者在试用期期间的工资不得低于本单位相同岗位最低档工资或者劳动合同约定工资的80%，并不得低于用人单位所在地的最低工资标准。

【小案例6-1】

刘某是某工厂的合同制工人，劳动合同中约定了3个月的试用期，试用期期间的工资是800元/月，转正后工资为1 000元/月。刘某工作1个月后才知道，当地政府公布的月最低工资标准为960元/月，因此找到厂里领导交涉，要求按当地最低工资标准发给其工资。而领导声称最低工资不适用于试用期，坚持按原来的800元/月发放。王某与厂里多次交涉未果，故向劳动仲裁部门提起了申诉，要求该公司按照当地最低工资标准发放工资。请问：该公司的行为是否合法？[①]

分析提示：本案涉及试用期的工资支付问题，《劳动合同法》第20条明确规定，劳动者在试用期期间的工资不得低于本单位相同岗位最低档工资或者劳动合同约定工资的80%，并不得低于用人单位所在地的最低工资标准。据此，该公司所谓最低工资不适用于试用期的主张不能成立。

二、最低工资标准的制定和调整

最低工资标准是单位劳动时间内的最低工资数额。《劳动法》第48条规定："国家实行最低工资保障制度。最低工资的具体标准由省、自治区、直辖市人民政府规定，报国务院备案。用人单位支付劳动者的工资不得低于当地最低工资标准。"由于我国各地区经济发展和生活水平存在差异，我国目前尚未实行全国统一的最低工资标准，而是由各地根据其具体情况来确定最低工资标准，并且省、自治区、直辖市范围内的不同行政区域可能有不同的最低工资标准。

（一）确定和调整最低工资标准的参考因素

我国《劳动法》第49条规定，确定和调整最低工资标准应当综合参考下列因素：一是劳动者本人及平均赡养人口的最低生活费用；二是社会平均工资水平；三是劳动生产率；四是就业状况；五是地区之间经济发展水平的差异。

按照《最低工资规定》，我国的最低工资标准一般采用月最低工资标准和小时最低工资标准的形式。月最低工资标准适用于全日制就业劳动者，确定月最低工资标准应参考当地就业者及其赡养人口的最低生活费用、城镇居民消费价格指数、职工个人缴纳的社会保险费和住房公积金、职工平均工资、经济发展水平、就业状况等因素。小时最低工资标准适用于非全日制就业劳动者，确定小时最低工资标准，应在颁布的月最低工资标准的基础上考虑单位应缴纳的基本养老保险费和基本医疗保险费因素，同时还应当考虑非全日制就业劳动者在工

---

① 蒋月. 劳动法与社会保障法 [M]. 杭州：浙江大学出版社，2010.

作稳定性、劳动条件和劳动强度、福利等方面与全日制就业劳动者之间的差异。

（二）我国最低工资标准的制定和调整程序

1.初步拟订

最低工资标准的确定方案由省、自治区、直辖市人民政府劳动保障行政部门会同同级工会、企业联合会或者企业家协会研究拟订，并将拟订的方案报送人力资源和社会保障部。方案内容包括最低工资确定和调整的依据、使用范围、拟订标准和说明。

2.征求意见

《最低工资规定》第8条规定："人力资源和社会保障部在收到拟订方案后，应征求全国总工会、中国企业联合会/企业家协会的意见。现人力资源和社会保障部对方案可以提出修订意见，若在方案收到后14日内未提出修订意见的，视为同意。"

3.批准、发布和备案

《最低工资规定》第9条规定："省、自治区、直辖市劳动保障行政部门应将本地区最低工资标准方案报省、自治区、直辖市人民政府批准，并在批准后7日内在当地政府公报和至少一种全地区性报纸上发布。省、自治区、直辖市人民政府劳动保障行政部门应在发布后10日内将最低工资标准报人力资源和社会保障部。"

4.调整

最低工资标准发布实施后，当最低工资标准制定时参考的各种相关因素（如当地的最低生活费用、职工平均工资、经济发展水平、就业状况等）发生变化，或者城镇居民消费价格指数累计变动较大时，应当适时调整。最低工资标准每两年至少调整一次。最低工资标准调整的程序和参考因素参照最低工资标准的确定。

【资料链接6-1】

最低工资标准

目前我国大部分省（自治区）、市都制定了最低工资标准（如表6-1所示）。

表6-1 我国部分省市最新上调的最低工资标准一览表（截至2016年12月）

地区	月最低工资标准 （第一档，元）	小时最低工资标准 （第一档，元）	实施时间
深圳	2 030	18.5	2015年3月1日
上海	2 190	19	2016年4月1日
广东	1 895	18.3	2015年5月1日
天津	1 950	19.5	2016年7月1日
北京	1 890	21	2016年9月1日
山东	1 710	17.1	2016年6月1日
辽宁	1 530	15	2016年1月1日
吉林	1 480	13.5	2015年12月1日
黑龙江	1 480	14.2	2015年10月1日
江苏	1 770	15.5	2016年1月1日
内蒙古	1 640	13.3	2015年7月1日
海南	1 430	12.6	2016年5月1日

三、最低工资标准的保障与监督

（一）最低工资标准的保障

为保证用人单位支付劳动者的工资不低于当地最低工资标准，国家规定了具体的保障措施。《最低工资规定》第11条规定，用人单位应当在最低工资标准发布后10日内，将该标准向本单位全体劳动者公示。

《最低工资规定》第12条规定，在劳动者提供正常劳动的情况下，用人单位应支付给劳动者的工资不得低于当地最低工资标准。第13条规定，用人单位违反该规定，支付给劳动者的工资低于当地最低工资标准的，由劳动保障行政部门责令其限期补发所欠劳动者工资，并可责令其按所欠工资的1倍至5倍支付劳动者赔偿金。劳动者与用人单位之间就执行最低工资标准发生争议的，按劳动争议处理有关规定处理。

（二）执行最低工资标准的监督

《最低工资规定》第4条规定，县级以上地方人民政府劳动保障行政部门负责对本行政区域内用人单位执行本规定的情况进行监督检查。

各级工会组织依法对本规定执行情况进行监督，发现用人单位支付劳动者工资违反本规定的，有权要求当地劳动保障行政部门处理。

<table>
<tr><td>第四节</td><td>工资支付保障</td></tr>
</table>

一、工资支付保障的概念

工资支付保障是保障劳动者获得其全部的应得工资的制度。与最低工资制度相比，工资支付保障制度所保护的对象已不限于最低工资，而是扩及劳动者的全部应得工资，并且从工资额的确定转为对工资支付的规范。我国《劳动法》对工资支付行为作了原则性规定，原劳动部1994年《工资支付暂行规定》对用人单位的工资支付行为进行了规范，规定了工资支付项目、工资支付水平、工资支付形式、工资支付对象、工资支付时间，以及特殊情况下规定工资支付等内容。

二、工资支付保障措施

（一）工资支付的一般规则

1.工资支付形式

工资应当以法定货币支付，不得以实物及有价证券替代货币支付。以货币形式支付工资是国际上通行的做法，其目的是限制实物支付，使个人收入货币化、规范化，有利于提高收入分配的透明度。

【小案例6-2】

张某是某服装公司职工，2011年与公司签订劳动合同。按照合同规定，月薪2 000元。2012年6月份，公司生产的服装滞销，收不抵支。公司开始用公司生产的服装代替工资发给张某。张某等认为公司以服装代替工资的做法不对。公司经理解释，公司已经濒临破产，实在拿不出现金发放，发给张某等人的服装，可以想办法卖掉，兑成现金。张某等人不服，于2012年8月向当地劳动争议仲裁委员会申诉，要求公司按照合同规定支付现金工资。请问：劳动争议仲裁委员会应如何处理此案？①

---

① 张晓红. 劳动与社会保障法学［M］. 北京：北京交通大学出版社，2013.

分析提示：我国《工资支付暂行规定》第5条对用人单位的工资支付形式进行了规范，规定用人单位必须以法定货币支付工资，不得以实物及有价证券替代货币支付。因此，即使用人单位向劳动者发放了实物，法律上并不承认这是工资发放行为。《劳动合同法》第85条规定，用人单位未按照劳动合同的约定或者国家规定及时足额支付劳动报酬的，由劳动保障行政部门责令限期支付劳动报酬，逾期不支付的，责令用人单位按应付金额的50%~100%的标准向劳动者加付赔偿金。

2.工资支付对象

为保障劳动者能领取到工资，用人单位应当将工资支付给劳动者本人。劳动者本人因故不能领取工资时，可由其亲属或委托他人代领。用人单位可委托银行代发工资。为使劳动者清楚了解工资支付的具体情况，用人单位在支付工资时应向劳动者提供一份其个人的工资清单。

3.工资支付时间

工资必须在用人单位与劳动者约定的日期支付，如遇节假日或休息日，应当提前在最近的工作日支付。工资至少每月支付一次，实行周、日、小时工资制的可按周、日、小时支付工资。对完成一次性临时劳动或某项具体工作的劳动者，用人单位应当按照有关协议或合同规定在其完成劳动任务后即支付工资。劳动关系双方依法解除或终止劳动合同时，用人单位应在解除或终止劳动合同时一次付清劳动者工资。非全日制用工劳动报酬结算支付周期不得超过15日。

【小案例6-3】

某公司与员工订立的劳动合同中约定，每月5日为工资发放日。2014年国庆，公司放假7天，员工们纷纷外出旅行。员工肖某由于平时刷卡消费已成习惯，随身携带的现金并不多。肖某以为按照惯例，5 000余元的工资应该已经在卡里了。然而其在用工资卡支付饭店的就餐费时，却发现卡里只有几十元钱。在窘迫之际，其家人与饭店发生了误会和争执，并因此心脏病突发被送进当地医院抢救，花去医疗费近千元。此后，肖某找到劳动仲裁部门，要求公司赔偿拖欠工资造成的损失，包括家人的医疗费用和精神损失费。请问：用人单位未遵守节假日工资发放的规定，劳动仲裁部门应该如何判定？①

分析提示：本案主要涉及按期、足额支付劳动报酬的问题。《劳动法》第50条规定，工资应当以货币形式按月支付给劳动者本人，不得克扣或者无故拖欠劳动者的工资。《工资支付暂行规定》第7条规定，工资必须在用人单位与劳动者约定的日期支付。如遇节假日或休息日，则应提前在最近的工作日支付。本案中的某公司，在节假日未提前发放工资，从性质上属于无故拖欠工资的行为。劳动仲裁部门应责令其支付劳动者的工资报酬，并可以责令支付一定的赔偿金。至于肖某要求公司支付家人的医疗费用、精神损失费，显然超出了劳动纠纷的范围，应当向法院提起诉讼。

（二）特殊情况下的工资支付规则

特殊情况下的工资支付以存在法定的特殊情况作为支付依据，以劳动者本人的工资为基点作为支付标准。

1. 休假期间的工资支付

《劳动法》第51条规定，劳动者在法定休息日和婚丧假日等假期间，用人单位应当依法支付工资。《工资支付暂行规定》第11条规定，劳动者依法享受年休假、探亲假、婚假、丧假期间，用人单位应按劳动合同规定的标准支付劳动者工资。

（1）法定休假日期间的工资支付。法定休假日是法律规定的放假节日，依照规定，在元旦、春节、劳动节、端午节、中秋节、国庆节及其他法定休假日期间，用人单位应当依法安排劳动者休假，并依法向劳动者支付工资。

（2）婚丧假期间的工资支付。婚丧假是结婚假和丧事假的总称，指劳动者本人结婚以及其直系亲属死亡时其所在用人单位给予的假期。享受婚丧假是劳动者的合法权利，婚丧假（包括路程假）期间用人单位应向劳动者支付工资。

（3）产假期间的工资支付。职工产假期间工资照付。根据1994年

---

① 方乐华，吴晓宇. 劳动法与社会保障法案例与图表 [M]. 北京：法律出版社，2013.

人事部《关于机关、事业单位女职工产假期间工资计发问题的通知》，机关、事业单位女职工在国家规定的产假期间，其工资按下列各项之和计发：机关实行职级工资制的人员，为本人职务工资、级别工资、基础工资与工龄工资；机关技术工人，为本人岗位工资、技术等级工资与按国家规定比例计算的奖金；机关普通工人，为本人岗位工资与按国家规定比例计算的奖金；事业单位职工，为本人基数等级工资与按国家规定比例计算的津贴。

（4）探亲假期间的工资支付。国务院《关于职工探亲待遇的规定》规定，职工在规定的探亲假期和路程假期内，按照本人的标准工资发给工资。职工探望配偶和未婚职工探望父母的往返路费由所在单位负担；已婚职工探望父母的往返路费，在本人月标准工资30%以内的由本人负担，超过部分由所在单位负担。

2.依法参加社会活动期间的工资支付

《工资支付暂行规定》第10条规定，劳动者在法定工作时间内参加社会活动，应视同提供了正常劳动，用人单位应支付劳动者工资。社会活动包括：（1）依法行使选举权或被选举权；（2）当选代表出席政府、党派、工会、青年团、妇女联合会等组织召开的会议；（3）出任人民法庭证明人；（4）出席劳动模范、先进工会大会；（5）《工会法》规定的不脱产工会基层委员会因工会活动占用的生产或工作时间；（6）其他依法参加的社会活动。

【小案例6-4】

王某是某公司的职员。2013年4月，王某被选举为Y市的人大代表，参加了该市的换届选举大会，故向公司请假2天。可到次月发工资的时候王某发现，公司扣除了其请假缺勤3天的工资。请问：该公司的做法合理吗？

分析提示：我国《工资支付暂行规定》第10条规定，劳动者在法定工作时间内参加社会活动，应视同提供了正常劳动，用人单位应支付劳动者工资。王某被推选为人大代表，出席换届选举大会，是依法参加社会活动的一种，也是依法行使选举权，用人单位应视同其提供了正常劳动，支付劳动者工资。

3.停工期间的工资支付

非因劳动者原因造成单位停工、停产在一个工资支付周期内的，用人单位应按劳动合同规定的标准支付劳动者工资。超过一个工资支付周期的，若劳动者提供了正常劳动，则支付给劳动者的劳动报酬不得低于当地的最低工资标准；若劳动者没有提供正常劳动，应按国家有关规定办理。

4.企业依法破产时的工资支付

《工资支付暂行规定》第14条规定，用人单位依法破产时，劳动者有权获得其工资。在破产清偿中用人单位应按《企业破产法》规定的清偿顺序，首先支付欠付的本单位劳动者的工资。

5.延长工作时间的工资支付

根据《劳动法》第44条的规定，用人单位安排劳动者延长工作时间的，支付不低于其工资的150%的工资报酬；休息日安排劳动者工作，又不能安排补休的，支付不低于其工资的200%的工资报酬；法定休假日安排劳动者工作的，支付不低于其工资300%的工资报酬。

6.试用期期间的工资支付

《劳动合同法》第20条明确规定，劳动者在试用期期间的工资不得低于本单位相同岗位最低档工资或者劳动合同约定工资的80%，并不得低于用人单位所在地的最低工资标准。

7.特殊人员的工资支付

（1）劳动者受行政处分后，仍在原单位工作或受刑事处分后重新就业的，应主要由用人单位根据具体情况确定其工资报酬；劳动者受刑事处分期间，如收容审查、拘留、缓刑、监外执行或劳动教养期间，其待遇按国家有关规定执行。

（2）学徒工、熟练工、大中专毕业生在学习期、熟练期、见习期、试用期及转正定级前的工资待遇由用人单位自主确定。

（3）新就业复员军人的工资待遇由用人单位自主确定；分配到企业的军队转业干部的工资待遇，按国家有关规定执行。

（三）克扣或无故拖欠劳动者工资的法律解释

《劳动法》第50条规定，不得克扣或者无故拖欠劳动者的工资。在已提供正常劳动的前提下依劳动合同约定领取足额工资，是劳动者的合法权益，受法律保护，任何单位不得克扣或无故拖欠，否则应承担法律责任。《劳动合同法》第30条第2款规定，用人单位拖欠或者未足额支付劳动报酬的，劳动者可以依法向当地人民法院申请支付令，人民法院应当依法发出支付令。

【法律小知识6-1】

《中华人民共和国民事诉讼法》第214条规定："债权人请求债务人给付金钱、有价证券，符合下列条件的，可以向有管辖权的基层人民法院申请支付令：（1）债权人与债务人没有其他债务纠纷的；（2）支付令能够送达债务人的。申请书应当写明请求给付金钱或者有价证券的数量和所依据的事实、证据。"从上述规定看，"支付令"是指法院针对那些事实清楚、无其他债务纠纷的欠债案件，在债权人提出给付申请后，不经过开庭审理就直接向债务人发出的支付命令，若债务人不在法定权限内提出异议，该支付令即具有强制执行力。

克扣是指用人单位无正当理由扣减劳动者应得的工资。无故拖欠是指用人单位无正当理由超过规定付薪时间未支付劳动者工资。劳动法律、法规对克扣或无故拖欠工资的情况作了限定，主要包括：

1.不属于克扣工资的情形

（1）用人单位代扣代缴的个人所得税；

（2）用人单位代扣代缴的应由劳动者个人负担的各项社会保险费用；

（3）法院判决、裁定中要求代扣的抚养费、赡养费；

（4）法律、法规规定可以从劳动者工资中扣除的其他费用。

2.允许用人单位减发劳动者工资的情形

（1）国家的法律、法规中有明确规定的；

（2）依法签订的劳动合同中有明确规定的；

（3）用人单位依法制定并经职代会批准的厂规、厂纪中有明确规定的；

（4）企业工资总额与经济效益相联系，经济效益下浮时，工资必须下浮的（但支付给劳动者的工资不得低于当地的最低工资标准）；

（5）因劳动者请事假等相应减发工资等。

3. 不属于无故拖欠工资的情形

（1）用人单位遇到非人力所能抗拒的自然灾害、战争等原因，无法按时支付工资；

（2）用人单位确因生产经营困难、资金周转受到影响，在征得本单位工会同意后，可暂时延期支付劳动者工资，延期时间的最长限制可由各省、自治区、直辖市劳动行政部门根据各地情况确定。

三、工资支付的监督

《工资支付暂行规定》第18条规定，各级劳动行政部门有权监察用人单位工资支付的情况。用人单位有下列侵害劳动者合法权益行为的，由劳动行政部门责令其支付劳动者工资和经济补偿，并可责令其支付赔偿金，主要包括以下情况：（1）克扣或者无故拖欠劳动者工资的；（2）拒不支付劳动者延长工作时间工资的；（3）低于当地最低工资标准支付劳动者工资的。

为切实保障劳动者获得劳动报酬的权利，全国人大常委会于2011年2月25日通过的《刑法修正案（八）》，新增设恶意欠薪罪，追究恶意拖欠劳动者工资的犯罪行为。《刑法修正案（八）》规定，在《刑法》第276条后增加一条，作为第276条之一，并规定，以转移财产、逃匿等方法逃避支付劳动者的劳动报酬或者有能力支付而不支付劳动者的劳动报酬，数额较大，经政府有关部门责令支付仍不支付的，处3年以下有期徒刑，并处罚金。单位犯前款罪的，对单位判处罚金，并对其直接负责的主管人员和其他直接责任人员，依照前款的规定处罚。有前两款行为，尚未造成严重后果，在提起公诉前支付劳动者的劳动报酬，并依法承担相应赔偿责任的，可以减轻或者免除处罚。

实践中，用人单位拖欠劳动者工资的情况比较普遍，尤其是企业拖欠农民工工资现象时有发生。为此，劳动和社会保障部、建设部于2004年联合发布了《建设领域农民工工资支付管理暂行办法》，规范了建筑业企业对与之形成劳动关系的农民工的工资支付行为，保障了建筑领域农民工的合法报酬权益。该办法规定，业主或工程总承包企业未按合同约定与建设工程承包企业结清工程款，致使建设工程承包企业拖欠农民工工资的，由业主或工程总承包企业先行垫付农民工被拖欠的工资，先行垫付的工资数额以未结清的工程款为限。企业因被拖欠工程款导致拖欠农民工工资的，企业追回的被拖欠工程款，应优先用于支付拖欠的农民工工资。企业违反国家工资支付规定拖欠或克扣农民工工资的，记入信用档案，并通报有关部门。企业应按有关规定缴纳工资保障金，存入当地政府指定的专户，用于垫付拖欠的农民工工资。

【法律小知识6-2】

欠薪保障基金，是特定机构依法筹集建立的，专门用于雇主由于无力或故意而欠薪时，向劳动者垫付欠薪的基金。各国在20世纪60年代以前主要是通过规定工资优先债权的形式保护工人索赔企业欠付工资。关于欠薪保障基金的立法最早出现在1966年的巴西，巴西建立了一个服务工龄保障基金，该基金仅保障雇佣合同结束时应支付的工龄补贴。目前最主要的欠薪保障基金立法主要集中在西欧各国。该种基金的性质属于社会保障的范畴，设立的目的在于为雇主对其工作人员欠下的债务提供担保，所承保的风险是企业的无偿付能力。

▶ 本章小结

工资是指用人单位依照法律、国家规定或劳动合同约定，直接以货币形式支付给劳动者的劳动报酬，其具有补偿、激励和调节功能。我国的工资法律主要包括3方面的内容：一是基本工资制度；二是最低工资制度；三是工资支付保障制度。其中，基本工资制度的核心内容是确立工资分配制度以及工资分配的集体协商机制，最低工资制度和工资支付保障制度则从最低标准和支付形式两方面来切实保障劳动者实际获得工资。确定和调整最低工资标准应当综合参考一定的因素，我国的最低工资标准一般采用月最低工资标准和小时最低工资标准的形式。在劳动者提供正常劳动的情况下，用人单位应支付给劳动者的工资不得低于当地最低工资标准。工资支付保障制度是保障劳动者获得其全部的应得工资的制度。与最低工资制度相比，工资支付保障制度所保护的对象已不限于最低工资，而是扩及劳动者的全部应得工资，并且从工资额的确定转为对工资支付的规范。

▶ 复习与思考

一、名词解释

工资 计时工资 计件工资 奖金 津贴 补贴 年薪制工资 最低工资 工资支付保障

二、选择题

1.用人单位应当在最低工资标准发布后（   ）日内，将该标准向本单位全体劳动者公示。

A.5   B.10   C.15   D.30

2.因劳动者本人原因给用人单位造成经济损失的，用人单位可从劳动者本人的工资中扣除，但每月扣除的部分不得超过劳动者当月工资的（   ）。

A.10%   B.20%   C.30%   D.50%

3.我国工资分配的立法原则主要有（   ）。

A.按劳分配原则

B.同工同酬原则

C.在经济发展的基础上逐步提高工资水平的原则

D.工资总量宏观调控原则

4.下列选项中，（   ）不能作为最低工资的组成部分。

A.法律、法规和国家规定的劳动者福利待遇

B.特殊工作环境、条件下的津贴

C.基本工资

D.加班加点工资

5.下列情形不属于克扣工资的有（   ）。

A.用人单位代扣代缴的个人所得税

B.用人单位代扣代缴的应由劳动者个人负担的各项社会保险费用

C.法院判决、裁定中要求代扣的抚养费、赡养费

D.法律、法规规定可以从劳动者工资中扣除的其他费用

6.下列属于工资的形式的有（   ）。

A.计时工资   B.计件工资   C.奖金   D.津贴

三、简答题

1.简述工资的基本职能。

2.简述工资集体协商的内容。

3.简述允许用人单位减发劳动者工资的情形。

4.简述不属于无故拖欠工资的情形。

5.简述工资支付保障制度与最低工资制度的区别。

四、案例分析题

1.张某是某公司的职员，2016年1月，公司在未经工会同意的情况下，以资金周转困难为由，宣布每月支付给职工70%的工资，剩余的30%年底一起支付。请问：该公司的行为是否合法？为什么？

2.王亮是某工厂职工，与工厂签订的劳动合同约定试用期的工资为800元，试用期过后是1 200元。后来王亮得知当地的最低工资标准为1 050元，于是要求工厂按当地最低工资标准发放工资。工厂领导以工厂提供食宿为由，声称工厂的工资待遇已经超过了当地最低工资标准。请问：该工厂的行为是否合法？

第七章
工作时间与休息休假制度

📣 学习目标

通过本章学习，重点掌握延长工作时间的概念、情形和限制措施；掌握工作时间的概念、性质和种类；了解休息休假的概念、种类和相关法律规定。

📣 案例导入

首例辞职员工要求公司支付年休假工资案

2006年1月，黄某进入上海某婚庆公司工作，双方签订劳动合同，黄某担任公司仓库管理员。其中，2007年度约定月工资为1 800元。2008年6月3日，黄某向公司提出辞职，理由为公司在用工方面不规范，其自身利益受到侵害。6月13日，双方劳动关系解除。黄某提出要求公司支付其2008年应休未休年休假的工资，而公司称只有在做满整年工作的前提下才能享有年休假。2008年8月，黄某向南汇区人民法院提起诉讼，要求该公司支付2008年应休未休年休假工资688.5元。

法院审理后认为，该公司认为员工只有在做满整年工作的前提下才能享有年休假是错误的。根据2008年《企业职工带薪年休假实施办法》的规定，用人单位与职工解除或者终止劳动合同时，当年度未安排职工休满应休年休假的，应当按照职工当年已工作时间折算应休未休年休假天数，并支付未休年休假工资报酬。黄某2008年在公司工作至6月13日，根据工作时间折算，黄某2008年应休未休年休假为2.26天。现公司未能提供证据证明已安排过黄某年休假，因此，作为公司方应支付黄某应休未休年休假的工资报酬。2008年11月，法院一审判决该婚庆公司支付黄某2008年应休未休年休假工资561.10元。该案是上海首例辞职员工要求用人单位支付年休假工资案。

资料来源　方乐华，吴晓宇. 劳动法与社会保障法案例与图表 [M]. 北京：法律出版社，2013.

第一节　工作时间

一、工作时间的概念和性质

（一）工作时间的概念

工作时间是指法律规定的劳动者从事生产或者工作的时间，通常包括工作日和工作周。工作日是劳动者每天应工作的时数，工作周是劳动者每周应工作的天数，工作时间以工作日为其主要形式。

工作时间作为法律范畴，不仅包括劳动者实际工作的时间，也包括劳动者某些非实际工作时间。非实际工作时间一般是指从事与工作有密切联系的相关活动时间，如生产和工作前的准备时间、下班前后的交接时间、怀孕女职工在劳动时间内的产前检查时间、女职工哺乳未满1周岁婴儿的哺乳时间和往返途中的时间，以及劳动者在法定工作时间内依法参加社会活动的时间等。

（二）工作时间的性质

工作时间具有劳动基准的性质，法律对工作时间制定最低的法定标准，其实质是对最高工时进行限制。最高工时又称法定最长工时，是法律规定的在一定期间内工作时间的最长限度，包括日最长工时和周最长工时两种形式。最高工时标准具有强制性，用人单位安排劳动者的工作时间不能突破上限标准。这种最高工时标准的强制性具有相对强行法的性质，即用人单位确定的劳动者工作时间在与强行法规定不一致而有利于劳动者时仍然有效，只有在不利于劳动者时无效。比如，我国劳动立法规定实行每日工作8小时、每周工作40小时的工时制度，那么，用人单位确定劳动者的日工作时间和周工作时间就不能超过8小时或者40小时，但根据生产经营的具体情况，可以确定工作日低于8小时或工作周低于40小时的工时制度。

二、我国的工作时间立法

1994年1月24日国务院第十五次常委会议通过了《国务院关于职工工作时间的规定》，规定自1994年3月1日起，在中国境内的国家机关、社会团体、企事业单位以及其他组织的职工，统一实行每日工作8小时，平均每周工作44小时的工时制度。《劳动法》第36条规定："国家实行劳动者每日工作时间不超过 8 小时，平均每周工作时间不超过 44 小时的工时制度。"1995 年 2 月 17 日，国务院第八次会议通过了《国务院关于修改〈国务院关于职工工作时间的规定〉的决定》，规定自 1995 年 5 月 1 日起，职工每日工作 8 小时，每周工作 40 小时。国家机关、企业事业单位实行统一的工作时间，星期六和星期日为周休息日。企业和不能实行前款规定的统一工作时间的事业单位可根据实际情况灵活安排周休日。为贯彻执行 5 天工作制，1995 年 3 月劳动部和人事部又分别发布了《劳动部贯彻〈国务院关于职工工作时间的规定〉的实施办法》和《人事部关于贯彻〈国务院关于职工工作时间的规定〉的实施办法》。

三、工作时间的种类

（一）标准工作时间

标准工作时间是由法律规定的，在正常情况下劳动者从事工作的时间。它是工时制度的主要形式，也是计算其他工作时间种类的依据。例如，对实行计件工资的劳动者，用人单位应当根据标准工时制度合理确定其劳动定额和计件报酬标准；实行综合计算工作时间的用人单位，其平均日工作时间和平均周工作时间应与法定标准工作时间基本相同。目前，我国的标准工作时间为每日工作 8 小时，每周工作 40 小时。

【资料链接 7-1】

制度工作时间的计算

劳动和社会保障部于 2008 年 1 月 3 日通过的《关于职工全年月平均工作时间和工资折算问题的通知》（劳社部发〔2008〕3 号）规定，根据《全国年节及纪念日放假办法》，全体公民的节日假期由原来的 10 天增设为 11 天。据此，职工全年月平均制度工作天数作相应调整，制度工作时间的计算如下：

（1）年工作日：365 天－104 天（休息日）－11 天（法定节假日）=250 天

（2）季工作日：250 天÷4 季=62.5 天/季

（3）月工作日：250 天÷12 月=20.83 天/月

（4）工作小时数的计算：以月、季、年的工作日乘以每日的 8 小时

（二）特殊工作时间

特殊工作时间与标准工作时间相对应，适用于特殊情形，并且工时

和休息办法也不同于标准工作时间。《劳动法》第39条规定，企业因生产特点不能实行标准工时制度和不能保证劳动者每周至少休息1日的，经劳动行政部门批准，可以实行其他工作和休息办法，这就为企业根据生产特点实行变通的工作和休息办法提供了法律依据。

1.缩短工作时间

缩短工作时间是指法律规定在特殊情形下实行的工作时间少于标准工作时间长度的工时制度，即劳动者每天工作的时数少于8小时，或者每周工作的时数少于40小时。这主要适用于在特殊条件下从事劳动和有特殊情况的劳动者。1995年劳动部《贯彻〈国务院关于职工工作时间的规定〉的实施办法》第4条规定，在特殊条件下从事劳动和有特殊情况，需要在每周工作40小时的基础上再适当缩短工作时间的，应在保证完成生产和工作任务的前提下，由企业根据实际情况决定。目前，我国适用缩短工作时间的劳动者主要有以下几类：

（1）从事特定工作岗位的劳动者。从事矿山、井下、高山、有毒有害、特别繁重和过度紧张的体力劳动的劳动者，每个工作日的工作时间应少于8小时。例如，煤矿井下作业实行四班6小时工作制；纺织企业实行"四班三运转"的工时制度；从事有毒有害作业的劳动者，根据生产的特点和条件可以实行"三工一休制"，即工作3天休息1天，也可以实行每天工作6小时和7小时工作制，还可以实行"定期轮流脱离接触"制，即工人每年轮流脱离原作业岗位一定时期，脱离期满后回原岗位工作；建筑、冶炼、地质、勘探、森林采伐、装卸搬运等从事繁重体力劳动的行业，根据本行业的特点实行不同形式的缩短工作时间。

（2）从事夜班工作的劳动者。夜班工作是指在当日22时至次日6时从事劳动和工作的时间。在实行三班制的企业，从事夜班工作的劳动者，其日工作时间比标准工作时间缩短1小时，同时按照规定发给夜班津贴。

（3）在哺乳期工作的女职工。哺乳时间是指女职工在工作时间内哺乳不满1周岁的婴儿所占用的时间。

【法律小知识7-1】

《女职工劳动保护规定》规定，有不满1周岁婴儿的女职工，其所在单位应当在每班劳动时间内给予两次哺乳（含人工喂养）的时间，每次30分钟；多胞胎生育的，每多哺乳1个婴儿每次哺乳时间增加30分钟；女职工每班劳动时间内的两次哺乳时间可以合并使用；哺乳时间和本单位内哺乳往返途中的时间，算作劳动时间。

2.不定时工作时间

不定时工作时间，是针对因生产特点、工作特殊需要或职责范围的关系，无法按标准工作时间衡量或需要机动作业的职工所采用的一种工时。《劳动部贯彻〈国务院关于职工工作时间的规定〉的实施办法》第5条规定，因工作性质或生产特点的限制，不能实行每日工作8小时、每周工作40小时标准工时制度的，可以实行不定时工作制，并按照劳动部《关于企业实行不定时工作制和综合计算工时工作制的审批办法》执行。

企业对符合下列条件之一的职工，可以实行不定时工作制：

（1）企业中的高级管理人员、外勤人员、推销人员、部分值班人员和其他因工作无法按标准工作时间衡量的职工。

（2）企业中的长途运输人员、出租汽车司机和铁路港口仓库的部分装卸人员，以及因工作性质特殊，需机动作业的职工。

（3）其他因生产特点、工作特殊需要或职责范围的关系适合实行不定时工作制的职工，如从事非生产性值班和特殊工作形式的个体工作岗位的职工。

实行不定时工作制的企业应履行审批手续，因工作性质或者职责限制，不宜实行标准工作制度的国家机关、事业单位和社会团体，由国务院行业主管部门制定实施意见，报人力资源和社会保障部批准后可以实行不定时工作制。中央直属企业实行不定时工作制的，经国务院行业主管部门审核，报国务院劳动行政部门批准；地方企业实行不定时工作制的审批办法，由各省、自治区、直辖市人民政府劳动行政部门制定，报国务院劳动行政部门备案。

经批准实行不定时工作制的职工，不受《劳动法》第41条规定的日延长工作时间标准和月延长工作时间标准的限制，不存在延长工作时间的情形。

【小思考7-1】

不定时工作制是否意味着用人单位可以随意规定工作时间而不受任何限制？

答：不定时工作制并不意味着用人单位可以随意规定工作时间而不受任何限制。对于实行不定时工作制的劳动者，企业应当根据标准工时制度合理确定劳动者的劳动定额或其他考核标准，以便安排劳动者休息。

3.综合计算工作时间

综合计算工作时间，是针对因工作性质特殊，需连续作业或受季节及自然条件限制的企业的部分职工，采用的以周、月、季、年等为周期综合计算工作时间的一种工时制度。综合计算工时虽不能实行每日工作8小时、每周工作40小时的标准工时制度，但其平均日工作时间和平均周工作时间应与标准工作时间基本相同。

企业对符合下列条件之一的职工可以实行综合工时制：（1）交通、铁路、邮电、水运、航空、渔业等行业中因工作性质特殊，需连续作业的职工；（2）地质及资源勘探、建筑、制盐、制糖、旅游等受季节和自然条件限制的行业的部分职工；（3）其他适合实行综合计算工时工作制的职工，如亦工亦农，或由于受能源、原材料供应等条件限制难以均衡生产的乡镇企业的职工。对于那些在市场竞争中，由于受外界因素影响，生产任务不均衡的企业的部分职工，也可以参照综合计算工时工作制的办法实施。

用人单位实行综合计算工时工作制的审批办法，与实行不定时工作制的审批办法相同。实行综合计算工时工作制是从部分企业生产实际出发，允许实行相对集中工作、集中休息的工作制度，以保证生产的正常进行和劳动者的合法权益，因此，在审批综合计算工时工作制过程中，不宜再要求企业实行符合标准工时工作制的规定。但是，在审批综合计算工时工作制过程中，应要求企业做到以下两点：第一，企业实行综合计算工时工作制以及在实行综合计算工时工作制中采取何种工作方式，一定要与工会和劳动者协商；第二，对于第三级及其以上体力劳动强度的工作岗位，劳动者每日连续工作时间不得超过11小时，而且每周至少休息1天。

企业实行综合计算工时工作制，不论采取以周、月、季、年何种形式为周期，平均日工作时间和平均周工作时间都应与法定标准工作时间基本相同，超过法定标准工作时间的部分，作为延长工作时间，用人单位应当支付劳动者延长工作时间的劳动报酬。

4.计件工作时间

计件工作时间是指以劳动者完成一定劳动定额为计酬标准的工作时间制度。计件工作制与计时工作制相对应，实际上是标准工作时间的特殊转化形式，同时又具有更大的灵活性。如当用人单位合理确定劳动定额和计件报酬标准后，实行计件工作的劳动者完成当日或当月的定额后，可以把剩余时间作为休息时间；也可以超定额以取得相应的额外报酬；未完成当日定额的则可以在8小时的工作时间之外来完成。

《劳动法》第37条规定，对实行计件工作的劳动者，用人单位应当根据标准工时制度合理确定其劳动定额和计件报酬标准。实行计件工作的用人单位，必须以劳动者在一个标准工作日和一个标准工作周的工作时间内能够完成的计件数量为标准，确定劳动定额。劳动定额是指在一定的生产技术和生产组织条件下，为生产一定量合格产品或完成一定量的工作所预先规定的劳动消耗标准，或是在单位时间内预先规定的完成合格产品数量的标准，包括时间定额和产量定额。合理的劳动定额应当是在正常情况下，大多数劳动者按标准工作时间劳动能够完成的定额量。

《劳动部贯彻〈国务院关于职工工作时间的规定〉的实施办法》第3条规定，实行新的工时制度应保证完成生产和工作任务，不减少职工的收入。按照这一规定，对实行计件工作制的劳动者而言，用人单位应该在保证劳动者享受缩短工时待遇的同时尽量保证其计件工资收入不减少。如果适当调整劳动定额，在保证劳动者计件工资收入不降低的前提下，计件单价可以不作调整；如果调整劳动定额有困难，就应该考虑适当调整劳动者计件单价，以保证劳动者收入不减少。

5.非全日制工作时间

非全日制工作时间与非全日制用工形式相适应，是指劳动者每日、每周少于标准工作时数的工作时间。非全日制用工是在我国市场经济快速发展、就业形势日益严峻的大背景下发展起来的一种灵活就业的用工形式。目前，规范非全日制用工的法律依据主要有2003年劳动和社会保障部《关于非全日制用工若干问题的意见》和《劳动合同法》的相关规定。根据《劳动合同法》第68条的规定，非全日制工作时间是指以小时计酬为主，劳动者在同一用人单位一般平均每日工作时间不超过4小时，每周工作时间累计不超过24小时的工作时间。

第二节　　　　　　　　　　休息与休假

一、休息休假的概念

休息休假又称休息时间，是指劳动者在国家规定的法定工作时间外自行支配的时间，包括劳动者每天休息的时数、每周休息的天数、节假日、年休假、探亲假等。

休息休假的规定是实现劳动者休息权的一项重要保证。休息权是我国《宪法》规定的公民的基本权利之一，我国《宪法》明确规定："中华人民共和国劳动者有休息的权利。""国家发展劳动者休息和休养的设施，规定职工的工作时间和休假制度。"我国目前的标准工时规定劳动者每日工作8小时、每周工作40小时，新的工时制度使劳动者有了更多的休息时间，有利于保障劳动者的身体健康。劳动者经过紧张的劳动和工作后，通过休息，可以消除疲劳，恢复体力，以充沛的体力和精力重新投入劳动和工作，为国家和社会创造更多的财富。

二、我国休息休假的立法

（一）关于年节及纪念日放假制度的法规

我国休息休假的立法主要集中在法规层面。新中国成立后，政务院于1949年12月发布《全国年节及纪念日放假办法》，规定了全体公民都享有的法定节假日、部分公民享有的节日和纪念日等，该规定在1999年、2007年和2013年历经3次修订，目前实行的是2013年12月颁布的《国务院关于修改〈全国年节及纪念日放假办法〉的决定》（第三次修订，自2014年1月1日起施行）。

（二）关于探亲假制度的法规

1958年，国务院颁布了《关于工人、职员回家探亲的假期和工资待遇的暂行规定》，该法在1981年被废止，同时国务院发布《关于职工探亲待遇的规定》，规定了享受探亲假的条件，探亲假期的时间、工资待遇、往返路费负担等内容。

（三）关于年休假制度的法规

在年休假方面，1991年中共中央、国务院共同发出《关于职工休假问题的通知》，规定各级党政机关、人民团体和企事业单位可根据实际情况适当安排职工休假。但该规定过于原则，将职工休假问题完全交由用人单位确定，对休假期间的工资待遇也没有明确规定。为此《劳动法》第45条规定："国家实行带薪年休假制度。劳动者连续工作1年以上的，享受带薪年休假。具体办法由国务院规定。"由于休假问题的复杂性，国务院直到2007年12月才颁布了《职工带薪年休假条例》，自2008年1月1日起施行，该条例规定了带薪年休假制度的适用范围、年休假的期限、年休假期间的工资待遇、对不能实行年休假劳动者的救济等内容，可操作性较强。人力资源和社会保障部于2008年9月18日公布《企业职工带薪年休假实施办法》，进一步明确了《职工带薪年休假条例》的相关内容。

三、休息休假的种类

（一）工作日内的间歇时间

工作日内的间歇时间，是指劳动者在一个工作日内的休息时间和用膳时间。间歇时间在劳动者连续工作一定时间后实行，有利于帮助劳动者消除疲劳，恢复体力和精力。间歇时间的长短可由用人单位根据具体情况来确定，在同一用人单位因工作岗位和工作性质的不同也可能有差别，一般休息1小时至2小时，至少不能低于半小时。间歇时间应规定在工作4小时后开始，不计入工作时间。有的岗位由于生产不能间断，不能实行固定的间歇时间，应保证职工在工作时间内有用膳时间。

（二）两个工作日之间的休息时间

两个工作日之间的休息时间，是指劳动者在一个工作日结束后至下一个工作日开始前的休息时间，其长度应以能有效保证劳动者的体力和精力得到恢复为标准。我国实行8小时工作制，劳动者享有的两个工作日之间的休息时间一般为15小时至16小时。实行轮班制的劳动者，其班次需平均调换，一般可在休息日之后调换；调换班次时，不得让工人连续工作两班。

（三）休息日

休息日又称公休假日，是劳动者工作满一个工作周之后的休息时间。《劳动法》第38条规定，用人单位应当保证劳动者每周至少休息1日。《国务院关于职工工作时间的规定》进一步缩短工时，规定"国家机关、事业单位实行统一的工作时间，星期六和星期日为周休息日"，将每工作周的休息天数增加到2天。因工作需要不能执行国家统一的工作和休息时间的国家机关、社会团体和事业单位，可根据实际情况采取轮班制的办法，灵活安排周休息日，并报同级人事部门备案。对于因工作性质或生产特点的限制，实行不定时工作制和综合计算工时工作制等其他工作和休息办法的劳动者，用人单位应在保障劳动者身体健康并充分听取劳动者意见的基础上，采用集中工作、集中休息、轮休调休、弹性工作时间等适当方式，确保职工的休息休假权利和生产、工作任务的完成。

（四）法定休假日

法定休假日，是指由国家法律统一规定的用于欢度节日、开展庆祝、纪念活动的休息时间。《劳动法》第40条规定，用人单位在下列节日期间应当依法安排劳动者休假：元旦；春节；国际劳动节；法律、法规规定的其他休假节日。2013年修订的《全国年节及纪念日放假办法》对法定休假日进行了完善。目前我国的法定休假日主要有以下几种：

（1）全体公民放假的节日，包括新年、春节、清明节、劳动节、端午节、中秋节和国庆节，共11天。全体公民放假的假日，如果适逢星期六、星期日，应当在工作日补假。用人单位安排劳动者在全体公民放假的节日加班的，应当支付劳动者不低于其工资的300%的工资报酬。

（2）部分公民放假的节日及纪念日，包括妇女节、青年节、儿童节和中国人民解放军建军纪念日。部分公民放假的假日，如果适逢星期六、星期日，不补假。2000年《劳动和社会保障部办公厅关于部分公民放假有关工资问题的函》规定，在部分公民放假期间，对参加社会或单位组织的庆祝活动和照常工作的职工，单位应支付工资报酬，但不支付加班工资。如果该节日恰逢星期六、星期日，单位安排职工加班工作，则应当依法支付休息日的加班工资。

《全国年节及纪念日放假办法》还规定，少数民族习惯的节日，由各少数民族聚居地区的地方人民政府，按照各个民族习惯，规定放假日期。二七纪念日、五卅纪念日、七七抗战纪念日、九三抗战胜利纪念日、九一八纪念日、教师节、护士节、记者节、植树节等其他节日、纪念日，均不放假。

（五）年休假

年休假，是指法律规定的劳动者工作满一定的工作年限后，每年享有的保留工作、带薪连续休假。世界各国普遍实行带薪年休假制度，是劳动者休息权的重要组成部分。

《劳动法》第45条规定："国家实行带薪年休假制度，劳动者连续工作1年以上的，享受带薪年休假。具体办法由国务院规定。"但国务院在很长一段时间内并没有对职工年休假进行规定，因此这一时期的年休假制度主要在国家机关、事业单位的职工中实行，企业单位职工的年休假制度得不到保障。2007年12月14日，国务院颁布《职工带薪年休假条例》，2008年1月1日开始实施，并由人力资源和社会保障部于2008年9月18日颁布实施《企业职工带薪年休假实施办法》，至此，企业职工的年休假制度有了法律保障。

1.年休假的适用范围

《职工带薪年休假条例》规定，机关、团体、企业、事业单位、民办非企业单位、有雇工的个体工商户等单位的职工连续工作1年以上的，享受带薪年休假。单位应当保证职工享受年休假。职工在年休假期间享受与正常工作期间相同的工资收入。

年休假制度适用于我国境内的所有用人单位。这一规定将有效解决企业职工不能与国家机关、事业单位职工平等享有年休假的问题，维护了所有劳动者的休息休假权利。

2.年休假的天数

年休假天数根据职工累计工作时间确定。职工在同一或者不同用人单位工作期间，以及依照法律、行政法规或者国务院规定视同工作期间，应当计为累计工作时间。职工累计工作已满1年不满10年的，年休假为5天；已满10年不满20年的，年休假为10天；已满20年的，年休假为15天。国家法定节假日、休息日、职工依法享受的探亲假、婚丧假、产假等国家规定的假期以及因工伤停工留薪期间不计入年休假期。劳动合同、集体合同约定的或者用人单位规章制度规定的年休假天数高于法定标准的，用人单位应当按照有关约定或者规定执行。

3.不能享受年休假的情形

《职工带薪年休假条例》第4条规定，职工有下列情形之一的，不享受当年的年休假：

（1）职工依法享受寒暑假，其休假天数多于年休假天数的；

（2）职工请事假累计20天以上且单位按照规定不扣工资的；

（3）累计工作满1年不满10年的职工，请病假累计2个月以上的；

（4）累计工作满10年不满20年的职工，请病假累计3个月以上的；

（5）累计工作满20年以上的职工，请病假累计4个月以上的。

职工已享受当年的年休假，年度内又出现条例第4条第（2）、（3）、（4）、（5）项规定情形之一的，不享受下一年度的年休假。

4.年休假的实行

用人单位有义务保证劳动者享受年休假，根据生产、工作的具体情况，并考虑职工本人意愿，统筹安排年休假。年休假在1个年度内可以集中安排，也可以分段安排，一般不跨年度安排。

（1）不能安排职工年休假的补偿。用人单位确因工作需要不能安排职工年休假或者跨1个年度安排年休假的，应征得职工本人同意。用人单位经职工同意不安排年休假，或者安排职工年休假天数少于应休年休假天数，应当在本年度内对职工应休未休年休假天数，按照其日工资收入的300%支付未休年休假工资报酬，其中，包含用人单位支付职工正常工作期间的工资收入。用人单位安排职工休年休假，但是职工因本人原因且书面提出不休年休假的，用人单位可以只支付其正常工作期间的工资收入。用人单位与职工解除或者终止劳动合同时，当年度未安排职工休满应休年休假的，应当按照职工当年已工作时间折算应休未休年休假天数，并支付未休年休假工资报酬，但折算后不足1整天的部分不支付未休年休假工资报酬。具体折算方法为：（当年度在本单位已过日历天数÷365天）×职工本人全年应当享受的年休假天数－当年度已安排年休假天数。用人单位当年已安排职工年休假的，多于折算应休年休假的天数不再扣回。

（2）不能安排职工年休假的法律责任。县级以上地方人民政府人事部门或者劳动保障部门依据职权对单位执行带薪年休假的情况主动进行监督检查。工会组织依法维护职工的年休假权利。用人单位不安排职工休年休假又不依照本条例规定给予年休假工资报酬的，由县级以上地方人民政府人事部门或者劳动保障部门依据职权责令限期改正；对逾期不改正的，除责令该单位支付年休假工资报酬外，单位还应当按照年休假工资报酬的数额向职工加付赔偿金；对拒不支付年休假工资报酬、赔偿金的，属于公务员和参照《公务员法》管理的人员所在单位的，对直接负责的主管人员以及其他直接责任人员依法给予处分；属于其他单位的，由劳动保障部门、人事部门或者职工申请人民法院强制执行。

（六）探亲假

探亲假，是指与父母或配偶分居两地的职工，每年享有的与父母或配偶团聚的假期。规定探亲假的目的是适当解决职工同亲属长期远居两地的探亲问题。目前主要的法律依据是1981年3月14日国务院发布的《关于职工探亲待遇的规定》和1981年3月26日《国家劳动总局关于制定〈国务院关于职工探亲待遇的规定〉实施细则若干问题的意见》这两个规范性文件，主要包括以下具体内容：

1.享受探亲假的条件

根据《国务院关于职工探亲待遇的规定》，享受探亲假必须具备以下条件：

（1）主体条件。凡在国家机关、人民团体和全民所有制企业、事业单位工作满1年的固定职工，可以享受探亲假待遇。

（2）对象条件。探亲假不包括探望岳父母、公婆和兄弟姐妹。新婚后与配偶分居两地的，从第2年开始享受探亲假。此外，学徒、见习生、实习生在学习、见习、实习期间不能享受探亲假。

（3）地域条件。具体包括两种情形：一是与配偶不住在一起，又不能在公休假日团聚的，可以享受探望配偶的待遇；二是与父亲、母亲都不住在一起，又不能在公休假日团聚的，可以享受探望父母的待遇。"不能在公休假日团聚"，是指不能利用公休假日在家居住一夜和休息半个白天。职工与父亲或与母亲一方能够在公休假日团聚的，不能享受本规定探望父母的待遇。

（4）时间条件。在上述单位工作满1年。

2.探亲假期

《国务院关于职工探亲待遇的规定》第4条规定，探亲假期分为以下几种：

（1）探望配偶，每年给予一方探亲假一次，假期为30天。

（2）未婚职工探望父母，原则上每年给假一次，假期为20天，如果因工作需要，本单位当年不能给予假期，或者职工自愿两年探亲一次，可以两年给假一次，假期为45天。

（3）已婚职工探望父母的，每4年给假一次，假期为20天。另外，根据实际需要给予路程假。

（4）凡实行寒暑假制度的职工（例如学校的教职工），应该在寒暑假期间探亲；如果休假期较短，可由本单位适当安排补足其探亲假的天数。上述假期均包括公休假日和法定节日在内。

3.探亲假期间待遇

（1）工资待遇。职工在规定的探亲假期和路程假期内，按照本人的标准工资发给工资。

（2）探亲路费的报销。职工探望配偶和未婚职工探望父母的往返路费，由所在单位负担。已婚职工探望父母的往返路费，在本人月标准工资30%以内的，由本人自理，超过部分由所在单位负担。

（七）婚丧假

婚丧假是指劳动者本人结婚及劳动者的直系亲属死亡时，依法享受的假期。婚丧是每个劳动者都会遇到的情况，劳动者婚丧假期间，由用人单位如数支付工资，使劳动者有闲暇处理相关事务，这是对劳动者的精神抚慰，体现了政府对劳动者的福利政策，也是对其权益的保护，对于调动劳动者的工作积极性具有重要意义。

（八）其他假期

1.事假

职工因事请假期间的待遇，国家现行法律规范中没有具体规定。因此，关于职工因事请假期间的待遇问题，可以由用人单位根据本单位的实际情况通过内部规章制度加以规定。有的单位规定按计时工资标准的一定比例支付待遇，有的单位则规定事假期间没有任何待遇。这些规定只要与国家法律规范不抵触，都是有效的。

2.病假

职工因病或非因公负伤停止工作接受治疗时，其停止工作连续医疗期在6个月以内的，按连续工作的长短发给病伤假工资。

3.女职工产假

国家规定产假的目的是保证产妇恢复身体健康，产假期间工资照发。根据2012年4月18日起施行的《女职工劳动保护特别规定》，女职工生育享受98天产假，其中产前可以休假15天；难产的，增加产假15天；生育多胞胎的，每多生育1个婴儿，增加产假15天。女职工怀孕未满4个月流产的，享受15天产假；怀孕满4个月流产的，享受42天产假。对哺乳未满1周岁婴儿的女职工，用人单位不得延长劳动时间或者安排夜班劳动。用人单位应当在每天的劳动时间内为哺乳期女职工安排1小时哺乳时间；女职工生育多胞胎的，每多哺乳1个婴儿每天增加1小时哺乳时间。女职工产假期间的生育津贴，对已经参加生育保险的，按照用人单位上年度职工月平均工资的标准由生育保险基金支付；对未参加生育保险的，按照女职工产假前工资的标准由用人单位支付。女职工怀孕流产的，其所在单位应根据医务部门的证明给予一定时间的产假。女职工怀孕未满4个月流产的，享受15天产假；怀孕满4个月流产的，享受42天产假。

第三节　　　　　　　　延长工作时间制度

一、延长工作时间的概念

延长工作时间又称为加班加点，是指劳动者的工作时间超过法律规定的工作时间长度，包括加班和加点两种形式。加班，是指劳动者在公休日或法定休假日从事生产或工作，加点是劳动者在正常工作日超过日法定标准工作时间继续从事生产或工作。

由于延长工作时间是相对特定的工作时间和休息时间而言的，所以，只有标准工作日、缩短工作日才存在延长工作时间，不定时工作日则不存在延长工作时间。在综合计算工时工作制下，如果综合计算的结果是平均日工作时间超过标准工作时间，则其超出部分应视为延长工作时间；法定节假日安排工作的也应视为延长工作时间。在实行计件工作时间的情况下，劳动者在完成其定额以后的工作时间，才是延长的工作时间。

《劳动法》对于工作时间和休息时间的规定具有强制效力，在一般情况下，不得违反。在法定的特殊情形下，可以延长工作时间，但国家对延长工作时间实行严格限制，目的是限制工作时间在休息时间的延伸，保护劳动者的休息权。

二、延长工作时间的内容

（一）延长工作时间的一般情形

《劳动法》第41条规定："用人单位由于生产经营需要，经与工会和劳动者协商后，可以延长工作时间，一般每日不得超过1小时；因特殊原因需要延长工作时间的，在保障劳动者身体健康的条件下延长工作时间，每日不得超过3小时，每月不得超过36小时。"

【小思考7-2】

《劳动法》第41条中的"延长工作时间"是否仅指加点，而不包括休息日或节日等法定休假日的加班？

答：《劳动法》第41条有关延长工作时间的限制，包括正常工作日的加点、休息日和法定休假日的加班，即每月工作日的加点、休息日和法定休假日的加班的总时数不得超过36小时。

依据上述规定，用人单位由于生产经营需要，可以延长工作时间。这里的"生产经营需要"，主要是指紧急生产任务，如果不能如期完成生产经营任务，势必影响用人单位的正常运作和经济效益，在这种情况下，可以延长工作时间。《劳动法》没有明确"生产经营需要"的具体情形，在实践中需要通过集体合同约定，或者通过用人单位与工会共同协商，来界定"生产经营需要"的范围。

【小案例7-1】

周某是某外资公司的职员，工作期间，周某每日努力工作，当日工作任务在8小时内未完成的，为了不把工作任务留到下一个工作日，周某就在下班后自动加班完成当日工作任务。1年合同期满，周某决定不再续签劳动合同，但要求公司支付其1年内延长工作时间的加班工资，并出示了1年内延长工作时间的考勤记录。公司认为周某延长工作时间是个人自愿的行为，不能另行支付加班工资。而公司的这一说法也得到了劳动部门的认可。请问，该公司不予支付加班工资是否合法？①

　　分析提示：根据《劳动法》及《国务院关于职工工作时间的规定》等相关规定，实行计时工资制度的用人单位，其加班工资的支付有着明确的规定。但前提是"用人单位根据生产经营需要安排劳动者在法定标准工作时间以外工作"，即由用人单位安排加班的，用人单位才应支付加班工资。如果不是用人单位安排加班，是由劳动者自愿加班的，用人单位可以不支付加班工资。

　　（二）限制延长工作时间的例外情形

　　在特殊情况下，延长工作时间不受《劳动法》第41条的限制。延长工作时间的特殊情形主要包括：

　　（1）发生自然灾害、事故或者因其他原因，威胁劳动者生命健康和财产安全，需要紧急处理的；

　　（2）生产设备、交通运输线路、公共设施发生故障，影响生产和公众利益，必须及时抢修的；

　　（3）法律、行政法规规定的其他情形。

　　1995年《〈国务院关于职工工作时间的规定〉的实施办法》在上述情形的基础上作了补充，延长工作时间的特殊情形还包括：其一，必须利用法定节假日或公休假日的停产期间进行设备检修、保养的；其二，为完成国防紧急生产任务，或者完成上级在国家计划外安排的其他紧急生产任务，以及商业、供销企业在旺季完成收购、运输、加工农副产品紧急任务的。

　　（三）延长工作时间的限制措施

　　劳动立法对延长工作时间的限制主要针对延长工作时间的一般情形。因为延长工作时间的特殊情形涉及公众利益，如果不及时解决，必将影响到广大人民群众的生产、生活甚至生命安全。所以，法律重点对延长工作时间的一般情形进行限制，限制措施主要包括如下方面：

---

① 毛清芳. 劳动法与社会保障法 [M]. 北京：经济科学出版社，2009.

1.从适用人员范围限制延长工作时间

为保障特殊劳动群体的权益，禁止对未成年工、孕期内的女职工和哺乳期内的女职工延长工作时间。《女职工劳动保护特别规定》第6条规定，对怀孕7个月以上的女职工，用人单位不得延长劳动时间或者安排夜班劳动，并应当在劳动时间内安排一定的休息时间。《女职工劳动保护特别规定》第9条规定，对哺乳未满1周岁婴儿的女职工，用人单位不得延长劳动时间或者安排夜班劳动。

2.从程序上限制延长工作时间的一般情形

用人单位基于生产经营需要延长工作时间，必须满足下列条件：

（1）与工会协商。延长工作时间与劳动者的切身利益直接相关，用人单位需要延长工作时间时，应当将延长的理由、人数、时间长度等相关事宜向工会说明，征得工会的同意。如果工会认为延长工作时间的理由不充分，或内容不适当，有权向用人单位提出，通过协商予以修改完善。

（2）与劳动者协商。《劳动法》奉行不得强迫劳动，而且延长工作时间占用劳动者的休息时间，牺牲了劳动者的休息权，因此用人单位还应当与劳动者协商，征得劳动者本人的同意。用人单位只有在劳动者自愿的情况下，才可以延长工作时间。

3.从时间长度上限制延长工作时间

用人单位延长工作时间不得超过法定时数：（1）一般每日不得超过1小时；（2）因特殊原因需要延长工作时间的，在保障劳动者身体健康的条件下延长工作时间每日不得超过3小时；（3）每月延长工作时间的总时数不得超过36小时。

用人单位违反规定延长工作时间的，应承担法律责任。《劳动法》第90条规定："用人单位违反本法规定，延长劳动者工作时间的，由劳动行政部门给予警告，责令改正，并可以处以罚款。"

三、延长工作时间的补偿

延长工作时间，意味着劳动者增加了额外的工作量，需要付出更多的劳动。为此，我国劳动立法规定了补休和支付延长工作时间工资（即加班加点工资）两种形式作为补偿。其目的具有双重性：一方面是补偿劳动者因延长工作时间而付出的额外劳动，保护劳动者的身体健康；另一方面则是限制用人单位随意延长工作时间，从而保护劳动者的合法权益。

（一）补休

补休适用于用人单位安排劳动者在休息日延长工作时间的情形，且与支付延长工作时间相比，具有优先性：用人单位在休息日安排劳动者加班工作的，应首先安排补休；不能补休的，应支付不低于工资的200%的工资报酬。补休时间应等同于加班时间。对于在法定休假日安排劳动者加班的情形，一般不安排补休，而是支付劳动者延长工作时间的工资。

【小案例7-2】

张某与某服装加工厂签订了为期2年的劳动合同，劳动合同期从2012年5月始至2014年5月止。2013年10月至12月间，由于订单较多，加工厂便安排张某等人在休息日加班，2个月共计加班10天。后加工厂安排加班员工补休，其他员工都已休完。但张某不同意补休，要求加工厂支付加班费。加工厂以义务已完成为由拒绝支付，遂引发争议。仲裁委员会经审理后认为，加工厂已安排张某补休，应免除其支付加班费的义务，遂驳回张某要求支付加班费的仲裁请求。请问：仲裁委员会为何作此处理？①

分析提示：《劳动法》第44条规定，用人单位在休息日安排劳动者加班工作的，应首先安排补休；不能补休的，应支付不低于工资的200%的工资报酬。补休适用于用人单位安排劳动者在休息日延长工作时间的情形，且与支付延长工作时间工资相比，具有优先性。

（二）支付延长工作时间工资

根据《劳动法》第44条及1994年12月6日劳动部颁发的《工资支付暂行规定》第13条的规定，用人单位应按下列标准支付延长工作时间的报酬：

（1）用人单位依法安排劳动者在日法定标准工作时间以外延长工作时间的，按照不低于劳动合同规定的劳动者本人小时工资标准的150%

---

① 方乐华，吴晓宇. 劳动法与社会保障法案例与图表 [M]. 北京：法律出版社，2013.

支付劳动者工资。

（2）用人单位依法安排劳动者在休息日工作，而又不能安排补休的，按照不低于劳动合同规定的劳动者本人日或小时工资标准的200%支付劳动者工资。休息日安排劳动者加班的，应首先安排补休。

（3）用人单位依法安排劳动者在法定休假节日工作的，按照不低于劳动合同规定的劳动者本人日或小时工资标准的300%支付劳动者工资。

【小案例7-3】

某服装公司因为赶订单，安排职工在"十一"节日期间加班。事后，双方就加班工资发生争执，张某等加班职工提出7天节假日应当支付300%的加班工资，而公司则认为赶订单是紧急情况，不同意支付加班工资。张某等人为此向劳动仲裁部门申诉，要求公司支付300%的加班工资。请问：该公司是否应支付职工加班费？[①]

分析提示：本案中，用人单位要求劳动者加班，系赶订单所致，并不属于《劳动法》第42条规定的不受限制加班的情形，因此该公司应支付职工加班费。根据《劳动合同法》第85条规定，用人单位依法安排劳动者在法定休假节日工作的，应按照不低于劳动合同规定的劳动者本人日或小时工资标准的300%支付劳动者工资。

实行计件工资的劳动者，在完成计件定额任务后，由用人单位安排延长工作时间的，应根据上述规定的原则，分别按照不低于其本人法定工作时间计件单价的150%、200%、300%支付其工资。

经劳动行政部门批准实行综合计算工时工作制的，其综合计算工作时间超过标准工作时间的部分，用人单位应向劳动者支付不低于其工资150%的工资报酬；其中，法定休假日安排劳动者工作的，支付不低于劳动者工资的300%的工资报酬。

（三）劳动行政部门对于延长工作时间的监督检查

县级以上各级人民政府劳动行政部门对本行政区域内的用人单位组织劳动者加班加点的工作依法监督检查，对违反《劳动法》规定的，视

---

① 蒲春平，唐正彬. 劳动法与社会保障法［M］. 北京：航空工业出版社，2013.

不同情况分别予以行政处罚；用人单位未与工会和劳动者协商强迫劳动者延长工作时间的，给予警告，责令改正，并可按每名劳动者延长工作时间1小时罚款100元以下的标准处罚；用人单位每日延长劳动者工作时间超过3小时或每月延长工作时间超过36小时的，给予警告，责令改正，并可按每名劳动者每超过1小时罚款100元以下的标准处罚。用人单位拒不支付劳动者延长工作时间工资报酬的，应责令支付劳动者的工资报酬，并可责令按相当于劳动者工资报酬的1～5倍支付劳动者赔偿金。用人单位安排怀孕7个月以上的孕妇、哺乳期的女职工延长工作时间的，应责令限期改正，按每侵害1名女职工罚款3 000元以下的标准处罚。

▶ **本章小结**

工作时间与休息休假制度是我国劳动法律制度的基本内容，同时也是我国宪法关于公民休息权规定的具体化。我国的劳动法律、法规对工作时间与休息休假作了专门规定，通过相关的工时立法，从法律上确定劳动者的工作时间与休息时间，保障劳动者的休息权和身体健康。我国休息休假的种类主要包括工作日内的间歇时间、两个工作日之间的休息时间、休息日、法定休假日、年休假、探亲假、婚丧假等。在法定的特殊情形下，可以延长工作时间，但国家对延长工作时间实行严格限制，并由劳动行政部门对延长工作时间进行监督检查，目的是限制工作时间在休息时间的延伸，保护劳动者的休息权。

▶ **复习与思考**

一、名词解释

工作时间　缩短工作时间　不定时工作时间　综合计算工作时间　计件工作时间　非全日制工作时间　休息休假　休息日　法定休假日　年休假　延长工作时间

二、选择题

1.用人单位因特殊原因需要延长工作时间的，在保障劳动者身体健康的条件下，延长工作时间每日不得超过（　　）小时。

A.1　　　　　　　　B.2　　　　　　　　C.3　　　　　　　　D.4

2.我国当前实行的标准工时形式是劳动者（　　　）。

A.每日工作8小时，每周工作44小时

B.每日工作8小时，每周工作48小时

C.每日工作8小时，每周工作40小时

D.由用人单位自行确定工作时间

3.职工享受探亲假所探望的对象仅限于（　　　）。

A.父母或子女

B.祖父母、外祖父母或父母

C.配偶或兄弟姐妹

D.父母或配偶

4.我国《劳动法》规定，劳动者连续工作满（　　　）以上的，享受带薪年休假，具体办法由国务院规定。

A. 6个月　　　　B.1年　　　　　C.2年　　　　　D.5年

5.下述几种职工中，（　　　）适合实行不定时工作制。

A.从事季节性作业的职工

B.推销人员

C.出租汽车司机

D.因工作性质特殊，需要连续作业的职工

6.我国立法关于延长工作时间的限制性规定，其主要内容包括（　　　）。

A.延长工时应当以"生产经营需要"为条件

B.用人单位可以单方决定而安排延长工时

C.禁止安排怀孕7个月以上的女职工加班加点

D.延长工时的长度，每日最多不得超过3小时，每月最多不得超过48小时

三、简答题

1.简述工作时间立法的主要内容。

2.简述工作时间立法的意义。

3.简述不能享受年休假的情形。

4.简述延长工作时间的限制措施。

5.简述限制延长工作时间的例外情形。

四、案例分析题

1.某公司为一家生产月饼的企业，由于时效性强，在农历7月底到8月初期间，该单位在未经过与劳动者协商的情况下，强迫所有职工实行加班加点，每位职工每天工作11小时，每周只有1天的休息时间，且连续3周。请问：该公司的做法是否违法？

2.某市一个实行计件工资制的外商独资企业，通过提高劳动定额的办法迫使工人不得不加班，工人在8小时内无法完成定额，80%的工人只好被迫每天加班3小时。工人们认为这是该企业老板侵犯他们合法权益的行为，要求劳动仲裁部门妥善处理这个问题。请问：作为劳动仲裁部门，本案应该如何处理？ [1]

---

① 方乐华，吴晓宇. 劳动法与社会保障法案例与图表 [M]. 北京：法律出版社，2013.

第八章
劳动保护制度

▶ **学习目标**

通过本章学习，重点掌握劳动安全卫生法律关系主体的权利与义务、掌握劳动安全和劳动卫生的内容、女职工和未成年工特殊保护的内容；了解劳动安全的法律体系、劳动卫生的法律体系。

▶ **案例导入**

职工在无安全措施的工作环境下受伤可以申请认定工伤

李某是某家具厂的一名木工。这个厂子的条件很差，厂房内外堆满了各种原材料、半成品和垃圾。为了省电，厂里一直没有在院子里装电灯，工人们每天晚上下班都提心吊胆的，生怕一不小心撞在什么东西上。一些工人找厂长反映情况，他却很不以为然，总是说，改善厂里的环境要花不少钱，我还不如把这些钱分给大家更实惠些，还让工人有困难克服一下。

某天夜里突然下起大雨，厂长命令工人用塑料布把院子里的半成品和木材盖起来。由于天黑又没有灯，李某碰翻了一堆木材，滚落的木材把他压到了下面。在医院治疗期间共花医疗费、住院费2万余元，并经劳动能力鉴定委员会鉴定为七级伤残。厂子虽然负责了全部的医疗费用，但李某落下残疾，以后的生活没有了着落。他是否能够享受工伤待遇？

《劳动法》第52条规定："用人单位必须建立、健全劳动安全卫生制度，严格执行国家劳动完全卫生规程和标准，对劳动者进行劳动安全卫生教育，防止劳动过程中的事故，减少职业危害。"家具厂没有创造合格的安全卫生环境，造成了安全隐患，对李某造成伤害，应承担责任。同时，《工伤保险条例》第14条规定："职工有下列情形之一的，应当认定为工伤：（一）在工作时间和工作场所内，因工作原因受到事故伤害的……"李某是在工作时间和工作场所内，因工作原因发生事故受到伤害的，属于工伤，应当享受工伤待遇。

资料来源 戴志强，葛磊.劳动权益保护法律常识［M］.昆明：云南人民出版社，2011.

第一节 劳动安全卫生法律制度概述

一、劳动安全卫生法律制度的概念和特征

劳动安全卫生法律制度，又称职业安全卫生法律制度、劳动保护法律制度，是保护劳动者在劳动或工作过程中的生命安全和身体健康而制定的各种法律规范的总称。我国的劳动安全卫生制度一般包括劳动安全法律制度、劳动卫生法律制度、劳动安全卫生管理法律制度、职业伤害法律制度、特殊劳动保护法律制度。

劳动安全卫生法律制度是基于劳动法律关系而产生的，旨在直接保护劳动者在劳动或工作中的生命安全和身体健康，是对劳动者享有的生命安全和身体健康最基本权利的保障。在劳动法律体系中，劳动安全卫生法律制度较其他组成部分具有明显的特征：

1.劳动安全卫生法律制度的保护对象具有首要性

劳动安全卫生法律制度的保护对象是劳动者的生命安全和身体健康。劳动者没有了生命或身体健康，其他的劳动利益也就无从谈起，在劳动法保护的劳动者利益结构中，安全和健康无疑居于首要地位。因此，与保护劳动者其他利益的劳动法律制度相比，劳动安全卫生法律制度的保护对象具有首要性。

2.劳动安全卫生法律制度以劳动过程为其保护范围

由于劳动保护权的主体是劳动法律关系中的劳动者，因此所有劳动安全卫生法律制度的基本规范都只限于劳动过程之中，保护的范围限于劳动过程。无论劳动者是否具有劳动成果，都应当受到劳动安全卫生法律制度的保护。劳动安全卫生法律制度必须针对劳动生产过程的特点以及在此过程中所涉及的物理、化学和自然等因素，制定相应的规范和措施。

3.劳动安全卫生法律制度的内容具有较强的技术性

劳动过程中的许多职业危害是受自然规律支配的，为了避免其对劳动者的人身安全和健康造成现实的损害，在劳动过程中应遵循符合客观的技术规程。国家对工作场所、劳动设备都规定了一些技术参数和标准，这就决定了劳动法中包含了大量的技术性规范，因而劳动安全卫生法律制度表现出较强的技术性。

4.劳动安全卫生法律制度的适应范围具有普遍性

在我国境内，用人单位不论其所有制形式如何、规模大小，都应遵守劳动安全卫生法律制度；劳动者不论用工形式如何，都应该受到劳动安全卫生法律制度的保护。这是由劳动安全卫生法律制度保护对象的特殊性所决定的。一方面，人身安全和健康对每一个劳动者来说都具有同等重要地位，不因劳动关系不同而有差异；另一方面，劳动过程中的职业危害因素对劳动者人身安全和健康的潜在威胁和伤害也不因劳动关系形式的不同而有所差别。

5.劳动安全卫生法律制度的实施具有强制性

劳动安全卫生法律制度以劳动者的人身为保护对象，这一制度建立的基础是劳动者的生命权和健康权，因此这项法律制度的实施具有强制性。用人单位只有严格遵守，才能最大限度地确保劳动者的安全和健康得到保障。

劳动安全卫生法律制度排除了用人单位通过任何形式免除劳动安全卫生保护责任的可能性，同时也不允许劳动者本人基于任何动机放弃劳动安全卫生保护的权利。在用人单位与劳动者签订的劳动合同中，有关免除用人单位保护责任的条款和劳动者放弃保护权利的条款一律无效。

二、劳动安全卫生法律关系主体的权利与义务

劳动安全卫生法律关系是经过劳动安全卫生法律规范调整后在当事人之间产生的权利和义务。劳动安全卫生法律关系有三方主体，即劳动安全卫生行政主管部门、用人单位和劳动者。由于三方法律地位不同，因此所享受的权利和承担的义务各不相同。

（一）劳动安全卫生行政部门的职责

劳动安全卫生行政主管部门的职责既是一种权利，同时也是一种义

务。国务院和地方各级人民政府有对安全卫生工作进行领导、支持和督促各部门依法履行安全卫生监督管理的职责。县级以上地方各级人民政府卫生管理部门行使本辖区的职业病防治的监督管理职责。劳动安全卫生行政主管部门的主要职责包括：

（1）根据管理权限制定统一执行的劳动安全卫生标准，使劳动安全卫生制度管理科学化、规范化，并力争与国际劳动立法标准接轨。

（2）组织和推动劳动安全卫生科学研究工作，为建立科学合理的劳动安全卫生法律制度提供科学依据和智力支持。开发更多的劳动安全卫生保护产品，并负责组织推广。

（3）建立劳动安全卫生基础制度，如职业病统计报告制度、劳动事故报告处理制度、劳动安全卫生教育制度等。

（4）依法对用人单位执行劳动安全卫生法律制度的情况进行监督检查，对违反劳动法律、法规的行为有权制止并责令改正或依法给予相应的行政处罚。

（5）制定劳动安全卫生方面的工作规划并负责予以落实，协调全国各地、各用人单位在劳动安全卫生方面的工作。

（6）加强对有关安全生产的法律、法规和安全生产知识的宣传，提高用人单位和职工的安全生产意识。

（二）用人单位的权利与义务

1.用人单位的义务

（1）广泛开展针对职工的劳动安全卫生教育。

（2）提供符合国家规定的劳动安全卫生设施、条件、必要劳动防护用品。

（3）对未成年劳动者和从事有职位危害作业的劳动者进行定期的健康检查。

（4）对劳动者进行安全技术培训，特别是从事特种作业的劳动者，必须经过专门培训并取得特种行业资格证书，才能从事相应的特种作业劳动。

（5）依法参加工伤社会保险，为劳动者缴纳保险费。

【小思考8-1】

生产、作业过程中发生重大安全事故，企业将要承担什么责任？

答：重大事故一般是指造成10人以上30人以下死亡，或者50人以上100人以下重伤，或者5 000万元以上1亿元以下直接经济损失的事故。根据《刑法》第134条的规定，应对直接负责的主管人员和其他直接责任人员，处3年以下有期徒刑或拘役；情节特别恶劣的，处3年以上7年以下有期徒刑。

2.用人单位的权利

（1）有权依法制定内部劳动安全卫生规则或纪律，并要求劳动者遵守。

（2）有权对企业内部的劳动安全卫生规章制度的执行实施监督检查，纠正违章操作行为。

（3）有权对违反劳动安全卫生规章制度并造成事故的劳动者给予纪律处罚。

（三）劳动者的权利与义务

1.劳动者的权利

（1）获得各项保护条件和保护待遇的权利。

（2）知情权。劳动者有权知道作业场所和工作岗位存在的危险因素、防范措施以及事故应急措施。

（3）拒绝执行权。劳动者对用人单位管理人员违章指挥、强令冒险作业，有权拒绝执行；发现直接危及人身安全的紧急情况时，有权停止作业或者在采取可能的应急措施后撤离作业场所。

（4）监督权。劳动者对企业领导不执行劳动安全卫生规定，不提供法律规定的安全卫生条件，以及违章指挥、强令冒险作业等行为，有权提出批评、检举和控告。

（5）建议权。劳动者有权对本单位的安全生产工作提出建议，并有权参与本单位劳动安全卫生工作的民主管理，对职业病防治工作提出意见和建议。

（6）紧急情况下的停止作业权和撤离权。劳动者发现直接危及人身安全的紧急情况时，有权停止作业或者在采取可能的应急措施后撤离作业场所。

（7）获得工伤保险和民事赔偿的权利。因生产安全事故受到损害的劳动者，有权依法享有工伤社会保险待遇，同时依照有关民事法律享有赔偿权利的，有权向用人单位提出赔偿要求。

2.劳动者的义务

（1）在劳动过程中必须严格遵守用人单位的有关规章制度和安全操作规程。劳动者在作业过程中，应当严格遵守本单位的安全生产规章制度和操作规程，服从管理，正确佩戴和使用劳动防护用品。

（2）接受安全生产教育和培训，提高安全生产技能和处置能力。

（3）危险报告义务。从业人员发现事故隐患或者其他不安全因素，应当立即向现场安全生产管理人员或者本单位负责人报告。

【小案例8-1】

某建筑公司的起重机坏了，为了尽快完成建筑工程任务，租来了一台起重机。张某是该建筑公司工人班组的组长，他发现公司租来的起重机是一台常年停用的老设备，许多地方已出现锈蚀，钢丝绳也有轻微损伤。于是，张某请求公司经理安排专业人员对这台起重机进行检查。公司经理认为张某等人是有意拖延工程进度，非常生气，要求张某等人立刻使用起重机。张某坚持不检查起重机就坚决不用的态度，拒绝使用那台租来的起重机。面对不服从管理并且影响工期的张某，公司经理以张某违反劳动合同义务为由，依据公司规章制度，给予张某扣奖金的处罚。请问：对于用人单位管理人员违章指挥、强令冒险作业，劳动者是否有权拒绝执行？①

分析提示：《起重机械安全监察规定》规定，对停用1年以上的起重机械，使用前应做全面检查。《安全生产法》规定，从业人员发现事故隐患或者其他不安全因素，应当立即向现场安全生产管理人员或者本单位负责人报告。本案例中，该公司租用的起重机安全性能无法保证，张某有义务向相关负责人报告。此外，《劳动法》规定，用人单位管理人员违章指挥、强令冒险作业，劳动者有权拒绝执行，且有权提出批评、检举和控告。

---

① 谢根成. 劳动与社会保障法［M］. 广州：暨南大学出版社，2014.

| 第二节 | 劳动安全卫生法的内容 |

一、劳动安全

(一) 劳动安全法律体系

为了保护劳动者在劳动生产过程中的生命安全，防止伤亡事故，减轻繁重体力劳动以及预防生产设备遭到破坏，我国在劳动场所安全条件、生产设备使用、操作规则和程序等方面制定了大量的保障劳动安全的法律、法规。这些法规涵盖了众多行业的危险领域，形成了一个庞大的劳动安全法律体系（见表8-1）。

表8-1　　　　　　　　劳动安全法律体系构成

类别	适用范围	主导法律、法规
综合类安全生产法律制度	矿山、危险物品、建筑业及其他方面的生产	《劳动法》《安全生产法》等
矿山类安全法律制度	煤矿、金属和非金属、石油天然气开采业	《矿山安全法》《煤炭法》《矿山安全法实施条例》《煤矿安全监察条例》等
危险物品类安全法律制度	危险品的使用、放置、管理及防护	《危险化学品安全管理条例》《民用爆炸物品安全管理条例》《使用有毒物品作业场所劳动保护条例》《放射性同位素与射线装置放射防护条例》《核材料管制条例》《放射性药品管理办法》《作业场所职业危害申报管理办法》等
建筑业安全法律制度	建筑业	《建筑法》《建设工程安全生产管理条例》《建设工程质量管理条例》等
交通运输安全法律制度	铁路、道路、水路、民用航空运输业	《铁路法》《铁路运输安全保护条例》《民用航空法》《民用航空器适航条例》《民用航空安全保卫条例》《道路交通安全法》《道路交通管理条例》《海上交通安全法》《内河交通安全管理条例》等
公众聚集场所及消防安全法律制度	公共聚集场所、娱乐场所、公共建筑设施、旅游设施、机关团体及其他场所的安全及消防	《消防法》《公共娱乐场所消防安全管理条例》《消防监督检查规定》《机构团体企事业单位消防安全规定》《集贸市场消防安全管理规定》《仓库防火安全管理条例》
其他安全生产法律、法规	石化、电力、机械、建材、造船、冶金、轻纺、军工、商贸等行业	行业的规章规程，尚未形成专门的安全行政法规

（二）劳动安全的内容

虽然不同行业对劳动安全的具体要求不同，但对安全生产要求的大体分类基本相同，一般包括劳动场所安全、安全设施安全、危险品与特种设备安全、劳动防护用品安全等内容。

1.劳动场所安全要求

我国《安全生产法》第16条规定："生产经营单位应当具备本法和有关法律、行政法规和国家标准或者行业标准的安全生产条件；不具备安全生产条件的，不得从事生产经营活动。"

劳动场所安全是生产条件安全中的重要内容。我国的《工厂安全卫生规程》《安全生产许可证条例》《矿山安全法》等都有关于劳动场所安全的相关规定。这些相关法律、法规规定了工厂区域和工作场所内安全标志、设施、各种机械位置以及光线、通道等方面的安全标准和指标，从而保证了劳动者有一个安全的工作场所或工作环境。例如，根据《矿山安全法》的要求，矿山设计包括如下项目：（1）矿井的通风系统和供风量、风质、风速；（2）露天矿的边坡角和台阶的宽度、高度；（3）供电系统；（4）提升、运输系统；（5）防水、排水系统和防火、灭火系统；（6）防瓦斯系统和防尘系统等必须符合矿山安全规程和行业技术规范。

【法律小知识8-1】

根据生产安全事故（不包括环境污染、核设施事故、国防科研生产事故）造成的人员伤亡或者直接经济损失，事故一般分为以下等级：（1）特别重大事故指造成30人以上死亡，或者100人以上重伤（包括急性工业中毒，下同），或者1亿元以上直接经济损失的事故；（2）重大事故指造成10人以上30人以下死亡，或者50人以上100人以下重伤，或者5 000万元以上1亿元以下直接经济损失的事故；（3）较大事故指造成3人以上10人以下死亡，或者10人以上50人以下重伤，或者1 000万元以上5 000万元以下直接经济损失的事故；（4）一般事故指造成3人以下死亡，或者10人以下重伤，或者1 000万元以下直接经济损失的事故。

2.安全设施安全要求

安全设施包括：（1）机床、提升设备、机车、农业机器及电气设备等传动部分的防护装置；（2）在传动梯、吊台上安装的防护装置及各种快速自动开关等；（3）刨床、电锯、砂轮及锻压机器上的防护装置；（4）有碎片、屑末、液体飞出及有裸露导电体等处所安置的防护装置；（5）升降机和起重机械上的各种防护装置；（6）锅炉、压力容器、压缩机械及有各种爆炸危险的机器设备的安全装置和信号装置；（7）各种联动机械之间、工作场所的动力机械之间、建筑工地上为安全而设的信号装置；（8）操作过程中为安全设置的信号装置；（9）各种运转机械上的安全起动和迅速停车装置；（10）各种机床附近为减轻工人劳动强度而专门设置的附属起重设备等。

我国《安全生产法》第24条对安全设施进行了一些原则性的规定。例如，生产经营单位对新建、改建、扩建工程项目的安全设施，必须与主体工程同时设计、同时施工、同时投入生产和使用（即"三同时"制度）。此外，《安全生产法》对安全设施的设计、施工、验收、使用等都做了规定，并制定了对应的责任制，要求通过安全评价。

对生产设备上的一些通用安全防护装置，我国制定了一些国家标准，对一些容易发生事故的机器设备，还制定了专业的安全卫生标准，如起重机安全规程、起重吊运指挥信号、机械压力机安全技术要求等国家标准。

3.危险品安全要求

危险品主要指危险化学品，包括爆炸品、压缩气体和液化气体、易燃液体、易燃固体、自燃物品和遇湿易燃物品、氧化剂和有机过氧化物、有毒品和腐蚀品等。

我国《安全生产法》第32条规定："生产经营单位经营、运输、储存、使用危险物品或者处理废弃危险物品，必须执行有关法律、法规和国家标准或者行业标准，建立专门的安全管理制度，采取可靠的安全措施，接受有关主管部门依法实施的监督管理。"第33条还规定："生产经营单位对重大危险源应当登记建档，进行定期检测、评估、监控，并制定应急预案，告知从业人员和相关人员在紧急情况下应当采取的应急措施。生产经营单位应当按照国家有关规定将本单位重大危险源及有关安全措施、应急措施报有关地方人民政府负责安全生产监督管理的部门和有关部门备案。"（注：重大危险源是指生产、运输、使用、存储危险化学品或者处理废弃危险化学品，且危险化学品的数量等于或者超过临界量的单元（包括场所和设施））

关于危险品的相关法律规定是《危险化学品安全管理条例》。

4.特种设备安全要求

特种设备是指涉及生命安全、危险性较大的锅炉、压力容器（含气瓶）、压力管道、电梯、起重机械、客运索道、大型游乐设施和场（厂）内的专业机动车辆。

《安全生产法》对特种设备进行了原则性规定："生产经营单位使用的涉及生命安全、危险性较大的特种设备，以及危险物品的容器、运输工具，必须按照国家有关规定，由专业生产单位生产，并经取得专业资质的检测、检验机构检测、检验合格，取得安全使用证或者安全标志，方可投入使用。检测、检验机构对检测、检验结果负责。"

有关特种设备的法律文件主要是《特种设备安全监察条例》。

5.劳动防护用品安全要求

劳动防护用品是指生产经营单位为从业人员配备的，使其在劳动过程中免遭或者减轻事故伤害及职业危害的个人防护装备。劳动防护用品使用一定的屏蔽体，采取阻隔、封闭、吸收、分散、悬浮等手段，保护机体的局部或者全身免受外来有毒有害物质的侵害，对保障劳动者的安全健康，防止职业病和慢性病侵害的发生，减少或杜绝伤亡事故的发生十分重要。

劳动防护用品包括防尘用品、防毒用品、防噪声用品、防电用品、防高温辐射用品、防微波和激光辐射用品、防放射性用品、防酸碱用品、防油用品、防水用品、防冲击用品、防坠落用品、防机械外伤用品、防脏污用品以及防寒用品等。

有关劳动防护用品的相关法律规定主要是《劳动防护用品监督管理规定》和《劳动防护用品选用规则》。根据《劳动防护用品监督管理规定》，生产经营单位不得以货币或者其他物品替代应当按照规定配备的劳动防护用品；生产经营单位为从业人员提供的劳动防护用品，必须符合国家标准或者行业标准，不得超过使用期限；生产经营单位不得采购和使用无安全标志的特种劳动防护用品，购买的特种劳动防护用品必须经本单位的安全生产技术部门或者管理人员检查验收；从业人员在作业过程中，必须按照安全生产规章制度和劳动防护用品使用规则，正确佩戴和使用劳动防护用品。

【小案例8-2】

北方某采石场，冬天到了，冰天雪地，职工仍然要到野外作业。职工觉得像是做苦工似的，要求单位提供防寒服。但是厂长说，由于今年采石场没有盈利，厂领导决定把防寒用品给取消了。要求大家将就一年，明年效益好了再补发。请问：厂长的做法是否正当？①

分析提示：根据《劳动法》有关规定，用人单位必须向劳动者提供"必要的劳动防护用品"。必要的劳动防护用品是指职工在从事某项工作时，为保证其健康与安全，所应提供的基本劳动保护用品。本案例中的防寒用品是工人冬天劳动条件中必要的防护用品，用人单位必须按照国家有关规定发放劳动防护用品。

二、劳动卫生

在劳动生产活动中，劳动者经常接触一些职业性的危害，包括：生产过程中使用或者生产的有害因素，如有毒物质、生产性粉尘、异常小气候、噪声、振动、微波、激光等物理因素；生产环境中的有害因素，如自然环境因素、生产流程布局不合理等；劳动过程中的有害因素，如超体力劳动、操作过度紧张等。

为了避免劳动者在劳动过程中受到有害因素的影响，保护劳动者的身心健康，预防和消除职业病和职业中毒，我国制定了一系列的劳动卫生法律规范。这些规范涉及生产卫生、医疗预防、健康检查等方面的规定，主要内容包括：

1.防止粉尘危害的规定

粉尘是工业生产中对劳动者健康影响非常严重的有害物质，《关于加强防尘防毒工作的决定》《工厂防止矽尘危害技术措施暂行办法》《关

---

① 安淑珍，郭英杰，张侗. 劳动与社会保障法［M］. 北京：经济科学出版社，2011.

于制定防毒防尘规划要求》《粉尘危害分级监察规定》《尘肺病防治条例》等都对防止粉尘危害做了相关的规定。

2.防止有毒物质的危害的规定

长期接触有毒有害物质会对劳动者身体健康造成极大损害，甚至中毒死亡。为了防止劳动者因从事有毒有害物质的劳动而发生职业性中毒，我国颁布了有关防止职业中毒的法律规范，如《橡胶业汽油中毒预防暂行办法》《职业中毒和职业病报告试行办法》《关于防止酒精中毒的办法》《汞温度计生产防毒规定》《关于防止沥青中毒的办法》《泊船、泊码头防油气中毒规定》等。

3.防止噪音和强光的刺激的规定

在从事衔接、锻压、风、电焊、冶炼等作业环境中所产生的噪音和强光，对劳动者的视觉和听觉都有一定的影响。为了减少和消除噪音和强光对劳动者的不良影响，《工厂安全卫生规程》做了相关规定，例如为劳动者提供和要求佩戴耳器、防护镜、面具和帽盔，工作地点的局部照明亮度应符合操作技术规范等。

4.防暑、降温和防冻取暖的规定

为了保护劳动者的身体健康，防止劳动场所过度高温或低温对劳动者健康的影响，我国颁布了《防暑降温措施暂行办法》以及《关于从事有毒有害、高温、井下作业工人的食品供应情况和意见的报告》等规定，对降温取暖措施的采取、发放防暑防冻劳动保护用品等方面做了具体要求。

5.通风照明方面的规定

《矿山安全法》《煤矿安全规程》等对工作场所通风及照明方面做了一些规定。例如，要求矿井必须有完整合理的通风系统、通风设施应当达到规定的标准、工作场所和通道的光线应当充足等。

6.个人防护用品和保健方面的规定

为了保护劳动者的安全与健康，合理发放和使用个人防护用品，《矿山安全法》《煤炭法》《安全生产法》等规定了用人单位应当为劳动者发放个人防护用品，并较为全面和系统地规定了保健制度的范围、原则、标准和具体发放办法。

7.职业病防治及处理的法律规定

职业病是指企业、事业单位和个体经济组织等用人单位的劳动者在劳动过程中，因接触粉尘、放射性物质和其他有毒、有害等因素而引起的疾病。受粉尘、噪声、高温、强光等影响，人体的某些器官发生病变，或者引起全身性疾病，如尘肺病、铅中毒、噪声聋、电光性眼疾等。

为了防止职业危害和预防职业病，我国先后制定了一系列关于职业病防治及处理的规定，如《尘肺病防治条例》《职业病范围和职业病患者处理方法的规定》《职业病防治法》。这些规定主要涉及职业病范围、确定以及应当享受的待遇等内容。

【小思考8-2】

在职业病被确诊之后，劳动者能享受到哪些待遇？

答：职业病病人依法享受国家规定的职业病待遇。用人单位应当按照国家有关规定，安排职业病病人进行治疗、康复和定期检查。用人单位对不适宜继续从事原工作的职业病病人，应当调离原岗位，并妥善安置；职业病病人的诊断、康复费用，伤残以及丧失劳动能力的职业病病人的社会保障，按照国家有关工伤社会保险的规定执行；职业病病人除依法享有工伤社会保险外，依照有关民事法律，享有获得赔偿的权利的，有权向用人单位提出赔偿要求。

第三节　　　　女职工的特殊保护

一、女职工特殊保护的概念

女职工是指一切以工资收入为主要生活来源的女性劳动者，包括从事体力劳动和脑力劳动的妇女。女职工的特殊保护，即女职工的特殊劳动保护，是指根据女性身体结构、生理机能的特点以及抚育子女的特殊需要，在劳动方面对妇女的特殊权益给予的劳动保护。

二、女职工特殊保护的内容

根据《宪法》《妇女权益保障法》《女职工禁忌劳动范围的规定》等

法律、法规和其他规范性文件，对女职工实行特殊保护的规定主要包括以下5个方面的内容：

（一）女职工劳动权的保护

女职工劳动权的保护主要是消除性别歧视，集中体现在两个方面：一是享有平等的就业权利；二是同工同酬。

男女平等是我国宪法确定的基本原则，也是劳动法的基本原则。《劳动法》和《妇女权益保障法》都明确规定妇女享有与男子平等就业的权利。在录用职工时，除国家规定的不适合妇女的工种或者岗位外，不得以性别为由拒绝录用妇女或者提高对妇女的录用标准；各单位在录用女职工时，应当依法与其签订劳动（聘用）合同或者服务协议，劳动（聘用）合同或者服务协议中不得规定限制女职工结婚、生育的内容。

实行男女同工同酬。用人单位对于付出了同等劳动的劳动者，均不得给予不同的劳动报酬；在分配单位福利，晋职、晋级、晋岗、评定专业技术职务等领域，在工资定级、升级和工资调整等事项中，均不得男女有别，实行差别对待；不得在女职工怀孕期、产期、哺乳期降低其基本工资，或解除劳动合同。

（二）女职工禁忌劳动范围

女性身体结构和生理机能的特点，决定了其不能完全同男子一样可以胜任任何工作。为了保护女职工的身心健康，《劳动法》规定了女职工禁忌从事的劳动范围，这个禁忌范围是女职工在任何时候都不能从事的工作类型。《劳动法》第59条规定："禁止安排女职工从事矿山井下、国家规定的第Ⅳ级体力劳动强度的劳动和其他禁忌从事的劳动。"《女职工禁忌劳动范围的规定》明确规定禁忌女职工从事以下作业：（1）矿山井下作业；（2）森林业伐木、归楞及流放作业；（3）《体力劳动强度分级》标准中第Ⅳ级体力劳动强度的作业；（4）建筑业脚手架的组装和拆除作业，以及电力、电信行业的高处架线作业；（5）连续负重（指每小时负重次数在6次以上）每次负重超过20千克，间断负重每次负重超过25千克的作业。此外，规定已婚待孕女职工禁忌从事铅、汞、镉等作业场所属于《有毒作业分级》国家标准中第Ⅲ、Ⅳ级的作业。

【法律小知识8-2】

根据《体力劳动强度分级》，劳动强度分成：Ⅰ级体力劳动，8小时工作日平均耗能值为3 558.8千焦耳／人，劳动时间率为61%，即净劳动时间为293分钟，相当于轻劳动；Ⅱ级体力劳动，8小时工作日平均耗能值为5 560.1千焦耳／人，劳动时间率为67%，即净劳动时间为320分钟，相当于中等强度劳动；Ⅲ级体力劳动，8小时工作日平均耗能值为7 310.2千焦耳／人，劳动时间率为73%，即净劳动时间为350分钟，相当于重强度劳动；Ⅳ级体力劳动，8小时工作日平均耗能值为11 304.4千焦耳／人，劳动时间率为77%，即净劳动时间为370分钟，相当于很重强度劳动。

（三）女职工特殊生理时期的保护

女职工特殊生理时期的保护是指针对女职工生理机能的变化，在女性月经期、怀孕期、产期和哺乳期给予的特殊保护，通常称为"四期保护"。

1.月经期保护

《劳动法》第60条规定："不得安排女职工在经期从事高处、低温、冷水作业和国家规定的第Ⅲ级体力劳动强度的劳动。"《女职工禁忌劳动范围的规定》也规定："女职工在月经期间禁忌从事下列劳动：（1）食品冷冻库内及冷水等低温作业；（2）《体力劳动强度分级》标准中第Ⅲ级劳动强度的作业；（3）《高处作业分级》标准中第Ⅱ级（含Ⅱ级）以上的作业，即5米高以上的高处作业。"此外，《女职工保健工作》规定，患有重度痛经及月经过多的女职工，经医生或妇幼保健机构确诊后，月经期间可以适当给予1~2天的休假。

2.怀孕期保护

《女职工劳动保护规定》第4条规定："不得在女职工怀孕期、产期、哺乳期降低其基本工资，或者解除劳动合同。"《劳动法》第61条规定："不得安排女职工在怀孕期间从事国家规定的第Ⅱ级体力劳动强度的劳动和孕期禁忌从事的劳动。"《女职工劳动保护规定》也规定，女职工在怀孕期间，所在单位不得安排其从事国家规定的第Ⅲ级体力劳动强度的劳动和孕期禁忌从事的劳动，不得在正常劳动日以外延长劳动时间，对不能胜任原劳动的，应当根据医务部门的证明，予以减轻劳动量或者安排其他劳动。《劳动法》还对怀孕7月以上女工的劳动时间进一步做了安排。《劳动法》第61条规定："对怀孕7月以上的女职工，不得安排其延长工作时间和夜班劳动。"《女职工保健工作规定》也有相应的规定，妊娠满7月的应给予工间休息或适当减轻工作。

3. 产期保护

产期保护是对女职工生育期间的保护，包括产假和产假期间的待遇。《劳动法》对女职工产假做了原则性的规定，即女职工生育享受不少于90天的产假。《女职工劳动保护特别规定》对产假规定得更为细致，女职工生育享受98天产假，其中产前可以休假15天；难产的增加产假15天；生育多胞胎的，每多生育一个婴儿，增加产假15天。女职工怀孕未满4个月流产的，享受15天产假；怀孕满4个月流产的，享受42天产假。《女职工劳动保护特别规定》第8条规定："女职工产假期间的生育津贴，对已经参加生育保险的，按照用人单位上年度职工月平均工资的标准由生育保险基金支付；对未参加生育保险的，按照女职工产假前工资的标准由用人单位支付。女职工生育或者流产的医疗费用，按照生育保险规定的项目和标准，对已经参加生育保险的，由生育保险基金支付；对未参加生育保险的，由用人单位支付。"

【小思考8-3】

女职工产假期间，工资将如何发放？

答：根据《女职工劳动保护特别规定》，女职工在产假期间的津贴对已经参加生育保险的，按照用人单位上年度职工月平均工资的标准由生育保险基金支付女职工，对未参加生育保险的，按照女职工产假前工资的标准由用人单位支付。生育津贴等同于工资。

4. 哺乳期保护

哺乳期保护是对女职工在哺乳不满1周岁婴儿期间的保护。《劳动法》第63条规定，不得安排女职工在哺乳未满1周岁的婴儿期间从事国家规定的第Ⅲ级体力劳动强度的劳动和哺乳期禁忌从事的劳动，不得安排其延长工作时间和夜班劳动。女职工在哺乳期禁忌从事的劳动范围有：（1）孕期禁忌从事的劳动范围的第一项、第三项、第九项；（2）作业场所空气中锰、氟、溴、甲醇、有机磷化合物、有机氯化合物等有毒物质浓度超过国家职业卫生标准的作业。《女职工劳动保护特别规定》第9条规定，对哺乳未满1周岁婴儿的女职工，用人单位不得拖长劳动时间或者安排夜班工作。此外，为减轻女职工在怀孕、哺乳期间的经济压力和心理压力，确保母婴健康，《女职工劳动保护特别规定》第5条明确规定："用人单位不得因女职工怀孕、生育、哺乳降低其工资、予以辞退、与其解除劳动或者聘用合同。"

【小案例8-3】

王某系某厂工人，怀孕7个月。王某所在部门因人手不够需要安排其上夜班，王某提出异议，说明因怀孕只能上白班。由于该市电力供应不足，厂里白天部分时间无法开工生产，于是领导要求王某克服困难。某日凌晨5点，王某在下夜班回家途中一脚踩在排水沟里受到惊吓，回家后出现流产征兆，经送医院紧急治疗才保住胎儿。请问：厂里的做法是否正确？[1]

分析提示：根据《劳动法》第61条"对怀孕7个月以上的女职工，不得安排其延长工作时间和夜班劳动"的规定，以及《女职工劳动保护特别规定》，厂里的做法违反了女职工"四期"特殊保护的规定。

（四）女职工保健措施规定

《女职工劳动保护特别规定》就女职工的保护设施做了一些规定，女职工比较多的用人单位应当根据女职工的需要，建立女职工卫生室、孕妇休息室、哺乳室等设施，妥善解决女职工在生理卫生、哺乳方面的困难。

在女职工保健方面，《女职工保健工作规定》做了一定的规定，要求贯彻预防为主的方针，注意女性生理和职业特点，给予女职工月经期保健、婚前保健、孕前保健、孕期保健、产后保健、哺乳期保健、更年

---

[1] 尹晓东，杨茂. 劳动与社会保障法学 [M]. 北京：中国政法大学出版社，2014.

期保健等。

（五）女职工权益受侵害时的规定

依法对女职工实行特殊劳动保护，是用人单位必须履行的义务。但是现实生活中侵犯女职工特殊劳动保护权益的现象时有发生。为了切实保护女职工的合法权益，全面落实国家有关女职工特殊劳动保护的规定，《妇女权益保障法》《女职工劳动保护特别规定》对女职工特殊保护权益受侵害时的救济方式和侵权责任做了一定的规定。《女职工劳动保护特别规定》第14条规定："用人单位违反本规定侵害女职工合法权益的，女职工可以依法投诉、举报、申诉，依法向劳动人事争议调解仲裁机构申请调解仲裁，对仲裁裁决不服的，依法向人民法院提起诉讼。"第15条规定："用人单位违反本规定，侵害女职工合法权益，造成女职工损害的，依法给予赔偿；用人单位及其直接负责的主管人员和其他直接责任人员构成犯罪的，依法追究刑事责任。"

【资料链接8-1】

职场"性骚扰"

近些年，女职工职场上的"性骚扰"成为一个不容忽视的问题。"性骚扰"是一方违反另一方意愿，对其进行具有色情意义的言语挑逗或身体接触等行为。工作场所的"性骚扰"的形式有：（1）有报酬性的性骚扰、通过明示或者暗示性方面的要求，作为员工或者求职者取得职务、丧失职务、变更其劳动条件的交换；（2）与性有关之不适当、不悦、冒犯性质之语言、身体碰触或性要求；（3）以性行为或与性有关之行为作为交换报偿之要约；（4）以威胁或惩罚之手段要求性行为或与性有关行为；（5）强暴及性攻击；（6）展示具有性意涵或性诱惑之图片和文字。

"性骚扰"会对被骚扰者造成心理的紧张和不安，严重影响被骚扰者的正常工作和生活，是一种比较严重的侵权行为。

第四节

未成年工的特殊保护

一、未成年工的特殊保护的概念及特征

在我国，未成年工是指已满16周岁不满18周岁，与用人单位或个人发生劳动关系，从事有经济收入的劳动的劳动者。未成年工的特殊保护是根据未成年工生长发育的特点以及接受义务教育的需要，对其在劳动关系中所应享有的特殊权益的保护，包括限制就业年龄、限制工作时间、禁止从事某些作业、定期健康检查、未成年工登记制度等特殊保护。

未成年工正处于生长发育阶段，其身体发育尚未完全定型，过重的体力劳动、不良的工作体位等对其正常发育都会产生不良影响；而且，未成年工在心理素质、工作经验等方面与成年职工也会有一定的差异，在劳动过程中遇到特殊情况往往难以应对。因此，必须在劳动过程中给予特殊的保护。与一般的劳动保护相比，未成年工的特殊保护具有如下特征：

1.劳动保护对象具有特定性

未成年工属于未成年人范畴，但他（她）并不是一般意义上的未成年人，更不是童工。未成年人是未满18岁的公民，童工是未满16周岁，与单位或个人发生劳动关系、从事有经济收入的劳动，或者从事个体劳动的少年、儿童。未成年工是年满16周岁未满18周岁、具有劳动权利能力和劳动行为能力的劳动者，能够充当法律关系的主体。未成年工充当法律关系主体，在劳动过程中享有与成年工不同的特殊权益，受法律特别保护。

2.保护内容具有特殊性

对未成年工的特殊劳动保护，并非是《未成年人保护法》规定的对未成年人的家庭保护、学校保护、社会保护、司法保护，而是依《劳动法》对未成年工劳动的特别保护。未成年工在劳动过程中不仅与成年工共同享有劳动报酬权、劳动保护权、休息休假权、社会保险福利等权利，而且享有劳动法律、法规特别规定的保护，如禁止未成年工从事某些作业、对女未成年工定期进行健康检查等。

3.保护方法具有适应性

未成年工正处在生长发育时期，人体器官尚未定型，这就决定必须根据未成年工生长发育的特点，采取适宜的措施保护其在劳动过程中的安全和健康。例如，根据其身体发育特点，采用适合未成年工使用的机器设备和劳动保护用品，缩短工作时间等。

【法律小知识8-3】

我国加大了批准女职工、未成年工特殊劳动保护方面的国际公约的力度，先后批准了8个国际公约。在保护未成年工方面，具体包括《确认准许儿童在海上工作的最低年龄公约》《确定准许使用未成年人扒碳工或司炉工的最低年龄公约》《准许就业最低年龄公约》《禁止和立即行动消除最恶劣形式的童工劳动公约》。

二、未成年工特殊保护的内容

（一）限制就业年龄

确定最低就业年龄是未成年工特殊保护法律制度的基础。由于各国的人口发育状况和社会等对其保护水平等因素的差别，决定了各国对未成年工最低年龄的规定不同。依据我国青少年的身体发育状况以及保障其义务教育，我国确定的法定最低就业年龄为16周岁。《劳动法》规定，禁止用人单位招用未满16周岁的未成年人；特殊行业，即文艺、体育和特种工艺单位，确需招用未满16周岁的未成年人的，必须依照国家有关规定，履行审批手续，并保障其接受义务教育的权利。

（二）禁忌从事的劳动范围

根据《劳动法》第64条规定，禁止未成年从事井下劳动、国家规定的第Ⅳ体力劳动强度的劳动、深水或高空作业以及有毒、有害作业，不得安排未成年工进行机械危险部分的检修工作。《未成年工特殊保护规定》具体规定了17种不得安排未成年工从事的劳动。

对患有某种疾病或具有某种生理缺陷（非残疾型）的未成年工，用人单位不得安排他们从事以下范围的劳动：（1）《高处作业分级》国家标准中第Ⅰ级以上的高处作业；（2）《低温作业分级》国家标准中第Ⅱ

级以上的低温作业；（3）《高温作业分级》国家标准中第Ⅲ级以上的高温作业；（4）《体力劳动强度分级》国家标准中第Ⅲ级以上体力劳动强度的作业；（5）接触铅、苯、汞、甲醛、二硫化碳等容易引起过敏反应的作业。

【小案例8-4】

两年前，16岁的叶某被某煤矿招为合同制工人，安排在矿办公室当通信员。2013年3月，该矿精简机构，安排叶某下井工作，被叶某拒绝。这事引起其他一些工人的不满，称如果叶某不去一线工作，他们也不去。矿方认为叶某不服从分配的行为给矿上的工作造成不良影响，决定辞退叶某。叶某不服，认为矿方对其工作的调整违反了国家有关未成年工保护的规定，要求撤销辞退决定。请问：矿方的做法是否正确？[①]

分析提示：在我国，未成年工是指已满16周岁未满18周岁的劳动者。本案中叶某属于未成年工。《劳动法》第64条规定："不得安排未成年工从事矿山井下、有毒有害、国家规定的第Ⅳ级体力劳动强度的劳动和其他禁忌从事的劳动。"据此，叶某完全有理由拒绝这项工作安排，该煤矿以此为由辞退叶某是错误的。

（三）未成年工的身体检查制度

由于未成年工尚处于生长发育期，过重的劳动量和过大的劳动消耗都可能对其身体造成影响，因此必须对未成年工进行定期健康检查，如果发现其身体状况不适合该工作，应该及时进行调整。《劳动法》第65条规定："用人单位应当对未成年工定期进行健康检查。"《未成年工特殊保护规定》对未成年工定期进行健康检查作了如下的具体规定：

1.检查的时间

用人单位应按下列要求对未成年工定期进行健康检查：安排工作岗位之前；工作满1年；年满18周岁，距前一次检查已经超过半年。

2.检查的项目

未成年工的健康检查，应按1994年劳动部发布的《未成年工特殊

---

① 尹晓东，杨茂. 劳动与社会保障法学 [M]. 北京：中国政法大学出版社，2014.

保护规定》所附"未成年工健康检查表"列出的项目进行。

3.检查后的安排

用人单位应根据未成年工的健康检查结果安排其从事适合的劳动。对不能胜任原劳动岗位的，应根据医务部门的证明，予以减轻劳动量或安排其他劳动。

（四）未成年工登记制度

根据《未成年工特殊保护规定》，对未成年工的使用和特殊保护实行登记制度。未成年工登记制度具体规定如下：

（1）用人单位招收使用未成年工，除符合一般用工要求外，还须向所在地的县级以上劳动行政部门办理登记手续；

（2）各级劳动行政部门应根据"未成年工健康检查表"、"未成年工登记表"，依照未成年工禁忌从事的劳动范围审核体检情况及用人单位拟安排的劳动范围，核发"未成年工登记证"；

（3）未成年工持"未成年工登记证"上岗或劳动。

本章小结

劳动安全卫生法律制度，是保护劳动者在劳动或工作过程中的生命安全和身体健康而制定的各种法律规范的总称。我国的劳动安全卫生制度一般包括劳动安全法律制度、劳动卫生法律制度、劳动安全卫生管理法律制度、职业伤害法律制度、特殊劳动保护法律制度。在劳动法律体系中，劳动安全卫生法律制度较其他组成部分具有保护对象具有首要性、以劳动过程为其保护范围、内容具有较强的技术性、适应范围具有普遍性、实施具有强制性等特点。劳动安全一般包括劳动场所安全、安全设施安全、危险品与特种设备安全、劳动防护用品安全等内容；劳动卫生规程很多，包括生产卫生、医疗预防、健康检查等方面的规定。女性和未成年工是劳动过程中的特殊群体，需要加以特殊保护。

复习与思考

一、名词解释

劳动安全　卫生法律制度　女职工特殊保护　未成年工特殊保护

二、选择题

1.我国《劳动法》规定，未成年工是指（　　）的劳动者。

A.未满16周岁　　　　　　　　B.年满16周岁

C.未满18周岁　　　　　　　　D.年满16周岁未满18周岁

2.工伤保险费由（　　）缴纳。

A.劳动者　　　　　　　　　　B.用人单位

C.劳动者和用人单位　　　　　D.国家

3.下列（　　）属于劳动卫生的内容。

A.劳动场所要求　　　　　　　B.防止粉尘危害的规定

C.安全设施要求　　　　　　　D.特种设备要求

4.女职工"四期"保护的"四期"不包括（　　）。

A.月经期　　　B.哺乳期　　　C.更年期　　　D.产期

5.在我国可以认定工伤的情况是（　　）。

A.患职业病

B.过劳死

C.工作时间自杀

D.因工外出期间，由于工作原因受到伤害或者发生事故下落不明的

E.在上下班途中，受到事故伤害的

6.劳动者在劳动过程中具有（　　）。

A.知情权　　　　　　　　　　B.拒绝执行权

C.监督权　　　　　　　　　　D.建议权

E.紧急情况下的停止作业权和撤离权

三、简答题

1.劳动安全卫生法律制度有哪些特点？

2.劳动安全有哪些内容？

3.劳动卫生有哪些内容？

4.简述女职工特别保护的概念和特征。

四、案例分析题

1.郑某是某厂工人，患有高度近视。一次夜班作业时遇设备故障提前下班，途中因为天黑被堆放在场院通道旁的钢板绊倒，经医院诊断为视网膜破裂，需住院治疗。郑某认为自己受伤系厂方违反安全规程所

致，厂里应承担责任。请问：该厂是否对郑某的伤害承担责任？

2. 某私营妇女用品厂因厂里女工较多，厂里规定产假只有45天，产假期间每月只能发800元生活费。该厂女工黄某2月25日生育双胞胎后在家休息，4月7日接到厂方通知要求黄某回厂上班。但黄某因身体恢复较慢，直到5月底才回厂上班。厂方以黄某违反厂规为由扣发了黄某部分工资。黄某不服，向劳动争议仲裁委员会提出申诉，要求厂方执行女工特殊劳动保护规定，补发所扣工资。请问：该厂的厂规是否合法？此案如何处理？

第九章
劳动监督与监察制度

● 学习目标

通过本章学习，重点掌握劳动监察与相关概念的区别、劳动监察的形式和程序；掌握劳动监督的体系，劳动监察的主体、对象和内容；明确劳动监察的意义；了解劳动监察的立法概况。

● 案例导入

劳动保障监察机构处理非法使用童工案

2003年4月，劳动保障监察机构接到群众举报，反映某高校食堂使用一名童工。劳动保障监察机构根据举报提供的线索，在该单位找到一名疑似童工的员工，随后展开调查。单位负责人解释说，该员工是其在本单位食堂任厨师的舅舅介绍来打工的，才工作了20多天，录用他时其舅舅保证他已满16周岁，但是该单位并不能提供该员工的身份证以及其他录用登记证明材料。

劳动保障监察机构立即与该员工户籍所在地派出所取得联系，当地派出所积极配合，出具了户籍证明，证明该员工年龄未满16周岁，确实是童工。劳动保障监察机构根据《禁止使用童工规定》第6条和第8条的规定，对该单位处以15 000元罚款，并责令该单位在3日内将该童工遣送回家。

资料来源 佚名.使用童工的行为应该严肃查处［EB/OL］．［2015-04-10］. http：//www.btophr.com/s_case/case1537.shtml.

第一节　　　　劳动监督制度

一、劳动监督的概念和特点

劳动监督是指法律规定的监督主体为保护劳动者的合法权益，依法对用人单位遵守劳动法律、法规的情况所进行的监督检查，劳动监督制度具有保障整个劳动法体系全面实施的功能，在劳动法体系中占有特殊地位。劳动监督具有以下特点：

（1）劳动监督主体是依法享有劳动监督权的行政机关、社会团体、有关单位和劳动者个人。其中，劳动行政部门和工会组织在劳动监督体制中的地位尤为重要。

（2）劳动监督的客体是用人单位和劳动服务主体遵守劳动法律、法规的行为，即用人行为和劳动服务行为。

（3）劳动监督的目的是实现劳动法律、法规的内容，重点是保护劳动者的合法权益。

（4）劳动监督的方式表现为依法行使监督权的各项措施，其中主要有：对遵守劳动法的情况进行监督检查；对检查中发现的违反劳动法的行为及时制止和纠正；依法追究违法行为人的法律责任等。

二、劳动监督的体系

根据《劳动法》的规定，县级以上各级人民政府劳动行政部门依法对用人单位遵守劳动法律、法规的情况进行监督检查，对违反劳动法律、法规的行为有权制止，并责令改正；县级以上各级人民政府有关部门在各自的职责范围内，对用人单位遵守劳动法律、法规的情况进行监督；各级工会组织依法维护劳动者的合法权益，对用人单位遵守劳动法律、法规的情况进行监督；任何组织和个人对于违反劳动法律、法规的行为有权检举和控告。这些规定表明，我国的劳动监督体系是由行政检查监督和社会监督两部分构成的，其中行政监督，包括劳动行政部门的监督检查（即劳动监察）和相关行政部门的监督；社会监督，包括工会监督和群众监督（如图9-1所示）。

（一）劳动行政部门监督

劳动行政部门的监督，又称劳动监察，是指县级以上各级人民政府劳动行政部门依法对用人单位遵守劳动法律、法规的情况进行监督检查，对违反劳动法律、法规的行为予以制止，责令改正的行政执法活动。劳动监察是法定监督检查中最重要的一种，其范围涉及各项劳动法律、法规、制度的实施，其他的监督检查形式都是对劳动监察的配合和补充。

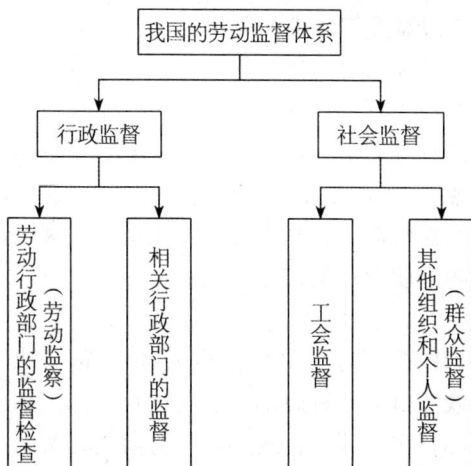

图9-1 我国劳动监督体系

（二）相关行政部门监督

《劳动法》第87条规定了县级以上各级人民政府有关部门在各自的职责范围内，行使劳动法的监督检查权。有关部门一般包括各产业部门（企业、事业单位的主管部门）、工商、审计、财政、税务、公安等政府行政机关。

【小思考9-1】

为什么要把相关行政部门的监督纳入我国的劳动监督体系？

答：相关行政部门的监督，是指其他有关行政机关在各自的职权范围内，对用人单位遵守劳动法律、法规的情况进行的监督。之所以把相关行政部门监督作为必要的组成部分，这是因为：（1）《劳动法》与其他法律部门在内容上存在交叉。例如，有的行为既违反了劳动法，也违反了其他法律部门的相关规定，需要其他行政部门与劳动部门配合处理；（2）违反《劳动法》的行政制裁措施中，某些制裁措施只能由劳动行政部门以外的特定行政部门实施。例如，吊销营业执照的权力专属于工商行政部门，治安处罚的权力专属于公安部门，用人单位中的有关责任人的行政处分只能按照干部管理权限由特定主管部门实施。所以，为了保障《劳动法》的全面实施，应当由有关行政部门在各自的职权范围内，对《劳动法》遵守的情况进行监督。

1.相关行政部门监督的分类

相关行政部门的监督可大致分为两类：（1）用人单位主管部门的监督。例如，矿山企业主管部门应当把检查矿山企业遵守矿山安全法规的情况作为其首要的管理职责。（2）工商、公安、卫生等专项执法部门的监督。例如，根据《禁止使用童工规定》，工商、教育、公安等部门负有禁止使用童工的监督职责；根据有关卫生法规的规定，卫生行政部门负有防尘防毒等防治职业病的监督职责。

2.相关行政部门的监督方式

相关行政部门的监督方式主要有3种：（1）依法独立开展劳动监察监督活动；（2）依法对劳动行政部门、其他行政部门和工会组织的建议进行调查处理；（3）会同劳动行政部门等监察主体实施劳动监督。

3.相关行政部门的监督职权

（1）产业主管部门的监督职权。主管机关应当在遵守公司法等企业法律规定的基础上，以不干涉企业的合法自主权为前提，对其下属企业、事业单位执行劳动法的情况依法实行监督。

（2）其他政府有关部门的监督检查权。根据《劳动法》的有关规定，县级以上各级人民政府的工商行政部门、公安机关、卫生行政部门、统计机关、审计机关、税务机关、财政部门等政府行政部门，对用人单位执行各项劳动法律、法规的情况也享有相应的监督权。

【法律小知识9-1】

《劳动法》第94条规定：“用人单位非法招用未满16周岁的未成年人的，由劳动行政部门责令改正，处以罚款；情节严重的，由工商行政管理部门吊销营业执照。”该条规定了工商行政管理部门对用人单位招录工人具有监督权。

《劳动法》第96条规定了公安机关对劳动法执行情况的监督权。用人单位以暴力、威胁或者非法限制人身自由的手段强迫劳动的，侮辱、体罚、殴打、非法搜查和拘禁劳动者的，由公安机关对责任人员处以15日以下拘留、罚款或者警告；构成犯罪的，对责任人员依法追究刑事责任。

卫生行政部门有权要求用人单位依法如实统计报告劳动卫生状况，并有权对用人单位的职业病情况进行调查了解，查阅有关资料，检查劳动场所。对用人单位严重违反职业病防治法律、法规的，卫生行政部门有权与劳动行政部门联合发布文件、命令，或派驻联合调查组，进入该用人单位进行调查处理。

国家统计、审计、税收、财政等机关在监督用人单位依法核定工资总额，建立内部财务会计及统计制度方面，负有相应的职责，可以行使相应的监督职权。这些规定主要涉及用人单位和国家的一些财务会计、金融、审计等制度，上述各行政管理部门均有权对用人单位、劳动行政部门、产业主管部门的财务收支、经营状况分别予以会计、信贷、审计监督，并有权要求被监督对象如实提供资料。

（三）工会监督

监督用人单位遵守劳动法，是《劳动法》和《工会法》赋予工会组织的一项基本职责。《劳动法》、《工会法》和《劳动合同法》对工会监督劳动法的贯彻实施都做出了明确规定。《劳动法》第88条规定："各级工会依法维护劳动者的合法权益，对用人单位遵守劳动法律、法规的情况进行监督。"工会监督与行政监督的区别在于：工会监督是一种社会监督行为，行政监督是一种行政执法行为，工会监督只能就用人单位违反《劳动法》的处理提出意见、建议和要求，行政监督的职权中包含有行政处罚权和强制措施权。工会监督作为一种有组织的社会监督，拥有全国统一并且几乎遍及各个用人单位的组织体系，是一种最重要的社会监督。行政监督只有在工会监督的密切配合之下，才能全面和有效地保证《劳动法》的实施。工会对《劳动法》执行的监督职权主要包括：

（1）监督用人单位劳动保护措施计划和劳动保护措施经费的制定、执行和使用情况。

（2）检查企业的安全生产、劳动保护设施。

（3）督促和协助企业发放劳动保护防护用品，对从事有职业危害作业的劳动者的定期健康检查。

（4）对企业行政违章指挥、强令工人冒险作业，或者在生产过程中发现重大事故隐患和职业危害时，工会有权向企业行政提出停产解决等建议；企业不采纳时，工会有权支持职工拒绝操作，组织职工撤离危险现场，职工工资照发。

（5）参与职工伤亡事故和其他严重危害职工健康问题的调查处理，提出处理意见，并可要求追究直接责任人和有关责任人的法律责任。

（6）搜集整理用人单位有关劳动保护的问题和建议，提交本单位职工代表大会审议通过解决方案。

（7）对违反职工代表大会制度和其他民主管理制度，侵犯职工民主管理权利的全民所有制和集体所有制企事业单位，工会有权提出意见。

（8）工会有权派出代表调查有关的用人单位侵犯职工合法权益的问题，有权获得有关单位的协助。

（9）工会对用人单位违反劳动法律、法规，如关于工作时间、女职工特殊保护等规定的，有权要求单位行政或者有关部门予以纠正，认真处理。

（10）工会认为用人单位处分、辞退职工不当的，有权提出意见要求重新研究处理。

（11）企业、事业单位侵犯职工劳动权益的，工会可以进行调解。

（12）工会劳动保护监督检查员执行公务时，有权获得由企业行政提供的便利条件。

（13）工会对违反劳动法律、法规，侵犯职工合法权益，造成严重后果的用人单位及其有关责任人员，有权提出控告，代表和支持帮助受害职工提起诉讼。

（14）《劳动合同法》针对工会的监督权做出了新的规定，规定工会依法维护劳动者的合法权益，对用人单位履行劳动合同、集体合同的情况进行监督，用人单位违反劳动法律、法规和劳动合同、集体合同的，工会有权提出意见，或者要求纠正，劳动者申请仲裁、提起诉讼的，工会依法给予支持和帮助。

（四）群众监督

群众监督，是指一般社会组织和个人对于违反劳动法律、法规的行为进行的监督。在劳动监督体系中，群众监督是行政监督检查和工会监督的必要补充，群众的检举和控告可以为行政监督和工会监督提供丰富的线索。同时，群众监督对于提高全社会的劳动法律意识，帮助国家劳动行政部门克服官僚主义，及时发现和解决违反劳动法律、法规的问题，促进《劳动法》的正确实施都具有重要的意义。群众监督具有广泛性和分散性的特点，任何组织和个人都有权对劳动法的遵守情况进行监督。群众监督的方式只限于检举和控告，群众监督的途径包括以下3个：通过工会和职工民主监督的渠道，反映问题和意见；直接向有关机关和部门检举和控告用人单位违反《劳动法》的行为；通过媒体新闻舆论实施劳动监督，如在电视台、电台和报刊上开展批评，提出建议等。

第二节　　劳动监察制度

一、劳动监察的概念和特征

（一）劳动监察的概念

劳动监察，是指具有法定监察权的机构依法对用人单位及劳动服务的主体贯彻执行劳动法律、法规的情况进行监督和检查，并对发现的违法行为进行处理和处罚的活动。劳动监察是《劳动法》获得贯彻执行的重要保障。

（二）劳动监察的特征

1.法定性

劳动监察权是法定的，监察机构是经法律授权代表国家行使监察权力。监察规则是法定的，包括监察事项、监察手段、监察程序、监察处理等都是法律强制性规定的，不允许协商。监察主体必须严格依照法律实施监察活动，这既是其权利也是其职责，而被监察主体不得以协议或其他任何方式规避监察。

2.行政性

劳动监察机构本身是劳动行政部门，而劳动监察是发现和纠正《劳动法》实施中的违法行为，并实施行政处罚的具体行政行为，故属行政执法范畴。

3.专门性

劳动监察原则上只能由劳动保障行政部门进行，其他机构和组织必须经法定授权或依法委托才能进行监察。

4.综合性

与工商、卫生等其他行政部门的监督仅针对劳动用工的某些方面不同，劳动监察是全面监督，不论被监督者的隶属关系和所在行业部门，涵盖劳动关系各个部分内容和运行环节，涉及劳动的各项法律制度。

（三）劳动监察与相关概念的区别

1.劳动监察与劳动监督

劳动监察与劳动监督不能完全等同。劳动监督是指法定监督主体依法对用人单位和劳动服务主体贯彻执行《劳动法》的情况进行监督的一系列活动。劳动监督是一个制度体系，由多元化的监督形式构成，劳动监察是其中最重要的一种。在我国，劳动监督的体系主要包括4个方面：一是劳动监察；二是其他行政部门监督；三是工会监督；四是其他组织和个人监督。前两种监督方式合称为行政监督，后两者合称为社会监督。在劳动监督体系中多种监督形式协同发挥作用，劳动监察是其核心，但不是全部。

2.劳动监察与劳动仲裁

劳动监察与劳动仲裁的区别比较明显，前者是一种监督形式，后者是一种纠纷解决方式。具体而言，二者的区别表现在以下几个方面：

（1）机构。劳动仲裁机构的组成奉行三方原则，由劳动行政部门代表、工会代表和用人单位代表共同构成；而劳动监察机构仅是由劳动行政部门代表单方组成。

（2）性质。劳动仲裁是一种裁判行为，仲裁机构处于中立地位；劳动监察本质上是一种行政执法行为，监察机构与被监察者之间是监督与被监督的关系。

（3）启动。劳动仲裁实行不告不理原则，必须由当事人提出仲裁请求才能进行；劳动监察是监察机构的权力和职责，应当积极、主动实施。

（4）手段。劳动仲裁机构无权对当事人进行处罚，但对劳动争议有调解权。劳动监察主体在监察中发现违法行为可实施行政处罚，但对被监察事项无调解权；对于劳动关系当事人之间存在的争议，只能告知其通过另外的纠纷解决程序解决。

（5）依据。劳动仲裁所依据的实体法既可以是强制性规范，也可以是任意性规范；并且还能够依据合法、有效的合同条款及企业内部劳动规则进行调解和裁决。劳动监察所依据的实体法只限于强制性规范，不得以合同条款和企业内部劳动规则作为监察的依据。

（6）申诉途径。劳动争议当事人不服仲裁裁决，可依法向法院提起诉讼；劳动监察相对人不服劳动监察决定，可依法申请行政复议或提起行政诉讼。

劳动仲裁和劳动监察还有其他方面的差别，如时效、处理期限等，总之这是两种功能不同的制度：劳动仲裁的功能在于化解劳动纠纷，双方当事人都可提起；而劳动监察的功能在于监督用人单位认真执行劳动法，保护劳动者的利益，劳动者本身不在监察的范围之内。

二、劳动监察的意义

（一）劳动监察是劳动法律得以正确实施的保证

劳动监察制度以国家权力作为后盾，以国家机关主动检查，纠正违法为途径，以大众举报制度为信息来源，可以有效、及时地制止用人单位的违法现象，促使用人单位遵守劳动法律、法规，使劳动法律、法规得以正确实施。

（二）劳动监察对规范劳动力市场具有重要作用

劳动监察的作用就是按照劳动法律、法规规范劳动行为，监督劳动职业中介的活动，维护劳动关系双方当事人的合法权益。目前，我国劳动力市场不规范，与用人单位违法用工、职业中介不规范有很大关系。借助国家力量，监督检查劳动力市场运营情况，取缔非法职业中介，纠正用人单位违法用工行为，维护正常的劳动秩序，对规范劳动力市场有重要作用。

（三）劳动监察能切实保护劳动者的合法权益，弥补劳动者的弱势地位

劳动合同虽是在平等主体之间签订的，但用人单位的强大与劳动者个人的弱小，在实际中是无法达到平等地位的。建立劳动监察制度，从用人单位和劳动者订立劳动合同的情况开始，到用人单位制定内部劳动保障规章制度的情况、执行支付劳动者工资和执行最低工资标准的情况、用人单位参加各种社会保险和缴纳社会保险费的情况等，对遵守劳动法律、法规的各种情况进行监察，在一定程度上弥补了劳动者的弱势地位。

（四）劳动监察是减少劳动纠纷、协调劳动关系的需要

通过劳动行政部门的监察制度，规范了企业的用工行为，减少了劳动者直接与用人单位的摩擦。即使是直接侵犯劳动者的利益，只要劳动

者匿名举报,监察部门就会主动出面干预,而无需劳动者本人去面对用人单位,从而减少了那种赢了官司、丢了工作的情形发生。

(五)劳动监察有利于依法行政,进一步规范劳动保障监察执法能力

《劳动监察条例》全面规范了劳动保障的监察内容,对监察的范围、原则、主体、程序及监察机构和监察员的职责、权利和义务等都做出了明确规定,并对监察机构和监察员的违法行为规定了相应的法律责任,对劳动保障监察执法行为进行了全面的规范,体现了依法行政所要求的行政执法职权法定、主体法定、程序法定等基本原则,确保劳动保障监察权的正确行使并得到有效监督。

三、劳动监察的主体

劳动监察主体,即依法享有劳动保障监察权的机构和人员,包括劳动保障监察机构和劳动监察员。

(一)劳动保障监察机构

劳动保障监察机构,是指依法享有监察权并代表国家对用人单位遵守劳动法的情况实行监督检查的专门机构。在我国,劳动监察机构是劳动保障行政部门内部的专门机构。国务院劳动保障行政部门主管全国的劳动保障监察工作,县级以上地方各级人民政府劳动保障行政部门都设置劳动保障监察机构,主管本行政区域内的劳动保障监察工作。在一些行(专)业还设置有专业劳动监察部门,如锅炉压力容器安全监察和矿山安全监察部门。除了劳动保障行政部门内设的监察机构之外,县级、设区的市级人民政府劳动保障行政部门还可以委托符合监察执法条件的组织实施劳动保障监察,这些组织一经授权也成为劳动保障监察主体。

劳动监察机构在性质上属于行政机构,具体而言是劳动保障行政部门的内设专门机构,但其有别于劳动保障行政部门其他的内设机构;其他内设机构是劳动保障行政部门的一般职能机构,相对来说不具有独立性。劳动监察机构则是行使国家劳动监察职能的专门机构,其职权由法律规定,而不是由劳动保障行政部门通过内部分工来确定的。

(二)劳动监察员

劳动监察员,是指具体执行劳动保障监察的专职或兼职人员。《劳动监察员管理办法》详细规定了劳动监察员的任职条件、培训、考核和监督制度。劳动监察员一般应当具备下列条件:(1)熟悉劳动保护法

律、法规、规章以及有关技术规范；（2）坚持原则，作风正派，廉洁奉公；（3）具有大专以上文化程度，并从事劳动保护工作2年以上；（4）身体健康，能胜任劳动保护监察工作。劳动监察员必须具有合法的资格，应当经过相应的考核或者考试录用。

劳动行政部门专职劳动监察员的任命，由劳动监察机构负责提出任命建议，并填写劳动监察员审批表，经同级人事管理机构审核报劳动行政部门领导批准；兼职劳动监察员由有关业务工作机构按规定推荐人选，并填写劳动监察员审批表，经同级劳动监察机构和人事管理机构审核，报劳动行政部门批准。经批准任命的专职和兼职劳动监察员，都由劳动监察机构办理颁发劳动监察证件手续。劳动监察员任命后，地方各级劳动行政部门按照规定填写"中华人民共和国劳动监察证件统计表"，逐级上报省级劳动行政部门，由省级劳动行政部门汇总并报国务院劳动行政部门备案。获得任命的劳动监察员每3年进行一次考核，验证合格换发新证，并在有关报刊上予以公告，不能胜任或因其他原因调离的监察员，在任命机关撤销任命后，由发证机关收回有关证件。

四、劳动监察的对象和内容

（一）劳动监察的对象

劳动监察的对象即相对人，只能是用人单位和其他一些劳动服务主体，劳动者不属于劳动监察的对象。劳动监察最主要的对象是用人单位，但一些劳动服务主体也包括在内，因为这些主体的行为与劳动者的利益密切相关。《劳动保障监察条例》规定："对职业介绍机构、职业技能培训机构和职业技能考核鉴定机构进行劳动保障监察，依照本条例执行。"另外，对无营业执照或者已被依法吊销营业执照，有劳动用工行为的用人单位，由劳动保障行政部门依照上述条例实施劳动监察，并及时通报工商行政管理部门予以查处取缔。

（二）劳动监察的内容

劳动监察的内容，是指在劳动监察范围之内的事项。对此，《劳动保障监察条例》第11条作了明确列举："劳动保障行政部门对下列事项实施劳动保障监察：（1）用人单位制定内部劳动保障规章制度的情况；（2）用人单位与劳动者订立劳动合同的情况；（3）用人单位遵守禁止使用童工规定的情况；（4）用人单位遵守女职工和未成年工特殊劳动保护规定的情况；（5）用人单位遵守工作时间和休息休假规定的情况；（6）用人单位支付劳动者工资和执行最低工资标准的情况；（7）用人单位参加各项社会保险和缴纳社会保险费的情况；（8）职业介绍机构、职业技能培训机构和职业技能考核鉴定机构遵守国家有关职业介绍、职业技能培训和职业技能考核鉴定的规定的情况；（9）法律、法规规定的其他劳动保障监察事项。"

【小案例9-1】

2014年11月30日，某市劳动保障监察部门接到陈某等人投诉称：其所在公司存在拖欠工资（总计3个月）的行为，并且月工资标准低于当地的最低工资标准。为此，劳动监察部门的劳动监察员对此事展开调查，并根据相关法律、法规对该公司责令改正。请问：该情形是否属于劳动监察的范畴？

分析提示：拖欠工资和违反最低工资制度的行为是劳动监察中常见的违法行为。劳动监察机构有义务受理该违法行为的举报、投诉，应依法调查、予以纠正并查处违法行为。

此外，《劳动合同法》第74条也列举了劳动合同监察的内容："县级以上地方人民政府劳动行政部门依法对下列实施劳动合同制度的情况进行监督检查：（1）用人单位制定直接涉及劳动者切身利益的规章制度及执行的情况；（2）用人单位与劳动者订立和解除劳动合同的情况；（3）劳务派遣单位和用工单位遵守劳务派遣有关规定的情况；（4）用人单位遵守国家关于劳动者工作时间和休息休假规定的情况；（5）用人单位支付劳动合同约定的劳动报酬和执行最低工资标准的情况；（6）用人单位参加各项社会保险和缴纳社会保险费的情况；（7）法律、法规规定的其他劳动监察事项。"

【小案例9-2】

黄某大学毕业后到一家台资企业工作，公司与她签订的劳动合同约定，每月工资2 000元，视工作成效另发奖金。黄某的2 000元工资中，包括基础工资800元、岗位工资800元、等级工资400元。虽然黄某对工资收入比较满意，但是对公司不与职工协商而每天安排2～3小时的加班很不满，尤其让她不能接受的是，公司在发放加班加点工资时，是按照月基础工资800元折算每小时的工资。黄某在与公司交涉无果的情况下，向劳动保障监察机构举报，要求依法维护自己的权益。劳动保障监察机构经调查，责令该公司按劳动合同中约定的月工资2 000元折算每小时工资，并且按每小时工资的150%向黄某支付加班加点工资，同时责令该公司改正随意延长工作时间的行为。请问：本案是否符合劳动监察范围的内容？[①]

分析提示：《劳动保障监察条例》第11条和《劳动合同法》第74条分别明确列举了劳动保障行政部门实施劳动保障监察的若干事项，其中就包括用人单位遵守工作时间和休息休假规定的情况，以及用人单位支付劳动合同约定的劳动报酬和执行最低工资标准的情况。因此，劳动监察部门应对上述问题行使监察权，并有义务根据相关法律、法规的规定做出处理。

五、劳动监察的形式

在我国，劳动监察以巡视监察、审查用人单位按照要求送报的书面材料以及接受举报投诉等形式进行。

1.巡视监察

巡视监察是指劳动保障行政部门监察人员巡视用人单位及劳动场所，及时发现违法行为，并依法处理的过程。这是世界各国劳动监察机构通行的工作方式。巡视监察最为突出的特点是主动性和经常性。劳动保障监察机构应当制订年度计划和中长期规划，确定重点监察范围。针对劳动保障法律实施中存在的重点问题可以集中组织专项检查活动，必要时，可以联合有关部门和组织共同进行。

2.书面监察

书面监察就是劳动保障监察机构对被监督者按要求报送的书面材料进行审查，确定是否具有违法行为。书面监察的优点是便捷，不足是被监督者可能造假。

3.受理投诉、举报

受理投诉、举报也是劳动监察的一种重要形式。劳动者对用人单位

① 陈信勇. 劳动与社会保障法［M］. 杭州：浙江大学出版社，2007.

违反劳动保障法律、侵犯其合法权益的行为，有权向劳动保障行政部门投诉。任何组织或个人对违反劳动保障法律的行为，都有权向劳动保障行政部门举报。劳动保障行政部门对举报人反映的违反劳动保障法律的行为应当依法予以查处，并为举报人保密；对举报属实，为查处重大违反劳动保障法律的行为提供主要线索和证据的举报人予以奖励。

六、劳动监察的管辖

（一）级别管辖

劳动监察原则上由县级或者设区的市级劳动保障行政部门管辖，但比较重大的案件可以由更高级的劳动行政部门管辖。《劳动保障监察条例》规定，上级劳动保障行政部门根据工作需要，可以调查、处理下级劳动保障行政部门管辖的案件。

（二）地域管辖

对用人单位的劳动监察，由用人单位用工所在地的劳动保障行政部门管辖。

（三）指定管辖

劳动保障行政部门对劳动监察的管辖有时可能会发生争议，此时应报请共同的上一级劳动保障行政部门指定管辖。

各省、自治区、直辖市人民政府可以根据本地实际，对劳动保障监察的管辖制定具体办法。

七、劳动监察主体的职责、职权和义务

（一）劳动监察主体的职责

根据《劳动保障监察条例》的规定，劳动保障行政部门实施劳动保障监察，主要履行下列职责：（1）宣传劳动保障法律、法规和规章，督促用人单位贯彻执行；（2）检查用人单位遵守劳动保障法律、法规和规章的情况；（3）受理对违反劳动保障法律、法规或者规章的行为的举报、投诉；（4）依法纠正和查处违反劳动保障法律、法规或者规章的行为。

（二）劳动监察主体的职权

为保障劳动监察主体有效地实施监察，发现并查处违法行为，必须赋予其强有力的职权。《劳动法》第86条规定，县级以上各级人民政府劳动行政部门监督检查人员执行公务，有权进入用人单位了解执行劳动法律、法规的情况，查阅必要的资料，并对劳动场所进行检查。《劳动保障监察条例》第15条规定，劳动保障行政部门实施劳动保障监察，有权采取下列调查、检查措施：（1）进入用人单位的劳动场所进行检查；（2）就调查、检查事项询问有关人员；（3）要求用人单位提供与调查、检查事项相关的文件资料，并做出解释和说明，必要时可以发出调查询问书；（4）采取记录、录音、录像、照相或者复制等方式收集有关情况和资料；（5）委托会计师事务所对用人单位工资支付、缴纳社会保险费的情况进行审计；（6）法律、法规规定可以由劳动保障行政部门采取的其他调查、检查措施。劳动保障行政部门对事实清楚、证据确凿、可以当场处理的违反劳动保障法律、法规或者规章的行为有权当场予以纠正。《劳动合同法》第75条规定，县级以上地方人民政府劳动行政部门实施监督检查时，有权查阅与劳动合同、集体合同有关的材料，有权对劳动场所进行实地检查，用人单位和劳动者都应当如实提供有关情况和材料。

【小案例9-3】

某职业介绍所采取欺骗手段虚构不存在的单位，骗取求职者岳某的职业介绍费500元。岳某向劳动监察部门举报该职业介绍所的行为。当劳动监察部门展开调查时，职业介绍所声称与岳某的关系为民事关系，故以劳动监察部门无权处理为由，拒绝劳动监察机关的检查。请问，该职业介绍所拒绝劳动监察的理由是否成立？[①]

分析提示：该职业介绍所拒绝劳动监察的理由不成立。《劳动法》第86条规定，县级以上各级人民政府劳动行政部门监督检查人员执行公务，有权进入用人单位了解执行劳动法律、法规的情况，查阅必要的资料，并对劳动场所进行检查。《劳动保障监察条例》第15条规定，劳动保障行政部门实施劳动保障监察，有权采取下列调查、检查措施：进入用人单位的劳动场所进行检查；就调查、检查事项询问有关人员；要求用人单位提供与调查、检查事项相关的文件资料，并做出解释和说明，必要时可以发出调查询问书；采取记录、录音、录像、照相或者复制等方式收集有关情况和资料。

---

① 方乐华，吴晓宇. 劳动法与社会保障法案例与图表［M］. 北京：法律出版社，2013.

（三）劳动监察主体的义务

监察主体在享有权利的同时，必须履行法定的义务，主要有以下几个方面：（1）出示证件，佩戴标志，秉公执法，不徇私情；（2）保守在检查过程中知悉的商业秘密；（3）为举报人保密。依法进行劳动监察既是劳动保障行政部门的权利，也是其职责和义务。对于国家和法律赋予的这些职责、权利和义务，劳动保障行政部门必须积极行使和履行，不得懈怠，并应依法行政，否则，可能因此承担法律责任。《劳动合同法》第95条规定："劳动行政部门和其他有关主管部门及其工作人员玩忽职守、不履行法定职责，或者违法行使职权，给劳动者或者用人单位造成损害的，应当承担赔偿责任；对直接负责的主管人员和其他直接责任人员依法给予行政处分；构成犯罪的，依法追究刑事责任。"《劳动保障监督条例》第31条也规定："劳动保障监察员滥用职权、玩忽职守、徇私舞弊或者泄露在履行职责过程中知悉的商业秘密的，依法给予行政处分；构成犯罪的，依法追究刑事责任。劳动保障行政部门和劳动保障监察员违法行使职权，侵犯用人单位或者劳动者的合法权益的，依法承担赔偿责任。"根据上述规定，劳动保障行政部门不履行监察职责，或者在监察中违法行使职权可能承担赔偿责任、行政责任甚至刑事责任。

八、劳动监察的程序

劳动监察本质上是一种行政行为，监察机构在代表国家行使权力时必须依法行政，特别是严格遵守程序规定。关于劳动监察的程序，劳动部1995年《劳动监察程序规定》作了较为细致、全面的规定，国务院2004年《劳动保障监察条例》也有规定。我国现行的劳动监察程序，可分为不立案检查程序与立案检查程序。

（一）不立案检查程序

不立案检查程序，即尚未发现用人单位有违法行为而不立案，仅对用人单位进行例行检查、不定期检查的程序。该程序相对比较简单，主要的程序规则有：检查应由2名以上劳动监察员共同进行；劳动监察员进入被检查场所，应出示劳动监察证件和说明身份；检查前劳动监察员应当向用人单位告知检查的目的、内容、要求和方法；检查时应了解用人单位遵守劳动法的情况，并巡视劳动场所；现场检查情况应有笔录，笔录应由劳动监察员和用人单位法定代表人（或其委托代表人）签名或盖章；用人单位法定代表人拒不签名、盖章的，应注明拒签情况；检查中发现的一般性缺陷可不作立案处理，但应记录检查结果和建议；对重要问题应及时向监察机构汇报并建议立案调查。

（二）立案检查程序

立案检查程序，即立案查处违反劳动法案件的程序。该程序比较复杂和严格，主要的程序步骤是：

1. 立案受理

劳动监察主体认为用人单位有违反劳动保障法律、法规或者规章的行为，需要进行调查处理的，应当及时立案。

2. 回避

劳动监察员办理的劳动监察事项，与本人或其近亲属有直接利害关系的应当回避。劳动监察人员应当自行申请回避。当事人认为承办人员应当回避的，有权向承办查处工作的劳动行政部门提出要求回避的书面申请。承办人员的回避由劳动监察机构负责人决定；劳动监察机构负责人的回避，由劳动行政部门负责人决定。回避决定应当自收到申请之日起3日内做出；做出回避决定前，承办人员不得停止对案件的调查处理。做出驳回回避申请的决定，应当向申请人说明理由。

3. 调查取证

立案受理后，劳动监察主体应当行使各种权力、采取各种措施查清事实、收集证据。劳动行政部门对违反劳动保障法律、法规或者规章的行为的调查，应当自立案之日起60个工作日内完成；对情况复杂的，经劳动行政部门负责人批准，可以延长30个工作日。

4. 处理

经过调查取证之后，对违法事实清楚、证据确凿、可以当场处理的行为可以当场予以纠正；不能当场予以纠正的，应当区别不同情况做出不同的处理：（1）对依法应当受到行政处罚的，依法做出行政处罚决定；（2）对应当改正未改正的，依法责令改正或者做出相应的行政处理决定；（3）对情节轻微且已改正的，撤销立案。监察主体发现违法案件不属于劳动保障监察事项的，应当及时移送有关部门处理；涉嫌犯罪的，应当依法移送司法机关。

5.处罚

做出处罚决定的，由劳动行政部门制作劳动保障监察处罚决定书。劳动监察主体做出行政处罚或者行政处理决定前，应当听取用人单位的陈述、申辩；做出行政处罚或者行政处理决定，应当告知用人单位依法享有申请行政复议或者提起行政诉讼的权利。

6.送达

相关处理和处罚决定应当自做出之日起7日内送达当事人，自送达之日起生效。

需要注意的是，违反劳动保障法律、法规或者规章的行为在2年内未被劳动行政部门发现，也未被举报、投诉的，劳动行政部门不再查处。该期限自违反劳动保障法律、法规或者规章的行为发生之日起计算；违反劳动保障法律、法规或者规章的行为有连续或者继续状态的，自行为终了之日起计算。

本章小结

劳动监督是法律规定的监督主体为保护劳动者的合法权益，依法对用人单位遵守劳动法律、法规的情况所进行的监督检查，劳动监督制度具有保障整个劳动法体系全面实施的功能，在劳动法体系中占有特殊地位。我国的劳动监督体系是由行政检查监督和社会监督两部分构成的，其中行政监督，包括劳动行政部门的监督检查（即劳动监察）和相关行政部门的监督；社会监督，包括工会监督和群众监督。劳动监察，是具有法定监察权的机构依法对用人单位及劳动服务的主体贯彻执行劳动法律、法规的情况进行监督和检查，并对发现的违法行为进行处理和处罚的活动。劳动监察是劳动法获得贯彻执行的重要保障。劳动监察与劳动监督不能完全等同。劳动监督是一个制度体系，由多元化的监督形式构成，劳动监察是其中最重要的一种。在我国，劳动监察以巡视监察、审查用人单位按照要求送报的书面材料以及接受举报投诉等形式进行。

复习与思考

一、名词解释

劳动监督　群众监督　劳动监察　劳动监察员　巡视监察　书面监

察 不立案检查程序 立案检查程序

二、选择题

1.在劳动监督体系中，（ ）是最基本、最有效的劳动监督形式。

A.群众监督　　　　　　　　　B.工会监督

C.相关行政部门的监督　　　　D.劳动监察

2.下列选项中，属于劳动保障监察的事项范围的有（ ）。

A.用人单位制定内部劳动保障规章制度的情况

B.用人单位与劳动者订立劳动合同的情况

C.用人单位参加各项社会保险和缴纳社会保险费的情况

D.用人单位遵守女职工和未成年工特殊劳动保护规定的情况

3.劳动保障行政部门实施劳动保障监察，有权采取的调查、检查措施有（ ）。

A.就调查、检查事项询问有关人员

B.要求用人单位提供与调查、检查事项相关的文件资料，并做出解释和说明，必要时可以发出调查询问书

C.采取记录、录音、录像、照相或者复制等方式收集有关情况和资料

D.委托会计师事务所对用人单位工资支付、缴纳社会保险费的情况进行审计

4.劳动行政部门对违反劳动保障法律、法规或者规章的行为的调查，应当自立案之日起（ ）个工作日内完成；对情况复杂的，经劳动行政部门负责人批准，可以延长（ ）个工作日。

A.60，30　　　B.45，30　　　C.45，15　　　D.60，15

三、简答题

1.简述劳动监督的特点。

2.简述群众监督的途径。

3.简述劳动监察的意义。

4.简述劳动监察主体的职权。

5.简述劳动监察主体的义务。

四、案例分析题

1.员工甲向劳动监察部门反映乙公司存在非法用工情况，劳动监察

人员立案后到乙公司调查。劳动监察人员要求用人单位提供所有用工情况的文件资料，用人单位以涉及经营机密为由拒绝。请问：用人单位的做法是否合法？

2. 某日，劳动保障监察机构接到群众举报，反映某公司存在超时加班的行为。劳动保障监察机构迅速介入了解，经实地调查，该公司由于近期接到一笔大订单，临时增加了工作任务，要求全体员工（共20人）每天工作时间由原来的8小时延长至10小时，并取消了周六、周日的正常休息，这种情况已经持续了两个半月，且属于强迫员工加班，虽然支付了加班工资，但是很多员工身体已无法承受这样的劳动强度。根据原劳动部《违反〈中华人民共和国劳动法〉行政处罚办法》（劳部发〔1994〕532号）第4条、第5条的规定，劳动保障监察机构下达了整改指令书，要求单位及时改正现有的工时制度，并支付劳动者加班工资。请问：（1）该案符合劳动监察范畴的哪些情形？（2）劳动保障监察机构的处理是否合法？①

---

① 张晓红. 劳动与社会保障法学 [M]. 北京：北京交通大学出版社，2013.

第十章
劳动争议处理

▶ **学习目标**

通过本章学习，重点掌握劳动争议仲裁的法律规定；掌握劳动争议诉讼的受理条件；明确劳动争议处理的范围；理解劳动争议的特征和类型；了解劳动争议调解组织、调解程序及诉讼程序。

▶ **案例导入**

"工伤私了"协议的效力认定

李某系某市某通信工程公司的职工，双方自2008年8月建立劳动关系，最近一期劳动合同自2012年1月1日起至2012年12月31日止。2012年8月2日晚，李某骑车摔伤，2012年12月25日经当地劳动与社会保障局认定为工伤。通信工程公司不服，向当地人民政府申请行政复议。复议期间在行政复议机关主持下，双方于2013年1月31日达成了调解协议书。2013年3月30日，李某经该市劳动能力鉴定委员会鉴定为5级伤残。2013年4月25日，李某申请劳动仲裁，同年5月21日，劳动争议仲裁委员会做出仲裁裁决：通信工程公司一次性支付李某交通费、住院伙食补助费、护理费、一次性工伤医疗补助金、一次性伤残就业补助金等合计125 423.66元。

通信工程公司以仲裁裁决严重违背当事人意思自治为由，诉至法院，请求确认自己不承担仲裁裁决书所确定的法律责任。法院经审理认为，原被告虽然签订了调解协议书，但是签订时被告伤残等级鉴定未做出，双方签订的工伤赔偿调解协议书缺乏事实依据，且协议书中约定的赔偿金额明显低于《工伤保险条例》及相关法律规定的赔偿标准。应当按照工伤保险待遇，由原告补足被告调解协议书中低于工伤保险待遇的差额部分。原告不服一审判决，向该市中级人民法院提起上诉。市中院经审理，确认一审法院认定的事实，驳回上诉，维持原判。

本案中，劳动者与用人单位签订调解协议时劳动能力伤残等级鉴定尚未做出。虽然协议书是在自愿协商的基础上签订的，但在协商过程中，李某对自己应享有的权利处于不明状态，其处分权利的行为属于有瑕疵的行为，效力处于待定状态。且双方协议约定的赔偿金额过分低于李某依法应获得的赔偿金额，该协议履行的后果明显对李某不利，必然导致其权利受到侵害。根据最高人民法院《关于审理劳动争议案件若干问题的解释》（一）第20条第2款的规定，人民法院可以变更给付数额不当的补偿协议，裁决用人单位补足双方协议低于工伤保险待遇的差额部分。

第一节　　劳动争议处理概述

一、劳动争议的概念及特征

劳动争议，也称劳动纠纷，是指劳动法律关系双方当事人即劳动者和用人单位，在执行劳动法律、法规或履行劳动合同过程中，就劳动权利和劳动义务关系所产生的争议。

劳动纠纷是现实中较为常见的纠纷。国家机关、企业事业单位、社会团体等用人单位与职工建立劳动关系后，一般都能相互合作，认真履行劳动合同。但由于各种原因，双方之间产生纠纷也是难以避免的事情。劳动纠纷的发生，不仅使正常的劳动关系得不到维护，还会使劳动者的合法利益受到损害，不利于社会的稳定。因此，应当正确把握劳动纠纷的特点，积极预防劳动纠纷的发生，对已发生的劳动争议，应采取积极的措施予以解决。

【法律小知识10-1】

西方国家对劳动争议的处理，有的由普通法院审理，有的由特别的劳工法院处理。由特别的劳工法院处理劳动争议，始于13世纪的欧洲的行会法庭，法国1806年于里昂创设了劳动审理所，此后意大利、德国等国相继设立了劳工法庭。很多国家处理劳动争议采取自愿调解、强制调解、自愿仲裁和强制仲裁4项措施。

劳动争议的特征包括：

（一）劳动纠纷是劳动关系当事人之间的争议

劳动关系当事人，一方为劳动者，另一方为用人单位。不具有劳动法律关系主体身份者之间所发生的争议，不属于劳动纠纷。如果争议不是发生在劳动关系双方当事人之间，即使争议内容涉及劳动问题，也不构成劳动争议。例如，劳动者之间在劳动过程中发生的争议，用人单位之间因劳动力流动发生的争议，劳动者或用人单位与劳动行政部门在劳动行政管理中发生的争议，劳动者或用人单位与劳动服务主体在劳动服务过程中发生的争议等，都不属于劳动争议。

（二）劳动纠纷的内容涉及劳动权利和劳动义务，是为实现劳动关系而产生的争议

劳动关系是劳动权利义务关系，如果劳动者与用人单位之间不是因为劳动权利和劳动义务而发生的争议，就不属于劳动争议的范畴。劳动权利和劳动义务涉及的内容非常广泛，包括就业、工资、工作时间、劳动保护、劳动保险、劳动福利、职业培训、民主管理、奖励惩罚等。

（三）解决劳动争议的方式多种多样

根据 2007 年 12 月 29 日颁布、2008 年 5 月 1 日生效的《中华人民共和国劳动争议调解仲裁法》（以下简称《劳动争议调解仲裁法》）第 5 条的规定，发生劳动争议，当事人不愿协商、协商不成或者达成和解协议后不履行的，可以向调解组织申请调解；不愿调解、调解不成或者达成调解协议后不履行的，可以向劳动争议仲裁委员会申请仲裁；对仲裁裁决不服的，除本法另有规定的外，可以向人民法院提起诉讼。

二、劳动争议的类型

按照不同的标准，劳动争议可以分为：

（一）个别劳动争议和集体劳动争议

这是按照职工一方人数的多少所做的划分。个别劳动争议，又称个人争议，是指由单个职工提出申诉的劳动争议。集体劳动争议，又称多人争议，是指职工一方当事人在 3 人以上，并有共同理由的劳动争议。划分个人争议与集体争议的主要意义，在于设定两者在争议处理中的不

同程序。个人争议的处理适用一般程序。集体争议则有特殊的要求：职工当事人在3人以上，但不满30人的，虽也适用一般程序，但必须推举代表参加处理活动。

【小思考10-1】

集体争议与团体争议是否属于同种类型的争议？

答：集体争议与团体争议不同：团体争议是关于集体合同的争议，争议的主体是用人单位或用人单位团体与工会；而集体争议的主体仍然是用人单位与劳动者。

（二）权利争议和利益争议

这是根据争议的内容所做的划分。用人单位或其团体与劳动者或其团体就执行劳动法律法规、集体合同、劳动合同和规章制度设定的权利而发生的争议是权利争议。权利争议是为实现既定权利而发生的争议，它属于法律问题，故又称为法律争议。如支付拖欠工资争议、支付经济补偿金争议、补缴社会保险费争议等。用人单位或其团体与工会就集体合同的订立与变更发生的争议是利益争议。利益争议是为创设将来的合同，设定将来劳动条件而发生的争议，它涉及的不是法律问题，故又称经济争议。权利争议因涉及的是法律问题，一般通过仲裁或诉讼程序解决；利益争议的解决没有可引用的实体依据，无法通过诉讼做出裁判，一般通过调解、调停、仲裁等和平方式解决处理。我国劳动法尚未将权利争议与利益争议作为劳动争议的基本分类，权利争议是劳动争议的主要内容，但是随着劳动关系逐步复杂化，利益主体逐渐明晰化，利益争议解决方式的完善也会受到我国劳动法的重视。

【法律小知识10-2】

利益争议一般发生在劳动关系运行过程中的集体合同订立或变更环节，但是，利益争议与集体争议是不同的。利益争议的主体是工会，争议的内容是将来的劳动条件，表现形式是集体合同的订立和变更；而集体争议是多数劳动者共同提起的争议，争议的内容是现有权利的确认与执行，依据来自于法律法规、劳动合同或者已经订立的集体合同的规定。

（三）国内劳动争议和涉外劳动争议

这是按照当事人的国籍所做的划分。国内劳动争议，是指具有中国国籍的劳动者与用人单位之间发生的劳动争议。涉外劳动争议，是指当事人一方或双方具有外国国籍或无国籍的劳动争议。按照国际惯例，涉外劳动争议的处理应当适用雇主所在地法。凡是雇主（用人单位）在我国境内的涉外劳动争议，均应当适用我国法律进行处理。

三、劳动争议处理的范围

根据《劳动争议调解仲裁法》第2条的规定，我国劳动争议调解仲裁的范围为：

（一）因确认劳动关系发生的争议

用人单位与劳动者之间建立劳动关系是享有劳动权利，要求对方承担劳动义务和法律责任的前提条件。在劳动争议中，较难认定的是事实劳动关系。因为事实劳动关系大多数是以口头协议确定的，双方没有签订书面的劳动合同作为凭据，所以很难明确地认定彼此的劳动权利和义务。当一方违约时，由于没有确切的书面证据，就发生了需要确认劳动关系的争议。

在无书面劳动合同的情况下，认定双方存在劳动关系时可以参照以下凭证：（1）用人单位向劳动者发放的"工作证""出入证"等身份证明的文件；（2）工资支付凭证（如工资条）、缴纳各项社会保险费的记录；（3）考勤记录；（4）劳动者填写的用人单位招工招聘"登记表""报名表"等招用记录；（5）同时工作的其他劳动者的证言等。其中，第（2）、（3）、（4）项有关凭证的举证责任由用人单位承担。在实务中，当遇到因挂靠、挂靠证件而产生"劳动争议"时，可将"用工标准"作为是否存在劳动关系的判断标准。

【小思考10-2】

仅凭社保清单能否证明劳动者与用人单位之间存在劳动关系？

答：不能。我国《劳动合同法》将实际用工作为劳动关系的建立标准，即只有实际用工才能建立劳动关系。劳动合同或社保缴费记录，在实践中可以作为一种证明劳动关系存在的证据，但不是充分证据。最终还得审查是否存在实际的用工行为。

（二）因订立、履行、变更、解除和终止劳动合同发生的争议

劳动合同在订立、履行、变更、解除和终止的过程中经常会发生劳动争议，如因订立劳动合同时违反平等自愿、诚实信用原则而发生的争议，因故意拖延不订立书面劳动合同发生的争议，因变更劳动合同条款而发生的争议，因没有履行合法的手续解除劳动合同引发的争议等。

【小案例10-1】

张某是甲公司的员工。2016年6月16日至19日，张某等26人因工资待遇问题协商不成擅自停工，并阻碍单位安排其他劳动者恢复生产，造成直接损失20余万元。甲公司《员工手册》明确规定"组织、参与停工、怠工为严重违纪，可解除劳动合同"，并经过张某签字确认知晓。2016年6月25日，甲公司依据《员工手册》与张某解除劳动合同。2016年7月24日，张某向当地仲裁委员会申请仲裁，要求甲公司赔偿因违法解除劳动合同给自己造成的损失。同年7月26日，甲公司提起反申请，要求张某赔偿给单位造成的损失。仲裁委员会经审理做出裁决，对张某的主张违法解除劳动合同赔偿金的仲裁请求不予支持，裁决张某赔偿甲公司部分实际损失。

分析提示：本案的特殊性在于劳动者严重违反用人单位的规章制度，主观上存在故意，并且给用人单位造成了重大直接损失。劳动者因故意行为给用人单位造成实际损失的，如果双方劳动合同或者单位规章制度中明确规定了劳动者承担损失赔偿义务，用人单位有权要求劳动者承担。

（三）因除名、辞退和辞职、离职发生的争议

这类劳动争议产生的原因主要是因为劳动者主动或被动地解除劳动合同，终止了劳动权利和义务，其争议的焦点围绕着劳动权利和义务而展开，因此也属于劳动争议的范畴。需要明确的是，除名和辞退所依据的《企业职工奖惩条例》和《国营企业辞退违纪职工暂行规定》均已废止，因此，用人单位在解聘劳动者时不能再以此种形式进行，而应该依据《劳动法》《劳动合同法》的相关规定办理。

【小案例10-2】

2011年4月，吴伟与大华纺织品厂签订了为期5年的劳动合同。2012年12月，吴伟认识了异地女网友王某。此后，为了与王某见面，吴伟经常擅离工作岗位，在缺勤后再想方设法找班组长补假，班组长虽然多次对其进行批评教育，但吴伟依然不知悔改。于是，2013年6月10日，大华纺织品厂经厂长办公会讨论决定，以吴伟"经常旷工"为由将其辞退。当厂办人事主管向吴伟递送辞退通知书时，恰逢吴伟不在本地。其兄吴雄接到辞退通知书后，以吴伟与大华纺织品厂的劳动合同未到期为由向当地劳动争议仲裁委员会申请仲裁，请求撤销大华纺织品厂辞退吴伟的决定。劳动争议仲裁委员会接到申请书后，经审查，以吴雄不是与本案有直接利害关系的当事人为由，驳回其申请。请问：劳动争议仲裁委员会驳回吴雄的申请是否正确？

分析提示：当事人向劳动争议仲裁机构申请仲裁，必须是自身的劳动权益受到了侵犯，或与他人发生争议，要求仲裁机关予以保护。如果申请人与发生争议的劳动权益无直接的利害关系，就不能作为劳动争议当事人提出劳动争议仲裁。

（四）因工作时间、休息休假、社会保险、福利、培训以及劳动保护发生的争议

劳动者有权要求用人单位按照国家规定安排工作时间，有获得休息休假的权利，有参加社会保险的权利，有享受社会福利的权利，有接受劳动培训的权利，有享有劳动保护的权利等，用人单位则承担着与此相对应的义务。因用人单位未履行相关义务而发生的争议都是劳动争议的主要内容。

（五）因劳动报酬、工伤医疗费、经济补偿或者赔偿金等发生的争议

劳动报酬是指劳动者因从事生产活动所获得的全部报酬。用人单位在生产过程中支付给劳动者的全部报酬包括3部分：一是货币工资，即用人单位以货币形式直接支付给劳动者的各种工资、奖金、津贴、补贴等；二是实物报酬，即用人单位以免费或低于成本价提供给劳动者的各

种物品和服务等；三是社会保险，指用人单位为劳动者直接向政府和保险部门支付的失业、养老、人身、医疗、家庭财产等保险金。劳动报酬已成为劳动关系中最为重要的内容，是最为用人单位和劳动者所关注的问题，同时，也是最容易出现劳动争议的事由。工伤医疗费是工伤保险待遇的一项内容，职工因工作遭受事故伤害或者患职业病进行治疗，享受工伤医疗待遇。经济补偿金是在劳动合同解除或终止后，用人单位依法一次性支付给劳动者的经济上的补助。赔偿金是用人单位因违反劳动合同法的规定解除或终止劳动合同，给劳动者造成损失的，依法向劳动者支付的费用。

（六）法律、法规规定的其他劳动争议

第二节　劳动争议调解

一、劳动争议调解的概念

劳动争议调解是指劳动争议调解组织对用人单位和劳动者自愿申请调解的劳动争议，以事实为依据、以法律为准绳，通过说服、教育的方式，促使当事人双方达成解决劳动争议协议的活动。劳动争议调解是基层群众性组织对劳动争议所作的调解，是我国处理劳动争议的基本形式。

二、劳动争议调解组织

《劳动争议调解仲裁法》第10条规定，发生劳动争议，当事人可以到下列劳动争议调解组织申请调解：

（一）企业劳动争议调解委员会

企业劳动争议调解委员会，是在职工代表大会领导下，负责调解本企业内劳动争议，协调劳动关系的群众性组织。调解委员会由职工代表、企业行政代表和企业工会代表组成。职工代表由职代会选举产生，行政方由企业方指定，工会代表由企业工会指定。调解委员会的办事机构一般设在企业工会。在《劳动争议调解仲裁法》颁布实施以前，企业劳动争议调解委员会是唯一法定的处理劳动争议的民间调解组织。

企业劳动争议调解委员会的职责：（1）调解本企业内发生的劳动争议；（2）检查督促争议双方当事人履行调解协议；（3）对职工进行劳动

法律、法规的宣传教育，做好劳动争议的预防工作。

企业劳动争议调解委员会依法调解企业与职工之间发生的下列劳动争议：（1）因企业和职工单方解除劳动合同发生的争议；（2）因执行国家有关工资、社会保险、福利、培训、劳动保护的规定发生的争议；（3）因履行劳动合同发生的争议；（4）法律、法规规定应当调解的其他劳动争议。

（二）依法设立的基层人民调解组织

人民调解组织即人民调解委员会，它是调解民间纠纷的群众性组织。其基本形式是村民调解委员会和居民调解委员会。根据《人民调解委员会组织条例》第2条的规定，人民调解委员会在基层人民政府和基层人民法院的指导下进行工作。解决民间纠纷是人民调解委员会最核心的职能。

劳动争议调解组织的调解员应当为人公道正派、密切联系群众、热心调解工作，且具备一定的法律知识、政策水平和文化水平。

三、劳动争议调解的程序

（一）劳动争议调解的申请与受理

申请调解是当事人表明希望通过调解解决劳动争议的意思表示。发生劳动争议的劳动者一方10人以上，并有共同请求的，可以推举代表参加调解活动。当事人申请劳动争议调解可以采用书面形式，也可以采用口头形式。口头申请的，调解组织应当当场记录申请人基本情况、申请调解的争议事项、理由和时间。劳动争议发生后，当事人不愿协商或者协商不成并自愿调解的，应当及时申请。《企业劳动争议调解委员会组织及工作规则》规定，当事人应当自知道或应当知道其权利被侵害之日起30日内提出调解申请。

调解委员会接到调解申请后，应对调解申请书进行审查。对符合受理条件和范围的申请，应予受理。

（二）调解

对于简单的争议，可由调解委员会指定1~2名调解员进行调解；复杂的案件，由调解委员会主任主持召开由争议双方当事人参加的调解会议，有关单位和个人可以参加调解会议协助调解。调解员或调解委员会主任依据事实、法律及劳动合同的约定，促使双方当事人协商达成协议。

（三）调解协议

经调解达成协议的，应当制作调解协议书。调解协议书由调解委员会主任（简单争议由调解员）和双方当事人签名或盖章，并加盖调解委员会印章后生效。调解不成的，制作调解意见书，并及时送达当事人。

自劳动争议调解组织收到调解申请之日起15日内未达成调解协议的，当事人可以依法申请仲裁。

【小思考10-3】

因支付拖欠劳动报酬、工伤医疗费、经济补偿或者赔偿金事项达成调解协议，用人单位在协议约定期限内不履行的，劳动者应该如何应对？

答：劳动者可以持调解协议书依法向人法院申请支付令。人民法院应当依法发出支付令。

第三节　　劳动争议仲裁

一、劳动争议仲裁的概念

仲裁也称公断，其基本含义是由一个公正的第三人对当事人之间的争议做出评断。劳动争议仲裁是指由劳动争议仲裁委员会对劳动争议双方当事人争议的事项，依法做出裁决的活动。

二、劳动争议仲裁委员会

劳动争议仲裁委员会是指县、市、市辖区设立的裁决用人单位与劳动者之间发生的劳动争议的组织机构。

（一）劳动争议仲裁委员会的设立

根据《劳动争议调解仲裁法》第17条的规定，劳动争议仲裁委员会按照统筹规划、合理布局和适应实际需要的原则设立。省、自治区人民政府可以决定在市、县设立；直辖市人民政府可以决定在区、县设立。直辖市、设区的市也可以设立一个或者若干个劳动争议仲裁委员会。劳动争议仲裁委员会不按行政区划层层设立。

（二）劳动争议仲裁委员会的组成和职责

劳动争议仲裁委员会由劳动行政部门代表、工会代表和企业方面代表组成。劳动争议仲裁委员会组成人员应当是单数，并实行少数服从多数的原则。

劳动争议仲裁委员会的职责是：（1）聘任、解聘专职或者兼职仲裁员；（2）受理劳动争议案件；（3）讨论重大或者疑难的劳动争议案件；（4）对仲裁活动进行监督。

劳动争议仲裁委员会下设办事机构，负责办理劳动争议仲裁委员会的日常工作。

（三）劳动争议仲裁员

劳动争议仲裁委员会应当设仲裁员名册。仲裁员应当公道正派，并符合下列条件之一：（1）曾任审判员的；（2）从事法律研究、教学工作并具有中级以上职称的；（3）具有法律知识、从事人力资源管理或者工会等专业工作满5年的；（4）律师执业满3年的。

三、劳动争议案件的仲裁管辖

劳动争议案件的仲裁管辖，是指各级仲裁委员会之间、同级仲裁委员会之间对劳动争议案件的分工和权限。根据《劳动争议调解仲裁法》第21条规定，劳动争议仲裁委员会对劳动争议管辖主要有以下3种情形：一是由劳动争议仲裁委员会负责管辖本区域内发生的劳动争议。这是有关劳动争议仲裁地域管辖权的规定，即同级劳动争议仲裁委员会之间关于劳动争议案件的职权划分。同级劳动争议仲裁委员会的管辖权，原则上依行政区域划分。二是规定劳动争议由劳动合同履行地或者用人单位所在地的劳动争议仲裁委员会管辖。三是明确双方当事人分别向劳动合同履行地和用人单位所在地的劳动争议仲裁委员会申请仲裁的，由劳动合同履行地的劳动争议仲裁委员会管辖。

四、劳动争议案件的仲裁参加人

劳动争议案件的仲裁参加人包括劳动争议仲裁当事人（申请人、被申请人）、共同当事人（共同申请人）、第三人、仲裁代理人。

《劳动争议调解仲裁法》对劳动争议仲裁参加人做出了规定：

（1）当事人。发生劳动争议的劳动者和用人单位为劳动争议仲裁案件的双方当事人。同时扩大了当事人的范围，即劳务派遣单位或者用工单位与劳动者发生劳动争议的，劳务派遣单位和用工单位为共同当事人。

（2）第三人。与劳动争议案件的处理结果有利害关系的第三人，可以申请参加仲裁活动或者由劳动争议仲裁委员会通知其参加仲裁活动。

（3）代理人。代理人又有3种：一是委托代理人。所谓委托代理人，是指受当事人或者劳动争议仲裁委员会的委托，以被代理人的名义，在代理权限内代为参加劳动争议仲裁活动的仲裁参加人。当事人可以委托代理人参加仲裁活动。委托他人参加仲裁活动，应当向劳动争议仲裁委员会提交有委托人签名或者盖章的委托书，委托书应当载明委托事项和权限。二是法定代理人。丧失或者部分丧失民事行为能力的劳动者，由其法定代理人代为参加仲裁活动。三是指定代理人。无法定代理人的，由劳动争议仲裁委员会为其指定代理人。

【小思考10-4】

劳动争议案件中的第三人有哪些法律特征？

答：第一，为保护自己的权益而参加劳动仲裁；第二，因当事人或者劳动争议仲裁委员会加入劳动争议案件中；第三，以自己的名义参加劳动仲裁；第四，他人的劳动争议仲裁已经开始，在劳动争议仲裁机构做出裁决之前参加仲裁。与劳动争议案件的处理结果有利害关系的第三人，可以申请参加仲裁活动或者由劳动争议仲裁委员会通知其参加仲裁活动。

五、劳动争议案件的仲裁程序

劳动争议仲裁是诉讼的法定必经程序。劳动争议案件必须经过劳动争议仲裁委员会仲裁，否则，人民法院将不予受理。这就是所谓的"仲裁前置"原则。

（一）劳动争议仲裁的申请

根据《劳动争议调解仲裁法》的规定，申请人申请仲裁应当提交书面仲裁申请，并按照被申请人人数提交副本。仲裁申请书应当载明下列事项：

（1）劳动者的姓名、性别、年龄、职业、工作单位和住所，用人单位的名称、住所和法定代表人或者主要负责人的姓名、职务；

（2）仲裁请求和所根据的事实、理由；

（3）证据和证据来源、证人姓名和住所。

书写仲裁申请确有困难的，可以口头申请，由劳动争议仲裁委员会记入笔录，并告知对方当事人。

劳动争议申请仲裁的时效期间为1年。仲裁时效期间从当事人知道或者应当知道其权利被侵害之日起计算。劳动关系存续期间因拖欠劳动报酬发生争议的，劳动者申请仲裁不受仲裁时效期间的限制；但是，劳动关系终止的，应当自劳动关系终止之日起1年内提出。

【小案例10-3】

2012年4月3日，王某与庆和服装有限公司就工伤医疗费发生争议，多次与公司交涉未果，王某于2012年4月26日向企业劳动争议调解委员会申请调解。双方未达成调解协议。王某遂于2013年4月10日向当地劳动争议仲裁委员会申诉，仲裁委员会经审理后认为王某申请仲裁已过仲裁时效期间，做出不予受理的决定。王某不服，认为仲裁时效期间中断，起诉到人民法院。请问：劳动仲裁时效能否中断？

分析提示：《劳动争议调解仲裁法》第27条明确规定，仲裁时效期间为1年，并且可以中断、中止。王某与公司交涉、向企业劳动争议调解委员会提请调解的行为属于向对方当事人主张权利及向有关部门请求权利救济的行为，可以构成仲裁时效期间的重新计算。

（二）劳动争议仲裁的受理

劳动争议仲裁委员会收到仲裁申请之日起5日内，认为符合受理条件的，应当受理，并通知申请人；认为不符合受理条件的，应当书面通知申请人不予受理，并说明理由。对劳动争议仲裁委员会不予受理或者逾期未做出决定的，申请人可以就该劳动争议事项向人民法院提起诉讼。

劳动争议仲裁委员会受理仲裁申请后，应当在5日内将仲裁申请书副本送达被申请人。

被申请人收到仲裁申请书副本后，应当在10日内向劳动争议仲裁委员会提交答辩书。劳动争议仲裁委员会收到答辩书后，应当在5日内将答辩书副本送达申请人。被申请人未提交答辩书的，不影响仲裁程序的进行。

【小思考10-5】

仲裁机构是否要主动适用仲裁时效的规定？

答：《民法总则》明确规定，人民法院不得主动适用诉讼时效的规定。那么，仲裁机构是否要主动适用仲裁时效的规定？在实践中，仲裁机构是主动适用仲裁时效规定的。2017年2月13日，人社部发布了《劳动人事争议仲裁办案规则（修订草案）》（征求意见稿），删除了该规定，倾向于不再主动审查仲裁时效了。

（三）劳动争议仲裁的开庭与裁决

1.劳动争议仲裁庭

劳动争议仲裁委员会裁决劳动争议案件实行仲裁庭制。仲裁庭由3名仲裁员组成，设首席仲裁员。简单劳动争议案件可以由1名仲裁员独任仲裁。劳动争议仲裁委员会应当在受理仲裁申请之日起5日内将仲裁庭的组成情况书面通知当事人。仲裁员有下列情形之一的，应当回避，当事人也有权以口头或者书面方式提出回避申请：一是本案当事人或者当事人、代理人的近亲属的；二是与本案有利害关系的；三是与本案当事人、代理人有其他关系，可能影响公正裁决的；四是私自会见当事人、代理人，或者接受当事人、代理人的请客送礼的。劳动争议仲裁委员会对回避申请应当及时做出决定，并以口头或者书面方式通知当事人。

2.劳动争议仲裁的开庭审理

劳动争议仲裁开庭审理的具体程序包括开庭准备阶段、调查阶段、辩论阶段、评议阶段。

（1）开庭前的准备工作。

仲裁庭应当在开庭5日前，将开庭日期、地点书面通知双方当事人。当事人有正当理由的，可以在开庭3日前请求延期开庭。是否延期，由劳动争议仲裁委员会决定。申请人收到书面通知，无正当理由拒不到庭或者未经仲裁庭同意中途退庭的，可以视为撤回仲裁申请。被申请人收到书面通知，无正当理由拒不到庭或者未经仲裁庭同意中途退庭的，可以缺席裁决。

仲裁庭对专门性问题认为需要鉴定的，可以交由当事人约定的鉴定机构鉴定；当事人没有约定或者无法达成约定的，由仲裁庭指定的鉴定机构鉴定。根据当事人的请求或者仲裁庭的要求，鉴定机构应当派鉴定人参加开庭。当事人经仲裁庭许可，可以向鉴定人提问。

（2）质证和辩论。

对当事人提供的证据进行质证并由仲裁庭进行认证，是仲裁审理的主要内容。质证是当事人实现自己权利的重要手段，是仲裁庭认定事实的必经程序。当事人在仲裁过程中有权进行质证和辩论。质证和辩论终结时，首席仲裁员或者独任仲裁员应当征询当事人的最后意见。

（3）证据和举证责任。

当事人提供的证据经查证属实的，仲裁庭应当将其作为认定事实的根据。

在一般情况下，劳动争议案件的举证责任实行"谁主张，谁举证"的原则。劳动者无法提供由用人单位掌握管理的与仲裁请求有关的证据，仲裁庭可以要求用人单位在指定期限内提供。用人单位在指定期限内不提供的，应当承担不利后果。此时，法律将劳动者的举证责任转移由用人单位承担。

因用人单位做出的开除、除名、辞退、解除劳动合同、减少劳动报酬、计算劳动者工作年限等决定而发生的劳动争议，由用人单位负举证责任，即所谓的"举证责任倒置"。

（4）仲裁和解与仲裁调解。

当事人申请劳动争议仲裁后，可以自行和解。达成和解协议的，可以撤回仲裁申请。撤回仲裁后反悔的，可以再次向劳动争议仲裁委员会提出仲裁申请。

仲裁庭在做出裁决前，应当先行调解。调解达成协议的，仲裁庭应当制作调解书。调解书应当写明仲裁请求和当事人协议的结果。调解书由仲裁员签名，加盖劳动争议仲裁委员会印章，送达双方当事人。调解书经双方当事人签收后，发生法律效力。调解不成或者调解书送达前，一方当事人反悔的，仲裁庭应当及时做出裁决。

【小思考10-6】

仲裁和解与仲裁调解有什么区别？

答：仲裁和解与仲裁调解的区别表现在：（1）是否有第三方的介入。和解不需要第三方的介入，是双方当事人通过互谅互让达成的；调解是在仲裁委员会的主持下达成的。（2）发生的阶段不同。和解可以在劳动争议发生之后进行，也可以在劳动争议仲裁裁决做出之前进行；调解只能发生在仲裁阶段，一般是先协商和解，如果达不成和解的，则进行调解，也可以直接进行调解。（3）法律文书的生效条件不同。和解协议仅需劳动争议双方当事人的签字即可生效；调解协议书由双方当事人签名或者盖章，经调解员签名并加盖调解组织印章后生效。

3.劳动争议的仲裁裁决

（1）仲裁裁决。

仲裁庭裁决劳动争议案件，应当自劳动争议仲裁委员会受理仲裁申请之日起45日内结束。案情复杂需要延期的，经劳动争议仲裁委员会主任批准，可以延期并书面通知当事人，但是延长期限不得超过15日。逾期未做出仲裁裁决的，当事人可以就该劳动争议事项向人民法院提起诉讼。仲裁庭裁决劳动争议案件时，其中一部分事实已经清楚的，可以就该部分先行裁决。

裁决应当按照多数仲裁员的意见做出，少数仲裁员的不同意见应当记入笔录。仲裁庭不能形成多数意见时，裁决应当按照首席仲裁员的意见做出。裁决书应当载明仲裁请求、争议事实、裁决理由、裁决结果和裁决日期。裁决书由仲裁员签名，加盖劳动争议仲裁委员会印章。对裁决持不同意见的仲裁员，可以签名，也可以不签名。

（2）先予执行。

先予执行是民事诉讼法中的一项特殊制度，是指在终局执行前，由于权利人生活或生产经营的急需，法院裁定义务人预先向权利人给付一定数额的金钱或者财物的措施。

仲裁庭对追索劳动报酬、工伤医疗费、经济补偿或者赔偿金的案件，根据当事人的申请，可以裁决先予执行，移送人民法院执行。仲裁庭裁决先予执行的，应当符合下列条件：一是当事人之间权利义务关系明确；二是不先予执行将严重影响申请人的生活。劳动者申请先予执行的，可以不提供担保。

（3）终局裁决。

根据《劳动争议调解仲裁法》的规定，某些劳动争议，除该法另有规定的外，仲裁裁决为终局裁决，裁决书自做出之日起发生法律效力。这些劳动争议主要包括两类：一类是追索劳动报酬、工伤医疗费、经济补偿或者赔偿金，不超过当地月最低工资标准12个月金额的争议；另一类是因执行国家的劳动标准在工作时间、休息休假、社会保险等方面发生的争议。

（4）用人单位申请撤销仲裁裁决。

对于具有终局效力的仲裁裁决，用人单位有证据证明有下列情形之一的，可以自收到仲裁裁决书之日起30日内向劳动争议仲裁委员会所在地的中级人民法院申请撤销裁决：一是适用法律、法规确有错误的；二是劳动争议仲裁委员会无管辖权的；三是违反法定程序的；四是裁决所根据的证据是伪造的；五是对方当事人隐瞒了足以影响公正裁决的证据的；六是仲裁员在仲裁该案时有索贿受贿、徇私舞弊、枉法裁决行为的。

仲裁裁决被人民法院裁定撤销的，当事人可以自收到裁定书之日起15日内就该劳动争议事项向人民法院提起诉讼。

【小案例10-4】

王某于2007年7月进入某事业单位工作，属于事业编制工作人员，双方签订了聘用合同，聘用合同于2013年7月31日到期。该事业单位因王某聘期考核不合格，通知王某聘用合同到期终止，并为王某办理了聘用合同终止手续。王某主张单位应支付终止聘用合同的经济补偿金，因协商不成，王某于2014年4月提出仲裁申请要求单位支付经济补偿金。仲裁委员会经审理做出裁决，对申请人要求支付终止聘用合同经济补偿金的请求不予支持。

分析提示：事业单位人员包括编制内与编制外两种，对于编制内人员要求支付终止聘用合同经济补偿金的，目前并无相应的法律、法规支持。另外，事业单位与其编制外用工，应适用《劳动合同法》的相关规定。

第四节　　劳动争议诉讼

一、劳动争议诉讼的概念

劳动争议诉讼，是指劳动争议当事人不服劳动争议仲裁委员会的裁决，在法定期限内向人民法院提起诉讼，人民法院依法对受理的劳动争议案件进行审理的活动。此外，劳动争议一方当事人申请人民法院强制执行另一方当事人不履行仲裁委员会已发生法律效力的裁决书或者调解书的活动，也属于劳动争议诉讼的范畴。

诉讼程序不是劳动争议处理中的必经程序，只有劳动争议当事人对劳动争议仲裁委员会做出的裁决不服，在裁决做出 15 日内向人民法院提起诉讼，该程序才可能启动。因此，劳动争议的诉讼，是解决劳动争议的最终程序。

二、人民法院是劳动争议处理的最终司法机构

（一）人民法院对劳动争议案件的管辖

根据最高人民法院于 2001 年 4 月 30 日公布的《关于审理劳动争议案件适用法律若干问题的解释（一）》的规定，劳动争议案件由用人单位所在地或者劳动合同履行地的基层人民法院管辖。劳动合同履行地不明确的，由用人单位所在地的基层人民法院管辖。当事人双方就同一仲裁裁决分别向有管辖权的人民法院起诉的，后受理的人民法院应当将案件移送给先受理的人民法院。劳动争议诉讼其他管辖权的划分，依照《民事诉讼法》有关管辖的规定进行。

（二）人民法院对劳动争议案件的受理

人民法院受理劳动争议案件，应以劳动仲裁为前置程序，即当事人不服劳动争议仲裁委员会做出的裁决，依法向人民法院起诉或者仲裁机构逾期未做出裁决的，人民法院才予以受理。此外，人民法院受理劳动争议案件还必须具备以下条件：（1）起诉人必须是劳动争议的当事人或其委托代理人；（2）必须有明确的被告、具体的诉讼请求和事实根据；（3）必须在法律规定的期限内提起诉讼；（4）属于人民法院受理劳动争议的范围；（5）必须向有管辖权的法院提起诉讼。

最高人民法院发布的《关于审理劳动争议案件适用法律若干问题的解释》，适当地扩大了人民法院受理劳动争议案件的范围。劳动者与用人单位之间发生的下列纠纷，属于《劳动法》第2条规定的劳动争议，当事人不服劳动争议仲裁委员会做出的裁决，依法向人民法院起诉的，人民法院应当受理：（1）劳动者与用人单位在履行劳动合同过程中发生的纠纷；（2）劳动者与用人单位之间没有订立书面劳动合同，但已形成事实劳动关系后发生的纠纷；（3）劳动者退休后，与尚未参加社会保险统筹的原用人单位因追索养老金、医疗费、工伤保险待遇和其他社会保险费而发生的纠纷。

【小思考10-7】

某私营企业的职工许某持企业的工资欠条直接向人民法院起诉，只提出一个诉讼请求，即请求人民法院判决其所在企业支付拖欠的工资。对于此案，人民法院应当如何处理？

答：对于此案的处理可以参见最高人民法院《关于审理劳动争议案件适用法律若干问题的解释（二）》第3条的规定："劳动者以用人单位的工资欠条为证据直接向人民法院起诉，诉讼请求不涉及劳动关系其他争议的，视为拖欠劳动报酬争议，按照普通民事纠纷受理。"

（三）人民法院对劳动争议案件的审理

目前，在我国法院机构设置中并没有专门的劳动法庭，劳动争议案件是由人民法院的民事审判庭负责审理，与一般民事案件的审理程序相同，依照《民事诉讼法》规定的诉讼程序进行审理，实行的是四级两审终审制。

三、劳动争议诉讼案件的当事人

劳动争议诉讼案件的当事人，即原告和被告，其法律地位与权利义务与一般民事诉讼案件中的原告和被告基本相同，但也有其自身的特点。根据最高人民法院《关于审理劳动争议案件适用法律若干问题的解释》先后3次所作的相关规定，劳动争议案件的当事人按照以下方式确定：

（1）当事人双方不服劳动争议仲裁委员会做出的同一仲裁裁决，均向同一人民法院起诉的，先起诉的一方当事人为原告，但对双方的诉讼请求，人民法院应当一并做出裁决。

（2）用人单位与其他单位合并的，合并前发生的劳动争议，由合并后的单位为当事人；用人单位分立为若干单位的，其分立前发生的劳动争议，由分立后的实际用人单位为当事人。分立后的单位对其承受的劳动权利义务不明确的，分立后的单位均为当事人。

（3）用人单位招用尚未解除劳动合同的劳动者，原用人单位以新的用人单位和劳动者共同侵权为由向人民法院起诉的，新的用人单位和劳动者为共同被告。

（4）劳动者与起有字号的个体工商户产生的劳动争议诉讼，人民法院应当以营业执照上登记的字号为当事人，但应同时注明该字号业主的自然情况。

（5）劳动者因履行劳动力派遣合同产生劳动争议而起诉，以派遣单位为被告；争议内容涉及接收单位的，以派遣单位和接收单位为共同被告。

（6）劳动者和用人单位均不服劳动争议仲裁委员会的同一裁决，向同一人民法院起诉的，人民法院应当并案审理，双方当事人互为原告和被告。

（7）劳动者与未办理营业执照、营业执照被吊销或者营业期限届满仍然继续经营的用人单位发生争议的，应当将用人单位或者其出资人列为当事人。

（8）未办理营业执照、营业执照被吊销或者营业期限届满仍然继续经营的用人单位，以挂靠等方式借用他人营业执照经营的，应当将用人单位和营业执照出借方列为当事人。

（9）当事人不服劳动争议仲裁委员会做出的仲裁裁决，依法向人民法院提起诉讼，人民法院审查认为仲裁裁决遗漏了必须共同参加仲裁的当事人的，应当依法追加遗漏的人为诉讼当事人。被追加的当事人应当承担责任的，人民法院应当一并处理。

【法律小知识10-3】

　　参加劳动争议诉讼案件的还有第三人、诉讼代表人和诉讼代理人等。最高人民法院《关于审理劳动争议案件适用法律若干问题的解释》规定，用人单位招用尚未解除劳动合同的劳动者，原用人单位与劳动者发生的劳动争议，可以列新的用人单位为第三人。原用人单位以新的用人单位侵权为由向人民法院起诉的，可以列劳动者为第三人。诉讼代表人，是指为了便于诉讼，由人数众多的一方当事人推选出来，代表其利益实施诉讼行为的人。以当事人的名义，在一定权限范围内，为当事人的利益进行诉讼活动的人，称为诉讼代理人。

▶ 本章小结

　　在我国，劳动争议的处理主要有协商、调解、仲裁和诉讼4种方式。劳动争议发生后，当事人应当协商解决，协商一致后，双方可达成和解协议。当事人不愿协商或者协商不成，可以向本单位劳动争议调解委员会申请调解。协商和调解均不是处理劳动争议的必经程序。协商和调解达成的协议，由双方当事人自觉履行，没有强制执行力。当事人不愿协商、调解或者协商、调解不成的，可以向劳动争议仲裁委员会申请仲裁。仲裁是处理劳动争议的法定必经程序。对仲裁裁决无异议的，当事人必须履行，一方当事人在法定期限内不起诉又不履行仲裁裁决的，另一方当事人可以申请人民法院强制执行。对仲裁不服的，可以向人民法院起诉。人民法院做出的生效判决，双方当事人必须予以执行。

▶ 复习与思考

一、名词解释

劳动争议　个别劳动争议　集体劳动争议　权利争议　利益争议
劳动争议调解　劳动争议仲裁　先予执行　劳动争议诉讼

二、选择题

1.根据劳动法的规定，下列（　　）属于劳动争议。

A.某私营企业职工张某和王某在劳动过程中发生的争议

  B.某有限责任公司员工李某与当地劳动行政部门因工伤认定结论而发生的争议

  C.某国有企业退休职工胡某因退休费用的发放与社会保险经办机构发生的争议

  D.赵某与其受雇的个体工商户因加班费的支付发生的争议

  2.提出仲裁要求的一方应当自劳动争议发生之日起（ ）内向劳动争议仲裁委员会提出书面申请。

  A.3个月   B.6个月   C.60日   D.1年

  3.发生劳动争议，当事人可以（ ）向调解委员会提出调解申请。

  A.口头   B.书面

  C.口头或者书面   D.口头和书面

  4.我国劳动争议处理机构包括（ ）。

  A.企业劳动争议调解委员会

  B.劳动争议仲裁委员会

  C.人民法院

  D.人民检察院

  5.下列关于劳动争议的解决方式的表述，正确的是（ ）。

  A.劳动争议仲裁的裁决是终局的

  B.劳动仲裁和劳动诉讼均适用调解原则

  C.在劳动争议仲裁裁决做出前必须先行调解

  D.在当事人提起诉讼之前，必须先进行劳动仲裁

  6.下列说法错误的是（ ）。

  A.个别劳动争议是关于单个劳动关系的争议

  B.集体争议是工会与用人单位或其团体之间的争议

  C.集体争议不是团体争议

  D.团体争议就是集体争议

三、简答题

  1.简述我国劳动争议调解仲裁的范围。

  2.简述仲裁和解与仲裁调解的区别。

  3.简述人民法院受理劳动争议案件应具备的条件。

4.简述劳动争议的各种解决方式的法律效力。

四、案例分析题

1.某服装有限责任公司发生以下纠纷：（1）女职工王某在哺乳期被公司辞退发生的纠纷；（2）销售部经理张某因职务晋升问题与公司发生争议；（3）职工顾某因工伤医疗费问题与公司发生争议；（4）设计师吴某因公司私自调整其工作岗位与公司发生争议。王某、张某、顾某、吴某多次与公司协商均未解决争议。请问：（1）上述4项纠纷，哪些属于《劳动争议调解仲裁法》中规定的劳动争议？说明理由。（2）劳动争议可以通过哪些途径解决？它们之间是什么关系？

2.2015年2月26日，高某应聘到甲电子设备公司（以下简称甲公司）从事研发工作，合同期限2年，从2015年2月26日起至2017年2月25日止。2015年12月16日，甲公司解除了与高某之间的劳动合同，高某签订了离职保证书，承诺1年内不从事与原工作性质相同的工作。2016年2月12日，高某到乙电子设备公司工作，从事的工作与其在甲公司从事的工作性质基本相同。甲公司得知此消息后，以高某为被告提起诉讼。请问：（1）该纠纷是否属于劳动争议？（2）人民法院是否应受理该案件？

第十一章
社会保障法概述

▶ 学习目标

通过本章学习，重点掌握社会保险法律关系主体在社会保险活动中依法所享有的权利和承担的义务；掌握社会保障法的调整对象；了解社会保险关系主体因违反社会保险法律、法规而依法应当承担的法律后果。

▶ 案例导入

未签订书面劳动合同，是否有权要求用人单位办理社会保险？

田某于2008—2012年在某公司工作，双方没有签订劳动合同，公司也因此没有为田某缴纳养老保险、医疗保险、失业保险和住房公积金。田某离职后，双方因社会保险等问题产生纠纷。

本案中，用人单位应当为田某补办相应的社会保险并补缴住房公积金。这是因为，社会保障制度是一项以国家强制力来保障实施的制度，对于涉及社会成员基本保障权益的项目，如社会保险、住房公积金等，社会保障法制定了强制性规范，有关各方无论其意愿如何，都必须按照法律的规定执行。本案中，田某虽未与单位签订书面劳动合同，但双方已形成事实劳动关系，田某是用人单位的职工，单位必须按规定为他办理相应的社会保险及住房公积金项目。

资料来源　尹晓东，杨茂.劳动法与社会保障法学 [M].北京：中国政法大学出版社，2014.

第一节　　社会保障法的概念及调整对象

一、社会保障法的概念

社会保障法是调整社会保障关系的法律规范的总称。既包括以基本法律形式出现的社会保障法，也包括其他法律、法规中有关社会保障事项的规范，还包括具有法律效力的关于社会保障事项的地方性法规和规章。

二、社会保障法的特征

现代社会保障法实质上既是社会成员的生存权利保护法和社会安全法，同时也是社会稳定法和社会和谐法。作为现代法律体系的一个重要组成部分，社会保障法具有法的一般特征，同时，作为一个独立的法律部门，它还具有自己独有的特征。

1.社会保障法具有广泛的社会性

社会保障法是典型的社会法，社会性是其最主要的特征。社会保障法的社会性表现在以下几个方面：

（1）享受权利主体的普遍性。社会保障的对象具有普遍性，是该社会的全体社会成员，尤其是那些丧失劳动能力以及需要某些特殊帮助者。

（2）目的的社会性。社会保障法的目的是通过社会保障制度的构建，对社会财富进行再分配，调动社会力量保障公民的基本生活需求，维护社会的和谐与稳定，促进社会的发展。

（3）社会保障责任和义务的社会化。通过国家、用人单位和公民个人合理分担保障责任和义务，共同筹集社会保障所需资金，形成风险共担的社会保障机制，以分散社会成员的生存风险，使人人都能得到保障。

2.社会保障法律规范以强制性规范为主，任意性规范为补充

社会保障法中强制性规范主要体现在涉及社会成员基本保障权益的规定中，如社会保险，有关各方无论其意愿如何，都必须按照法律的规定执行。任意性规范主要体现在一些临时性、突发性事件中的社会保障规定中。例如，在灾害救助法律体系中，向受灾群众捐赠物品，就是一种任意性规范，不具有强制性，是否执行取决于当事人的个人意愿。

3.社会保障法是实体法与程序法的统一

社会保障法既有实体性法律规范，也有程序性法律规范。社会保障法调整的是一个在社会保障领域中由各种社会关系、各个运行环节组成

的系统，而各种关系又具有复杂性，因此社会保障法不仅应规定具体的权利义务，还应有维持制度正常运转的程序性规定。

4.社会保障法具有特定的立法技术

社会保障的运营须以数理计算为基础，因此社会保障法在立法上有较高的技术性，会经常用到"大数法则"和"平均数法则"，此外，还有一些保障项目在费率、范围等的确定上会常用到数理统计技术。如我国养老保险立法中的关键技术，涉及公民退休后平均存活年数的确定、养老保险基金的社会统筹范围的确定、养老保险费率的确定等种种问题，都需要运用数理统计技术来解决。

三、社会保障法的调整对象

社会保障法的调整对象是社会保障关系。社会保障关系就是以国家、社会保障职能机构和全体社会成员为主体，为了满足全体社会成员的基本生活需要并不断提高其生活水平，以及解决某些特殊社会群体的生活困难而发生的社会关系。理解社会保障法的调整对象需要明确社会保障关系的特征、要素和类型。

（一）社会保障关系的特征

1.社会保障关系产生于社会保障活动过程中

社会保障活动是产生社会保障关系的基础，没有社会保障活动就不会产生社会保障关系。

2.社会保障关系是人身关系和财产关系的结合

一方面，在社会保障的内容中，除社会福利具有广泛性以外，社会保险、社会救济、优抚安置都是针对特定社会群体的，或者需符合一定的条件、具备一定的主体身份才能享受这些保障项目，因此，社会保障关系是一种人身关系。另一方面，社会保障的核心是给付，通过给付使保障对象获得生活的基本需要，因此，社会保障关系又是一种典型的财产关系。

3.社会保障关系中的权利义务具有非对等性

在社会保障关系中，既有无须履行义务的法定权利，也有不享受任何权利的法定义务。如在社会救济、社会优抚和社会福利法律关系中，享受社会保障权利的公民，只要符合一定的条件或主体身份，不需要履行缴费等任何社会保障义务，即可享受社会保障权利。

4.社会保障关系是一种社会连带责任关系

社会保障法是典型的社会法，其中既有国家权力干预的关系，又有公民享受国家给付的权利的关系。通过社会保障权利与社会保障义务将国家、社会团体以及全体社会成员联系在一起，形成社会连带责任关系。

（二）社会保障法律关系的要素

任何一个具体的社会保障法律关系都必须同时包括主体、客体、内容3个要素，缺一不可。

1.社会保障法律关系的主体

社会保障法律关系的主体，是指参加社会保障法律关系、享受社会保障权利和承担社会保障义务的当事人。社会保障关系中的主体可以分为5类：国家和政府、用人单位、社会保障经办机构、委托单位和全体社会成员。其中，全体社会成员是社会保障的受益主体。社会保障的受益主体是指社会保障制度予以保护的某种社会利益的最终享受者；用人单位是社会保障的主要缴费主体；国家或者政府是社会保障的责任主体、行政主体；社会保障管理和经办机构是社会保障的服务主体。

2.社会保障法律关系的客体

社会保障法律关系的客体，即社会保障权利和社会保障义务所共同指向的对象。社会保障法律关系的客体一般指各种社会保障给付，包括现金、实物和服务的给付。现金给付包括：最低生活保障；社会保险待遇；物价、住房、交通等福利津贴；军人、烈士家属、离休干部、劳动模范优抚待遇等。实物给付包括：灾害救济；医疗、工伤、生育保险药品给付等。服务性给付包括：医疗、工伤、生育保险诊疗服务；职业培训；介绍服务；残疾人康复、就业服务；福利院、养老院、妇婴保健院等特殊服务。

3.社会保障法律关系的内容

社会保障法律关系的内容是指社会保障主体享有的社会保障权利和承担的社会保障义务。社会保障权利，是指社会保障法律关系中的权利主体，依照法律规定所享有的权利。包括3层含义：（1）权利主体依照法律规定享有某种社会保障给付的权利；（2）权利主体在法律规定的范围内，要求义务主体为一定行为或不为一定行为，以实现权利主体的某种利益；（3）权利主体在自己的社会保障权利遭受侵害时，或义务主体不履行义务时，可以通过调解、仲裁、诉讼程序，请求有关方面给予法律保护。

社会保障义务是指社会保障法律关系中的义务主体，为了满足权利主体的某种利益而为一定行为，或不为一定行为。包括两层含义：一是义务主体必须按照法律规定为一定行为，或不为一定行为；二是义务主体承担的义务，严格限定在法律规定的范围内，权利主体超出法定范围的要求，义务主体不承担责任。

（三）社会保障关系的分类

对于社会保障法所调整的社会保障关系可以用不同的标准做出多种分类。以社会保障的内容为标准，可以将社会保障关系分为社会保险关系、社会救助关系、社会福利关系和社会优抚关系。以社会保障行为为标准，可以将社会保障关系分为社会保障管理关系、社会保障基金筹集关系、社会保障基金给付关系、社会保障基金运营关系、社会保障监督关系等。以社会保障关系主体为标准，可以将社会保障关系分为以下7类：（1）政府与全体社会成员之间的关系；（2）政府与社会保障经办机构之间的关系；（3）社会保障经办机构与社会成员之间的关系；（4）社会保障职能机构与用人单位之间的关系；（5）用人单位与劳动者之间的关系；（6）社会保障职能机构相互之间的关系；（7）社会保障监督关系。

四、社会保障法的基本原则

社会保障法的基本原则是指集中体现社会保障法的本质和精神，主导整个社会保障法体系，为社会保障法调整社会保障关系所应遵循的根本准则。具体地说，社会保障法有以下几项基本原则：

1.生存权保障原则

生存权是公民在社会中健康生活，进而享受经济、政治、文化各项权利的基础，脱离了生存权的保障，其他各项权利就无从谈起，生存权是现代社会保障立法的起点和归宿。从公民的生存权角度讲，保障公民的基本生活需要是社会保障法的首要原则。当社会成员因为各种原因遭遇生存危机时，国家和社会有义务为其提供基本的物质帮助或者服务，使其有尊严的生活下去。

2.普遍性原则

普遍性原则是指社会保障的实施范围应包括所有社会成员，强调一切社会成员享有社会保障的共同权利。《中华人民共和国宪法》第45条规定："中华人民共和国公民在年老、疾病或者丧失劳动能力的情况下，有从国家和社会获得物质帮助的权利。国家发展为公民享受这些权利所需要的社会保险、社会救助和医疗卫生事业。"每一个公民都平等地享有在其发生生活困难时从国家和社会获得这种物质帮助的权利。正因为保障范围的普遍性，社会保障法才有其稳定社会、保障社会成员生活安全的意义。

3.保障水平与经济发展水平相适应的原则

社会保障制度的建立和发展，要与社会发展阶段和经济发展水平相适应。我国的基本国情就是建立和发展社会保障的立足点。在制定有关社会保障的项目、标准的立法时，一定要从我国经济发展的实际情况出发，从国家、社会以及公民个人可能负担的财力、物力实际出发。

4.公平与效率兼顾的原则

社会保障法是最直接体现社会公平价值的法律规范。社会保障制度本身就是为了实现社会公平应运而生的一种制度，它是在经济发展过程中由国家和社会对社会财富进行的再分配，以调整因社会财富初次分配所带来的不均等情况。这里的"公平"包含两层含义：一是从社会保障权利享受来讲，必须人人平等；二是社会保障待遇的确定，力求遵循平衡原则。社会保障法在追求公平的目标的同时，不能忽视效率，必须兼顾公平与效率，使二者和谐统一、相辅相成。

5.社会共同责任原则

伴随着人类社会工业化进程而出现的失业、伤残、疾病、老龄等危及生活来源的风险，在很大程度上是社会因素导致的，完全由个人承担后果是不公平的，也是不可能的。这就要求国家、社会、全体社会成员共同分担风险。因此，必须通过强制性的立法建立社会共同责任机制，尽可能动员全社会力量来共同参与社会保障事业，从而维护正常的社会秩序，促进社会的发展和进步。

【小思考11-1】

社会保障法与劳动法的关系如何？

答：社会保障法与劳动法是相互独立、相互并列又密切联系的两个法律部门。社会保障法与劳动法的联系具体表现在：第一，社会保障法是在劳动法的基础上发展起来的。第二，劳动法的调整对象与社会保障法的调整对象在社会保险领域存在交叉。第三，社会保障法对劳动法功能的发挥有补充和促进作用。社会保障法与劳动法的区别主要体现在：调整对象不同、法律关系主体不同、基本原则和立法目的不同。

第二节　　社会保障法的体系

社会保障法的体系是社会保障法各个有机构成部分所组成的系统。我国社会保障法律体系是以单行法律为框架，以相关的行政法规、部门规章、司法解释等为扩散，以其他法律中涉及社会保障的规范为补充的法律体系。这些单行法律之间、法律与法规之间、法规和规章之间是既相互独立又相互联系的整体。它们之间存在客观的分工，各自规范着一定范围内的社会保障关系，彼此之间相互协调，互相配合，共同构成了一个完整的社会保障法律体系。

按照社会保障的内容不同，社会保障法律体系由社会保险法、社会救助法、社会福利法和社会优抚法构成。

一、社会保险法

社会保险法是社会保障法的重要组成部分，在社会保障法律体系中居于核心地位，是保障劳动者在因年老、疾病、伤残、生育、死亡等风险事故暂时或永久失去劳动能力或失去工作，收入发生中断、减少甚至丧失的情况下，给予物质帮助，使其能保持基本生活水平的社会保障制度。社会保险法包括养老保险、医疗保险、工伤保险、失业保险以及生育保险。我国《社会保险法》对社会保险项目体系、实施范围与实施对象、缴费与待遇支付、社会保险经办、基金运营与监督、社会保障争议的处理等内容做出了法律规定。有关社会保险法的具体介绍将在本章第三节展开。

二、社会救助法

社会救助法是国家和社会向难以维持最低生活水平的公民提供物质援助，以确保其最低生活需要的一项社会保障法律制度。社会救助属于社会保障体系的最低层次，也是最早形成的社会保障制度。自2005年以来，我国有关部门就着手起草《社会救助法》并公开征求意见。2009年4月，国务院公布了《中华人民共和国社会救助法（草案）》。2014年2月，国务院公布《社会救助暂行办法》，对社会救助各项事务进行规定。

我国虽没有统一的社会救助法，但是新中国成立60多年来，我国社会救助法律制度已由早期的临时性紧急生活救助逐渐发展成为以最低生活保障制度、农村"五保"供养制度为核心，以医疗救助、住房救助、教育救助等专项救助为辅助，以临时救助、社会帮扶为补充的覆盖城乡的新型社会救助体系。但我国的社会救助法律规范立法层次较低，且整体性、关联性和一致性较差，统一的社会救助法典呼之欲出。

三、社会福利法

社会福利法是国家和社会为提高全体公民的物质和精神生活水平而为国民提供的普惠性物质和精神服务的社会保障法律的统称，是社会保障法体系的最高层次。我国并没有统一的社会福利法，但是在20世纪90年代以后，我国社会福利制度加快了立法进程，先后颁布了《残疾人保障法》《未成年保护法》《妇女权益保障法》《母婴保健法》等一系列法律法规。现已基本形成了由住房福利、卫生福利、教育福利、文化康乐福利、环境福利等组成的公共福利，为劳动者建立的职业福利，为老年人、妇女、儿童、少年、残疾人等社会弱势群体建立的专门福利及社区福利4部分构成的社会福利体系。

【法律小知识11-1】

社会保障与社会福利是两个不同的概念，但两者经常被混同使用。广义的社会福利包括社会保障，狭义的社会福利和社会保险、社会救助、社会优抚一样，是社会保障的子项目。广义的社会福利也可称为"大社会福利"，狭义的社会福利可称为"小社会福利"。社会福利包括政府福利和非政府福利，政府福利即社会保障；非政府福利包括民间救助、宗教慈善、企业福利和商业人身保险等。

四、社会优抚法

社会优抚是针对为国家和社会做出重大贡献的特殊社会成员及其家属提供物质帮助和精神鼓励的法律制度。社会优抚主要包括军人及烈属的优待、抚恤制度和军人安置制度。2007年以来，我国先后颁布和修订了《中华人民共和国兵役法》《军人抚恤条例》《烈士褒扬条例》《退役士兵安置条例》《烈士公祭办法》《烈士安葬办法》《军队离休退休干部服务管理办法》等法律法规。

第三节　社会保险法

一、社会保险法概述

（一）社会保险法的概念和性质

社会保险法是调整社会保险法律关系的法律规范的总和。国家建立基本养老保险、基本医疗保险、工伤保险、生育保险等社会保险制度，保障公民在年老、疾病、工伤、失业、生育等情况下依法从国家和社会获得物质帮助的权利。社会保险制度坚持广覆盖、保基本、多层次、可持续的方针，社会保险水平应当与社会发展水平相适应。

社会保险关系的性质既不能等同于平等主体之间的私法关系，也不同于基于行政职权的服从而形成的公法关系，其具有公私混合的社会法属性。因此，社会保险法具有社会法属性。

【法律小知识11-2】

古罗马将全部法律划分为政治国家的法和市民社会的法，前者称为"公法"，以权力为核心，其运作表现为命令与服从，其内容表现为政治秩序和国家利益；后者则称为"私法"，以权利为核心，以人的平等和自治为基本理念，其内容体现为私人利益。在现代社会，公法与私法的界限在一些领域变得模糊了，形成了既非公法又非私法，公法与私法相互渗透的新领域。有学者将公法和私法之外的所谓第三法领域称为社会法。这是对社会法最为广义的界定。也有学者认为，社会法就是指社会保障，这是一种狭义的界定。

（二）社会保险法律关系的要素

社会保险法律关系有广义和狭义之分。广义的社会保险关系是指社会保险关系的主体在社会保险活动中，依据社会保险法形成的权利义务关系。具体包括社会保险资金筹集关系、社会保险待遇支付关系、社会保险监督关系以及社会保险争议解决关系等。狭义的社会保险法律关系则指社会保险当事人之间依法形成的收取和缴纳社会保险费、支付和享受社会保险待遇的相互权利、义务关系。从具体内容上看，狭义的社会保险法律关系主要包括征缴主体、雇主和雇员基于社会保险费用征缴而产生的法律关系以及给付主体、给付辅助机构与被保险人（包括被保险人之外的其他保险对象）基于社会保险待遇给付而发生的法律关系。

社会保险法律关系的要素是指构成法律关系的必要条件，包括主体、客体和内容。

1.社会保险法律关系的主体

社会保险法律关系的主体是指依法参加社会保险法律关系，享受社会保险权利和承担社会保险义务的人。具体包括：

（1）保险人。又称承保人，在我国称为社会保险经办机构，是依法经办社会保险业务的机构，主要包括社会保险费用征缴主体和社会保险待遇给付主体。我国当前的社会保险经办机构主要是由劳动保障行政部门按照国务院有关规定设立的，受劳动保障行政部门管理，在法律性质上属于相对独立的、事业性的、非营利性的法人机构。

（2）被保险人。亦称受保人，是指对社会保险标的享有保险利益，并享有社会保险待遇给付请求权的主体。一般指已由用人单位为其投保或已由本人投保社会保险的劳动者。根据被保险人资格取得方式，被保险人可以分为两种：强制被保险人和任意被保险人。强制被保险人是指依据法律规定必须参加社会保险的被保险人，其被保险人资格的取得基于法律规定。任意被保险人是指符合法定条件，通过申请而取得参加社会保险资格的被保险人。

（3）被保险人以外的其他保险对象。被保险人以外的其他保险对象是指除了被保险人之外的其他享有社会保险待遇给付请求权的人，一般限于法定范围内的与被保险人存在亲属关系的主体。被保险人以外的其他保险对象与保险人之间并不存在社会保险关系，其保险待遇给付请求权是由被保险人权力转移或延伸而来。如劳动和社会保障部颁布的《因工死亡职工供养亲属范围规定》，对被保险人因工死亡时，其他可以请领工伤保险待遇的保险对象的资格的取得和丧失进行了规定。根据其规定，死亡职工供养亲属，是指该职工的配偶、子女、父母、祖父母、外祖父母、孙子女、外孙子女、兄弟姐妹。

（4）投保人。亦称要保人，是指为保险人建立社会保险关系，缴纳社会保险费用的主体。投保人主要是指用人单位，在有的情况下，劳动者个人也是投保人。例如，无雇工的个体工商户、未在用人单位参加基本养老保险、基本医疗保险的非全日制从业人员以及其他灵活就业人员可以参加基本养老和医疗保险，费用由个人缴纳。

（5）社会保险辅助机构。社会保险辅助机构是指对社会保险制度的运行起协助作用的专业机构，如医疗保险和工伤保险中的定点医疗机构。医疗服务机构主要分为3类：主管机关指定的医疗服务机构、社会保险经办机构指定的医疗服务机构以及社会保险经办机构开设的医疗服务机构。

（6）监督人。监督人是指在社会保险法律关系的运行过程中享有监督权利和职责的主体。《社会保险法》第十章根据监督主体及其内容的不同，将社会保险监督分为人大监督、行政监督、专门机关的监督、社会监督、财政和审计监督、工会监督、司法监督。

2.社会保险法律关系的客体

社会保险法律关系的客体是指社会保险法律关系的权利、义务所指向的对象。社会保险法律关系的客体主要是社会保险费用征缴行为、社会保险待遇给付行为以及社会保险监督行为。

3.社会保险法律关系的内容

社会保险法律关系的内容是指社会保险法律关系主体在社会保险活动中依法所享有的权利和承担的义务。

二、社会保险法律关系的内容

（一）社会保险费用征缴

社会保险费用征缴法律关系的内容是指社会保险主体在保费征收和缴纳过程中所享有的权利和承担的义务，具体包括：

1.征缴主体的权利义务

社会保险费用的征缴主体主要指的是依法履行行政职权的社会保险经办机构和社会保险费征收机构，其实施的行为具有权利和义务的混合性，但更多的是应承担履行相应职责的义务。根据《社会保险法》第8条的规定，社会保险经办机构提供社会保险服务，负责社会保险登记、个人权益记录、社会保险待遇支付等工作。

（1）社会保险登记。《社会保险法》第57条规定，用人单位应当自成立之日起30日内凭营业执照、登记证书或者单位印章，向当地社会保险经办机构申请办理社会保险登记。社会保险经办机构应当自收到申请之日起15日内予以审核，发给社会保险登记证件。

（2）社会保险的个人权益记录。《社会保险法》第74条规定，社会保险经办机构应当及时为用人单位建立档案，完整、准确地记录参加社会保险的人员、缴费等社会保险数据，妥善保管登记、申报的原始凭证和支付结算的会计凭证。社会保险经办机构应当及时、完整、准确地记录参加社会保险的个人缴费和用人单位为其缴费，以及享受社会保险待遇等个人权益记录，定期将个人权益记录单免费寄送本人。

（3）征收社会保险费。《社会保险法》第61条、第63条规定，社会保险费征收机构应当依法按时足额征收社会保险费，并将缴费情况定期告知用人单位和个人。用人单位未按时足额缴纳社会保险费的，由社会保险费征收机构责令其限期缴纳或者补足。用人单位逾期仍未缴纳或者补足社会保险费的，社会保险费征收机构可以向银行和其他金融机构查询其存款账户；并可以申请县级以上有关行政部门做出划拨社会保险费的决定，书面通知其开户银行或者其他金融机构划拨社会保险费。用人单位账户余额少于应当缴纳的社会保险费的，社会保险费征收机构可以要求该用人单位提供担保，签订延期缴费协议。用人单位未足额缴纳社会保险费且未提供担保的，社会保险费征收机构可以申请人民法院扣押、查封、拍卖其价值相当于应当缴纳社会保险费的财产，以拍卖所得抵缴社会保险费。

（4）其他社会保险服务。如相关的咨询服务、信息公开服务、保密义务、社会保险稽核以及监督职责等。

2.用人单位的权利义务

在《社会保险法》中，用人单位的权利义务具有不对称性，其主要是义务承担者，所享有的权利多是在履行社会保险的登记、费用缴纳过程中产生的程序性权利，如查询保费登记记录的权利、咨询的权利等。

（1）登记义务。《社会保险法》第57条、第58条规定，用人单位应当自成立之日起30日内凭营业执照、登记证书或者单位印章，向当地社会保险经办机构申请办理社会保险登记。用人单位的社会保险登记事项发生变更或者用人单位依法终止的，应当自变更或者终止之日起30日内，到社会保险经办机构办理变更或者注销社会保险登记。用人单位应当自用工之日起30日内为其职工向社会保险经办机构申请办理社会保险登记。

（2）缴费义务。《社会保险法》第60条规定，用人单位应当自行申报、按时足额缴纳社会保险费，非因不可抗力等法定事由不得缓缴、减免。职工应当缴纳的社会保险费由用人单位代扣代缴，用人单位应当按月将缴纳社会保险费的明细情况告知本人。

（3）协助义务。《社会保险法》第74条规定，社会保险经办机构通过业务经办、统计、调查获取社会保险工作所需的数据，有关单位应当及时、如实提供。

3.被保险人的权利义务

（1）请求用人单位履行登记、缴费义务的权利。就雇佣劳动者而言，其社会保险登记以及社会保险费用的缴纳全部由雇主承担，当雇主逾期未履行相关义务时，劳动者可以请求雇主履行社会保险登记、缴费义务。

（2）自行办理社会保险登记和缴费的权利。根据《社会保险法》第58、60条的规定，自愿参加社会保险的无雇工的个体工商户、未在用人单位参加社会保险的非全日制从业人员以及其他灵活就业人员，应当向社会保险经办机构申请办理社会保险登记，可以直接向社会保险费征收机构缴纳社会保险费。

（3）缴费义务。在部分社会保险险种中，被保险人需要自己承担缴费义务，如基本养老保险、医疗保险和失业保险的相关法规规定，参保个人应该缴纳部分社会保险费，职工应当缴纳的社会保险费由用人单位代扣代缴。

（4）协助义务。协助义务是指被保险人应该协助用人单位办理相关的社会保险登记、费用缴纳等手续。

> **【小案例 11-1】**
>
> 　　北京市某中外合作企业与职工江某在签订劳动合同的同时，签订了一份《社会保险确认书》，约定江某同意企业不为其缴纳养老保险等社会保险费用，企业为江某每月加付工资 100 元作为补偿。江某工作两年后被公司辞退而引发劳动争议。江某向劳动争议仲裁委员会申请仲裁，要求所在企业为其补缴养老保险等社会保险费用。对于补缴社会保险费用的请求，企业认为江某在《社会保险确认书》中同意企业不为其办理养老等社会保险，而且企业每个月已为江某多付 100 元的工资，因此没有必要为江某再补交养老保险等社会保险费用。请问此案应该如何处理？①
>
> 　　分析提示：参加社会保险，缴纳社会保险费是用人单位和劳动者的法定义务，不得以任何方式逃避和放弃。因此，任何关于放弃缴纳社会保险费的约定、合同都因违反法律的强制性规定而无效。本案中，企业和江某之间"免缴社会保险费的约定"虽然是当事人协商一致的结果，但违反了法律的强制性规定，没有法律效力，不受法律保护。

（二）社会保险待遇给付

社会保险待遇给付法律关系涉及被保险人、给付主体、社会保险辅助机构相互之间的法律关系，社会保险待遇给付法律关系的内容是指以上三方在保险待遇给付过程中所享有的权利和义务。

1. 给付主体的权利义务

（1）给付保险待遇。是指给付主体必须及时、足额地向符合条件的被保险人提供社会保险待遇。对于给付义务的履行，可以由保险人直接给付，也可以由其委托第三方代为履行。

（2）支付服务费用的义务。给付主体基于行政合同将自己的保险待遇给付义务部分或者全部委托给辅助机构，因此，应该向辅助机构支付相应的费用。根据《城镇职工基本医疗保险定点医疗机构管理暂行办法》以及《城镇职工基本医疗保险定点零售药店管理暂行办法》

---

① 郑功成. 中华人民共和国社会保险法释义与适用指引 [M]. 北京：中国劳动社会保障出版社，2012.

的规定，社会保险经办机构按规定在具备资格的医疗机构或定点零售药店范围内选择定点，与其签订服务协议，按时足额与定点医疗机构、零售药店结算医疗费用。保险人应该享有选定、监督和撤销辅助机构的权利。

此外，给付主体享有的权利还包括确认社会保险请求权的权利以及对辅助机构的记录、处方、账单、收据及有关文件资料进行审核的权利等。

2.被保险人的权利义务

被保险人依法享有请求保险人给付保险待遇的权利，该请求权的行使必须满足法定的条件，包括参加社会保险、缴纳社会保险费以及发生保险事故等。被保险人在行使其社会保险待遇给付请求权时，必须承担相应的协助义务。例如，提供相应的社保资格证明，向医疗服务机构告知自身的情况等。

3.社会保险辅助机构的权利义务

（1）提供辅助服务的义务。辅助机构依法对保险和被保险人负有提供辅助服务的义务。

（2）相应的辅助义务。辅助机构在主要履行社会保险辅助服务的义务时，也应该承担相应的其他辅助义务，如登记义务。医疗服务机构要按医疗保险管理规定，按时、准确录入并传输有关信息，保证信息的准确与完整，协助社会保险经办机构建立和完善各种基础数据库，及时完成信息的变更和维护等工作。定点医疗机构应严格按照医疗服务价格项目规范及相应的收费标准记账、收费、申报。超项目规范及费用标准，社保经办机构有权不予支付。

（3）请求支付服务费用的权利。辅助机构基于行政合同的委托，替代履行了相应的社会保险给付，因此，基于行政合同的约定，对给付主体享有支付服务费用的请求权。

（4）确认社会保险待遇请求权及其内容的权利。如要求被保险人出示身份证以及相关社会保险资格证明等。

（三）社会保险基金

社会保险基金是指为了保障保险对象的社会保险待遇，按照我国相关法律法规及相关规定，由缴费单位和缴费个人分别按缴费基数的一定比例缴纳以及通过其他合法方式筹集的专项资金。《社会保险法》第八章对社会保险基金的类别、管理和统筹层次、社会保险基金的收支平衡和政府责任、社会保险基金预算、基金存入财政专户、基金的保值增值、信息公开等均作了规定。

社会保险基金包括基本养老保险基金、基本医疗保险基金、工伤保险基金、失业保险基金和生育保险基金。各项社会保险基金按照社会保险险种分别建账，分账核算，执行国家统一的会计制度。社会保险基金存入财政专户，专款专用，任何组织和个人不得侵占或者挪用。基本养老保险基金逐步实行全国统筹，其他社会保险基金逐步实行省级统筹。

社会保险基金通过预算实现收支平衡。县级以上人民政府在社会保险基金出现支付不足时，应给予补贴。社会保险基金按照统筹层次设立预算。社会保险基金预算按照社会保险项目分别编制。社会保险基金预算、决算草案的编制、审核和批准，依照法律和国务院规定执行。

社会保险基金在保证安全的前提下，按照国务院规定投资运营实现保值增值。社会保险基金不得违规投资运营，不得用于平衡其他政府预算，不得用于兴建、改建办公场所和支付人员经费、运行费用、管理费用，或者违反法律、行政法规规定挪作其他用途。社会保险经办机构应当定期向社会公布参加社会保险情况以及社会保险基金的收入、支出、结余和收益情况。

国家设立全国社会保障基金，由中央财政预算拨款以及国务院批准的其他方式筹集的资金构成，用于社会保障支出的补充、调剂。全国社会保障基金由全国社会保障基金管理运营机构负责管理运营，在保证安全的前提下实现保值增值。全国社会保障基金应当定期向社会公布收支、管理和投资运营的情况。国务院财政部门、社会保险行政部门、审计机关对全国社会保障基金的收支、管理和投资运营情况实施监督。

（四）社会保险监督

在社会保险覆盖面不断扩大和社会保险基金的收支规模迅速膨胀的今天，社会保险基金的监督受到日益广泛的关注。《社会保险法》的出台，在已有社会保险监督制度的基础上，建立起了框架较为齐备、内容基本完整的多主体、多层次的社会保险法律监督体系。

1.各级人民代表大会及其常委会的监督

《社会保险法》第76条规定，各级人民代表大会常务委员会听取和审议本级人民政府对社会保险基金的收支、管理、投资运营以及监督检查情况的专项工作报告，组织对本法实施情况的执法检查等，依法行使监督职权。

2.县级以上各级政府社会保险行政部门的监督

《社会保险法》第77条、第79条规定，县级以上人民政府社会保险行政部门应当加强对用人单位和个人遵守社会保险法律、法规情况的监督检查。社会保险行政部门对社会保险基金的收支、管理和投资运营情况进行监督检查，发现存在问题的，应当提出整改建议，依法做出处理决定或者向有关行政部门提出处理建议。社会保险基金检查结果应当定期向社会公布。

3.社会保险监督委员会的监督

《社会保险法》第80条规定，统筹地区人民政府成立由用人单位代表、参保人员代表，以及工会代表、专家等组成的社会保险监督委员会，掌握、分析社会保险基金的收支、管理和投资运营情况，对社会保险工作提出咨询意见和建议，实施社会监督。社会保险监督委员会发现社会保险基金收支、管理和投资运营中存在问题的，有权提出改正建议；对社会保险经办机构及其工作人员的违法行为，有权向有关部门提出依法处理建议。

4.财政、审计部门的行政监督

《社会保险法》第78条规定，财政部门、审计机关按照各自职责，对社会保险基金的收支、管理和投资运营情况实施监督。

5.工会组织的监督

《社会保险法》第9条规定，工会依法维护职工的合法权益，有权参与社会保险重大事项的研究，参加社会保险监督委员会，对与职工社会保险权益有关的事项进行监督。

6.来自社会公众举报、投诉的非正式监督

《社会保险法》第82条规定，任何组织或者个人有权对违反社会保险法律、法规的行为进行举报、投诉。

此外，《社会保险法》第83条规定了社会保险争议的解决办法。用人单位或者个人认为社会保险费征收机构的行为侵害自己合法权益的，可以依法申请行政复议或者提起行政诉讼。用人单位或者个人对社会保险经办机构不依法办理社会保险登记、核定社会保险费、支付社会保险待遇、办理社会保险转移接续手续或者侵害其他社会保险权益的行为，可以依法申请行政复议或者提起行政诉讼。个人与所在用人单位发生社会保险争议的，可以依法申请调解、仲裁，提起诉讼。用人单位侵害个人社会保险权益的，个人也可以要求社会保险行政部门或者社会保险费征收机构依法处理。

（五）法律责任

违反社会保险法的责任是指社会保险关系主体因违反社会保险法律、法规而依法应当承担的法律后果。违反社会保险法的责任主体包括用人单位、劳动者以及社会保险经办机构、社会保险行政部门等管理部门。承担法律责任的既可能是自然人，也有可能是法人和政府机关。违反社会保险法的法律责任包括民事法律责任、行政法律责任（包括以公务员处分为主体的内部行政责任和以行政处罚为主体的外部行政责任）、刑事法律责任3种形态。

【资料链接11-1】

"死人"领取养老金

我国不少地方均发生过"死人"领取养老金的情形。2006年陕西省汉中市社保部门对离退休人员养老金领取资格进行年度审验时发现，汉中市205名"死人"冒领养老金15万元。甘肃省曾发生131个"死人"领走65万养老金的案件。在陕西省阳泉市，曾有这样一种怪现象：即使得知朋友家人去世的消息，也不敢前去吊唁。如果去了，轻则被人告知"没这事儿"，重则将招来一顿臭骂。知情人告诉记者，其原因在于，死人的消息如果不公开，必定能够多领几个月工资或养老金。渐渐地，领"死人钱"在阳泉已经见怪不怪，习以为常了。"死人"领取养老金，根据《社会保险法》第88条的规定，应当追回骗取的社会保险金并予以制裁，处以骗取金额的2倍以上5倍以下的罚款，情节严重构成犯罪的，应当依法追究刑事责任。针对"死人"领取养老保险金的骗保行为，一些地方设置了"年度检验"制度，这种年度审验的成本相当高昂，并且每年进行一次仍无法杜绝死人冒领保险金的情况。更为适当的方法是，当发生公民死亡等情形时，由公安机关及时通报社会保险经办机构。之后，相关部门及时办理退保手续，彻底避免这种违法行为的发生。①

▶ 本章小结

社会保障法是调整社会保障关系的法律规范的总称。其调整对象是社会保障关系。社会保障法律关系的主体包括国家和政府、用人单位、社会保障经办机构、委托单位和公民。社会保障法律关系的客体一般指各种社会保障给付，包括现金、实物和服务的给付。社会保障法律关系的内容是指社会保障主体享有的社会保障权利和承担的社会保障义务。按照社会保障的内容不同，社会保障法律体系由社会保险法、社会救助法、社会福利法和社会优抚法构成。社会保险法是调整社会保险法律关系的法律规范的总和。社会保险法具有社会法属性。社会保险关系主体因违反社会保险法律、法规依法应当承担相应的法律后果。违反社会保险法的法律责任包括民事法律责任、行政法律责任、刑事法律责任3种形态。

▶ 复习与思考

一、名词解释

社会保障法　社会保障关系　社会保险法　社会保险关系　保险人　被保险人　投保人　监督人

二、选择题

1.社会保障法最主要的特征是（　　　　）。

A.强制性　　　　B.社会性　　　　C.公平性　　　　D.普遍性

2.社会保障法最根本的渊源是（　　　　）。

A.宪法　　　　B.行政法规　　　　C.部门规章　　　　D.地方性法规

---

① 郑功成. 中华人民共和国社会保险法释义与适用指引［M］. 北京：中国劳动社会保障出版社，2012.

3.社会保险法律关系中的被保险人特定为（　　）。

A.职工　　　　　　　　　　B.用人单位和职工

C.用人单位　　　　　　　　D.专门的保险机构

4.社会保障法律体系包括（　　）。

A.社会保险法　　　　　　　B.社会救助法

C.社会福利法　　　　　　　D.社会优抚法

5.关于社会保险制度，（　　）是正确的。

A.国家建立社会保险制度，是为了使劳动者在年老、患病、工伤、失业、生育等情况下获得帮助和补偿

B.国家设立社会保险基金，按照保险类型确定基金来源，实行社会统筹

C.用人单位和职工都有缴纳社会保险费的义务

D.劳动者死后，其社会保险待遇由遗属继承

三、简答题

1.社会保障法的特征有哪些？

2.社会保险法律关系的主体有哪些？

3.在社会保险法中，用人单位有哪些权利和义务？

4.社会保险关系主体的哪些行为违反社会保险法，应承担哪些法律责任？

四、案例分析题

1.小王与甲外资公司签订劳动合同时，双方约定，小王的基本工资为每月5 000元人民币，另外，公司再提供每月500元的社会保险费，小王可以自行到社区参加社会保险。对此，小王不但没有提出异议，反而暗自窃喜：自己年纪轻轻，身强体壮，参加什么保险，能够增加实际收入才是最好的。1年后，当地劳动监察部门查处了甲公司的违法行为，小王也被要求补缴社会保险费。甲公司不服劳动监察部门的行政处罚，以政府应当尊重劳动合同双方当事人的意志为由，将劳动监察部门告上法庭，要求法庭撤销行政处罚决定。小王作为证人，递交了证人证言，证明公司负担了自己的社会保险费用，未参加社会保险完全是自己的决定。请问：（1）参加社会保险能否由劳动合同当事人自由约定或自主决定？（2）甲公司和小王在社会保险费征缴

方面具有哪些权利和义务？（3）对于甲公司和小王的违法行为，应该如何处理？[①]

2.王某是山东省某市电业局 1995 年录用的临时工，从事汽车驾驶工作。工作期间，王某尽职尽责、任劳任怨，从未给单位造成任何经济损失。2005 年 3 月 31 日，王某被电业局辞退。由于该市电业局自 1995 年起就未给王某缴纳社会养老保险费，因此，王某向该市劳动仲裁委员会申请仲裁，要求电业局为其补缴 1995 年至 2005 年的养老保险费。劳动争议仲裁委员会裁定：（1）电业局为王某补缴自 1995 年至 2005 年 3 月 31 日的社会养老保险费 26 653.84 元，王某本人补缴 6 344.48 元。（2）劳动争议仲裁费 200 元由电业局承担。请问：（1）临时工是否应该享受社会养老保险待遇？（2）用人单位是否应该为其缴纳社会养老保险费？[②]

①　方乐华，吴晓宇. 劳动法与社会保障法案例与图表 [M]. 北京：法律出版社，2013.
②　谢根成. 劳动法与社会保障学 [M]. 广州：暨南大学出版社，2014.

第十二章
养老保险法律制度

▶ 学习目标

通过本章学习，重点掌握城镇职工基本养老保险、城乡居民基本养老保险的适用范围、待遇支付、基金筹集等方面的法律规定；掌握养老保险关系的转移接续；了解建立企业年金的条件和程序。

▶ 案例导入

工作岗位频繁变动，缴费多次中断，将来是否能够按月享受养老金给付待遇？

赵丹 2005 年研究生毕业后到了一家中外合资企业工作，企业为她缴纳了基本养老保险费。2007 年，她辞职后去了一家民营企业工作，企业没有为她办理基本养老保险。2009 年，她又应聘到一家外资企业，企业为她办理接续了基本养老保险关系。2011 年，她为了照顾小孩，辞职在家做了全职太太。2016 年，赵丹又应聘到了一家国有企业工作。眼看人到中年，赵丹开始考虑将来的养老问题，她担心的问题是由于自己的工作岗位频繁变动，基本养老保险缴费多次中断，将来是否能够按月享受养老金给付待遇。

《社会保险法》规定，参加基本养老保险的个人，达到法定退休年龄时累计缴费满 15 年的，按月领取基本养老金。不足 15 年的，可以缴费至满 15 年，按月领取基本养老金。这里的缴费年限采用累计办法，而不是连续缴费满 15 年。因为基础养老金与个人累计缴费年限呈正相关关系，多缴多得，所以赵丹由于中断缴费，将来领取的养老金会少于一直持续缴费的职工。

第一节　　　养老保险概述

一、养老保险的含义和特征

（一）养老保险的定义和分类

养老保险是社会保险五大险种中最重要的险种之一。养老保险是指劳动者在达到国家规定的退休年龄，或因年老完全丧失劳动能力退出劳动领域后，由国家和社会依法给予一定的物质帮助以维持其老年基本生活的一种社会保险制度。

根据覆盖人群，养老保险可分为：企业职工养老保险、机关事业单位养老保险、城镇居民养老保险、农村居民养老保险等；根据主办者，养老保险可分为：社会养老保险（政府主办）、企业年金（雇主主办）、人寿保险（商业公司主办）等。

（二）养老保险的特征

养老保险作为社会保险的一个项目，与其他险种相比，具有如下特点：

第一，养老保险承诺与兑现之间的时间最长。参保人参加工作起就要缴费，而兑现是在参保人达到法定退休年龄以后，中间往往有几十年的时间。因此，承办养老保险需要最高的信誉度，一般都是由各国政府出面组织。

第二，养老保险是实际享受人数最多的险种之一。以覆盖人数来看，养老保险与其他保险相差不大，但从实际享受的人数来看，养老保险是最多者之一。因为，参保人虽然也参加了失业保险、工伤保险，但其职业生涯中不一定会失业或发生工伤事故，而绝大多数参保人会在达到退休年龄后享受养老保险。

第三，养老保险费用的收入、支出庞大。在所有险种中，养老保险的保险费率是最高的，养老保险支出相应也是最高的，收支金额往往达到其他4项保险的总和，这是其他险种无法比拟的。因此，养老保险基金运作与管理责任重大。

第四，养老保险制度模式往往是国家社会保险制度模式的代表。正因为养老保险具有参保、获保人数众多，参保兑现时间长，收支金额庞大，管理任务繁重，影响巨大等特点，养老保险制度设计得到政府最多的重视。养老保险模式往往决定了国家社会保险制度模式，也往往决定着其他险种的设计。

二、养老保险法的概念

养老保险法是调整养老保险当事人之间因养老保险的参加、享受、管理和监督而发生的社会关系的法律规范的总称。养老保险法的调整对象是政府、养老保险经办机构、用人单位以及劳动者之间因养老保险的参加、享受、管理和监督而发生的社会关系。

三、养老保险制度的主要内容

（一）覆盖范围

养老保险的覆盖范围是指养老保险适用于哪些人群，即哪些人有权享受养老保险。从一般意义上说，养老保险的保障对象范围是全体劳动者，即每个劳动者都有权利在年老时获得他所需要的生活帮助。随着社会经济的发展和养老保险制度的完善，我国养老保险的保障对象将逐步扩大到全体公民。

（二）基金筹集

关于养老保险基金的筹资模式，国际上普遍采用的有3种模式，即现收现付制、完全积累制和部分积累制。这3种模式各有特点，各有利弊。

1. 现收现付制

现收现付制是指以一个时期的正在工作的一代人的缴费来支付已经退休的一代人的养老金的制度安排。现收现付的方式是以支定收，不留积累，是一种代际转嫁的模式，即由在职职工负担退休职工的养老费用。

现收现付制的优点：一是通过收入再分配缩小了退休人员中的收入差距，在这种制度下，低收入者受益相对较多，高收入者受益相对较少；二是管理的风险和成本都较低，因为养老基金由政府经营管理，政府是不会破产的；三是通过社会统筹调剂使用资金，操作较为简便易行。现收现付制的缺点：一是养老基金的投资收益率较低，甚至会出现赤字；二是随着人口老龄化的到来，退休人员的占比越来越高，养老金支付的负担将越来越重，容易造成养老金的支付危机，影响经济发展和社会稳定。

2.完全积累制

完全积累制实际上是个人账户储存积累制，又称基金制，是指一个养老金计划的参加者，从其参加工作起，根据规定按工资总额的一定比例由单位和本人缴纳保险费，记入其个人账户，作为长期积累资金，交由某一投资基金进行管理投资，等参加者退休后，该基金再以投资所得的回报以年金的方式向其逐月发放。

完全积累制将自我保障融进社会保险，激励机制强，透明度高，便于监督和管理，能形成基金长期积累，即使人口老龄化到来也不会发生养老金支付危机，不会引起代际转嫁负担的社会矛盾。但是，完全积累制也存在缺乏互济性、基金保值增值困难、基金运行风险大等缺点。

3.部分积累制

部分积累制是现收现付和完全积累两种方式的结合，在满足一定阶段支出需要的前提下又留有一定储备。部分积累制具体分为两种方式，一是社会统筹部分积累方式，实行"以支定收，略有结余，留有部分积累"；二是社会统筹与个人账户相结合，即单位缴纳的保险费大部分归入社会统筹调剂使用，个人缴纳的全部保险费和单位缴纳的一部分保险费记入个人账户。

与现收现付和完全积累制两种方式相比，部分积累制既保持了现收现付制下的代际间的收入再分配功能，又通过部分资金积累，降低现收现付制下当代人的负担与完全积累制下货币贬值的风险和资金保值增值的压力。

（三）资格条件

由于养老社会保险制度模式和社会公共政策不同，世界各国对获得养老金的资格条件有不同的规定。主要有以下几个方面的条件：法定退休年龄、工龄和缴费年限。要满足领取养老金的条件，一般不是单一条件，往往是组合条件的满足。

退休年龄是最主要的条件，只有达到法定退休年龄才有资格领取养老金。各国都根据本国社会经济发展需要、人口的平均寿命及劳动力供给状况等因素对退休年龄做出明确的规定。目前，我国规定的退休年龄为：男性年满60周岁、女干部年满55周岁、女工人年满50周岁。

2015年初，中组部、人力资源和社会保障部联合发布通知，党政机关、人民团体和事业单位正、副处级女干部、具有高级职称的女性专业技术人员，年满60周岁退休，2015年3月1日起执行。

【资料链接12-1】

延迟退休

考虑到我国人口老龄化、养老基金的收支平衡、人口预期寿命延长等因素，我国将采取渐进式延迟退休年龄政策，采取"小步徐趋、渐进到位"的方式，每年只延长几个月的退休时间，经过相当长的时间再达到法定退休年龄，预计延长到65岁，目前方案正在制定中。

（1）拥护派观点：推迟退休年龄是大势所趋。理由一：中国的退休年龄与其他国家比起来算早的；理由二：有助于弥补养老基金亏空，缓解养老压力。

（2）反对派观点：推迟退休年龄副作用多多。理由一：增加就业压力；理由二：对中低收入劳动者不公平；理由三："有命交社保，没命拿社保"。

缴费年限是指用人单位和职工共同缴纳养老保险费的年限。各国一般都规定一个最低缴费年限，即最低保龄。最低保龄是参照人的正常寿命和可能的工作年限并结合保险金支出的财务状况而确定。最低缴费年限的计算有连续和累计计算两种。《社会保险法》规定，参加基本养老保险的个人，达到法定退休年龄时累计缴费满15年的，按月领取基本养老金。

（四）保险支付

在满足了各项领取养老金的条件后，养老保险的利益最终就要落实在养老金的支付上。有两种支付模式：给付确定制和缴费确定制。

1.给付确定制

给付确定制，即受益确定制，俗称"以支定收"，是指在收取保险费时先考虑未来养老金想要达到的水平，根据今后的养老金水平决定现在的养老金缴费费率。在给付确定制的约定下，养老保险组织者负责退休者获得既定的养老金水平，其间发生的各种基金风险由保险组织者承担，不是由参保人承担。

2.缴费确定制

缴费确定制，俗称"以收定支"，是指先确定现在养老金的缴费额，由现在的缴费水平决定未来的养老金水平。缴费确定制一般应用于个人账户中的资金运作，养老保险组织者根据参保人现有的缴费能力或意愿收费，或许还负责保险基金运作，但并不承诺所收保险费今后能达到怎样的支付水平。其间发生的各种基金风险主要由参保人自己承担。

（五）保险水平

保险水平是指退休后能拿到多少退休金。衡量保险水平有绝对值，即所得退休金能过上怎样水平的生活，但是保险水平一般用相对值来衡量，即用"养老金工资替代率"来表示。一般认为，70%~80%水平之间的养老金工资替代率可以使职工保持与退休前大体相当的生活水平。当然这里可能包括企业年金在内的各项养老金总和替代率，而不只是基本养老金替代率。国际劳工组织《最低社会保障标准公约》规定，参加养老保险30年的雇员，基本养老金工资替代率应达到40%。

第二节 城镇职工基本养老保险

一、城镇职工基本养老保险的适用范围

我国企业职工基本养老保险的适用范围一直在不断扩大。《社会保险法》将我国基本养老保险的适用范围规定为职工，其中，城镇各类企业及其职工，机关、事业单位及其工作人员必须参加，无雇工的个体工商户、未在用人单位参加基本养老保险的非全日制从业人员以及其他灵活就业人员可以参加基本养老保险。但前两种类型的职工是必须参加，最后一种类型是依自愿原则参加基本养老保险的。

【小案例12-1】

王某是一家私营企业的老板，他指示人事部门给几个部门经理办理了养老保险的手续，但未给其他30名职工办理参保手续。当其他职工就此问题提出异议时，王经理允诺待明年公司效益更好些，再给其

他人办理参保手续。试分析：王某可以只给部分员工办理养老保险吗？①

分析提示：王某的做法显然是错误的，因为用人单位参加社会保险，为职工缴纳各项社会保险费是其应尽的法律义务。我国的城镇职工基本养老保险的适用范围包含城镇私营企业。用人单位未按照规定办理社会保险登记，或者未按照规定申报应缴纳的社会保险费数额的，由劳动保障行政部门责令限期改正；情节严重或特别严重的，对直接负责的主管人员和其他直接责任人员可以处以罚款。

二、城镇职工基本养老保险的筹资

我国职工基本养老保险采取社会统筹和个人账户相结合的模式，因此，基本养老保险费用的筹集主要包括社会统筹基金和个人账户两个部分。《社会保险法》规定，基本养老保险基金由用人单位和个人缴纳以及政府补贴组成。用人单位应当按照国家规定的本单位职工工资总额的比例缴纳基本养老保险费，记入基本养老保险统筹基金。职工应当按照国家规定的本人工资的比例缴纳基本养老保险费，记入个人账户。无雇工的个体工商户、未在用人单位参加基本养老保险的非全日制从业人员以及其他灵活就业人员参加基本养老保险的，应当按照国家规定缴纳基本养老保险费，分别记入基本养老保险统筹基金和个人账户。

1.社会统筹基金

（1）用人单位和被保险人缴纳的基本养老保险费。基本养老保险费由用人单位和职工共同承担。其中用人单位缴纳基本养老保险费的比例，一般不得超过用人单位工资总额的20%，确需超过用人单位工资总额20%的，应报劳动部、财政部审批。用人单位缴纳的基本养老保险费在税前列支。

无雇工的个体工商户、未在用人单位参加基本养老保险的非全日制从业人员以及其他灵活就业人员参加基本养老保险则自己缴费，其缴费基数为当地上年度在岗职工平均工资，缴费比例为20%，其中12%计入社会统筹。

---

① 黎建飞. 劳动法与社会保障法教程［M］. 北京：中国人民大学出版社，2013.

（2）基本养老保险费利息和其他收益。基本养老保险费利息是指将基本养老保险费存入银行或按照国家规定购买国家债券所得的利息收入。筹集的养老保险基金必须存入财政部门在国有商业银行开设的社会保障基金财政专户，并且职工养老保险基金收支相抵后的结余额，除留足两个月支付费用外，80%左右应用于购买特种定向债券，对存入银行的基金按照人民银行规定的同期城乡居民储蓄利率计息，购买国家债券的利息收入免缴税费并转入基金。

（3）财政补贴。政府的财政补贴是指同级财政给予基金的补贴收入，当统筹地区的养老保险基金不敷使用时，由该地方政府财政所提供的资金，用于补贴养老保险基金的资金。《社会保险法》第13条明确规定，国有企业、事业单位职工参加基本养老保险前，视同缴费年限期间应当缴纳的基本养老保险费由政府承担。基本养老保险基金出现支付不足时，政府给予补贴。

（4）滞纳金。滞纳金是指企业未按期缴纳养老保险费时，由法定的收缴部门要求其承担一种延迟履行的法律责任。滞纳金并入社会保险基金。

（5）其他可以纳入基本养老保险基金的资金。主要是指法律规定的上述资金之外的应该纳入养老保险基金的资金，如养老保险基金投资运营的收益。

2.个人账户

目前我国养老保险个人账户全部由个人缴费形成，为本人缴费工资的8%。无雇工的个体工商户、未在用人单位参加基本养老保险的非全日制从业人员以及其他灵活就业人员，其缴费基数为当地上年度在岗职工平均工资，缴费比例为20%，其中8%记入个人账户。

《社会保险法》第14条规定，个人账户不得提前支取，记账利率不得低于银行定期存款利率，免征利息税。个人死亡的，个人账户余额可以继承。人力资源和社会保障部2011年《实施〈中华人民共和国社会保险法〉若干规定》第6条进一步规定，个人在达到法定的领取基本养老金条件前离境定居的，其个人账户予以保留，达到法定领取条件时，按照国家规定享受相应的养老保险待遇。参加职工基本养老保险的个人死亡后，其个人账户中的余额可以全部依法继承。

三、城镇职工基本养老保险待遇的给付

（一）给付条件

1. 达到国家规定的退休条件并办理相关手续

退休，是指用人单位的职工和国家机关工作人员达到法定年龄或因公致残、因病致残确认完全丧失劳动能力时，退出原来的工作岗位，并按照法律规定领取一定的退休金。

2. 按规定缴纳基本养老保险费累计缴费年限满15年

《社会保险法》第16条规定，参加基本养老保险的个人，达到法定退休年龄时累计缴费满15年的，按月领取基本养老金。达到法定退休年龄时累计缴费不足15年的，可以缴费至满15年，按月领取基本养老金；也可以转入新型农村社会养老保险或者城镇居民社会养老保险，按照国务院规定享受相应的养老保险待遇。

（二）给付标准

根据2011年6月29日人力资源和社会保障部发布的《实施〈中华人民共和国社会保险法〉若干规定》和2005年12月3日国务院发布的《关于完善企业职工基本养老保险制度的决定》，我国养老保险待遇采取以下方式计发：

1. "老人老办法"

2006年1月1日前已经离退休人员，仍按国家原来的规定发给基本养老金，同时执行基本养老金调整办法。

2. "新人新办法"

参加基本养老保险的个人，达到法定退休年龄时累计缴费满15年的，按月领取基本养老金。基本养老金由基础养老金和个人账户养老金组成。退休时的基础养老金月标准以当地上年度在岗职工月平均工资和本人指数化月平均缴费工资的平均值为基数，缴费每满1年发给1%。个人账户养老金月标准为个人账户储存额除以计发月数，计发月数根据职工退休时城镇人口平均预期寿命、本人退休年龄、利息等因素确定。《社会保险法》第15条明确规定，基本养老金由基础养老金和个人账户养老金组成。基本养老金根据个人累计缴费年限、缴费工资、当地职工平均工资、个人账户金额、城镇人口平均预期寿命等因素确定。

【资料链接12-2】

个人账户养老金计发月数表见表12-1。

表12-1　　　　　　　个人账户养老金计发月数表

退休年龄	计发月数	退休年龄	计发月数	退休年龄	计发月数
40	233	51	190	61	132
41	230	52	185	62	125
42	226	53	180	63	117
43	223	54	175	64	109
44	220	55	170	65	101
45	216	56	164	66	93
46	212	57	158	67	84
47	207	58	152	68	75
48	204	59	145	69	65
49	199	60	139	70	56
50	195				

3. "中人中办法"

国务院《关于完善企业职工基本养老保险制度的决定》实施前参加工作,2006年1月1日后退休且缴费年限累计满15年的人员,在发给基础养老金和个人账户养老金的基础上,再发给过渡性养老金。《实施〈中华人民共和国社会保险法〉若干规定》中指出,参加职工基本养老保险的个人达到法定退休年龄时,累计缴费不足15年的,可以延长缴费至满15年。社会保险法实施前参保、延长缴费5年后仍不足15年的,可以一次性缴费至满15年。

此外,《社会保险法》第17条规定,参加基本养老保险的个人,因病或者非因工死亡的,其遗属可以领取丧葬补助金和抚恤金;在未达到法定退休年龄时因病或者非因工致残完全丧失劳动能力的,可以领取病残津贴。所需资金从基本养老保险基金中支付。

为应付通货膨胀,保障退休人员的实际待遇,《社会保险法》第18条规定,国家建立基本养老金正常调整机制。根据职工平均工资增长、物价上涨情况，适时提高基本养老保险待遇水平。

【小案例12-2】

肖女士今年42岁，她在原单位已缴纳了10年的基本养老保险费。5年前，肖女士从原单位辞职，自己当小老板，并以个体劳动者的身份继续参加养老保险，至今缴费已累计满15年。肖女士认为，缴纳基本养老保险费满15年后，不用再缴纳养老保险了，等自己满50周岁后，就可以按月领取基本养老金。试分析：肖女士的想法是否正确？①

分析提示：退休人员基本养老金的多少取决于缴费年限长短与缴费基数高低。新的养老金发放办法规定缴费金额越高，缴费时间越长，退休后的养老保险待遇也就越高。

四、城镇职工基本养老保险关系的转移接续

随着全国基本养老保险制度的统一，特别是2009年省级统筹的全面实现，劳动者在省内流动就业转移、接续养老保险关系，有了制度和体制的基础。2009年，人力资源和社会保障部、财政部制定的《城镇企业职工基本养老保险关系转移接续暂行办法》（以下简称《暂行办法》）颁布，并从2010年1月1日起开始施行。《暂行办法》明确了跨省流动就业的养老保险关系转移、接续政策，进一步打破了地区分割、城乡分割的壁垒，维护了参保人员特别是广大农民工养老保险权益，是深化制度改革的标志性事件。其具体制度为：

1.适用对象

参加城镇企业职工基本养老保险的所有人员，包括农民工。已经按国家规定领取基本养老保险待遇的人员，不再转移基本养老保险关系。

2.转移对象

（1）转移养老保险关系。《暂行办法》规定，参保人员跨省流动就业的，其基本养老保险关系应随同转移到新参保地。参保人员达到基本养老保险待遇领取条件的，其在各地的参保缴费年限合并计算，个人账户储存额（含本息，下同）累计计算；未达到待遇领取年龄前，不得终止基本养老保险关系并办理退保手续；其中出国定居和到香港、澳门、

---

① 尹晓东，杨茂. 劳动法与社会保障法学［M］. 北京：中国政法大学出版社，2014.

台湾地区定居的，按国家有关规定执行。

（2）转移养老资金。参保人员跨省流动就业，转移基本养老保险关系时，按下列方法计算转移资金：个人账户储存额，1998年1月1日之前按个人缴费累计本息计算转移；1998年1月1日后按计入个人账户的全部储存额计算转移。统筹基金（单位缴费），以本人1998年1月1日后各年度实际缴费工资为基数，按12%的总和转移，参保缴费不足1年的，按实际缴费月数计算转移。

3.领取地点

跨省流动就业的参保人员达到待遇领取条件时，按下列规定确定其待遇领取地：

（1）基本养老保险关系在户籍所在地的，由户籍所在地负责办理待遇领取手续，享受基本养老保险待遇。

（2）基本养老保险关系不在户籍所在地，而在其基本养老保险关系所在地累计缴费年限满10年的，在该地办理待遇领取手续，享受当地基本养老保险待遇。

（3）基本养老保险关系不在户籍所在地，且在其基本养老保险关系所在地累计缴费年限不满10年的，将其基本养老保险关系转回上一个缴费年限满10年的原参保地办理待遇领取手续，享受基本养老保险待遇。

（4）基本养老保险关系不在户籍所在地，且在每个参保地的累计缴费年限均不满10年的，将其基本养老保险关系及相应资金归集到户籍所在地，由户籍所在地按规定办理待遇领取手续，享受基本养老保险待遇。

4.农民工基本养老保险关系的转移、接续

农民工中断就业或返乡没有继续缴费的，由原参保地社保经办机构保留其基本养老保险关系，保存其全部参保缴费记录及个人账户，个人账户储存额继续按规定计息。农民工返回城镇就业并继续参保缴费的，无论其回到原参保地就业还是到其他城镇就业，均按前述规定累计计算其缴费年限，合并计算其个人账户储存额，符合待遇领取条件的，与城镇职工同样享受基本养老保险待遇；农民工不再返回城镇就业的，其在城镇参保缴费记录及个人账户全部有效，并根据农民工的实际情况，或在其达到规定领取条件时享受城镇职工基本养老保险待遇，或转入新型农村社会养老保险。

第三节　城乡居民基本养老保险

一、城镇居民社会养老保险

2011 年国务院颁布的《关于开展城镇居民社会养老保险试点的指导意见》是建立城镇居民养老保险制度重要的法律依据。城镇居民养老保险试点的基本原则是"保基本、广覆盖、有弹性、可持续"。建立个人缴费、政府补贴相结合的城镇居民养老保险制度，实行社会统筹和个人账户相结合，与家庭养老、社会救助、社会福利等其他社会保障政策相配套，保障城镇居民老年基本生活。城镇居民社会养老保险制度的主要内容为：

1.参保范围

年满 16 周岁（不含在校学生）、不符合职工基本养老保险参保条件的城镇非从业居民，可以在户籍地自愿参加城镇居民养老保险。

2.基金筹集

城镇居民养老保险基金主要由个人缴费和政府补贴构成。

（1）个人缴费。参加城镇居民养老保险的城镇居民应当按规定缴纳养老保险费。缴费标准目前设为每年 100 元、200 元、300 元、400 元、500 元、600 元、700 元、800 元、900 元、1 000 元 10 个档次，地方人民政府可以根据实际情况增设缴费档次。参保人自主选择档次缴费，多缴多得。国家依据经济发展和城镇居民人均可支配收入增长等情况适时调整缴费档次。

（2）政府补贴。政府对符合待遇领取条件的参保人全额支付城镇居民养老保险基础养老金。其中，中央财政对中西部地区按中央确定的基础养老金标准给予全额补助，对东部地区给予 50% 的补助。

地方人民政府应对参保人员缴费给予补贴，补贴标准不低于每人每年 30 元；对选择较高档次标准缴费的，可给予适当鼓励，具体标准和办法由省（区、市）人民政府确定。对城镇重度残疾人等缴费困难群体，地方人民政府为其代缴部分或全部最低标准的养老保险费。

（3）鼓励其他经济组织、社会组织和个人为参保人缴费提供资助。

3.建立个人账户

国家为每个参保人员建立终身记录的养老保险个人账户。个人缴费、地方人民政府对参保人的缴费补贴及其他来源的缴费资助，全部记入个人账户。个人账户储存额目前每年参考中国人民银行公布的金融机构人民币一年期存款利率计息。

4.养老金待遇

养老金待遇由基础养老金和个人账户养老金构成，支付终身。中央确定的基础养老金标准为每人每月55元。地方人民政府可以根据实际情况提高基础养老金标准，对于长期缴费的城镇居民，可适当加发基础养老金，提高和加发部分的资金由地方人民政府支出。

个人账户养老金的月计发标准为个人账户储存额除以139（与现行职工基本养老保险及新农保个人账户养老金计发系数相同）。参保人员死亡，个人账户中的资金余额，除政府补贴外，可以依法继承；政府补贴余额用于继续支付其他参保人的养老金。国家根据经济发展和物价变动等情况，适时调整全国城镇居民养老保险基础养老金的最低标准。

5.养老金待遇领取条件

参加城镇居民养老保险的城镇居民，年满60周岁，可按月领取养老金。

城镇居民养老保险制度实施时，已年满60周岁，未享受职工基本养老保险待遇以及国家规定的其他养老待遇的，不用缴费，可按月领取基础养老金；距领取年龄不足15年的，应按年缴费，也允许补缴，累计缴费不超过15年；距领取年龄超过15年的，应按年缴费，累计缴费不少于15年。

6.相关制度衔接

有条件的地方，城镇居民养老保险应与新农保合并实施。其他地方应积极创造条件将两项制度合并实施。要妥善做好城镇居民养老保险制度与城镇居民最低生活保障、社会优抚等政策制度的配套衔接工作。

二、新型农村社会养老保险

2009 年 9 月 1 日，国务院颁布《关于开展新型农村社会养老保险试点的指导意见》，探索建立个人缴费、集体补助、政府补贴相结合的新农保制度，实行社会统筹与个人账户相结合，与家庭养老、土地保障、社会救助等其他社会保障政策措施相配套，保障农村居民老年基本生活，争取到 2020 年之前基本实现对农村适龄居民的全覆盖。

【小思考 12-1】

新农保与老农保有哪些区别？

答：（1）筹资渠道不同。老农保主要都是农民自己交费，实际上是自我储蓄的模式。而新农保最大的特点就是个人缴费、集体补助和政府补贴相结合，有 3 个筹资渠道。（2）老农保主要是建立农民的个人账户，新农保在支付结构上的设计是两部分：一部分是基础养老金；另一部分是个人账户的养老金，基础养老金是由国家财政全部保证支付的。

新型农村社会养老保险制度的主要内容为：

1.参保范围

年满 16 周岁（不含在校学生）、未参加城镇职工基本养老保险的农村居民，可以在户籍地自愿参加新农保。

2.基金筹集

新农保基金由个人缴费、集体补助、政府补贴构成。

（1）个人缴费。参加新农保的农村居民应当按规定缴纳养老保险费。缴费标准目前设为每年 100 元、200 元、300 元、400 元、500 元 5 个档次，地方可以根据实际情况增设缴费档次。参保人自主选择档次缴费，多缴多得。国家依据农村居民人均纯收入增长等情况适时调整缴费档次。

（2）集体补助。有条件的村集体应当对参保人缴费给予补助，补助标准由村民委员会召开村民会议民主确定。鼓励其他经济组织、社会公益组织、个人为参保人缴费提供资助。

（3）政府补贴。政府对符合领取条件的参保人全额支付新农保基础养老金，其中中央财政对中西部地区按中央确定的基础养老金标准给予全额补助，对东部地区给予50%的补助。

地方政府应当对参保人缴费给予补贴，补贴标准不低于每人每年30元；对选择较高档次标准缴费的，可给予适当鼓励，对农村重度残疾人等缴费困难群体，地方政府为其代缴部分或全部最低标准的养老保险费。

3.建立个人账户

国家为每个新农保参保人建立终身记录的养老保险个人账户。个人缴费，集体补助及其他经济组织、社会公益组织、个人对参保人缴费的资助，地方政府对参保人的缴费补贴，全部记入个人账户。个人账户储存额目前每年参考中国人民银行公布的金融机构人民币一年期存款利率计息。

4.养老金待遇

养老金待遇由基础养老金和个人账户养老金组成，支付终身。中央确定的基础养老金标准为每人每月55元。地方政府可以根据实际情况提高基础养老金标准，对于长期缴费的农村居民，可适当加发基础养老金，提高和加发部分的资金由地方政府支出。

个人账户养老金的月计发标准为个人账户全部储存额除以139（与现行城镇职工基本养老保险个人账户养老金计发系数相同）。参保人死亡，个人账户中的资金余额，除政府补贴外，可以依法继承；政府补贴余额用于继续支付其他参保人的养老金。国家根据经济发展和物价变动等情况，适时调整全国新农保基础养老金的最低标准。

5.养老金待遇领取条件

年满60周岁、未享受城镇职工基本养老保险待遇的农村有户籍的老年人，可以按月领取养老金。

新农保制度实施时，已年满60周岁、未享受城镇职工基本养老保险待遇的，不用缴费，可以按月领取基础养老金，但其符合参保条件的子女应当参保缴费；距领取年龄不足15年的，应按年缴费，也允许补缴，累计缴费不超过15年；距领取年龄超过15年的，应按年缴费，累计缴费不少于15年。

6.相关制度衔接

原来已开展以个人缴费为主、完全个人账户农村社会养老保险（以下称老农保）的地区，要在妥善处理老农保基金债权问题的基础上，做好与新农保制度衔接。在新农保试点地区，凡已参加了老农保、年满60周岁且已领取老农保养老金的参保人，可直接享受新农保基础养老金；对已参加老农保、未满60周岁且没有领取养老金的参保人，应将老农保个人账户资金并入新农保个人账户，按新农保的缴费标准继续缴费，待符合规定条件时享受相应待遇。

新农保与城镇职工基本养老保险等其他养老保险制度的衔接办法，由人力资源社会保障部会同财政部制定。要妥善做好新农保制度与被征地农民社会保障、水库移民后期扶持政策、农村计划生育家庭奖励扶助政策、农村"五保"供养、社会优抚、农村最低生活保障制度等政策制度的配套衔接工作。

三、统一的城乡居民基本养老保险

2014年2月21日，国务院颁布了《关于建立统一的城乡居民基本养老保险制度的意见》，按照"全覆盖、保基本、有弹性、可持续"的方针，以增强公平性、适应流动性、保证可持续性为重点，全面推进和不断完善覆盖全体城乡居民的基本养老保险制度。"十二五"末，在全国基本实现新农保和城居保制度合并实施，并与职工基本养老保险制度相衔接。2020年前，全面建成公平、统一、规范的城乡居民养老保险制度，与社会救助、社会福利等其他社会保障政策相配套，充分发挥家庭养老等传统保障方式的积极作用，更好的保障参保城乡居民的老年基本生活。统一的城乡居民基本养老保险制度的主要内容为：

1.参保范围

年满16周岁（不含在校学生），非国家机关和事业单位工作人员及不属于职工基本养老保险制度覆盖范围的城乡居民，可以在户籍地参加城乡居民养老保险。

2.基金筹集

（1）个人缴费。参加城乡居民养老保险的人员应当按规定缴纳养老保险费。缴费标准目前设为每年100元、200元、300元、400元、500元、600元、700元、800元、900元、1 000元、1 500元、2 000元12个档次，省（区、市）人民政府可以根据实际情况增设缴费档次，最高缴费档次标准原则上不超过当地灵活就业人员参加职工基本养老保险的年缴费额，并报人力资源社会保障部备案。人力资源社会保障部会同财政部依据城乡居民收入增长等情况适时调整缴费档次标准。参保人自主选择档次缴费，多缴多得。

（2）集体补助。有条件的村集体经济组织应当对参保人缴费给予补助，补助标准由村民委员会召开村民会议民主确定，鼓励有条件的社区将集体补助纳入社区公益事业资金筹集范围。鼓励其他社会经济组织、公益慈善组织、个人为参保人缴费提供资助。补助、资助金额不超过当地设定的最高缴费档次标准。

（3）政府补贴。政府对符合领取城乡居民养老保险待遇条件的参保人全额支付基础养老金，其中，中央财政对中西部地区按中央确定的基础养老金标准给予全额补助，对东部地区给予50％的补助。

地方人民政府应当对参保人缴费给予补贴，对选择最低档次标准缴费的，补贴标准不低于每人每年30元；对选择较高档次标准缴费的，适当增加补贴金额；对选择500元及以上档次标准缴费的，补贴标准不低于每人每年60元，具体标准和办法由省（区、市）人民政府确定。对重度残疾人等缴费困难群体，地方人民政府为其代缴部分或全部最低标准的养老保险费。

3.建立个人账户

国家为每个参保人员建立终身记录的养老保险个人账户，个人缴费、地方人民政府对参保人的缴费补贴、集体补助及其他社会经济组织、公益慈善组织、个人对参保人的缴费资助，全部记入个人账户。个人账户储存额按国家规定计息。

4.养老保险待遇及调整

城乡居民养老保险待遇由基础养老金和个人账户养老金构成，支付终身。

（1）基础养老金。中央确定基础养老金最低标准，建立基础养老金最低标准正常调整机制，根据经济发展和物价变动等情况，适时调整全国基础养老金最低标准。地方人民政府可以根据实际情况适当提高基础养老金标准；对长期缴费的，可适当加发基础养老金，提高和加发部分的资金由地方人民政府支出，具体办法由省（区、市）人民政府规定，并报人力资源社会保障部备案。

（2）个人账户养老金。个人账户养老金的月计发标准，目前为个人账户全部储存额除以139（与现行职工基本养老保险个人账户养老金计发系数相同）。参保人死亡，个人账户资金余额可以依法继承。

5.养老保险待遇领取条件

参加城乡居民养老保险的个人，年满60周岁、累计缴费满15年，且未领取国家规定的基本养老保障待遇的，可以按月领取城乡居民养老保障待遇。

新农保或城居保制度实施时已年满60周岁，在本意见印发之日前未领取国家规定的基本养老保障待遇的，不用缴费，自本意见实施之月起，可以按月领取城乡居民养老保险基础养老金；距规定领取年龄不足15年的，应逐年缴费，也允许补缴，累计缴费不超过15年；距规定领取年龄超过15年的，应按年缴费，累计缴费不少于15年。

城乡居民养老保险待遇领取人员死亡的，从次月起停止支付其养老金。有条件的地方人民政府可以结合本地实际探索建立丧葬补助金制度。社会保险经办机构应每年对城乡居民养老保险待遇领取人员进行核对；村（居）民委员会要协助社会保险经办机构开展工作，在行政村（社区）范围内对参保人待遇领取资格进行公示，并与职工基本养老保险待遇等领取记录进行比对，确保不重、不漏、不错。

6.转移接续与制度衔接

参加城乡居民养老保险的人员，在缴费期间户籍迁移、需要跨地区转移城乡居民养老保险关系的，可在迁入地申请转移养老保险关系，一次性转移个人账户全部储存额，并按迁入地规定继续参保缴费，缴费年限累计计算；已经按规定领取城乡居民养老保险待遇的，无论户籍是否迁移，其养老保险关系不转移。

第四节　　企业年金

为建立多层次的养老保险制度，更好地保障企业职工退休后的生活，完善社会保障体系，根据《劳动法》和国务院的有关规定，我国劳动和社会保障部2004年1月6日发布了《企业年金试行办法》。该办法所称企业年金，是指企业及其职工在依法参加基本养老保险的基础上，自愿建立的补充养老保险制度。

一、企业建立企业年金的条件和程序

（一）建立企业年金的条件

企业建立企业年金应当符合下列条件：（1）依法参加基本养老保险并履行缴费义务；（2）具有相应的经济负担能力；（3）已建立集体协商机制。参加企业基本养老保险社会统筹的其他单位，可参照本办法的规定执行。

（二）建立企业年金的程序

建立企业年金，应当由企业与工会或职工代表通过集体协商确定，并制定企业年金方案。国有及国有控股企业的企业年金方案草案应当提交职工大会或职工代表大会讨论通过。企业年金方案应当包括以下内容：（1）参加人员范围；（2）资金筹集方式；（3）职工企业年金个人账户管理方式；（4）基金管理方式；（5）计发办法和支付方式；（6）支付企业年金待遇的条件；（7）组织管理和监督方式；（8）中止缴费的条件；（9）双方约定的其他事项。企业年金方案适用于企业试用期满的职工。

企业年金方案应当报送所在地区县以上地方人民政府劳动保障行政部门。中央所属大型企业企业年金方案，应当报送劳动和社会保障部。劳动保障行政部门自收到企业年金方案文本之日起15日内未提出异议的，企业年金方案即行生效。

【法律小知识12-1】

美国401（k）计划因1978年美国《国内税收法》中的401条第（k）款而得名。美国私营企业只要符合《国内税收法》的401条第（k）款有关规定，经申请并得到美国国税局批准，企业退休金就可以享受延期纳税优惠。401（k）计划适用于私人公司，雇主自愿发起组织，雇员自由选择是否参加。雇主为参加退休计划的雇员建立年金个人账户，账户存款由雇主和雇员共同缴纳，共同决定缴费金额与投资方式，投资风险由雇员承担。缴费与投资收益都享受税收方面的优惠，当雇员达到法定退休年龄，可以选择一次性领取、分期领取和转为存款等方式使用个人账户中的企业年金。

二、企业年金基金及基金管理

（一）企业年金基金

企业年金所需费用由企业和职工个人共同缴纳。企业缴费的列支渠道按国家有关规定执行；职工个人缴费可以由企业从职工个人工资中代扣。企业缴费每年不超过本企业上年度职工工资总额的1/12。企业和职工个人缴费合计一般不超过本企业上年度职工工资总额的1/6。

企业年金基金由企业缴费、职工个人缴费、企业年金基金投资运营收益组成。企业年金基金实行完全积累，采用个人账户方式进行管理。企业年金基金可以按照国家规定投资运营。企业年金基金投资运营收益并入企业年金基金。

企业缴费应当按照企业年金方案规定比例计算的数额计入职工企业年金个人账户；职工个人缴费额计入本人企业年金个人账户。企业年金基金投资运营收益，按净收益率计入企业年金个人账户。

（二）企业年金基金管理

建立企业年金的企业，应当确定企业年金受托人（以下简称受托人），受托管理企业年金。受托人可以是企业成立的企业年金理事会，也可以是符合国家规定的法人受托机构。企业年金理事会由企业和职工代表组成，也可以聘请企业以外的专业人员参加，其中职工代表应不少于1/3。企业年金理事会除管理本企业的企业年金事务之外，不得从事其他任何形式的营业性活动。确定受托人应当签订书面合同。合同一方为企业，另一方为受托人。受托人可以委托具有资格的企业年金账户管理机构作为账户管理人，负责管理企业年金账户；可以委托具有资格的投资运营机构作为投资管理人，负责企业年金基金的投资运营。受托人应当选择具有资格的商业银行或专业托管机构作为托管人，负责托管企业年金基金。受托人与账户管理人、投资管理人和托管人确定委托关系，应当签订书面合同。企业年金基金必须与受托人、账户管理人、投资管理人和托管人的自有资产或其他资产分开管理，不得挪作其他用途。企业年金基金管理应当执行国家有关规定。

三、企业年金的领取

职工在达到国家规定的退休年龄时，可以从本人企业年金个人账户中一次或定期领取企业年金。职工未达到国家规定的退休年龄的，不得从个人账户中提前提取资金。出境定居人员的企业年金个人账户资金，可根据本人要求一次性支付给本人。职工变动工作单位时，企业年金个人账户资金可以随同转移。职工升学、参军、失业期间或新就业单位没有实行企业年金制度的，其企业年金个人账户可由原管理机构继续管理。职工或退休人员死亡后，其企业年金个人账户余额由其指定的受益人或法定继承人一次性领取。

【小案例 12-3】

俞阿姨 1983 年进入国有百货甲公司工作。甲公司于 1997 年召开职工代表大会，通过了建立企业年金的决议，成立了企业年金理事会。2004 年，甲公司改制为股份制企业。2005 年，俞阿姨因患慢性病向公司提出内退申请，经批准后退养在家。改制后的甲公司改组了企业年金理事会，并修改了规则，其中针对内退职工，规定内退时离法定退休年龄每少 1 年扣减 20% 企业年金，该规则经董事会批准并经职工代表大会讨论通过后付诸实施。俞阿姨 2009 年退休，甲公司按新规则一次性给付企业年金 2 706.73 元。俞阿姨经了解后得知，自己个人账户的累计金额有 13 202.70 元，遂要求公司按账户金额支付，双方由此产生争议，俞阿姨把甲公司告上了法院。请问：企业年金个人账户的所有权归劳动者还是用人单位？[①]

分析提示：根据《企业年金试行办法》的相关规定，单位交费后，虽然出于投资运作的需要，维持着企业年金的整体性，但就权属而言，已经按照企业年金方案规定的比例，通过记入个人账户的方式分配给了职工。因此，单位即使修改企业年金分配方案，其效力也不能溯及既往，即无权处分已经分配给职工的个人账户资金。此外，《企业年金试行办法》第 5 条规定，企业年金方案适用于企业试用期满的职工，包括内退职工。内退是一种保留劳动关系又无须在岗的情形，既然存在劳动关系，当然有享受企业年金的权利，只是分配的金额可以少一些。

①　方乐华，吴晓宇. 劳动法与社会保障法案例与图表 [M]. 北京：法律出版社，2013.

▶ 本章小结

我国城镇职工基本养老保险的适用范围覆盖各类企事业单位职工、无雇工的个体工商户、未在用人单位参加基本养老保险的非全日制从业人员以及其他灵活就业人员。用人单位和职工共同缴纳基本养老保险费。基本养老保险实行社会统筹与个人账户相结合。参加基本养老保险的个人，达到法定退休年龄时累计缴费满15年的，按月领取基本养老金。个人跨统筹地区就业的，其基本养老保险关系和养老资金可随本人转移，缴费年限累计计算，基本养老金分段计算、统一支付。

我国城乡居民养老保险覆盖年满16周岁（不含在校学生），非国家机关和事业单位工作人员及不属于职工基本养老保险制度覆盖范围的城乡居民。城乡居民养老保险基金由个人缴费、集体补助、政府补贴构成。城乡居民养老保险待遇由基础养老金和个人账户养老金构成，支付终身。参加城乡居民养老保险的个人，年满60周岁、累计缴费满15年，且未领取国家规定的基本养老保障待遇的，可以按月领取城乡居民养老保险待遇。

企业年金，是指企业及其职工在依法参加基本养老保险的基础上，自愿建立的补充养老保险制度。建立企业年金，应当由企业与工会或职工代表通过集体协商确定，并制订企业年金方案。企业年金所需费用由企业和职工个人共同缴纳。企业年金基金实行完全积累，采用个人账户方式进行管理。职工在达到国家规定的退休年龄时，可以从本人的企业年金个人账户中一次性或定期领取企业年金。

▶ 复习与思考

一、名词解释

养老保险　养老保险法　现收现付制　完全积累制　部分积累制　给付确定制　缴费确定制　企业年金　企业年金基金

二、选择题

1.职工或离退休人员死亡后，其基本养老保险个人账户的储存余额（　　）。

A.经批准可以继承　　　　　　B.不须批准就可以全部继承

C.纳入社会保险统筹基金　　　D.只能继承一部分

2.企业年金中，企业缴费每年不超过本企业上年度职工工资总额的（　　）。

A.1/6　　　　B.1/8　　　　C.1/12　　　　D.1/10

3.城乡居民基本养老保险待遇支付中，个人账户养老金的月计发标准，目前为个人账户全部储存额除以（　　）。

A.120　　　　B.139　　　　C.140　　　　D.142

4.城镇职工基本养老金待遇计算受到哪些因素影响（　　）。

A.缴费年限　　　B.缴费工资　　　C.当地职工平均工资

D.个人账户金额　　E.人口预期寿命

5.养老保险基金的筹集方式，主要有（　　）。

A.现收现付制　　　　　　　B.完全积累制

C.部分积累制　　　　　　　D.比例式

6.领取城镇职工基本养老保险待遇的条件有（　　）。

A.达到法定年龄

B.因公致残、因病致残确认完全丧失劳动能力时，退出原来的工作岗位

C.累计缴费年限满15年

D.办理退休相关手续

三、简答题

1.养老保险具有哪些特征？

2.我国城镇职工基本养老保险基金是如何筹集的？

3.我国城镇职工基本养老保险待遇如何计算？

4.我国城镇职工基本养老保险转移接续中领取待遇地点应如何确定？

四、案例分析题

1.蒋老在N市的一家国有企业连续工作长达30年。后来，他离开原单位到S市工作，并在S市参加了基本养老保险。蒋老60岁在S市办理了退休手续，却无法领取养老金，S市社保局告诉他：根据S市基本养老保险办法，要领取养老保险金须累积缴费满15年，而蒋老缴费仅7年，不具备领取条件。于是，蒋老到N市社保局要求办理领取养老金

手续，蒋老的理由是：N市的工作年限＋S市的缴费年限，完全满足了领取养老金的条件，自己退休后在户籍地N市养老，N市社保局应当与S市社保局沟通后，发放养老金。但N市社保局告诉他无法办理，因为他并未在N市参加基本养老保险。无奈之下，蒋老将N市社保局告上法庭，要求N市社保局依法发放养老金。请问：（1）养老保险改革前参加工作的劳动者，如何计算缴费年限？（2）劳动者跨省调换工作，其养老保险关系如何转移接续？（3）法院该如何审理本案？①

2. 刘某系甲公司职工，1993年因患病被公司批准内退。2011年10月，刘某正式退休。同年11月，刘某向公司提交一份报告，表示自愿放弃缴纳1993—1999年养老统筹金个人承担部分。公司为此也没有向社会养老保险经办机构缴纳该时段刘某的养老统筹金公司承担部分。2012年3月，刘某因退休工资偏低问题找社保部门了解情况，得知是因为公司自1993—1999年没有为自己缴纳养老统筹金，遂向劳动仲裁委员会申请仲裁，要求公司补足养老统筹金。甲公司辩称，刘某系自愿放弃养老统筹金的缴纳，公司不存在过错，应驳回其请求。请问：（1）甲公司是否存在过错？（2）此案应如何处理？②

————————
①　方乐华，吴晓宇. 劳动法与社会保障法案例与图表［M］. 北京：法律出版社，2013.
②　尹晓东，杨茂. 劳动法与社会保障法学［M］. 北京：中国政法大学出版社，2014.

第十三章
医疗保险法律制度

▶ 学习目标

通过本章学习，重点掌握我国城镇职工基本医疗保险的覆盖范围、基金筹集、待遇给付标准；掌握我国城镇居民基本医疗保险和新型农村合作医疗的现行制度；明确医疗保险的法律关系和法律内容；了解医疗保险法律制度的类型。

▶ 案例导入

无人支付医疗费用，重伤老人该不该救？

2011年6月，66岁的老人张某，外出路上行走时被一辆汽车撞到，车从其身上碾压而过，肇事司机驾车逃逸。当地群众拨打了120，将老人送到了医院进行急救。张某在医院住了3天仍神志不清，无法说明自己的家庭情况。面对无人支付的高额医疗费用，医院面临两难选择。请分析医院是否应该对老人继续进行治疗？若继续治疗，医疗费用由谁来负担？

这是一起典型的涉及第三人的医疗纠纷案例，是由于肇事司机逃逸，受害者被送至医院治疗后无人继续支付医疗费用的事例。

《社会保险法》实施之前，我国原有的社会保险制度对这种情况未做出明确说明。因为制度上的缺失，导致某些患者被医院拒之门外。此类事件中多因患者是刑事或交通肇事的受害者，医疗费用在法律上应该由第三人负担，而作为第三人的肇事者却无力支付或暂时不愿支付，有时在事故发生后甚至无法确认第三人的身份，从而导致了伤者被拒现象的发生。

《社会保险法》第30条明确规定，医疗费用依法应当由第三人负担，而第三人不支付或无法确认第三人的，由基本医疗保险基金先行支付。基本医疗保险基金先行支付后，院方有权向第三人追偿，即所谓的"代位补偿"。代为补偿条款的完善，很大程度上避免了伤者无法得到有效医治现象的发生，体现了我国社会保险制度为保障公民生命权而进行的积极探索。

第一节　医疗保险概述

一、医疗保险法的概念

医疗保险法是指人们因生病或非因工负伤需要治疗时，由国家或社会为其提供必需的医疗服务及物质帮助的一种社会保险法律制度。

医疗保险法律制度始建于德国。1883年俾斯麦政府颁布的《疾病社会保险法》首开强制性医疗保险的先河。

我国的城镇医疗保险制度建立于20世纪50年代。长期以来，我国的城镇医疗保险制度主要分为两种：一种是适用于企业职工的劳保医疗制度；另一种是适用于机关事业单位工作人员的公费医疗制度。这两种医疗体制完全由国家和企业承担医疗费用，社会化程度低，造成医疗资源分配严重不公。自20世纪80年代以来，我国开始了医疗保险制度的改革。

1998年我国开始建立城镇职工基本医疗保险制度。1998年12月，国务院发布了《关于建立城镇职工医疗保险制度的决定》，从1999年1月开始，在全国范围内进行城镇职工医疗保险制度改革。

2010年颁布的《社会保险法》明确了我国城镇基本医疗保险制度包括职工基本医疗保险、城镇居民基本医疗保险。各地政府就城镇居民医疗保险事项也分别出台了地方规章，有效地落实了城镇居民医疗保险制度。我国《社会保险法》确立的医疗保险制度是一项独立的社会保险项目，保险待遇只涉及医疗服务费用，疾病保险并不作为独立的社会保险险种存在。

【法律小知识13-1】

医疗保险与疾病保险在各国立法和国际公约中经常出现，必须注意医疗保险法与疾病保险法的联系与区别。第一，两者出现的历史阶段不同，保障的对象尽管有重叠，但并非完全一致。疾病保险的概念在俾斯麦时代就已经出现并落实到德国的《疾病社会保险法》中，它是为满足劳动者的医疗需求和生病期间的经济需求而出现的；医疗保险这一概念出现主要在第二次世界大战后，随着现代福利国家的发展而产生，主要为满足全体国民的医疗需求。第二，两者提供的保障待遇有相同部分，但疾病保险提供的待遇范围要广于医疗保险。疾病保险待遇除了包括劳动者的医疗服务费用之外，还包括对因病不能工作而失去收入、影响生活人员的一种保障，国际上称疾病津贴或生活补助。

二、医疗保险涉及的主体及其相互关系

（一）医疗保险涉及的主体

医疗保险涉及多方主体，因而产生了多对主体之间的权利义务关系。与其他社会保险法律关系相比，医疗保险法律关系具有多重性和复杂性。

医疗保险法律关系的主体包括政府、医疗保险机构、医疗服务机构和被保险人。在我国城镇职工基本医疗保险中，还包括用人单位。多对主体之间的权利义务关系构成了医疗保险法律关系的内容，特别是医疗保险机构、医疗服务机构和被保险人三者之间的法律关系构成医疗保险法律关系的基本内容。要把握医疗保险法律制度，应当以医疗保险法律关系的各主体所承担的义务为线索。

1.政府

政府在医疗保险中通常负有以下义务：（1）为医疗保险提供制度性框架，并通过制定法律和政策，为医疗保险的运行提供依据；（2）监督医疗保险的运行，确保医疗保险在规范的轨道上健康发展；（3）提供社会医疗救助，发展公共卫生事业，为医疗保险制度提供良好的基础与配套；（4）必要时对医疗保险给予相应的财政支持，以及对医疗服务与医药产品进行计划调节。

在医疗保险系统中，政府有责任对保险供方、保险需求方和医疗服务提供方进行管理和控制。无论是医疗保险机构还是被保险人，都追求各自利益。由于医疗服务机构的专业性很强，医疗保险系统中存在信息不对称的问题，容易产生道德风险和逆向选择，因此需要政府参与管理

和做好监督。

2.医疗保险机构

医疗保险机构是具体经办医疗保险事务并管理医疗保险基金的机构，它必须借助于医疗机构才能为参保人员提供医疗服务。在我国，医疗保险机构是社会保险经办机构，其承担的主要义务是负责医疗保险基金的筹集、管理和支付，确立医疗服务机构与服务方式，确定合适的医疗费用支付方式并实施医疗保险费用的结算，对医疗服务的供给方和需求方实施有效的监督。

3.医疗服务机构

医疗保险制度中的医疗服务机构被称为定点医疗机构，是指通过劳动保障行政部门资格审定，并与保险经办机构签订合同，为基本医疗保险参保人员提供医疗服务并承担相应责任的医疗机构，包括医院与药店。医疗机构应当为参保人员提供合理、必要的医疗服务。

4.被保险人

被保险人是医疗保险的需求者和医疗服务的需求者，他们按规定向医疗保险机构缴纳保险费并签订医疗保险合同，当保险事故发生时，他们有权向医疗保险机构获取医疗费用偿付。

5.用人单位

在我国城镇职工基本医疗保险制度中，用人单位只负有强制性的缴费义务。而在城镇居民基本医疗保险制度中，由于参保人没有建立劳动关系，因此，用人单位并不是缴费主体。

在我国医疗保险制度中，被保险人既是享受医疗服务的权利主体，也是承担缴纳医疗保险费的义务主体。

（二）医疗保险各主体的关系

在医疗保险系统中，各主体围绕着保险基金的筹集和医疗费用的补偿问题相互作用、相互影响。各主体之间的关系主要体现在以下几个方面：

1.被保险人与医疗保险机构之间

在医疗保险系统中，被保险人向医疗保险机构缴纳保险费（税），通过保险合同向保险机构要求获得保险服务，医疗保险机构以保险给付清单等形式提供保险服务。

2.被保险人与医疗服务机构之间

在保险合同对病人与其所选择的服务提供者的行为进行约束的前提下，被保险人从医疗服务机构那里选择自己所需要的医疗服务，支付一定的费用，接受医疗服务提供者所提供的服务。

3.医疗保险机构与医疗服务机构之间

医疗保险机构为参保人确定医疗服务的范围，并通过一定的支付形式向医疗服务提供者支付医疗费用，同时还要对医疗服务质量进行监督。

4.政府与各方之间

政府对医疗保险机构、被保险人和医疗服务提供者均起到管理和控制的作用。

三、医疗保险法律制度的类型

医疗保险法是以人们对医疗服务的客观需求为核心产生和发展起来的，因此，以医疗服务的需求和供给，也就是以筹资模式和服务模式为标准对医疗保险体制进行分类的意义最为突出。对医疗保险法而言，筹资模式即国家如何筹集医疗保险费来抵制疾病风险的类型划分具有现实意义。目前国际上医疗保险法可分为以下4种类型：

（一）社会保险模式

社会医疗保险模式是国家通过立法形式强制实施的，由雇主和个人按一定比例缴纳医疗保险费用建立社会保险基金，用于支付雇员及其家属医疗费用的一种医疗保险制度。保险费实行现收现付，被保险人的年龄、性别和健康状况一般与缴费水平无关，享受的医疗待遇也不受缴费多少的影响。目前，世界上大部分国家采取此种模式，如德国、日本等。中国城镇职工基本医疗保险属于社会保险模式。

社会医疗保险模式的优点是：其一，互助互济，风险分担，实质上是高收入者的一部分收入向低收入者转移；健康者的一部分收入向多病者转移，属于个人收入的再分配，以实现社会的稳定与和谐为目标。其二，医疗保险机构同医疗服务机构建立了契约关系，能够促进医院提供优质的医疗服务。缺点是：对医疗服务的供给和需求，双方缺乏有力的制度措施，导致医疗保险基金的收与支循环上升。

（二）自愿保险模式

自愿保险模式是指国家不介入医疗保险的运行，由个人自愿选择医疗保险组织对其提供医疗保险。此模式又可细分为社区保险和商业保险两类。社区保险的保险者属于非营利组织，而商业保险的保险者属于以盈利为目的的金融企业。目前，无论是发达国家还是发展中国家，社区医疗保险模式一般扮演补充性保险的角色。我国计划经济时期的农村合作医疗体制就是一种社区保险模式。此模式的优点在于：居民或农民缴费少，易于动员其参加，有利于提高其互助互济的意识，鼓励参保居民或农民及时就医，具有较强的抗风险能力。缺点是：资金有限，人群受益小，单纯的大病统筹补偿能力只覆盖3%～5%的患者。

商业医疗保险模式是指由商业保险公司承办，以盈利为目的，把医疗保险和医疗服务作为商品投放到医疗保险市场和医疗服务市场，按市场机制自由经营的一种医疗保险模式。其医疗保险基金的筹措不是强制性的，而是由投保人自愿选择保险项目，自愿缴纳相应的医疗保险费用。商业医疗保险的投保方式既可以是个人、企业，也可以是民间团体或政府，提供方是民间团体或私人保险公司。在发达国家中，以商业保险为医疗保险制度核心的国家只有美国，而对于65岁以上的老人、贫困者和严重的残疾人员，美国同时还实行了国家出资的医疗救助模式作为补充。

商业医疗保险模式的优点是：能够满足不同社会阶层对医疗服务的需求；公民自由选择商业医疗保险机构，可以使其在价格和服务质量上相互竞争。缺点是：保险覆盖面不广，商业保险公司以盈利为目的，对参保人的身体条件要求十分严格，老年人和体弱多病者往往被排除在外。

（三）全民免费医疗保险模式

全体国民无论贫富，均可获得近乎免费的医疗服务。这种模式较社会保险模式在公平性方面更进一步，以英国、瑞典等福利国家为主要代表。英国于1946年制定《国民健康服务法》，对全体国民实施健康保险制度，资金主要来自联邦所得税。所有国民无论其经济状况如何，都自动成为医疗保险计划的投保人和保险待遇享受者。实行此模式的优点是：大大降低了个人和企业的医疗负担，可以最大限度地确保公民的健康。缺点是：一方面，供需双方因缺乏费用意识，使得医疗费用水平过高，医疗费用大幅度上升，医疗资源极大地浪费，政府财政不堪重负；另一方面，医疗机构的服务治疗出现了许多不尽如人意的地方，如服务质量差等。

（四）强制性医疗储蓄模式

储蓄医疗保险模式是强制性储蓄保险的一种形式，其筹集医疗保险基金的形式既不是强制性的纳税，也不是强制性的缴纳医疗保险费或自愿购买医疗保险，而是依据法律规定，强制劳方或劳资双方缴费，以雇员的名义建立保健储蓄账户，用于支付医疗费用的一种制度。目前，新加坡将强制储蓄制度作为医疗保障制度的主干。该制度完全实行个人积累，由雇主和雇员按工资的一定比例缴纳公积金，存入医疗储蓄账户。此模式可以帮助实现医疗费用风险在其健康与生病时期分摊，但由于这一制度缺乏在健康人群与生病者之间分散风险的机制，并且没有再分配机制，无论从风险分担还是从公平的角度来看，都有不尽如人意的地方，所以其使用范围并不广泛。

第二节　医疗保险法律内容

一、医疗保险的范围和对象

（一）国际劳工公约对医疗保险范围的规定

1969年第53届国际劳工组织大会通过的《医疗护理和疾病津贴公约》规定，医疗照顾和疾病补贴的受保人应包括：

第一，全体工薪劳动者（含学徒）及其配偶和子女。

第二，经济人口中规定的类别，其总量应至少为全部经济活动人口的75％，以及属于这些类别人员的配偶和子女。

第三，规定的类别居民，其总量应至少为全体居民的75％。

可见，医疗保险的受保人范围扩大到所有经济自主人口，并明确规定可以分阶段在适当的条件下实施：具有临时就业性质的人员；居住于雇主住所，且为他工作的雇主家庭成员；所有经济活动人员；上述人员的配偶和子女；所有居民。

（二）国外医疗保险的范围和对象

各国医疗保险的范围均有一个起初较窄其后渐广的过程。一般都是先在个别地区，后扩大到全国范围；先从个别行业、职业，后扩大到非工薪劳动者和全体居民；先职工后家属。具体实施范围的大小，既与一个国家的社会经济发展水平有关，也与医疗保险制度的历史发展和类型有密切关系。

许多国家法律中，通常将医疗保险的被保险人分为强制被保险人和任意被保险人，将普通劳动者规定为强制被保险人，将经济地位较高、收入较多或灵活就业人员规定为任意被保险人。挪威早在1909年、英国早在1924年，在立法上就几乎把一切劳动者纳入疾病保险的强制被保险人范围。

另外，许多发展中国家医疗保险仅适用于一定规模的公司或一定地区的雇员，大部分国家对农业工人未实行强制性医疗保险。

二、医疗保险基金的筹集及负担方式

医疗保险基金的来源各国不尽相同，主要包括以下几种模式：

（一）政府全额负担

在实行政府全民免费医疗的国家，医疗保险主要来源于联邦政府或地方政府的财政拨款，这些国家的公民就医时通常只需支付少量的挂号费、门诊费与药费。英国、俄罗斯、朝鲜、古巴、澳大利亚、加拿大等国家都对全民实行免费医疗，以国家财政负担为主。在一些实行全民免费医疗的国家，一部分特殊群体，如老人、低收入群体、儿童等的医疗费用也是由政府负担，其经费主要来源于联邦政府的财政拨款。

（二）政府和个人负担

医疗费用由政府和个人负担，具体包括两种方式：一种方式是政府负担居民在公立医院的费用。澳大利亚政府实行的是全民医疗保险制度，所有的居民均可免费在公立医院得到基本的医疗服务，但是在私立医院就医时必须自费。购买私人医疗保险的公民既可以到私立医院看病，也可到公立医院以自费病人的身份就医，政府负责支付75%的费用。另一种方式是个人缴纳部分医疗保险费，政府给予补助。日本、韩国、泰国等国家对农民的医疗保险均采用这种方法。我国城镇居民基本医疗保险、新型农村合作医疗的筹资也是通过个人缴费与政府补助来实现的。

（三）政府、企业和个人负担

实行社会医疗保险的大多数国家都采用了这种方法，只是三方负担的比例有所不同。在医疗保险经费来源中，除了企业与个人按工资收入的一定比例缴纳外，不足的部分可由国家及政府财政补贴。1934年，日本颁布了《国民健康保险法》，要求所有国民必须加入国民健康保险。国民健康保险包括所有职工、从业人员和农民。有单位的从业人员的健康保险由政府、企业、个人三方负担。

（四）企业和个人负担

商业医疗保险的资金主要来源于参保者个人及其雇主缴纳的保险费，一般而言，政府财政不出资或不补贴。美国是实施商业医疗保险模式的典型代表，通常雇主为雇员及其家属购买医疗保险，雇员本人也要承担较少的一部分费用。

（五）个人全额负担

自营业者及其从业人员、自由职业者参加医疗保险时，基本是个人全额负担保险费用。一些国家，仍有居民自发组织医疗互助会，但他们得不到任何经费补贴。在日本就存在农民户主保险组合，它既不同于商业保险，也不同于政府发起的社会医疗保险，其资金由所有成员缴纳的会费及保险费构成。因为参加保险的人相互之间比较熟悉，他们缴的钱全部用在了自己的身上，即通过彼此互助来减轻个人的就医负担。

三、医疗保险待遇的内容

医疗保险待遇的内容主要有疾病津贴、医疗服务和供养亲属的医疗照顾。

（一）疾病津贴

疾病津贴是对受保人因疾病中断工作而给予的经济补偿。疾病津贴的金额按受保人平均收入的一定比例发放，一般定为受保人工资的50%～75%。但大多数国家的疾病津贴金额法律一般都明文规定最高限额，或者间接规定缴纳保险费和享受疾病津贴待遇的收入最高限额。

大部分国家规定，受保人领取疾病津贴需要2～7天的等待期。如果受保人患病在等待期内，则不享受疾病津贴。受保人每次患病，或一年之内享受疾病津贴的累计周数，通常有一个法定最高限度，一般不超过 26 周，但有的国家规定受保人享受疾病津贴的期限很长，甚至没有期限。

（二）医疗服务

医疗服务是指受保人可以享受的疾病医疗服务。各国医疗保险为受保人提供医疗服务的种类不尽相同，但一般都包括普通医生的治疗、一定的住院治疗，以及必要的药品供应。

1969 年的《医疗护理和疾病津贴公约》规定，医疗服务应致力于维护、恢复或改善受保人的健康，其服务内容至少包括：（1）内科医生的护理，包括家庭出诊；（2）在医院内对住院或非住院人员的专家护理；（3）依照医生或其他医务人员的处方而提供的必需药品；（4）必要的住院治疗；（5）依照规定的牙科护理；（6）医疗康复，包括依照规定的肢体替代或矫正器材的提供、维护和更换等。

（三）供养亲属的医疗照顾

各国规定在向受保人提供医疗服务的同时，也应向其亲属提供类似的服务。受供养的亲属包括配偶和未成年子女，有时还包括和受保人共同居住并依靠受保人供养的其他未成年人或年幼的亲属。

四、医疗保险基金的使用

医疗保险基金的使用是医疗保险运行体系中的一个重要环节，是指参保者缴纳保险费后，保险机构依据合同的规定或法律的规定，对被保险人因患病而发生的医疗费用进行给付，或者直接补偿医疗服务提供者为参保者提供适宜服务所需的费用。

医疗保险基金的使用从原理上来说是保险机构对医院的支付，即所谓"第三方付费"。支付有许多不同的方式，大体上可分为先付制和后付制。先付制是指医疗保险机构在保险期刚开始就预先支付全部费用，无论以后发生多少费用都由医院承担；后付制则是指医疗保险机构在保险期末根据医疗机构提供服务的实际情况如数支付费用。先付制能有效控制医院的医疗行为和医疗费用，但易导致服务质量降低，患者的医疗需求得不到有效满足。后付制使参保人可以更自由地选择医疗服务项目，医疗服务需求能够更大限度地得到满足，但容易引发医院的过度提供和患者的过度需求，造成医疗资源的极大浪费。各国实践中经常采用的支付方式有：

1.按服务项目付费

按服务项目付费是医疗保险最传统、应用最广泛的支付方式。它指医疗保险机构根据医疗服务机构上报的医疗服务项目和服务量向医疗服务机构支付费用，它属于事后付费。

2.按人头付费

按人头付费指医疗保险机构按合同规定的时间（如1年），根据接受医疗服务的被保险人人数和规定的收费标准，预先支付医疗服务费用的支付方式。在此期间（1年），医疗机构负责提供合同规定范围内的一切医疗服务，不再另行收费。按人头付费实际上就是一定时期、一定人数的医疗费用包干制。

3.总额预算制

总额预算制指医疗保险机构通过对服务地区的人口密度、人口死亡率、医院的规模、服务数量和质量、设备设施情况等因素进行综合考察和测算后，按照与医院协商确定的年度预算总额支付医疗费用的方式。

4.按病种付费

按病种付费的方式是根据国际疾病分类法，将住院病人的疾病分为若干组，每组又根据疾病的轻重程度及有无并发症分成若干级，同时将病人的疾病按诊断、年龄、性别等分为若干组，对每一组的不同级别分别制定价格标准，按照这种价格对该组某级疾病治疗的全过程进行一次性支付。简单地讲，就是按诊断的住院病人的病种进行定额支付。

第三节　城镇职工基本医疗保险

一、城镇职工基本医疗保险的覆盖范围

1998年国务院颁布的《关于建立城镇职工医疗保险制度的决定》（以下简称为《决定》）规定，城镇所有用人单位，包括企业（国有企业、集体企业、外商投资企业、私营企业等）、机关、事业单位、社会团体、民办非企业单位及其职工，都要参加基本医疗保险。乡镇企业及其职工、城镇个体经济组织业主及其从业人员是否参加基本医疗保险，由各省、自治区、直辖市人民政府决定。

《社会保险法》对医疗保险制度的覆盖范围的规定有所拓展。无雇

工的个体工商户、未在用人单位参加职工基本医疗保险的非全日制从业人员以及其他灵活就业人员根据自愿原则，可以参加职工基本医疗保险的，由其个人缴纳基本医疗保险费。

二、城镇职工基本医疗保险的基金筹集

《社会保险法》规定了职工和用人单位的共同缴费义务，同时规定退休职工如果达到法定退休年龄时累计缴费达到国家规定年限的，退休后不再缴费。具体的缴费比例由1998年《决定》规定，用人单位缴费率应控制在职工工资总额的6%左右，职工缴费率一般为本人工资收入的2%。

【资料链接13-1】

我国特殊人群的缴费问题相关规定

离休人员、老红军的医疗待遇不变，医疗费用按原资金渠道解决，支付确有困难的，由同级人民政府帮助解决。离休人员、老红军的医疗管理办法由省、自治区、直辖市人民政府确定。二等乙级以上革命伤残军人的医疗待遇不变，医疗费用按原资金渠道解决，由社会保险经办机构单独列账管理。医疗费支付不足部分，由当地人民政府帮助解决。

退休人员参加基本医疗保险，个人不缴纳基本医疗保险费。《社会保险法》规定，参加职工基本医疗保险的个人，达到法定退休年龄时累计缴费达到国家规定年限的，退休后不再缴纳基本医疗保险费，按照国家规定享受基本医疗保险待遇；未达到国家规定年限的，可以缴费至国家规定年限。

国家公务员在参加基本医疗保险的基础上，享受医疗补助政策，具体办法另行制定。

国有企业下岗职工的基本医疗保险费，包括单位缴费和个人缴费，均由再就业服务中心以当地上年度职工平均工资的60%为基数缴纳。

随着经济的发展，各地视本地情况，在此基础上调整用人单位和职工缴费率，因此，有些发达地区的缴费率远远高于6%，如上海的单位缴费率为10%，北京的单位缴费率为9%。

【小案例13-1】

小宋是东北某国有企业的下岗职工，在他下岗后，其人事关系一直托管在当地的就业服务中心。去年秋天，小宋突发心脏病，所幸住院治疗一段时间后康复出院，可是小宋拿着大笔医疗费用清单却手足无措，不知道应该到哪里报销。

分析提示：新医改方案规定，下岗工人在进入再就业服务中心托管时，享受医疗保险的待遇，其医疗保险费由再就业服务中心负责缴纳。国有企业下岗职工的基本医疗保险费，包括单位缴费和个人缴费部分，均由再就业服务中心管理，按照当地职工平均工资的60%为基数缴纳。下岗职工与其他城镇职工一样建立个人账户，享受相同的基本医疗待遇。该方案可以有效减轻下岗职工个人负担，确保下岗职工的基本医疗待遇。

三、医疗保险基金的统筹及统账结合

（一）医疗保险基金的统筹层次

医疗保险基金统筹层次既要考虑医疗保险基金互助互济的功能和公平性，还要考虑地区之间的经济发展和医疗消费水平的差异。按照《关于建立城镇职工医疗保险制度的决定》的规定，基本医疗保险原则上以地级以上行政区（包括地、市、州、盟）为统筹单位，但也可以以县（市）为统筹单位。

尽管我国政策规定原则上以地级以上行政区（包括地、市、州、盟）为统筹单位，但在实际执行中许多地方实行县一级统筹，不少县资金筹集难度很大。

针对社会保险基金统筹层次太低的问题，《社会保险法》规定，基本养老保险基金实行省级统筹，逐步实行全国统筹。其他社会保险基金实行省级统筹的时间、步骤，由国务院规定。

（二）医疗保险基金的统账结合

目前我国城镇职工医疗保险基金由基本医疗保险基金即统筹基金和个人账户构成。职工个人缴纳的基本医疗保险费，全部记入个人账户。用人单位缴纳的基本医疗保险费分为两部分，一部分用于建立统筹基金，另一部分划入个人账户。划入个人账户的比例一般为用人单位缴费

的30％左右，具体比例由统筹地区根据个人账户的支付范围和职工年龄等因素确定。

【小思考13-1】

医保卡（医保个人账户）的钱从哪来？

答：参保人缴纳医疗保险后，社会保险经办机构会为其建立基本医疗保险个人账户即医保卡。个人账户主要包括个人缴纳的基本医疗保险费、按照规定划入个人账户的用人单位缴纳的基本医疗保险费、个人账户医疗保险费存储额的利息，还有依法纳入个人账户的其他资金。

四、医疗保险待遇

1998年《决定》规定，基本医疗保险基金由统筹基金和个人账户构成。个人账户主要用于支付小额和门诊医疗费用，统筹基金主要用于住院（大病）医疗费用支出。统筹基金的起付标准即起付线原则上控制在当地职工年平均工资的10％左右，最高支付限额即封顶线原则上控制在当地职工年平均工资的4倍左右。起付标准以下的医疗费用，从个人账户中支付或个人自付。起付标准以上、最高支付限额以下的医疗费用，主要从统筹基金中支付，个人也要负担一定比例。超过最高支付限额的医疗费用，只能通过其他途径解决。

【小思考13-2】

个人账户和基本医疗保险统筹基金可以支付哪些医疗费用？

答：个人账户可用于：（1）门诊、急诊的医疗费用；（2）到定点零售药店购药的费用；（3）基本医疗保险统筹基金起付标准以下的医疗费用；（4）超过基本医疗保险统筹基金起付标准，按照比例应当由个人负担的医疗费用，个人账户若不足支付，由本人自付。

基本医疗保险统筹基金可以用来支付下列医疗费用：（1）住院治疗的医疗费用；（2）急诊抢救留观并收入住院治疗的，其住院前留观7日内的医疗费用；（3）恶性肿瘤放射治疗和化学治疗、肾透析、肾移植后服抗排异药的门诊医疗费用。

另外，职工患病或非因工负伤，因治疗停止工作满一个月以上的，单位停发工资，改按其工作时间长短给付相当于本人工资一定比例的病假工资。

【资料链接13-2】

医疗保险中的待遇水平

医疗保险中的待遇水平由3个方面体现，即起付线、封顶线和报销比例。让参保患者负担一部分医疗费用有助于控制医疗资源浪费。

1.起付线

起付线方式又称扣除法，是指被保险人只有在支付一定数额的医疗服务费用之后，保险机构才负责支付部分或全部的医疗费用。这个规定的数额被称为起付线。该方法要求个人看病时需要自己先拿出一部分钱，这样有利于产生费用意识，控制医疗服务消费行为。小额费用由被保险人个人承担，有利于集中有限财力，保障高费用风险的疾病治疗，实现风险分担。将大量的小额医疗费用剔除在社会保险支付范围之外，减少了医疗保险结算的工作量，有利于降低管理成本。

该方法的难点是起付线不好确定。起付线过低时，被保险人有可能过度使用医疗资源，产生道德风险，难以控制医疗费用；起付线过高时，会超过部分参保人的经济承受能力，抑制其正常的医疗需求，可能使部分参保人不能及时就医，小病拖成大病，反而增加了医疗费用。此外，过高的起付线，可能影响参保人参加社会医疗保险的积极性，造成医疗保险覆盖面和受益面的下降。

2.封顶线

封顶线也称最高限额方式，是与起付线相反的费用分担方法。该方法是先规定一个医疗费用封顶线，社会医疗保险机构只偿付低于封顶线以下的医疗费用，超出封顶线的医疗费用由被保险人或由被保险人与其单位共同负担。

在社会经济发展水平和各方承受能力较低的情况下，设立封顶线有利于保障参保人享受费用比较低、各方都可以承受的一般医疗；有利于限制被保险人对高额医疗服务的过度需求，以及医疗服务提供者对高额医疗服务的过度提供；有利于鼓励被保险人重视自身的身心健康，提高被保险人的身体素质，防止小病不治酿成大病。

3.报销比例

通常情况下，起付线和封顶线之间的部分由参保患者和医疗保险机构共担，也就是由医疗保险机构报销一定比例。报销比例会因医疗费用高低有所不同，一般来说，患者发生医疗费用越高，报销比例就越高。

五、医疗费用的支付

医疗费用的支付是医疗保险中的核心问题，基本上医疗保险的问题都是围绕医疗费用支付展开和延伸的，它涉及医疗保险机构、医疗服务机构以及被保险人三方主体以及他们之间的三对权利义务关系。

我国一直沿用的，也是运用得最广泛的"先看病，后报销"的医疗费用结算方式类似于"后付制"。按照我国的相关规定，医疗统筹基金和个人账户划定各自的支付范围，分别核算，不得相互挤占。

《社会保险法》开始探索了多元化的支付方式。按照该法律对医疗保险结算制度的规定，参保人员医疗费用中的基本医疗保险基金支付部分，由社会保险经办机构与医疗机构、药品经营单位直接结算。实时结算制度优化了医疗费用报销制度，简化了结算报销的程序，为参保人提供了巨大的便利。

六、享受医疗保险待遇的条件

要想享受医疗保险待遇，首先必须参保缴费，其次必须符合"两定点，三目录"的规定，转诊和转院必须符合相关转诊制度规定。

目前我国医疗费用的支付报销机制是与定点机构联系在一起的。只有在定点医疗机构进行治疗以及在定点药店购买药品，医疗费用才能报销。劳动保障部会同卫生部、财政部等有关部门制定定点医疗机构和定点药店的资格审定办法。社会保险经办机构负责确定定点医疗机构和定点药店，并同定点医疗机构和定点药店签订合同，明确各自的责任、权利和义务。

七、医疗保险基金支付的例外

对于符合基本医疗保险药品目录、诊断项目、医疗服务设施标准以及急诊、抢救的医疗费用，按照《社会保险法》的规定，应当由社会保险基金支付，但一些已经由其他方面支付的医疗费用不再纳入基本医疗保险基金支付的范围。这主要包括：

（1）应当从工伤保险基金支付的。对于该部分费用，基本医疗保险基金不予支付。

（2）应当由第三人负担的。这主要是指由第三人侵权，导致参保人员的人身受到伤害而产生的医疗费用，前述医疗费用应由侵权人负担，基本医疗保险基金不予支付。

（3）应当由公共卫生服务负担的。公共卫生是指政府组织全社会共同努力，改善社会卫生条件，预防控制传染病和其他疾病流行，培养国民良好卫生习惯和文明生活方式，达到预防疾病、促进人民群众身体健康所提供的医疗服务。凡是现阶段基本公共卫生服务能向公众免费提供的项目，不作为基本医疗保险基金支付的范围。

（4）在境外就医的。公民因旅游、探亲、学习培训、从事商务活动等出境，其在境外就医发生的医疗费用，基本医疗保险基金不予支付，但可以通过参加所在国的医疗保险或者购买商业保险的方式解决。

因侵权人不支付参保人员的医疗费，或者因侵权人逃逸等无法确定侵权人的，为了保证受害的参保人员能够及时得到医疗救治，《社会保险法》规定如第三人不明或第三人不支付的，基本医疗保险基金先行支付该参保人员的医疗费用。基本医疗保险基金先行支付后，医保经办机构取得代位追偿权，有权向侵权人追偿医疗费用。

第四节　城镇居民基本医疗保险

1998年我国开始建立城镇职工基本医疗保险制度，之后又启动了新型农村合作医疗制度试点，初步建立起了城乡医疗救助体系。至2007年，没有医疗保障制度覆盖的主要是城镇非从业居民。为实现基本建立覆盖城乡全体居民的医疗保障体系的目标，国务院决定，从2007年起开展城镇居民基本医疗保险试点（以下简称试点）。

一、目标与原则

2007年在有条件的省份选择两至三个城市启动试点，2008年扩大试点，2010年在全国全面推开，逐步覆盖全体城镇非从业居民。通过试点，探索和完善城镇居民基本医疗保险的政策体系，逐步建立以大病统筹为主的城镇居民基本医疗保险制度。

试点工作坚持低水平起步，重点保障城镇非从业居民的大病医疗需求，逐步提高保障水平。坚持自愿原则，充分尊重群众意愿。

二、覆盖范围和对象

不属于城镇职工基本医疗保险制度覆盖范围的中小学阶段的学生（包括职业高中、中专、技校学生）、少年儿童和其他非从业城镇居民都可自愿参加城镇居民基本医疗保险。

【小思考13-3】

按照《社会保险法》的规定，基本医疗保险包括城镇职工基本医疗保险、城镇居民基本医疗保险、新型农村合作医疗保险等内容。可以说，我国的老百姓，只要有意愿加入医疗保险，都可以加入，只不过身份不同、地域不同，需要加入的制度也就不同。那么作为义务教育阶段的学生应该参加哪个医疗保险制度呢？

答：从制度上来看，我国医疗保险已经实现了覆盖了全体公民。每个人只要想加入医疗保险，就可以选择到适合自己的保险。根据各保险的覆盖范围可知，义务教育阶段的学生，如果是城镇户籍的，可以参加城镇居民基本医疗保险制度；如果是农村户籍的，可以参加新型农村合作医疗制度。但是，需要注意的是不能同时加入两种保险。

三、基金筹集

城镇居民基本医疗保险以家庭缴费为主，政府给予适当补助。参保居民按规定缴纳基本医疗保险费，享受相应的医疗保险待遇，有条件的用人单位可以对职工家属参保缴费给予补助。国家对个人缴费和单位补助资金制定税收鼓励政策。

对试点城市的参保居民，政府每年按不低于人均40元给予补助，其中，中央财政从2007年起每年通过专项转移支付，对中西部地区按人均20元给予补助。在此基础上，对属于"低保"对象的或重度残疾的学生和儿童参保所需的家庭缴费部分，政府原则上每年再按不低于人均10元给予补助，其中，中央财政对中西部地区按人均5元给予补助；

对其他"低保"对象、丧失劳动能力的重度残疾人、低收入家庭中60周岁以上的老年人等困难居民参保所需家庭缴费部分，政府每年再按不低于人均60元给予补助，其中，中央财政对中西部地区按人均30元给予补助。

四、医疗费用的支付

城镇居民基本医疗保险基金重点用于参保居民的住院和门诊大病医疗支出，有条件的地区可以逐步试行门诊医疗费用统筹。

关于门诊医疗费用统筹，人力资源和社会保障部继《关于开展城镇居民基本医疗保险门诊统筹的指导意见》以后，于2011年5月4日又发布了《关于普遍开展城镇居民基本医疗保险门诊统筹有关问题的意见》，要求2011年普遍开展居民医疗保险门诊统筹工作，对在基层医疗卫生机构发生的符合规定的医疗费用，支付比例原则上不低于50%；累计门诊医疗费较高的部分，可以适当提高支付比例。

第五节　　　　新型农村合作医疗制度

在《社会保险法》设定的我国医疗保险制度框架中，新型农村合作医疗制度是覆盖农村居民的医疗保险制度。我国农村合作医疗，在改革前是通过集体和个人集资，为农村居民提供低廉费用的医疗保健服务的一种互助互济制度。农村合作医疗制度自产生以来，经历了从繁荣到低潮的阶段。自2003年以来，新型农村合作医疗的建设成为政府在农村建设中的重点内容。

一、新型农村合作医疗保险的内容

（一）覆盖范围

根据2003年《关于建立新型农村合作医疗制度的意见》，新型农村合作医疗制度覆盖到全体农村居民。所有农村居民都可以家庭为单位自愿参加新型农村合作医疗，按时、足额缴纳合作医疗经费。

（二）基金的筹集

新型农村合作医疗制度实行农民个人自愿缴费、集体扶持和政府资助相结合的筹资机制，多方筹集医疗保险基金。首先，个人缴费是筹资的基础。除对低保人群实行救助办法外，参加新型农村合作医疗者都应缴费，其额度可视当地经济状况和个人承受能力而定。大量流向城镇的农民工，在城镇可以参加城镇职工基本医疗保险，按照"自愿原则"，也可对合作医疗不缴费。其次，政府资助是引导筹资的前提。没有政府财政补助，很难持续地巩固新型农村合作医疗制度。再次，集体扶持是合作医疗的条件。只要集体经济存在，就应尽扶持的责任。

自2012年起，各级财政对新型农村合作医疗的补助标准从每人每年200元提高到每人每年240元。其中，原有200元部分，中央财政继续按照原有补助标准给予补助，新增40元部分，中央财政对西部地区补助80％，对中部地区补助60％，对东部地区按一定比例补助。农民个人缴费原则上提高到每人每年60元，有困难的地区，个人缴费部分可分为两年到位。新生儿出生当年，随父母自动获取参合资格并享受新型农村合作医疗待遇，自第二年起按规定缴纳参合费用。

（三）医疗费用的支付

医疗费用的支付方式主要采取类似于城镇医疗保险的"后付制"，以县为单位集中审核、报销费用，但也有试点城市采取超过自付标准后，住院费用由合作医疗保险经办机构和医疗机构结算的支付办法。

二、合作医疗基金的管理

新型农村合作医疗基金主要用于参加农村合作医疗的人员（以下简称参合人员）在定点医院发生的住院医药费补偿，兼顾门诊医药费补偿。

1.基金收入

基金收入包括乡镇征缴、各级财政拨款、企业赞助、上年结余等。

2.基金分配

对所有收入的基金由县农村合作医疗管理办公室（以下简称合管办）统一保管，并且采用严格的收支两条线管理方式。对收入的基金必须根据需要划入不同的账户，如现金专用收入账户、银行专用收入账户、个人收入专用账户、风险基金账户或基本基金账户等，不同的账户对应不同的需要。

3.基金支出

这一步涉及基金最终的流向，也是参合人员最关心的问题。农村合管办从银行专用收入账户转出一部分基金到现金支出账户和银行专用支出账户，参合人员在门诊、住院发生费用后，可到合管办或者农村合作医疗管理所直接报销，由合管部门从现金支出账户直接支付给参合人员。

▶ **本章小结**

医疗保险法是指人们因生病或非因工负伤需要治疗时，由国家或社会为其提供必需的医疗服务及物质帮助的一种社会保险法律制度。我国医疗保险制度包括城镇职工基本医疗保险、城镇居民基本医疗保险和新型农村合作医疗，覆盖城乡不同群体。城镇职工基本医疗保险的覆盖范围包括企业、机关、事业单位、社会团体、民办非企业单位及其职工。用人单位缴费率为在职工工资总额的6%左右，职工缴费率为本人工资收入的2%。城镇居民基本医疗保险覆盖不属于城镇职工基本医疗保险制度覆盖范围的城镇居民。其费用以家庭缴费为主，政府给予适当补助，形成的医疗保险基金重点用于参保居民的住院和门诊大病医疗支出。新型农村合作医疗制度覆盖全体农村居民，实行农民个人自愿缴费、集体扶持和政府资助相结合的筹资机制。

▶ **复习与思考**

一、名词解释

医疗保险法　医疗保险机构　医疗服务机构　社会医疗保险模式商业医疗保险模式　储蓄医疗保险模式　医疗保险基金的使用　疾病津贴　按服务项目付费　按人头付费　总额预算制　按病种付费　先付制　后付制

二、选择题

1.第一部医疗保险立法颁布于（　　　）。

A.美国　　　　　B.德国　　　　　C.苏联　　　　　D.英国

2.我国城镇居民基本医疗保险制度建立于（　　　）年。

A.1951　　　　　B.2003　　　　　C.2007　　　　　D.2011

3.我国基本医疗保险制度由（　　）构成。

A.城镇职工基本医疗保险　　　　　B.城镇居民基本医疗保险

C.新型农村合作医疗　　　　　　　D.新农保

4.下列医疗保险基金的支付方式中，属于先付制的有（　　）。

A.总额预算制　　　　　　　　　　B.按服务项目付费

C.按病种付费　　　　　　　　　　D.按人头付费

5.医疗保险制度模式包括（　　）。

A.社会医疗保险模式　　　　　　　B.储蓄医疗保险模式

C.自愿保险模式　　　　　　　　　D.全民免费医疗保险模式

三、简答题

1.简述医疗保险的制度模式。

2.简述医疗保险涉及的法律主体及各主体间的关系。

3.简述我国医疗保险基金不予支付的情况。

4.简述我国医疗保险制度的构成。

5.简述我国城镇职工基本医疗保险个人账户和统筹基金的用途。

四、案例分析题

1.王女士的父亲属于退休人员，享受基本医疗保险待遇。年初，王女士的父亲生病住院，随后又转往另一家医院住院治疗，因医疗费用的结算需要一定的时间，医保卡押在第一家医院，未能凭医保卡在第二家医院办理医保住院手续。又由于医生指示不明确，加上其家属不了解医保程序，在第二家医院办理医保手续前到其他医院为患者办理了门诊取药。根据医保相关规定，受保人在住院期间不享受门诊统筹待遇，因此在第二家医院出院时未能以医保结算，几万元的医疗费用全部自付。请问：该患者在第二家医院的住院费用是否可享受报销？住院期间能否在门诊取药？

2.韩师傅经河北省某市一家劳务公司的介绍来到北京某建筑公司工作，具体岗位为建筑工地的铲车司机。某日早晨，刚上班不久的韩师傅突然感到胸闷气短，随即昏倒在司机座位上，工友们发现后，将他送到了北京市急救中心，诊断结果表明韩师傅是突发性心肌梗死。经过抢救，韩师傅脱离了生命危险。在将近30天的治疗中，共产生治疗费用4万多元（其中有1万多元费用属于自费项目）。用人单位在承担了其中的1万元后，就不愿意再承担了，而且，此前用人单位并没有为韩师傅办理医疗保险，所以韩师傅的治疗费用也不可能得到医疗保险机构的报销。请问：韩师傅本次治疗费用是否可以得到报销？对于此情况用人单位应承担什么责任？

3.沈阳某机床制造公司的两名职工在单位里因琐事发生争执，进而动手打架造成一名职工轻伤，另外一名受伤较重，单位将他们送到医院后，垫付了一些医疗费。关于他们能否享受医疗保险待遇的问题，说法不一。请分析他们的医疗费用究竟能否纳入医保基金支付，单位垫付的医疗费如何处理，能否要求他们偿还？

第十四章
失业保险法律制度

▶ 学习目标

通过本章学习，重点掌握失业保险的范围、基金筹集、待遇标准，特别是我国失业保险的覆盖范围、资金筹集渠道及待遇给付的内容；掌握失业保险待遇的享受资格及给付期限；了解失业的概念、失业的类型划分及失业保险的含义。

▶ 案例导入

获得经济补偿金后还能领取失业保险吗？

张某是某公司的职工。2012年8月，企业为减员增效，号召职工与企业解除劳动合同并承诺提供一定的经济补偿。张某与企业的劳动合同已到期，就响应企业的号召，解除了与企业的劳动合同。同时，还有一部分职工与张某有着同样的情况，也与企业解除了劳动合同。

国务院1999年1月颁布的《失业保险条例》规定，职工与企业解除劳动合同后，失业保险部门应给失业职工发放失业保险金。该公司按时向失业保险部门缴纳了失业保险费，按规定张某可以领取失业保险金。但当地失业保险部门不予发放，理由是：企业有偿解除劳动合同，已经支付了生活费，失业保险部门不再发放失业保险金。

《劳动法》第24条规定："经劳动合同当事人协商一致，劳动合同可以解除。"用人单位依据该规定解除与劳动者之间劳动合同的，依据1994年颁布的《违反和解除劳动合同的经济补偿办法》第5条规定，应当向劳动者支付经济补偿金。那么，劳动者领取经济补偿金后，还有权享受失业保险金吗？

对此，劳动部1995年发布的《关于贯彻执行〈中华人民共和国劳动法〉若干问题的意见》第43条明确规定："劳动合同解除后，用人单位对符合规定的劳动者支付经济补偿金。不能因劳动者领取了失业救济金而拒绝或克扣经济补偿金，失业保险机构也不得以劳动者领取了经济补偿金为由，停发或减发失业救济金。"据此，张某与单位解除劳动关系后，虽已按约定享受了经济补偿金，失业保险部门也应当按相关政策向该职工支付失业保险金。

第一节　　　　　　　　失业保险概述

一、失业与失业保险

（一）失业的概念及类型

1.失业的概念

关于失业的定义，各国有不同的界定。我国劳动和社会保障部将"失业"界定为：失业是指劳动者在法定劳动年龄内，有劳动能力，无业且要求就业而未能就业的状态。

【法律小知识14-1】

国际劳工组织1988年举行的第75届劳工大会对失业的界定为：凡有能力参加经济活动，可以寻找工作并确实在寻找职业而未能得到适当工作，以致没有收入，生活没有着落的劳动者，都是失业者，都应得到失业保险的涵盖。今天的失业保险对象，已注重将失业保险与促进就业相结合。因而，现在国际劳工组织及一些发达国家对失业的新界定为：凡达到一定年龄、具有劳动能力但没有职业或工作负荷达不到一定标准而正在为获取收入寻找工作，并已向职业介绍机构登记者，均为失业者，作为失业保险的对象。

根据各国对失业的界定，失业需要满足以下3个条件：

（1）客观上该劳动者没有工作，即未获得相应的就业机会，未被雇用也未自谋职业者。

（2）客观上该劳动者可以工作，即具有相应的劳动能力可被雇用或自谋职业者。

（3）主观上有就业意愿，并且将该就业意愿通过一定的行为客观地表示出来，即在最近的特定时期已经采用明确步骤寻找工作或自谋职业者。

我国失业保险的对象必须办理失业登记表明求职要求，即通过失业登记的方式来证明其主观的就业意愿。

2.失业的类型

造成失业的原因是多方面的。根据失业是否出于失业者的自身意愿，可以将失业分为两大类：一类是自愿性失业；另一类是非自愿性失业。自愿性失业是指劳动者自动放弃就业机会，而没有找到新的工作岗位的情况。非自愿性失业是指劳动者愿意接受现有的货币工资水平却仍找不到工作的情况。非自愿性失业一般包括结构性失业、季节性失业、摩擦性失业、周期性失业等。

摩擦性失业是指在劳动力流动过程中，由于信息不对称、时间滞差、信息成本和流动成本等原因引起的失业。这种失业主要是由劳动力市场自身的缺陷造成的，它反映了劳动力市场经常的动态性变化，表明劳动者经常处于流动之中。

季节性失业是指由于季节变化或由于消费者季节购买的习惯等原因引起的失业。季节性失业具有规律性、行业性以及失业持续期的预知性等特点。

结构性失业是由于经济结构如产业结构、产品结构、地区结构的变动，引起了劳动力需求结构的变动，从而产生的部分劳动者成为失业者的情况。一般来说，技术性失业（由于技术进步、管理改善、生产方法改进等原因造成的失业）是结构性失业的先导，结构性失业是技术性失业的最大表现。

周期性失业是指由于周期性的经济波动而引发的失业现象。在经济危机周期性发生时，失业率也会周期性达到高潮。

（二）失业保险的概念及特点

1.失业保险的概念

失业保险是指国家通过立法强制建立社会统筹基金，对因失业而暂时中断生活来源的劳动者在法定期间内提供物质帮助，以维持其基本生活需要的一项社会保险制度。

2.失业保险的特点

（1）失业保险的对象为非自愿性失业者。

首先，失业者需要满足的条件，即在劳动年龄内有劳动能力，目前无工作，并以某种方式正在寻找工作的人员，包括就业转失业的人员和新生劳动力中未实现就业的人员。

【小思考14-1】

我国高校应届毕业生未实现就业的，是否应纳入失业保险的适用范围？

答：由于高校扩招、经济周期等因素的影响，我国高校毕业生就业形势严峻，部分高校应届毕业生面临毕业即失业的困境。为此，中共中央办公厅、国务院办公厅发布了《关于引导和鼓励高校毕业生面向基层就业的意见》。为贯彻落实该意见，教育部、民政部等14个部门联合发出《关于切实做好2006年普通高等学校毕业生就业工作的通知》，明确应届毕业生未就业的，可以依法领取最低生活保障等失业救助。各地为了切实缓解高校毕业生的就业压力，也逐步将应届毕业生毕业一定期限后未就业者纳入失业保险的适用范围。

其次，失业保险只保障非自愿性的失业者。我国《失业保险条例》所指的失业人员只限定为就业转失业的人员，对失业保险对象进一步限定为已经就业但非因本人意愿中断就业的，并已办理失业登记的那部分劳动者，未曾就业者不在此列。《社会保险法》亦肯定了此做法。我国的法定劳动年龄是16～60周岁。对企业中男性年满60周岁、女性年满50周岁的职工和机关事业单位中男性年满60周岁、女性年满55周岁的员工实行退休制度。

（2）失业保险待遇的给付具有期限性。

与养老保险和工伤保险不同，劳动者不能长期享受失业保险待遇。失业保险只能在法定期限内享受，超过法定期限，即使劳动者仍处于失业状态，也不可再享受。我国规定劳动者领取失业金的最长期限为24个月。

（3）失业保险的目的具有保障基本生活和促进再就业的双重性。

失业保险的目的之一是保障失业者在失业期间的基本生活，目的之二是鼓励其再就业。两者之间密切联系，前者是实现后者的必备条件，即只有在保障失业者失业期间的基本生活、维持其再就业能力的基础上，才可能最终实现劳动者的再就业。我国《失业保险条例》第1条明确其立法宗旨为"保障失业人员在失业期间的基本生活，促进其再就业"。

二、我国失业保险的立法

我国正式建立失业保险制度是在20世纪80年代中期。随着经济体制改革的全面深化，我国开始了以实行劳动合同制为主的劳动制度改革。1986年7月，国务院发布了《国营企业职工实行待业保险暂行规定》，这标志着我国失业保险制度的正式建立。有必要强调的是，由于在理论上对失业问题仍然存在争议，当时用"待业"来表述实际的失业问题。

【资料链接14-1】

失业与待业、下岗有何区别？

失业与待业的区别和联系：在20世纪八九十年代改革开放的过程中，我国政府文件长期使用"待业"这一概念。1982年人口普查的相关文件规定，"待业人员"是指在劳动年龄内、有劳动能力的人要求就业而无任何职业者。从这一定义上看，"待业"与"失业"是没有区别的。1986年国务院发布的《国营企业职工待业保险暂行规定》和1993年国务院发布的《国有企业职工待业保险规定》中均使用"待业"这一概念，这一概念带有从计划经济的角度对失业这一社会现象认识的色彩。

失业与下岗的区别和联系：失业与下岗都表现为劳动者离开原单位的工作岗位。但不同的是，下岗是指由于用人单位的生产和经营发生特殊困难等客观原因，劳动者离开单位的具体工作岗位，但与所在单位未解除或者终止劳动关系，又没有找到新的工作岗位的现象，主要表现为国有企业的职工大量下岗，一般包括放长假、下岗待工、退出岗位休养等职工。而失业则是劳动者与用人单位已解除或者终止劳动关系，而没有新的工作岗位的现象。失业与下岗的区别具体表现为以下几个方面：

第一，从劳动关系上看，失业人员已与企业解除劳动关系，档案已转入户口所在地的劳动和社会保障部门；而下岗职工虽然无业，但未和原企业解除劳动关系，档案关系仍在原企业。

第二，从领取的待遇上来看，失业人员领取的是失业保险金；下岗人员从企业的再就业服务中心领取基本生活费，并且企业为下岗人员代缴养老、医疗等社会保险费。

第三，下岗人员在一定条件下转为失业。下岗职工在再就业服务中心的期限一般不超过3年，3年期满仍未再就业的，应与企业解除劳动关系，按有关规定享受失业救济或社会救济。

1999年1月12日，国务院颁布《失业保险条例》。《失业保险条例》吸收了以往失业保险制度建立和发展中的实践经验，在许多方面做了重大调整和突破，如实施范围不再限于国有企业而是扩展到机关事业单位及非国有企业，保险基金的筹集、基金的使用等均有相应的调整。

2010年通过的《社会保险法》以专章的形式规定了"失业保险"，从而在法律的层面上对失业保险制度的完善产生了深远的影响。

【法律小知识14-2】

从20世纪初到第二次世界大战以前，西方国家先后建立了失业保险制度。法国于1905年颁布了专门的失业保险法，建立了非强制的失业保险制度，成为世界上最早建立失业保险制度的国家。英国政府于1911年正式颁布了《国民保险条例》，这是世界上第一个全国性、强制性的失业保险法。这一法律开创了强制性失业保险制度的先河，后来被很多国家仿效，构成了世界失业保险制度的主流。

第二节　　失业保险的覆盖范围和对象

一、我国失业保险的覆盖范围和对象

失业保险制度，一般包括失业保险的覆盖范围、失业保险基金的筹集、失业保险待遇的领取条件、领取期限、待遇水平及停止领取的情况等。覆盖范围是社会保险制度的根本问题之一，即对失业保险保障范围宽窄程度的界定。

从理论上说，失业保险制度的覆盖范围应包括社会经济活动中的所有劳动者，因为在社会经济活动中每一个劳动者都有可能成为失业者。尽管世界各国失业社会保险的发展很不平衡，但有一点是共同的，即在

失业社会保险制度建立初期，覆盖范围仅限于"正规部门"的劳动者，而把在"非正规部门"就业的劳动者排除在外。所谓"正规部门"是指那些有一定规模、稳定性较强的企业；而那些规模很小、稳定性不强、人员流动性大的小规模经济被划入"非正规部门"，包括手工业、小商业及小农家庭经济等。

我国《失业保险条例》将失业保险的覆盖范围从国有企业及其职工、企业化管理的事业单位及其职工扩大到城镇所有企业、事业单位及其职工。同时还规定，省、自治区、直辖市人民政府根据当地实际情况，可以决定本条例适用于本行政区域内的社会团体及其专职人员、民办非企业单位及其职工、有雇佣的城镇个体工商户及其雇工。

这里需要指出：城镇企业，是指国有企业、城镇集体企业、外商投资企业、城镇私营企业以及其他城镇企业。其他城镇企业，包括台、港、澳投资企业以及联营企业等。

【小思考14-2】

我国乡镇企业及职工是否是失业保险的覆盖对象？

答：乡镇企业是指以农村集体经济组织或者农民投资为主，在乡镇（包括所辖村）举办的承担支援农业任务的各类企业。由于以前我国的乡镇从业人员为1.3亿，数量很大，且许多乡镇企业经营状况不稳定，失业人员较多，如果将这部分人员纳入失业保险的范围，失业保险基金难以承受。此外，乡镇企业从业人员的主体是农民，他们均有承包土地等作为其生活保障的条件，农民"失业"与城镇职工失业情况完全不同。因此，我国并没有将乡镇企业职工纳入失业保险的范围。

事业单位是指国家为了社会公益目的，由国家机关举办或者其他组织利用国有资产举办的，从事教育、科技、文化、卫生等活动的社会服务组织。事业单位是为社会提供精神产品和知识产品的社会服务组织，与企业从事商品生产经营有所不同，但从其活动和服务的性质看有相似之处。初步统计，我国目前有各类事业单位职工3 000多万人。

在近年事业单位的改革中，国家放开了对事业单位的编制管理，并对事业单位的工资以及预算管理进行了重大改革，同时，提出了事业单位逐步进入市场的改革方向，事业单位在改革中人员流动也日益增多，面临的失业风险也越来越大。因此，我国失业保险把事业单位全部纳入了保险范围。1999年8月30日，劳动和社会保障部颁布了《关于事业单位参加失业保险有关问题的通知》，要求事业单位在单位所在地进行社会保险登记，按时申报并足额缴纳失业保险费。事业单位职工失业后，应到当地经办失业保险业务的社会保险经办机构办理失业登记，对符合享受失业保险待遇条件的，由经办机构按规定支付失业保险待遇。

【小思考14-3】

我国公务员是否需要纳入失业保险的制度范围？

答：我国《失业保险条例》将公务员排除在适用范围之外，而且《社会保险法》未对公务员失业保险进行规定。目前，世界上关于公务人员的失业保险制度有两种模式：一是纳入统一的失业保险调整范围；二是单独建立公务人员失业保险制度。

社会团体是指中国公民自愿组成，为实现会员共同意愿，按照其章程开展活动的非营利性社会组织，主要有学会、研究会、联合会等，不包括参加中国人民政治协商会议的人民团体，如共青团、工会、妇联和民主党派。社会团体专职人员是指社会团体设立的常设工作机构的工作人员，而不是指参加社会团体的会员。国家对社会团体实行登记管理。民办非企业单位是指企业、事业单位，社会团体和其他社会力量以及公民个人利用非国有资产举办的，从事非营利性社会服务活动的社会组织，如民办医院、民办科研单位和民办学校。上述这两类组织是我国重要的非营利性社会组织，在改革中也存在人员流动、失业等问题，应纳入失业保险的范围。但因其组织机构不规范，人员的工资及福利等方面不稳定，各地情况也有差别，因此，目前由省级人民政府根据本地情况决定是否将其纳入失业保险。

我国拓宽失业保险的覆盖范围，充分体现了解放思想、大胆改革的精神。《失业保险条例》实施后，参加失业保险的职工人数增加了5 700万人，增加比例高达42%，城镇中除国家机关工作人员外的职工基本上都纳入了失业保险范围。有条件的省级人民政府还决定将社会团体及其专职人员、民办非企业单位及其职工、有雇工的城镇个体工商户及其雇工纳入失业保险范围，这就从根本上解决了以往失业保险制度覆盖范围窄的问题。

2010年颁布的《社会保险法》在《失业保险条例》的基础上将失业保险的覆盖范围进一步扩大，以逐步推动我国失业保险制度的完善。

【小思考14-4】

我国城镇企业招用的农民合同制工人是否纳入失业保险范围？

答：对于城镇企业招用的农民合同制工人，因其有土地作为一种基本生活保障，遵循权利义务相统一的原则，原则上不将这一部分农民合同制工人纳入失业保险的范围，但考虑到目前企业按本单位职工工资总额一定比例缴纳的失业保险费中已经包括农民合同工的实际情况，《失业保险条例》规定，根据农民合同工的工作时间长短，在其回乡前，给予一次性的生活补助，具体补助的办法和标准由各省、自治区、直辖市人民政府规定。

二、享受失业保险的资格条件

建立失业保险的根本目的是保障失业者的基本生活，促进其重新就业。为了避免在制度实施过程中人们产生逆选择行为，各国均严格规定了保险给付，即享受失业保险待遇的资格条件。虽然各国的规定不尽相同，但其共同条件可以归纳为以下几个方面：

（一）失业者达到法定的就业年龄

享受失业保险金的受保者必须达到国家法律规定的劳动年龄。通常来说，失业保险将不在法定就业年龄阶段的未成年人和老年人排除在失业保险的实施范围之外。因为他们不承担劳动义务，也不存在就业问题，因此，也就不存在失业问题。失业保险只是专门为在法定就业年龄范围内的劳动者提供保障。

（二）失业者必须是非自愿失业的

失业者必须是非自愿失业的，即必须是非本人原因引起的失业。关于非自愿失业的类型，一般可以划分为以下5种，即摩擦性失业、季节性失业、技术性失业、结构性失业及周期性失业。为了防止失业者养成懒惰及依赖的心理，各国均规定对那些自愿失业者（自动离职者、拒绝胜任工作者、参与劳动纠纷、参加罢工而失业者等），不给付失业保险金或者即使给付也要有一个较长时间的等待期。

（三）失业者必须具有劳动能力和就业意愿

第一，失业后必须在指定期限内到职业介绍所或失业社会保险主管机构进行登记要求重新就业，或有明确表示工作要求的行为。

第二，失业期间须定期与失业保险机构联系并汇报个人情况，这样做是为了让政府部门及时掌握失业人员就业意愿的变化并能够及时地向失业者传递就业信息。

第三，接受职业训练和合理的工作安置，若失业者予以拒绝，则认定其无再就业意愿，停止发放失业保险金。

（四）失业者必须达到法定的保险合格期限

为了贯彻社会保险权利与义务对等的基本原则，各国失业保险制度往往都规定失业者须达到一定的就业年限或交足一定期限、数额的失业保险费，或在失业援助的国家居住达到一定的期限，方具有享受失业保险给付的资格条件。这些资格条件具体可分为以下3类：

1.就业期限条件

许多国家规定，失业者必须工作一定年限，才能享受失业保险待遇。这主要是考虑劳动者对社会所做的贡献和缴纳失业保险费所尽义务的多少。

2.缴纳保险费期限条件

世界上许多国家都规定了受保者个人及其雇主需要缴纳的失业保险费，而且把其是否按时、足额地履行了缴纳失业保险费的义务当作享受失业保险待遇的一个基本条件。

3.居住年限条件

由于在一国居住的年限能够反映受保者为本国的社会和经济发展所做的贡献，因此，绝大多数国家都将在本国居住的年限作为是否享受失业保险待遇的依据和条件。

（五）我国享受失业保险的资格条件

我国具备下列条件的失业人员，可以领取失业保险金：

（1）按照规定参加失业保险，所在单位和本人已按照规定履行缴费义务满一年的；

（2）非因本人意愿中断就业的；

（3）已办理失业登记，并有求职要求的。

非本人意愿中断就业主要包括下列情形：

（1）劳动（聘用）合同到期终止；

（2）被用人单位解除劳动（聘用）合同；

（3）用人单位提出，协商一致解除劳动（聘用）合同；

（4）被用人单位辞退；

（5）被用人单位除名或开除；

（6）因用人单位管理人员违章指挥、强令冒险作业与用人单位解除劳动合同；

（7）符合法律、法规或政府有关规定的其他情形。因辞职、自动离职等本人意愿中断就业的失业人员，没找到工作的应届大学毕业生均不能享受失业保险待遇。

我国《失业保险条例》规定，"城镇企业事业单位职工失业后，应当持本单位为其出具的终止或者解除劳动关系的证明，及时到指定的社会保险经办机构办理失业登记。失业保险金自办理失业登记之日起计算。"失业者还应该积极、主动地通过社会保险经办机构或者劳动保障行政主管部门，寻求再就业机会，或积极参与各种就业培训等，不断提高自身素质，增强竞争就业的能力。如失业者可以到所在地劳动保障行政部门下属的劳动就业服务机构进行就业登记。

第三节　失业保险基金的筹集和管理

一、失业保险基金的筹集

（一）失业保险基金筹集的含义

失业保险基金是社会保险基金中的一种专项基金，是国家法定建立的用以保障失业人员失业期间基本生活的资金。

失业保险基金的筹集是指社会保险经办机构依法通过收取失业保险费等方式筹措、聚集资金。

　　失业保险基金是在国家法律或政府行政强制的保证下集中建立起来的，用于化解失业风险，给予符合领取条件的失业者物资补偿的资金。失业保险制度能否充分发挥其功能，能否获得长期、持续的发展，很大程度上取决于失业保险基金的来源是否充足、稳定，失业保险基金的管理是否高效，失业保险基金的使用是否与失业保险的目标一致等。

　　（二）失业保险基金筹集渠道及负担方式

　　1.筹集渠道

　　一般来讲，失业保险基金来源于4个方面：政府财政拨款、雇主缴纳的失业保险费、雇员缴纳的失业保险费和基金的运营收入。但不同国家，各方的负担比例是不同的，有的国家政府是按照一定比例来提供失业保险基金支持，如日本政府负担失业保险待遇支出的25%、就业安置支出的10%及管理费用；有的国家只是在失业保险基金入不敷出时，才用政府财政予以补贴，如中国。在世界范围内，政府在失业保险中承担责任的最常见方式是负担行政管理费和弥补失业保险基金赤字。雇主和雇员共同支付失业保险费是比较普遍的情况，虽然在少数国家实现的是政府和用人单位单方负责制，但权利义务对等、强调社会保险中的个人责任是当今社会保险的发展趋势。

　　2.负担方式

　　在失业社会保险基金筹集的具体渠道和负担比例上各国存在很大的差异，按其筹集渠道，一般可分为以下6种类型：

　　（1）政府、企业和被保险人三方共同负担，其负担比例视本国的保险政策而定。以德国、加拿大、日本、丹麦、瑞典等国为代表。

　　（2）由企业和被保险人双方负担。实行这种类型的国家主要有法国、荷兰、希腊等国。

　　（3）由政府和企业双方共同负担。以美国大部分州、意大利、埃及为代表。如意大利规定，雇主按职工工资总额的1.6%缴纳保险费，政府负担管理费并给予补助。

　　（4）由企业一方全部负担。印度尼西亚、阿根廷等国实行这种方式。阿根廷规定，由建筑业雇主为雇员缴纳工薪总额的4%，被保险人及政府不缴纳保险费（阿根廷仅在建筑业推行失业保险）。

　　（5）全部由政府负担。如英国、澳大利亚、智利等国。

（6）全部由被保险人负担。全部由被保险人负担的世界上只有前南斯拉夫一个国家。

比较而言，在这6种负担方式中，以三方负担方式最为流行，约占实行失业保险制度国家总数的一半。我国失业保险基金的筹集也是政府、企业和被保险人共同负担，以企业和职工缴费为主，政府补贴为辅。

【法律小知识14-3】

美国失业保险通过失业保险工薪税来筹集资金，由雇主负责缴纳。失业保险工薪税的数额为雇主的失业保险税率与失业保险税限额下的雇员年收入的乘积。联邦法律要求失业保险税的税基至少包括雇员年收入的前7 000美元。目前，80％的州的失业保险税基都高于联邦政府的规定。失业保险工薪税的一个重要特点是：其税率的高低各个雇主并不相同，它取决于企业解雇雇员的经历，解雇率越高，税率也越高，这被称为"经验费率制"。

二、我国失业保险基金的筹集

我国失业保险基金的筹集主要包括以下几个渠道：

1.城镇企事业单位及其职工缴纳的失业保险费

失业保险的缴费主体为国有企业、城镇集体企业、外商投资企业、城镇私营企业和其他城镇企业及其职工，事业单位及其职工。省、自治区、直辖市人民政府可以根据当地实际情况，通过地方性立法的方式将社会团体及其专职人员、民办非企业单位及其职工以及有雇工的城镇个体工商户及其雇工纳入失业保险的范围。城镇企事业单位按照本单位工资总额的2％缴纳失业保险费，城镇企事业单位职工按照本人工资的1％缴纳失业保险费。城镇企事业单位招用的农民合同制工人本人不缴纳失业保险费。省、自治区、直辖市人民政府根据本行政区域失业人员数量和失业保险基金数额，报经国务院批准，可以适当调整本行政区域失业保险费的费率。

缴费单位首先必须向当地社会保险经办机构办理社会保险登记，社会保险经办机构审核后，发给社会保险登记证件。缴费单位按月向社保险经办机构申报应缴纳的失业保险费数额，经社会保险经办机构核定后，在规定的期限内足额缴纳失业保险费。失业保险费不得减免，职工个人应该缴纳的部分，应该由所在单位从其本人工资中代扣代缴。

2.失业保险基金的利息

筹集的失业保险基金必须存入财政部门在国有商业银行开设的社会保障基金财政专户，并可以利用失业保险基金按照国家规定购买国债或者存入银行，用于购买国债的失业保险基金分别按照城乡居民同期存款利率和国债利息计息，其利息并入失业保险基金。

3.政府财政补贴

政府的财政补贴是指当统筹地区的失业保险基金入不敷出时，由该地方政府财政所提供的资金，用于补贴失业保险基金的资金。

4.依法纳入失业保险基金的其他资金

依法纳入失业保险基金的其他资金主要是指法律规定的上述资金之外的应该纳入失业保险基金的资金，主要包括缴费单位未按规定缴纳和代扣代缴社会保险费所加收的滞纳金等。《社会保险法》规定，用人单位未按时足额缴纳社会保险费用的，由社会保险费征收机构责令期限缴纳或者补足，并自欠缴之日起，按日加收万分之五的滞纳金。此外，利用失业保险基金投资所获得的收益，也应该纳入失业保险基金。

三、失业保险基金的管理

失业保险基金是失业人员的"保命钱"，同时，也是失业保险制度正常发挥作用的重要物质保证。加强对失业保险基金的管理，不但对基金安全，而且对维护失业人员切身利益有着十分重要的作用。为了保证失业保险基金的安全与完整，防止出现挤占、挪用、贪污、浪费失业保险基金的现象，失业保险基金必须存入财政部门在国有商业银行开设的社会保障基金财政专户，必须加强管理，做到专户存储、专项管理、专款专用，不得挤占、挪作他用，不得用于平衡财政收支，以保证基金的保值增值，防止流失。对此，我国实行收支两条线管理。

实行收支两条线管理是指负责社会保险费征缴的机构、财政部门和失业保险经办机构在国有商业银行分别开设"社会保险基金收入""社会保障基金财政专户""失业保险基金支出户"。收入户用于暂存收缴的各项基金收入，除规定向社会保障基金财政专户划拨资金外，一般只收不支；支出户主要用于支付基金开支项目，除按规定接受财政专户拨入的资金外，一般只支不收；财政专户用于存储基金，其作用是接受从收入户划入的资金并向支出户拨付资金。失业保险基金的各项支出必须从支出户中拨付。

失业保险基金收入户的资金应定期全部划入社会保障基金财政专户。财政部门按照失业保险基金预算，按月或季将资金从社会保障基金财政专户划拨到失业保险基金支出户。出现特殊情况需要临时调整预算的，按调整后的预算执行。财政部门除根据失业保险基金预算和经办机构提出的用款计划核拨资金外，不得自行安排和使用失业保险基金。

第四节　失业保险待遇

一、失业保险待遇的给付原则

失业保险金的给付水准一般取决于一个国家的社会经济发展水平和社会的生活水准，在确定失业社会保险给付水平时应遵循以下原则：

（一）给付标准的制定应能够保证失业者的基本生活

劳动者失业后，失业保险金是其主要的收入来源。因此，失业者及其家属的生活水平也由失业保险金给付水平确定。为维持失业者的正常生存，保护劳动力，失业保险应向其提供基本的生活保障。

（二）给付标准不高于失业者原有的工资水平

从不利于促进失业者尽快重新就业和避免出现失业保险中的逆选择行为的目的出发，失业保险金的给付标准必须低于失业者在职时的收入水平，并且只在一定期限内给付，超出期限者，则会进一步降低社会救济的给付水平。只有这样，才有利于失业者积极寻找工作、重新就业。

（三）权利和义务基本对等的原则

从体现社会保险权利与义务基本对等的原则出发，失业保险金应与被保险人的工龄、缴费年限和原工资收入相联系。在确定待遇水平时，应该使工龄长、缴费年限多、原工资收入较高的参保者，获得更多的失业保险金，一般采取提高失业保险金占原工资的比例或延长给付期限的做法。

二、失业保险待遇的内容

关于失业保险金的给付标准，国际劳工组织曾组织各国劳工组织代表进行充分讨论，并通过了以下3条建议：第一，失业保险金的制定，或以失业者在职期间的工资为依据，或以失业者的投保费为依据，视各国的具体情况而定；第二，失业保险金应有上下限之分；第三，失业保险金不低于失业者原有工资的60%，如加拿大为60%，日本的失业保险金规定为原有工资的60%～80%，智利为75%，荷兰为80%。

另外，失业保险金的给付标准与失业保险金的给付方式密切相关。由于各国实行的失业保险制度不同，因此，失业保险金支付方式有很大的差异。例如，从给付时间上来看，有按周来支付的，有按月来支付的；从给付机构方面来看，有由政府机构或雇主发给一次性失业救济金的，还有由雇主发给一次性解雇费的。通常来说，由于失业保险金的给付时间不同，失业保险金的计算和给付方法也有很大差别，具体来说，有以下几种情况：

一是统一平均给付制。采取这种类型的国家通常不区分失业者的家庭状况，而采取统一平均的支付方法来给付失业保险金。对符合条件的失业者，一律按相同的绝对额给付失业保险金，不与失业前的工资收入相联系。

二是按工资比例给付制。这是按近期社会平均工资的一定比例计发，即以最近一段时期内的全社会平均工资水平为基数，乘以一定的计发比例。根据这个计算方法，失业者所得失业保险金取决于两个因素，即社会平均工资和计发比例。还有的国家按工资等级比例或定额给付。实行这种给付方法的国家，一般是给低收入者确定的比例或定额要高些，以体现收入分配的公平性。

三是混合给付制。部分国家发放失业保险金，一部分统一按平均工资水平支付，另一部分按工资比例发放，并将两者相结合。

三、我国失业保险待遇的给付

（一）给付期限

我国《社会保险法》规定失业保险待遇给付实行差别期限制，即根据缴费期限不同,实行不同的给付期限:(1)在失业人员失业前,用人单位和本人累计缴费满1年、不足5年的,领取失业保险金的期限最长为12个月;(2)累计缴费满5年、不足10年的,领取失业保险金的期限最长为18个月;(3)累计缴费10年以上的,领取失业保险金的期限最长为24个月。

【小思考14-5】

如何计算失业保险的缴费时间?

答:为了确定累计缴费时间,劳动和社会保障部于2000年发布了《失业保险金申领发放办法》。该办法规定:第一,在实行个人缴纳失业保险费前,按国家规定计算的工龄视同缴费时间,与《失业保险条例》发布后缴纳的失业保险费的时间合并计算;第二,失业人员在领取失业保险金期间重新就业后再次失业的,缴费时间重新计算,其领取失业保险金的期限可以与前次失业应领取而尚未领取的失业保险金的期限合并计算,但是最长不得超过24个月。失业人员在领取失业保险金期间重新就业后不满一年再次失业的,可以继续申领前次失业应领取而尚未领取的失业保险金。

(二)给付内容

我国《失业保险条例》规定,失业保险待遇主要包括:

(1)失业保险金;

(2)缴纳基本医疗保险费;

(3)领取失业保险金期间死亡的失业人员的丧葬补助金和其供养的配偶、直系亲属的抚恤金;

(4)领取失业保险金期间接受职业培训、职业介绍的补贴;

(5)国家规定或者批准的与失业保险有关的其他费用。

以上给付由失业保险金支付。

【小思考14-6】

我国建立失业保险制度以来,一直使用失业救济金的概念。如何区分失业保险金和失业救济金?

答:首先,失业保险金属于社会保险范畴,只要失业的劳动者及其失业前所在单位参加了失业保险，履行了缴费义务，不管失业人员家庭经济状况如何，符合领取失业保险金条件的，都能得到应得的失业保险金；失业救济金属于社会救济性质，劳动者在失业期间，不具有享受失业保险待遇或超过领取失业保险待遇期限的，可以申请失业救济金。

其次，失业保险金按法定的应发额发放，我国失业保险金的标准按照高于当地城市居民最低生活标准，由省级人民政府确定来发放；失业救济金视失业者家庭经济情况确定发放金额，一般失业救济金低于失业保险金的标准。

再次，失业保险金的发放是有期限的，各国都有不同的规定；救济金的发放一般不受时间限制，我国失业人员领取失业保险金的期限，根据失业人员失业前所在单位和本人累计缴费时间长短计算。

最后，失业保险金的来源是投保者缴纳的失业保险费；救济金则来自政府的税收收入。

1.失业保险金

失业保险金，是指失业保险经办机构按规定支付给符合条件的失业人员的基本生活费用，它是主要的失业保险待遇。《失业保险条例》第18条规定，失业保险金的标准，按照低于当地最低工资标准、高于城市居民最低生活保障标准的水平，由各省、自治区、直辖市人民政府确定。然而，各地的最低工资本身就比较低，以此为基础的失业保险金就更低，其结果是，一方面大量失业者因失业保险金过低难以维持基本生存，另一方面失业保险基金大量的结余因通货膨胀而贬值。为了更好地应对以上问题，《社会保险法》取消了最低工资的上限限制，仅规定失业保险金的标准不得低于城市居民最低生活保障标准。具体由省、自治区、直辖市人民政府确定。

【小案例14-1】

上海市民小王由于公司倒闭而失业，在申领失业保险金的同时，小王决定开家奶茶店。但她核定的失业保险金还有十几个月没有领，因此，小王向相关劳动部门咨询，剩下的失业保险金是否可以一次性领取出来作为创业资金？答案是可以一次性领取失业期间的失业保险金（加上本次核定后已领取的月份，不能超过24个月）作为扶持生产资金。小王可备齐营业执照副本或者其他有效证明文件、企业章程及能证明其投资入股情况的材料，到区、县失业保险管理部门申请领取。

分析提示：《上海市失业保险办法》（〔1999〕7号）第21条（扶持生产资金的领取）规定："失业人员在领取失业保险金期间获批准开办私营企业、从事个体经营或者自行组织就业的，凭营业执照或者其他有效证明文件，可以一次性领取剩余期限的失业保险金，作为扶持生产资金。"

2. 领取失业保险金期间应当缴纳的基本医疗保险费

《失业保险条例》第19条规定，失业人员在领取失业保险期间应当缴纳的基本医疗保险费。失业人员在领取失业保险金期间患病就医的，可以按照规定向社会保险经办机构申请领取医疗补助金。医疗补助金的标准由各省、自治区、直辖市人民政府规定。这样规定的结果是导致失业保险与医疗保险割裂，而在失业保险期间的医疗补助金又相对有限，难以保障失业人员的疾病风险，因此，2010年颁布的《社会保险法》第48条规定，失业人员在领取失业保险金期间，参加职工基本医疗保险，享受基本医疗保险待遇。失业人员应当缴纳的基本医疗费从失业保险基金中支付，个人不缴纳基本医疗保险费。此规定将失业保险与医疗保险相关联，从而可以避免出现因失业中断缴纳医疗保险费，在患病时无法享受医疗保险待遇的情况。对于具体情况，2011年6月29日发布的人力资源和社会保障部、财政部《关于领取失业保险金人员参加职工基本医疗保险有关问题的通知》规定，领取失业保险金人员应按规定参加其在失业前失业保险参保地的职工医保，由参保地失业保险经办机构统一办理职工医保参保缴费手续。领取失业保险金人员参加职工医保的缴费率原则上按照统筹地区的缴费率确定。缴费基数可参照统筹地区上年度职工平均工资的一定比例确定，最低比例不低于60%。失业保险经办机构为领取失业保险金人员缴纳基本医疗保险费的期限与领取失业保险金的期限相一致。领取失业保险金人员参加职工医保的缴费年限与其在失业前参加职工医保的缴费年限累计计算。领取失业保险金人员参加职工医保当月起按规定享受相应的住院和门诊医疗保险待遇，享受待遇期限与领取失业保险金期限相一致，不再享受原由失业保险基金支付的医疗补助金待遇。

【小案例14-2】

广东省王女士从2013年10月份开始享受失业保险待遇，领取期限至2015年2月。2014年11月顺产生下一孩子，王女士想知道，此种情况是否还有另外的补助？医药费能在失业保险当中报销吗？

分析提示：《广东省失业保险条例》规定，从2014年7月1日起，女性失业人员在领取失业保险金期间生育的，可申请领取一次性加发3个月失业保险金。2014年7月以前生育的女性失业人员不享受该待遇。申领该项待遇应提供以下材料：婴儿出生证的原件及复印件、疾病证明书、收费收据和出院小结等要求提供的资料。同时，非因生育所产生的医疗费可以享受基本医疗保险的保险待遇，可以按广东省有关规定享受相应的住院和门诊医疗保险待遇，享受待遇期限与领取失业保险金期限相一致。

3.领取失业保险金期间死亡的失业人员的丧葬补助金和其供养的配偶、直系亲属的抚恤金

《社会保险法》第49条规定，失业人员在领取失业保险金期间死亡的参照当地对在职职工死亡的规定，向其遗属发放一次性丧葬补助金和抚恤金。所需资金从失业保险基金中支付。个人死亡同时符合领取基本养老保险丧葬补助金、工伤保险丧葬补助金和失业保险丧葬补助金条件的，其遗属只能选择领取其中的一项。失业人员在领取失业保险金期间死亡的，其遗属可持失业人员死亡证明、领取人身份证明、与失业人员的关系证明，按规定向经办机构领取一次性丧葬补助金和其供养配偶、直系亲属的抚恤金。失业人员当月尚未领取的失业保险金可由其家属一并领取。而具体的丧葬补助金和抚恤金的标准，应该依照各地对在职职工的具体规定执行。如《北京市失业保险规定》规定，失业人员在领取失业保险金期间死亡的，参照本市在职职工社会保险有关规定发给丧葬

补助金。有供养直系亲属的，发给一次性抚恤金，抚恤金标准按失业人员死亡当月领取失业保险金的数额和供养人数发放。供养1人的，给付6个月；供养2人的；给付9个月；供养3人或3人以上的，给付12个月。

4.领取失业保险金期间接受职业培训、职业介绍的补贴

失业人员在领取失业保险金期间应积极求职，接受职业指导和职业培训。失业人员在领取失业保险金期间求职时，可以按规定享受就业服务减免费用等优惠政策。失业人员接受职业介绍、职业培训的补贴由失业保险基金按照规定支付。

5.国务院规定或者批准的与失业保险有关的其他费用

其他费用是指上述列支之外的其他费用开支，应该注意依法支出，即其他费用的列支必须是依照国务院的规定或者批准，包括目的、程序等方面。

▶ **本章小结**

失业人员是指在法定劳动年龄内，有工作能力，无业且要求就业而未能就业的人员。失业保险是指国家通过立法强制建立社会统筹基金，对因失业而暂时中断生活来源的劳动者在法定期间内提供物质帮助，以维持其基本生活需要的一项社会保险制度。我国失业保险的覆盖范围包括城镇所有企业、事业单位及其职工。失业者享受失业保险待遇时需要满足参加失业保险，且缴费满1年、属于非因本人意愿中断就业的、已办理失业登记且有求职要求的这3个条件。我国失业保险待遇主要包括：失业保险金，缴纳基本医疗保险费，在领取失业保险金期间死亡的失业人员的丧葬补助金和其供养的配偶、直系亲属的抚恤金，领取失业保险金期间接受职业培训、职业介绍的补贴，国家规定或者批准的与失业保险有关的其他费用。

▶ **复习与思考**

一、名词解释

失业　失业保险　失业保险基金　非自愿性失业　失业保险基金筹集　失业保险金　均等费率制

二、选择题

1.强制性失业保险立法是在（　　　）建立。

A.法国　　　　　　B.英国　　　　　　C.德国　　　　　　D.瑞典

2.我国失业保险制度正式建立是在（　　　）年。

A.1951　　　　　B.1958　　　　　C.1986　　　　　D.2003

3.我国失业保险待遇享受的最长期限为（　　　）个月。

A.6　　　　　　B.12　　　　　　C.18　　　　　　D.24

4.现阶段我国失业保险的覆盖范围包括（　　　）。

A.城镇各类企业　　　　　　　　B.事业单位

C.机关　　　　　　　　　　　　D.灵活就业人员

5.享受失业保险待遇的资格条件（　　　）。

A.劳动年龄内　　　　　　　　　B.属于非自愿性失业

C.有劳动能力　　　　　　　　　D.有就业意愿

三、简答题

1.简述失业保险的特点。

2.简述我国失业保险待遇的给付标准。

3.简述失业保险基金的筹集渠道及负担方式。

4.简述我国非自愿性失业的情形。

四、案例分析题

1.小李在公司工作一年半，平均月工资4 000元。公司没有为其缴纳失业保险费，在计算失业保险损失时，公司同意将用人单位应缴纳的那部分失业保险费直接补偿给该职工，请问：公司这么做是否合法？其未缴纳的失业保险费应如何赔偿？

2.王先生原为某车厂企业干部，1986年9月参加工作，连续工龄24.5年。2010年年底，该厂转制，裁减200多人，王先生下岗。2011年1月，王先生到相关部门办理失业保险待遇事宜，但被告知由于他只是在2010年7月开始参加失业保险，连续缴费未满一年，没有享受失业保险待遇的资格。请问：王先生的情况是否可以享受失业保险待遇？

3.刘某累计缴纳失业保险费6年，失业后领取2个月失业保险金后重新就业，1年后再次失业。刘某所在市规定累计缴费满6年的，领取失业保险金的期限为 14 个月；累计缴费满 1 年的，领取失业保险金的期限为 2 个月。请问：刘某再次失业可领取失业保险费的期限是多少？

4.某单位准备聘请一名正在享受失业保险待遇的失业人员。在聘用之后才发现，正在享受失业保险待遇的失业人员是无法参加社保的。请问：此种情况，应该如何处理？

通过本章学习，重点掌握工伤保险的范围和对象、工伤的认定、工伤保险待遇，特别要明确我国工伤保险的对象、认定工伤的情形及工伤保险待遇的标准内容；掌握工伤保险的基本原则、工伤的认定程序、工伤发生后劳动能力鉴定的内容和程序；明确工伤保险的概念及停止享受工伤保险待遇的情形；了解国内外工伤保险的发展历程。

五级、六级伤残职工能够享受哪些工伤保险待遇？

44岁的白某，系某市某鞋业公司女工。白某从1995年起一直在该鞋业公司工作，长期接触苯等有害物质。自2000年起，白某经常感觉头晕、失眠、乏力，但一直未进行相关医学检查，直至2010年5月在进行职业健康检查时发现血白细胞下降。自2010年11月21日起，该市疾病预防控制中心将白某列为疑似职业病患者，并对白某进行随诊、医学观察。2011年1月27日，该市疾病预防控制中心做出诊断：确认白某患职业病（为慢性轻度苯中毒）。2011年2月18日，该市人力资源和社会保障局对白某的职业病做出工伤认定，确认为工伤。2011年3月9日，白某被该市劳动能力鉴定委员会鉴定为工伤五级伤残。

依据《工伤保险条例》第36条的规定，五级伤残职工所获的一次性伤残补助金的标准为18个月的本人工资。该条例第64条第2款规定："本条例所称本人工资，是指工伤职工因工伤遭受事故伤害或者患职业病前12个月平均月缴费工资。"

同样，依据《工伤保险条例》第36条的规定，五级伤残职工与用人单位的劳动关系继续保留，并且由用人单位安排适当的工作。难以安排工作的，由用人单位按月发放伤残津贴。五级伤残的伤残津贴标准为本人工资的70%。由此，白某要想享受伤残津贴必须先由鞋业公司安排适当的工作。若鞋业公司难以安排适当的工作，则其必须向白某按月支付伤残津贴。《工伤保险条例》第36条第1款第2项规定："伤残津贴实际金额低于当地最低工资标准的，由用人单位补足差额"。要注意的是五级伤残职工伤残津贴是由用人单位负担的，不是由工伤保险经办机构从工伤保险基金中支付的。

依据《工伤保险条例》第36条第2款的规定，经工伤职工本人提出，职工可以与用人单位解除或终止劳动关系，由工伤保险基金支付一次性工伤医疗补助金，由用人单位支付一次性伤残就业补助金。

第一节　　　工伤保险概述

一、工伤保险的概念

工伤保险，又称职业伤害保险，是指劳动者在工作过程中或者在法定的情形下因工作原因发生事故或因接触职业性有害因素，导致劳动者暂时或长期失去劳动能力、死亡时，对劳动者本人或其近亲属提供医疗救助、职业康复、经济补偿等必要物质帮助的一项社会保险制度。

【法律小知识15-1】

工伤有广义和狭义之分。广义的工伤，是指劳动者在工作中或法定的特殊情况下因意外事故造成的负伤、致残、死亡或患职业病。狭义的工伤，仅指劳动者在工作中因意外事故所受的伤害，而不包括职业病。职业病是指劳动者在工作中和其他职业性活动中，因接触职业性有害物质引起的疾病。

二、工伤保险法的基本原则

（一）无责任补偿原则

"无责任补偿"原则亦称"补偿不究过失"原则，即在工伤事故发生后，不论事故的责任在雇主还是第三者，或是职工本人，均应给予劳动者经济补偿。

　　实行"补偿不究过失"能够保证劳动者在因工负伤时，无条件得到经济补偿，不会因责任问题而影响本人及其家属的正常经济生活。需要说明的是，劳动者在负伤后，虽然不问过失在谁，都要给予经济补偿，但是并不表明不去调查和弄清楚事故发生的原因，查明事故真相。相反，为了总结经验教训，在事故发生以后，应认真调查事故原因，追究事故责任。行政责任追究与经济补偿是一个问题的两个方面，而工伤保险制度研究的是受伤者的经济补偿问题。无过失责任原则不适用于职工故意犯罪、醉酒或者吸毒、自残或者自杀的情况。

【小思考 15-1】

　　无过失补偿原则是否需要区分工伤和非工伤？

　　答：《劳动法》对工伤与非工伤在待遇上有所区别。劳动者因工致残是劳动者个人在工作中付出的代价，应规定较高的待遇，包括在生活上的照顾，在精神上的奖励和安慰。其社会保险待遇属于"损害补偿"性质。非因工致残，虽然个人也付出了代价，但不是为了社会劳动所付出的代价，保险待遇应适当低一些。它与社会保险中的医疗保险一样，属于"物质帮助"的范畴。

　　（二）工伤补偿、工伤预防、职业康复相结合原则

　　工伤保险制度是从侵权损害赔偿制度发展来的，工伤补偿是工伤保险制度的首要宗旨。工伤保险待遇的设置、工伤保险基金的筹集等，目的都在于使因工作遭受事故伤害或者患职业病的职工能够得到及时的医疗救治和经济补偿，使其家属的基本生活能够得到保障。同时，基于"完整人"理论，工伤保险制度还要利用工伤保险基金实施职业康复计划，尽可能恢复工伤职工的劳动能力，促使他们重返工作岗位，重新融入社会。然而，工伤补偿、职业康复对工伤职工而言毕竟是一种事后的消极救济，要从源头上避免工伤事故对职工、用人单位及社会造成的危害，最根本的是要抓好工伤预防，采取有力措施来防范工伤事故的发生。

　　（三）有利于工伤职工原则

　　有利于工伤职工原则是指在工伤保险法律的适用过程中，相关部门在认定工伤、确定工伤保险待遇等活动时应当采取就有不就无、就高不

就低的原则处理职工工伤事宜。这主要是由工伤保险法以保护弱势群体利益为宗旨的社会法属性决定的。例如，由于工伤认定是受伤职工或其近亲属享受工伤保险待遇的前提，在工伤认定中，应当对"工作时间、工作场所""上下班途中"等要素作扩大解释，社会保险行政部门也应当根据有利于工伤职工原则做出工伤认定决定。

（四）个人不缴费原则

工伤保险费只由企业负担而职工个人不负担，原因在于工伤事故是职工在生产过程中为企业创造物质产品和财富时发生的，职工因工作付出了鲜血或生命，因此，应完全由企业一方负担，这是完全必要和合理的，也符合工伤风险是职业风险的原则。

从各国实施的社会保险来看，绝大多数国家的工伤保险制度都遵循雇员无需缴费原则，在所有社会保险项目中，遵循该原则的以工伤保险最多。由雇主缴纳保险费，是一种公平合理的规定。

（五）保险缴费实行行业差别费率和浮动费率相结合

行业差别费率是指根据不同行业工伤风险程度确定行业的基准费率，风险程度较高的行业适用较高的基准费率，风险程度较低的行业适用较低的基准费率。根据工伤保险基金使用、工伤发生率等情况，再在每个行业内确定若干费率档次。

浮动费率是指在差别费率的基础上，国家根据企业在一定时期内安全生产状况和工伤保险费用的支出情况，在评估的基础上，定期对企业缴费率给予浮动的做法。

【法律小知识15-2】

我国工伤保险的缴费主体为用人单位，职工个人不缴纳工伤保险费。缴费基数为本单位职工工资总额。用人单位一般以本单位职工上年度月平均工资总额为缴费数。用人单位缴纳工伤保险费的数额为本单位职工工资总额乘以单位缴费率之积。

我国工伤保险费率实行行业差别费率和浮动费率制度。根据不同行业的工伤风险程度确定行业的差别费率，并根据工伤保险费使用、工伤发生率等情况在每个行业内确定若干费率档次（浮动费率）。

三、工伤保险法的产生和发展

我国的工伤保险制度建立于20世纪50年代初。《企业职工工伤保险试行办法》是我国第一部关于工伤保险的专项立法，有力推动了我国工伤保险制度的发展，但是，仍然存在立法层次较低、强制力度不够、基金统筹层次过低、互助互济功能没有充分发挥等问题，大多数城镇集体企业、外资企业和私营企业仍然没有参加保险。

2003年4月27日，国务院颁布《工伤保险条例》，这标志着中国工伤保险立法进入了一个新的阶段。该条例共64条，分为总则、工伤保险基金、工伤认定、劳动能力鉴定、工伤保险待遇、监督管理、法律责任、附则八章，对工伤保险的内容做出比较具体的规定。

《工伤保险条例》自2004年1月1日实施以来，对保障工伤职工的合法权益发挥了重要作用。该条例也存在一些问题：

（1）各地对工伤认定范围问题，特别是在上下班途中受到机动车事故伤害，是否认定为工伤问题争议较大；

（2）工伤认定、劳动能力鉴定和争议处理程序复杂，落实待遇时间过长，严重影响工伤职工的合法权益等。

2010年颁布的《社会保险法》第四章"工伤保险"，对工伤保险的适用范围、缴费、费率、享受待遇条件、不认定工伤情形、工伤保险基金支付待遇、用人单位支付的待遇等，进行了原则性规定。

2010年11月8日，国务院常务会议通过《国务院关于修改〈工伤保险条例〉的决定》，该决定自2011年1月1日起施行。新《工伤保险条例》扩大了工伤保险的适用范围和工伤认定的范围，简化了工伤认定的程序，大幅提高了工伤的待遇水平，增加了基金支出项目，强化了参保强制性，完善了我国的工伤保险法律制度。

为解决实际工作中有关操作的问题，人力资源和社会保障部颁布的《关于执行〈工伤保险条例〉若干问题的意见》，于2013年4月25日发布施行。

第二节　工伤保险的范围与认定

一、工伤保险的范围

《工伤保险条例》第2条规定："中华人民共和国境内的企业、事业单位、社会团体、民办非企业单位、基金会、律师事务所、会计师事务所等组织和有雇工的个体工商户（以下称用人单位）应当依照本条例规定参加工伤保险，为本单位全部职工或者雇工（以下称职工）缴纳工伤保险费。中华人民共和国境内的企业、事业单位、社会团体、民办非企业单位、基金会、律师事务所、会计师事务所等组织的职工和个体工商户的雇工，均有依照本条例的规定享受工伤保险待遇的权利。"

公务员和参照《公务员法》管理的事业单位、社会团体的工作人员因工作遭受事故伤害或者患职业病的，由所在单位支付费用。具体办法由国务院社会保险行政部门会同国务院财政部门规定。不参照《公务员法》管理的其他事业单位、社会团体应适当用《工伤保险条例》参加工伤保险。

【法律小知识15-3】

参公事业单位的工作人员可以分为两类：一类是与国家机关及参公事业单位、参照《公务员法》管理的社会团体建立劳动关系的工作人员，如工勤人员等。这类工作人员一旦发生工伤，应当按照《工伤保险条例》的相关规定处理。另一类是参照《公务员法》管理的事业单位、社会团体中被纳入国家事业编制的工作人员。对于这类工作人员的工伤问题，《工伤保险条例》第65条规定，由所在单位支付费用。

在我国，由于现役军人的职业比较特殊，军人既不是国家公务员又不是普通劳动者，因而，如果军人因公、因战伤亡，应该适用特别规定。军人因公、因战死亡或伤残的保险待遇标准仍应该参照2011年修订的《军人抚恤优待条例》中的相关规定执行。

二、工伤保险认定

（一）我国认定工伤的情形

我国《工伤保险条例》采取列举式立法模式，明确了认定为工伤的7种情形：

1.在工作时间和工作场所内，因工作原因受到事故伤害的

工作时间、工作场所（即工作地点）、工作原因是工伤认定的3个基本要素。这里的"工作时间"应当作扩大解释，不仅包括劳动者实际的工作时间，也包括劳动者某些与工作有关的非实际工作时间，如劳动

者每日不得超过8小时、每周不得超过40小时的标准工时；用人单位延长劳动者的工作时间；受用人单位指派参加与工作有直接联系的职业培训、教育时间；女职工的哺乳时间；未成年工定期进行健康检查的时间等。"工作场所"，是指职工从事职业活动的场所，不限于职工日常固定的工作场所及其所属建筑，如厂房、车间、单位食堂、单位澡堂、单位洗手间等，还包括多个工作场所之间的必经区域。"工作原因"，是指职工所受事故伤害与从事本职工作之间存在因果关系，即职工系因从事本职工作而受伤。职工在用人单位组织或者安排的集体活动中受到事故伤害的，应当视为工作原因。

2.工作时间前后在工作场所内，从事与工作有关的预备性或者收尾性工作受到事故伤害的

职工从事工作是一个连续性的过程，根据工作性质的不同，在工作前后的一段合理时间内，往往需要从事诸如搬运、清洗、准备、整理、维修、堆放或收拾工具和工作服等预备性或收尾性工作受到事故伤害的应当认定为工伤，这也符合最大限度保护劳动者的国际惯例。

3.在工作时间和工作场所内，因履行工作职责受到暴力等意外伤害的

这里的"因履行工作职责受到暴力等意外伤害"，是指受到的暴力伤害与履行工作职责有因果关系，包括两种情形：一是指职工因履行工作职责，使某些人不合理或违法的目的没有达到，这些人出于报复而对该职工进行的暴力人身伤害。二是指在工作时间和工作场所内，职工因履行工作职责受到的意外伤害，诸如地震、火灾、洪水、雪灾、雷击、车间房屋倒塌以及由于单位其他设施不安全而造成的伤害等。

【小案例15-1】

许某为某村农民，1942年9月15日出生。许某自2008年6月2日起在某公司从事门卫工作。2012年9月29日19时左右，许某在公司巡视时，因下暴雨道路湿滑，不慎摔倒，经救治无效死亡。许某妻子于2012年12月30日向所在地劳动和社会保障局申报许某的工伤认定申请，该劳动与社会保障局以受害者许某于1942年9月出生至受伤之日时年龄已经超过60岁为由，根据《工伤保险条例》以及《山东省工

伤认定工作规程》之规定做出"工伤认定申请不予受理通知书"，对申请人的申请决定不予受理。许某妻子不服，向法院提起行政诉讼。请问：许某是否适用《工伤保险条例》？

分析提示：法律并未禁止使用超过法定退休年龄的进城务工农民，根据《关于超过法定退休年龄的进城务工农民因工伤亡的应否适用〈工伤保险条例〉请示的答复》，用人单位聘用的超过法定退休年龄的进城务工农民，在工作期间内、因工作原因伤亡的，应当适用《工伤保险条例》的有关规定进行工伤认定。

4.患职业病

职业病是指企业、事业单位和个体经济组织的劳动者在职业活动中，因接触粉尘、放射性物质和其他有毒、有害物质等因素引发的疾病。

职业病不同于事故伤害，职业病是劳动者长期接触职业性有害物质导致的。事故伤害则具有突发性，如长期工作在高噪声环境下，又没有采取任何有效的防护措施造成的噪声聋就属于职业病，而由于一次爆炸造成的耳聋则属于事故伤害。我国目前仍适用2002年印发的《职业病目录》，其中规定了10类共115种职业病。

5.因工外出期间，由于工作原因受到伤害或者发生事故下落不明的

与上述第三种情形类似，只要没有证据否定职工因工外出期间受到的伤害与工作之间的必然联系，在排除其他非工作原因后，应当认定为工作原因。

"因工外出"是指职工受用人单位指派或者根据工作性质要求在工作场所以外从事与本职工作有关的活动，如受单位指派出差洽谈业务、开会学习等。职工因公外出期间，发生意外事故受到伤害的，或者发生事故下落不明经人民法院宣告死亡的，应当认定为工伤。但因工外出期间在与工作无关的活动中受到他人或意外伤害、突发疾病死亡的，不应认定为工伤。职工外出期间因从事违法行为或者完全是为达到个人目的的行为而受到的伤害，如在探访亲友、娱乐游玩、购物等与工作无关的活动中受到他人或意外伤害、突发疾病死亡的，因所从事的活动与工作无直接和间接关系，故不能认定为工伤。

6.在上下班途中，受到非本人主要责任的交通事故或者城市轨道交通、客运轮船、火车事故伤害的

"上下班途中"既包括职工正常工作的上下班途中，也包括职工加班加点的上下班途中。为了更好地保护劳动者，法律没有对职工上下班的时间和路线进行限制，只要在上下班的合理时间内、合理的路线上即可。对在上下班途中本人承担主要责任的交通事故，如无证驾驶、酒后驾车等行为造成本人伤亡的，不纳入工伤的范围。

【小思考15-2】

对上下班机动车交通事故伤害认定为工伤时，应考虑哪些因素？

答：一是时间要素，即上下班途中的合理时间内；二是地理要素，即上下班合理的路途上；三是因机动车事故引起的人身伤害的事实；四是非因受害人本人的自杀或自残行为，非因受害人本人的醉酒、犯罪或违反治安管理等行为而导致的伤亡等。

7.法律、行政法规规定应当认定为工伤的其他情形

这是一条兜底性规定，主要是考虑到随着社会的发展，劳动者的职业风险在不断发生变化，劳动者的工伤情形也不断翻新。为了弥补列举式立法模式不能穷尽的不足，使工伤范围的规定更科学、更合理，通过法律、行政法规的规定将应当认定为工伤的情形纳入工伤范围。

（二）视同工伤的情形

在有些情形下，职工受伤或死亡与工作没有直接或间接的关系，但为国家和社会做出了突出贡献的，可以视同为工伤。视同工伤在待遇上应当与工伤基本一致。职工有下列情形之一的视同工伤：

1.在工作时间和工作岗位，突发疾病死亡或者在48小时内经抢救无效死亡的

职工在工作时间内在工作岗位上突发疾病，可能是自身的身体机能导致的，也可能是工作过度劳累、紧张导致的，突发的疾病是否与工作有关很难判断。在这种情况下，法律从体恤、照顾劳动者的角度出发，为了平衡用人单位和职工双方的利益，将职工突发疾病死亡或者在48小时之内经抢救无效死亡的情形规定为视同工伤情形。如果职工因突发

疾病导致丧失劳动能力或者突发疾病后经抢救超过48小时死亡的，都不得视同工伤。

2.在抢险救灾等维护国家利益、公共利益活动中受到伤害的

无论是否在工作时间和工作场所内，职工在抢险救灾等维护国家利益、公共利益的活动中受到伤害的，虽然这些活动与工作不存在直接或间接的关系，但是视同工伤。例如，职工在上下班途中发现有人拦路抢劫而与犯罪分子搏斗受伤的，职工这种见义勇为行为属于维护社会公共利益的活动，应当认定为视同工伤，只是申请人在提出工伤认定申请时，需要提交有关部门出具的证明资料。

3.职工原在军队服役，因战、因公负伤致残，已取得革命伤残军人证，到用人单位后旧伤复发的

法院规定伤残军人复员转业到用人单位后旧伤复发的，视同工伤，能够享受除一次性伤残补助金外的工伤保险待遇。应当强调，职工复发的旧伤必须是其原服役期间因战、因公导致的伤残，并且必须取得了革命伤残军人证。

（三）不得认定或视同工伤的情形

1.故意犯罪的

因犯罪或者违反治安管理伤亡的，即使在工作时间、工作地点发生的，也不得按工伤对待。"犯罪"是指危害社会、依照我国《刑法》应当受处罚的行为。犯罪可分为故意犯罪和过失犯罪两大类。由于故意犯罪的主观恶性较重，所以，因故意犯罪而受伤害的，不得认定为工伤，但过失犯罪的主观恶性较轻，不能因此否定受伤职工的工伤保险权益。

2.醉酒或者吸毒的

醉酒和吸毒是一种个人行为，与工作没有必然联系，当事人在工作时间内因醉酒或吸毒导致行为失控而对自己造成伤害的不属于工伤。因醉酒或者吸毒受到伤害，主要是指职工本人受酒精或者毒品的作用，行为失去控制而导致本人受到伤害。应当强调，职工受到伤害是由于本人醉酒或吸毒行为引发的各种事故导致的，而不包括在醉酒或吸毒的状态下由第三方或自然力造成伤害的情形。

3.自残或者自杀的

因自残或自杀导致死亡的，按照保险的基本原则不能予以赔付。

"自残或自杀"是指职工在自由意志的支配下伤害自己的身体或者结束自己的生命的行为。一般而言，职工自残或自杀导致的伤亡是其故意造成的，与工作之间不存在因果关系，后果应当自己承担。然而，如果职工的自残或自杀行为与工作存在因果关系，是因工作原因导致的，则应认定为工伤。职工发生事故伤害或鉴定为职业病，所在单位应当自事故发生之日或被鉴定为职业病之日起30日内，向统筹地区劳动保障部门提出工伤认定申请。

4.法律、行政法规规定的其他情形

第三节　　　工伤认定程序与劳动能力鉴定

一、工伤认定程序

工伤的认定是由法律规定的机构对特定伤害是否属于工伤范围的确认，是确定给付工伤保险待遇的依据。工伤认定必须经过法定的程序。

（一）工伤认定的申请

在我国，根据《工伤保险条例》的规定，工伤认定的申请程序为职工所在单位应当自事故发生之日或者按照职业病防治法规定被诊断、鉴定为职业病之日起30日内，向统筹地区社会保险行政部门提出工伤认定申请。遇有特殊情况，经社会保险行政部门同意，申请时限可以适当延长。用人单位未按规定提出工伤认定申请，工伤职工或直系亲属、工会组织在事故伤害发生之日或者被诊断、鉴定为职业病之日起1年内，可以直接向用人单位所在地统筹地区社会保险行政部门提出工伤认定申请。

提出工伤认定申请应当提交下列资料：

（1）工伤认定申请表；

（2）与用人单位存在劳动关系的证明材料；

（3）医疗诊断证明或者职业病诊断证明书（或者职业病诊断鉴定书）。

工伤认定申请表应当包括事故发生的时间、地点、原因以及职工伤害程度等基本情况。工伤认定申请人提供材料不完整的，社会保险行政部门应当一次性书面告知工伤认定申请人需要补正的全部资料。申请人按照书面告知要求补正资料后，社会保险行政部门应当受理。

（二）工伤认定的受理与审核

根据《工伤保险条例》的规定，我国工伤认定机构是用人单位所在地统筹地区的社会保险行政部门。

社会保险行政部门受理工伤认定申请后，根据审核需要可以对事故伤害进行调查核实，用人单位、职工、工会组织、医疗机构以及有关部门应当予以协助。职业病诊断和诊断争议的鉴定，依照职业病防治法的有关规定执行。

职工或者其近亲属认为是工伤，用人单位不认为是工伤的，由用人单位承担举证责任。

（三）工伤认定的决定

社会保险行政部门应当自受理工伤认定申请之日起60日内做出工伤认定决定，出具"认定工伤决定书"或者"不予认定工伤决定书"。对事实清楚、权利与义务明确的工伤认定申请，社会保险行政部门应当在15日内做出工伤认定的决定。

二、劳动能力鉴定

（一）劳动能力鉴定的含义及标准

职工发生工伤事故，经治疗伤情相对稳定后，存在残疾、影响劳动能力的，应当进行劳动能力鉴定。劳动能力鉴定是指针对劳动功能障碍程度和生活自理障碍程度的等级鉴定。

劳动能力鉴定工作是工伤保险制度不可缺少的组成部分。劳动能力鉴定工作是给予受伤害职工保险待遇的基础和前提条件，也是工伤保险管理工作的重要内容。职工在工伤或疾病医疗期内治愈或者伤情、病情处于相对稳定状态，或者医疗期满仍不能工作的，都要通过医学检查对其伤残后丧失劳动能力的程度给出判定结论。

【法律小知识15-4】

劳动能力鉴定的标准通常是法律明确规定的，如英国的社会保障法规按残废程度百分比列出伤残55种；日本将工伤致残后劳动能力丧失的程度分为14个等级。美国残废义务鉴定标准包括了肌肉、骨骼、特殊器官、呼吸、心血管、消化、泌尿生殖、血液及淋巴、皮肤、内分泌、神经11个系统的病、伤、肿瘤致残的分类。世界卫生组织1976年通过了专家组对疾病后果提出的国际分类法，把损伤、障碍和残疾的范围和程度等分列为1 476项。

在我国，根据《工伤保险条例》的规定，劳动能力鉴定标准由国务院社会保险行政部门会同国务院卫生行政等部门制定。我国劳动能力鉴定的机构是各省、自治区、直辖市劳动鉴定委员会和设区的市级劳动能力鉴定委员会的机构。

（二）劳动能力鉴定的内容

劳动能力鉴定的内容是对受工伤事故伤害或患职业病的劳动者，进行劳动功能障碍程度和生活自理障碍程度的等级鉴定。劳动功能鉴定分为十个伤残等级，最重的为一级，最轻的为十级；生活自理障碍分为三个等级：生活完全不能自理、生活大部分不能自理和生活部分不能自理。

劳动功能障碍程度根据器官损伤、功能障碍、医疗依赖等情况分为十级。其中，凡伤残等级鉴定为一至四级的，可确定为完全丧失劳动能力；凡伤残等级鉴定为五至六级的，可确定为大部分丧失劳动能力；凡伤残等级鉴定为七至十级的，可确定为部分丧失劳动能力。护理依赖（即生活自理障碍）程度根据进食，翻身，大、小便，穿衣，洗漱，自我移动6项分为三级：完全护理依赖、大部分护理依赖、部分护理依赖。

（三）劳动能力鉴定程序

根据《工伤保险条例》的规定，用人单位、工伤职工或者其近亲属都是申请劳动能力鉴定的主体，申请主体必须首先向设区的市级劳动能力鉴定委员会提出申请，并应当提供工伤认定决定和职工工伤医疗的有关资料。劳动能力鉴定程序必须以工伤认定为前提，职工只有被认定为工伤或者视同工伤，才可以启动劳动能力鉴定程序。

1.初次鉴定

设区的市级劳动能力鉴定委员会收到劳动能力鉴定申请后，应当从其建立的医疗卫生专家库中随机抽取3名或者5名相关专家组成专家组，由专家组提出鉴定意见，设区的市级劳动能力鉴定委员会再根据专家组的鉴定意见做出工伤职工劳动能力鉴定结论。鉴定委员会应当自收到劳动能力鉴定申请之日起60日内做出劳动能力鉴定结论，必要时可以延长30日。

2.再次鉴定

申请鉴定的单位或者个人对设区的市级劳动能力鉴定委员会做出的鉴定结论不服的，可以自收到该鉴定结论之日起15日内向省、自治区、直辖市劳动能力鉴定委员会提出再次鉴定申请。一旦省、自治区、直辖市劳动能力鉴定委员会做出劳动能力鉴定结论，则为最终结论。可见，我国劳动能力鉴定实行两级鉴定终局制。

3.复查鉴定

劳动能力鉴定是在职工发生工伤、经治疗伤情相对稳定的情况下进行的。经过一段时间后，已经经过劳动能力鉴定的职工的伤残情形可能会发生一些变化，出现劳动功能障碍程度和生活自理程度加重或减轻的情形。为了切实保护工伤职工或其近亲属的合法权益，法律规定了劳动能力复查鉴定制度，即自劳动能力鉴定结论做出之日起一年后，工伤职工或其近亲属、所在单位或者经办机构认为伤残情形发生变化的，可以申请劳动能力复查鉴定，劳动能力鉴定委员会进行复查鉴定的期限与初次鉴定的期限相同，劳动能力复查鉴定也实行两级鉴定终局制。

第四节　　我国工伤保险待遇

一、工伤医疗期间的待遇

（一）医疗待遇

职工因工作遭受事故伤害或者患职业病需要进行治疗（包括工伤康复）的，享受工伤医疗待遇。职工治疗工伤应当在签订服务协议的医疗机构就医，情况紧急时可以先到就近的医疗机构急救。

1.工伤医疗费用

治疗工伤所需的挂号费、医疗费、药费、住院费等费用符合工伤保险诊疗项目目录、工伤保险药品目录、工伤保险住院服务标准的，从工伤保险基金中支付。

2.住院伙食补助费及统筹地区外就医的交通食宿费

为了进一步发挥工伤保险基金的功能，减轻用人单位的负担，《工伤保险条例》修改后规定，职工住院治疗期间的伙食补助费，以及经医疗机构出具证明，报经办机构同意，工伤职工到统筹地区以外就医所需的交通、食宿费用，由原来的用人单位支付转由工伤保险基金支付，基金支付的具体标准由统筹地区人民政府规定。

3.辅助器具安装配置费用

工伤职工因日常生活或者就业需要，经劳动能力鉴定委员会确认，可以安装假肢、矫形器、义眼、假牙和配置轮椅等辅助器具，所需费用按国家规定标准从工伤保险基金中支付。

4.康复性治疗费用

工伤治疗阶段用于康复性的治疗费用。

（二）停工留薪待遇

职工因工作遭受事故伤害或者患职业病，需要暂停工作接受工伤医疗的，在停工留薪内，除享受工伤医疗待遇外，原工资福利待遇不变，由所在单位按月支付。工伤职工的停工留薪期由已签订服务协议的治疗工伤的医疗机构提出意见，经劳动能力鉴定委员会确认并通知有关单位和工伤职工。如果伤情严重或者情况特殊，停工留薪期可以适当延长，但延长不得超过12个月。

（三）生活护理待遇

生活不能自理的工伤职工在停工留薪期需要护理的，由所在单位负责。

工伤职工工伤复发需要治疗的，工伤职工可以享受《工伤保险条例》规定的工伤医疗期间的所有待遇。

二、工伤致残待遇

工伤职工停工留薪期满经劳动能力鉴定委员会评定伤残等级后，停发原工资福利待遇，开始享受工伤伤残待遇。

（一）生活护理待遇

工伤职工经评定伤残等级并经劳动能力鉴定委员会确认需要生活护理的，从工伤保险基金中按月支付生活护理费。生活护理费按照生活完全不能自理、生活大部分不能自理和生活部分不能自理3个不同等级支付，标准分别为统筹地区上年度职工月平均工资的50%、40%和30%。

（二）伤残待遇

1.一至四级伤残待遇

职工因工致残被鉴定为一至四级伤残的，视为完全丧失劳动能力。对于这些职工，用人单位应当与其保留劳动关系，用人单位不得与其解除劳动合同，职工应当退出工作岗位。工伤职工还享受以下待遇：

（1）伤残补助金。按照伤残等级从工伤保险基金中支付一次性伤残补助金，标准是：一级伤残为27个月的本人工资；二级伤残为25个月的本人工资；三级伤残为23个月的本人工资；四级伤残为21个月的本人工资。

（2）伤残津贴。从工伤保险基金中按月支付伤残津贴，标准是：一级伤残为本人工资的90%；二级伤残为本人工资的85%；三级伤残为本人工资的80%；四级伤残为本人工资的75%。

（3）社会保险待遇。工伤职工达到退休年龄并办理退休手续后，停发伤残津贴，按照国家有关规定享受基本养老保险待遇。基本养老保险待遇低于伤残津贴的，由工伤保险基金补足差额。同时，伤残职工和用人单位应当以伤残津贴为基数，缴纳基本医疗保险费。

2.五级、六级伤残待遇

职工因工致残被鉴定为五级、六级伤残的，视为大部分丧失劳动能力，工伤职工保留与用人单位的劳动关系，并由用人单位安排适当工作。工伤职工还享受以下待遇：

（1）伤残补助金。按伤残等级从工伤保险基金中支付一次性伤残补助金，标准是：五级伤残为18个月的本人工资，六级伤残为16个月的本人工资。

（2）伤残津贴。如果用人单位难以安排伤残职工工作的，则由用人单位按月发放伤残津贴，标准是：五级伤残为本人工资的70%，六级伤残为本人工资的60%，并由用人单位按照规定为其缴纳应缴纳的各项社会保险费。

（3）工伤医疗补助金和伤残就业补助金。经工伤职工本人提出，可以与用人单位解除或者终止劳动关系。由工伤保险基金支付一次性工伤医疗补助金，由用人单位支付一次性伤残就业补助金。

3.七至十级伤残待遇

职工因工致残被鉴定为七级至十级伤残的，视为部分丧失劳动能力。在劳动合同期满前用人单位应当与其继续履行劳动合同，或者依法变更劳动合同。工伤职工还享受以下待遇：

（1）伤残补助金。按伤残等级从工伤保险基金中支付一次性伤残补助金，标准是：七级伤残为13个月的本人工资，八级伤残为11个月的本人工资，九级伤残为9个月的本人工资，十级伤残为7个月的本人工资。

（2）工伤医疗补助金和伤残就业补助金。劳动、聘用合同期满终止，或者职工本人提出解除劳动合同、聘用合同的，由工伤保险基金支付一次性工伤医疗补助金，由用人单位支付一次性伤残就业补助金。工伤致残待遇中的伤残补助金和伤残津贴的计发基数为"本人工资"，即工伤职工因工作遭受事故伤害或者患职业病前12个月平均月缴费工资。

三、因工死亡待遇

职工因工死亡，包括伤残职工在停工留薪期内因工死亡的，其近亲属可以从工伤保险基金领取以下待遇：

（1）丧葬补助金。丧葬补助金为6个月的统筹地区上年度职工月平均工资。

（2）供养亲属抚恤金。供养亲属是指依靠因工死亡职工生前提供主要生活来源且无劳动能力的亲属，其范围包括该职工的配偶、子女、父母、祖父母、外祖父母、孙子女、外了孙女、兄弟姐妹。供养亲属抚恤金是按照供养亲属的人数和职工本人生前工资的一定比例计发的，标准为：配偶每月40%，其他亲属每人每月30%，孤寡老人或者孤儿每人每月在上述标准的基础上增加10%。核定的各供养亲属的抚恤金之和不应高于因公死亡职工生前的工资。

（3）工亡补助金。一次性工亡补助金标准为上一年度全国城镇居民人均可支配收入的20倍。

一级至四级伤残职工在停工留薪期满后死亡的，其近亲属只可以享受丧葬补助金和供养亲属抚恤金，这主要是因为伤残职工被鉴定伤残等级后可以享受一次性伤残补助金，这与一次性工亡补助金的性质相同。工伤职工死亡的，一次性伤残补助金将作为遗产由其近亲属继承。为防止其亲属重复享受工伤保险待遇，《工伤保险条例》作了以上规定。

四、特殊情形下的工伤保险待遇

（1）职工因工外出期间发生事故或者在抢险救灾中下落不明的，从事故发生之日起3个月内照发工资，从第4个月起停发工资，由工伤保险基金向其供养亲属按月支付供养亲属抚恤金。职工被人民法院宣告死亡的，其近亲属可以按照规定享受因工死亡待遇。

（2）用人单位分立、合并、转让的，承继单位应当承担原用人单位的工伤保险责任；原用人单位已经参加工伤保险的，承继单位应当到当地经办机构办理工伤保险变更登记。

（3）用人单位实行承包经营的，工伤保险责任由职工劳动关系所在单位承担。

（4）职工被借调期间受到工伤事故伤害的，由原用人单位承担工伤保险责任，但原用人单位与借调单位可以约定补偿办法。

（5）企业破产的，在破产清算时依法拨付应当由单位支付的工伤保险待遇费用。

（6）职工被派遣出境工作，依据前往国家或者地区的法律应当参加当地工伤保险的，参加当地工伤保险，其国内工伤保险关系中止；不能参加当地工伤保险的，其国内工伤保险关系不中止。

（7）职工（包括非全日制从业人员）在两个或两个以上用人单位同时就业的，各用人单位应当分别为职工缴纳工伤保险费。职工发生工伤，由职工受到伤害时的工作单位依法承担工伤保险责任。

（8）依照《工伤保险条例》的规定，应当参加工伤保险而未参加工伤保险的用人单位职工发生工伤的，由该用人单位按照《工伤保险条例》规定的工伤保险待遇项目和标准支付费用。

（9）为保证工伤职工得到及时救治，《社会保险法》第41条和第42条规定了工伤保险基金先行支付制度：①职工所在用人单位未依法缴纳工伤保险费，发生工伤事故的，由用人单位支付工伤保险待遇。用人单位不支付的，从工伤保险基金中先行支付。从工伤保险基金中先行支付的工伤保险待遇应当由用人单位偿还。用人单位不偿还的，社会保险经办机构可以依法追偿。②由于第三人的原因造成工伤，第三人不支付工伤医疗费用或者无法确定第三人的，由工伤保险基金先行支付。工伤保险基金先行支付后，有权向第三人追偿。

五、停止享受工伤保险待遇的情形

工伤职工或其供养亲属享受工伤保险待遇需要具备一定的条件，当条件不具备或丧失了享受待遇的前提时，工伤职工或其供养亲属将停止享受工伤保险待遇。具体情形如下：

（1）丧失享受待遇条件的。工伤职工一旦恢复劳动能力或生活能够自理的，则停止享受工伤保险待遇。

（2）拒不接受劳动能力鉴定的。如果工伤职工或其供养亲属没有正当理由拒绝接受劳动能力鉴定的，则工伤职工或其供养亲属的工伤保险待遇难以确定，也就不再享受相应的工伤保险待遇。

（3）拒绝治疗的。如果工伤职工无故拒绝治疗，将影响其劳动能力的恢复，所以停止其享受工伤保险待遇。

▶ 本章小结

工伤保险是指劳动者在工作过程中或者在法定的情形下因工作原因发生事故或患职业病，导致劳动者暂时或长期失去劳动能力、死亡时，对劳动者本人或其近亲属提供医疗救助、职业康复、经济补偿等必要物质帮助的一项社会保险制度。其具有不究过失补偿、职工个人不缴费、保险缴费实行行业差别费率和浮动费率相结合等特点。我国工伤保险的覆盖范围和对象包括境内的企业、事业单位、社会团体、民办非企业单位、基金会、律师事务所、会计师事务所等组织和有雇工的个体工商户及其职工，保险费由单位按照行业差别费率和浮动费率缴纳，相当于职工工资总额的0.5%~2%。我国《工伤保险条例》规定了7种应认定为工伤的情形。工伤或职业病被认定后，需要进行劳动能力鉴定，主要包括劳动功能障碍程度和生活自理障碍程度的等级鉴定。根据不同的伤残等级能够享受不同的工伤待遇，一般包括工伤医疗期间的待遇、工伤致残待遇、因工死亡待遇等。

▶ 复习与思考

一、名词解释

工伤　职业病　工伤保险　无责任补偿原则　行业差别费率　浮动费率　劳动能力鉴定

二、选择题

1.我国的工伤保险建立在（　　）年。

A.1949 　　　　B.1951 　　　　C.1986 　　　　D.2010

2.我国工伤保险制度的范围和对象不包括（　　）。

A.城镇各类企业　　　　　　　B.事业单位

C.有雇员的个体工商户　　　　D.所有公务员

3.工伤保险法的原则包括（　　）。

A.补偿不究过失原则　　　　　B.不区分工伤及非工伤原则

C.雇主和雇员共同缴费原则　　D.统一缴费率原则

4.劳动能力鉴定主要包括（　　）。

A.劳动能力　　B.生活自理能力　　C.活动能力　　D.技术能力

5.从我国工伤保险基金中支付的待遇包括（　　）。

A.停工留薪待遇　　　　　　　B.医疗待遇

C.生活护理待遇　　　　　　　D.工亡一次性补助

三、简答题

1.简述我国工伤保险的医疗待遇。

2.简述我国工伤保险的致残待遇。

3.简述我国工伤保险的因工死亡待遇。

4.简述我国认定工伤、视同工伤的标准。

5.简述工伤保险的认定程序。

6.简述不得认定工伤及停止发放工伤保险待遇的标准

四、案例分析题

1.赵某于2014年1月发生工伤，2014年4月再次发生工伤，受伤部位都是右手无名指和中指。2016年，一次对两个工伤进行了伤残等级鉴定，两个工伤均为10级。请问：一次性工伤医疗补助金和一次性伤残就业补助金应如何确定，是计算两次还是计算一次？

2.2009年5月，申某被雇用到某矿产开发有限公司的采矿点工作并与该公司签订了劳动合同。2015年7月31日下午，他在运矿石时被一块落下的石头击中左肘致伤，申某随即被送到医院接受治疗。住院月余，申某伤好出院。2015年8月，市人力资源和社会保障局对申某左肘进行工伤界定，确定为工伤。2016年1月，经市劳动能力鉴定委员会鉴定,申某构成七级伤残。于是,申某要求该矿产开发有限公司为其支付一次性伤残补助金,并要求该公司按月向其支付伤残津贴。申某每月工资为1 300元(遭受事故伤害前12个月的月平均工资)。请问:申某的主张能否得到支持?申某能享受到哪些伤残待遇?

第十六章
生育保险法律制度

▶ 学习目标

通过本章学习，重点掌握我国生育保险的对象、基金筹集及待遇方面的内容；掌握生育保险的含义及特征；了解生育保险基金的筹集原则。

▶ 案例导入

妻子虽就业但没有参加生育保险，能否享受生育保险待遇？

广东省张先生在单位统一参加了生育保险，其妻子虽就业但没有参加生育保险，妻子是否能够享受生育保险待遇？若其妻子能够享受生育保险待遇，那么，她和其他参加了生育保险的女职工享受的待遇是否相同？

《社会保险法》第54条第1款规定："用人单位已经缴纳生育保险费用的，其职工享受生育保险待遇；职工未就业配偶按照国家规定享受生育保险待遇的所需资金从生育保险基金中支付。"该法第54条第2款规定："生育保险待遇包括生育医疗费用和生育津贴。"由此，参加生育保险的男职工，其未就业配偶可以享受生育医疗待遇，但不能享受生育津贴，与参保的女职工享受的生育保险待遇存在差别。

对于张先生的妻子而言，如果属于灵活就业人员，没有与用人单位建立稳定的劳动关系，用人单位没有为其缴纳包括生育保险费在内的社会保险费的义务，在确定不能得到生育保险保障的情况下，可以随其丈夫享受生育医疗待遇；如果她与用人单位建立了稳定的劳动关系，用人单位则有为其缴纳社会保险费的义务。如因用人单位未缴纳社会保险费致使职工无法享受生育保险待遇的，职工可通过劳动仲裁等方式维权。社会保险相关部门应责令用人单位补缴社会保险费。

| 第一节 | 生育保险概述 |

一、生育保险的概念及特征

（一）生育保险的概念

生育保险，是指女职工因怀孕和分娩所造成的暂时丧失劳动能力，在中断正常收入来源时，从国家和社会获得物质帮助的一种社会保险制度，其宗旨在于通过向职业妇女提供生育津贴、医疗服务和产假，帮助她们恢复劳动能力，重返工作岗位，这主要是通过现金补助及实物供给的形式来实现。

（二）生育保险的特征

1.享受待遇人群的特定性

享受待遇人群比较窄，享受时间一般为育龄期，享受时间相对比较集中。随着社会的进步和经济的发展，有些地区允许在女职工生育后，给予配偶一定假期以照顾妻子，并发给假期工资；还有一些地区为男职工的配偶提供经济补助。相比之下，医疗保险享受人群范围比较广，没有性别的要求，在享受年龄段上也没有限制。

【小思考16-1】

生育保险和医疗保险的联系和区别表现在哪些方面？

答：生育保险和医疗保险的目的都是对职工提供生活保障和必要的医疗服务。生育保险享有者在享受期间，如果出现特殊情况，可能同时享受医疗保险待遇和生育保险待遇。两者的区别主要是：

（1）生育保险待遇的享受者一般为女职工及男职工配偶；而医疗保险待遇享受的对象是全体职工乃至全体人群。

（2）生育保险享受的时间是女职工育龄期间，按照我国目前实行的计划生育国策，女职工一生基本上只能享受一到两次生育保险待遇，极少有享受两次以上的；医疗保险则没有年龄的限制，这是因为无论哪个年龄段的职工都有可能患病，而且享受次数也不受限制。

（3）生育保险享受者的医疗服务，基本上以保健和健康监测为主；而医疗保险主要是通过必要的检查、药物、理疗和手术等方面的医疗手段，对患病的参保者进行治疗，促使其早日康复，重新走上工作岗位。

（4）生育假期的享受期限，国家有明确规定；医疗保险对享受者的假期没有特定的时间限制，一般以病愈为期限或者以劳动合同制中的医疗期为限。

（5）生育保险的待遇保障标准一般高于医疗保险待遇。

2. 生育保险是对女职工生育子女全过程的物质保障

生育保险不仅是对女职工生育时所花费的生育检查费、接生费、手术费、住院费和药费等费用的补偿，还包括对女职工在规定的生育假期内因未从事劳动而不能获得工资收入的补偿。

3. 生育保险具有较为典型的社会性

生育不仅是承担生育职责的妇女个人的事，而且关系到其家庭，乃至整个社会的人口素质，因此，生育保险待遇不仅维持了生育者个人在生育期间的生存，也确保了其家庭不会因为其生育期间停止工作而承担经济风险，同时还维持了整个社会的人口再生产。

二、生育保险的产生和立法

我国生育保险制度始于新中国成立初期。政务院1951年颁布实施的《劳动保险条例》第16条对生育保险做出了较为详细的规定，其保险对象不仅包括"女工人与女职员"，而且还包括"男工人与男职员之妻"。该条例规定："女工人与女职员生育，产前产后共给假56日，产假期间，工资照发。难产或双生时，增给假期14日，工资照发。""女工人与女职员怀孕，在该企业医疗所、医院或特约医院检查或分娩时，其检查费与接生费由企业行政方面或资方负担，且劳动保险基金发给生育补助费"。1955年4月26日，国务院颁布实施了《关于女工作人员生产假期的通知》，对"机关女工作人员"也确定了基本相同的制度保障。

1969年2月，财政部颁发《关于国营企业财务工作中几项制度的改革意见（草稿）》，规定"女职工产假由原来的56天增加至90天，其中产前假为15天；难产的增加产假15天；多胞胎生育的，每多生一个婴儿，增加产假15天"。

1988年后，旧的制度废止，新制度尚未全面建立，由于全国经济发展水平的不均衡以及国有企业改制的滞后，国家并没有建立全国统一的生育保险制度，而是根据各地的具体情况，在全国多个省市进行了改革试点。

1994年12月，劳动部颁布《企业职工生育保险试行办法》，确立了全国的生育保险基金筹集办法，要求各实验区结合本地区实际情况尽快建立生育保险制度。

《社会保险法》在上述规范性文件的基础上，规定了生育保险的参保范围、生育保险待遇、生育医疗费用以及生育津贴。人力资源和社会保障部于2012年11月公布了《生育保险办法（征求意见稿）》，公开征求意见。

第二节　　生育保险的适用范围和对象

我国的生育保障制度分为三大体系：一是城镇职工生育保险制度；二是城镇居民生育保障制度；三是农村生育保障制度。

（一）城镇职工生育保险制度的对象和范围

我国现行城市生育保险的法律依据是1995年试行的《企业职工生育保险试行办法》和2011年7月1日施行的《社会保险法》。

《企业职工生育保险试行办法》规定，生育保险的对象和范围包括城镇各类企业及其职工。不少地方在实施中把生育保险的对象延伸到了乡镇企业、社办企业的女职工。

《社会保险法》明确了职工未就业配偶享受生育保险待遇。新中国成立初期，生育保险曾覆盖职工未就业配偶，后来城镇女性普遍就业，大部分家庭都是双职工家庭，这条规定不再被强调。经济转型时期至2010年10月前，生育保险相关规定多次修订，但没有对职工未就业配偶生育保险的条款加以强调。《社会保险法》重新明确了职工未就业配偶享受生育保险待遇，"职工未就业配偶按照国家规定享受生育医疗保险待遇，所需资金从生育保险基金中支付"。

【法律小知识 16-1】

　　生育保险与女职工劳动保护制度有许多重合之处。女职工劳动保护制度包括对一般女职工的保护和对孕、产妇的劳动保护，重合之处主要是该制度对孕、产妇的劳动保护，包括以下几个方面：

　　（1）产前产后工时减免，如女职工孕期检查、产后哺乳时间计作劳动时间。

　　（2）孕期工作量减免，如不上夜班、减轻工作量不减工资等。

　　（3）母婴保护措施，即保障女职工不会因为怀孕、生育遭受解雇等。以上这些内容也属于广义的生育保障制度的范围。

　　（二）城镇居民生育保障制度的对象和范围

　　城镇居民生育保险也是近年来我国社会保险制度的新项目，是在城镇居民医疗保险的基础上发展起来的，目前尚处于试点阶段。

　　2009 年 7 月 31 日，人力资源和社会保障部办公厅发布了《关于妥善解决城镇居民生育医疗费用的通知》，通知要求：各地要将城镇居民基本医疗保险参保人员住院分娩发生的符合规定的医疗费用纳入城镇居民基本医疗保险基金的支付范围。

　　2009 年 9 月 10 日，人力资源和社会保障部发出《关于确定城镇居民生育保障试点城市的通知》，我国城镇居民生育保障试点工作开始，确定吉林省长春市、江苏省南通市、安徽省马鞍山市、湖南省常德市、广东省惠州市、四川省成都市、陕西省铜川市 7 个城市作为城镇居民生育保障试点城市。"城镇居民"是指城镇非就业居民。城镇居民生育保险的内容主要是已经开展城镇居民基本医疗保险的地区，可以将参保居民符合规定的产前检查、住院分娩费用纳入基金的支付范围。

　　（三）农村生育保障制度的对象和范围

　　2002 年，中共中央、国务院颁布了《关于进一步加强农村卫生工作的决定》，提交建立以大病统筹为主的新型农村合作医疗制度和医疗救助制度，使农村人人享有初级卫生保健。新型农村合作医疗基金主要解决农民的大额医疗费用或住院医疗费用，其中，包括农村妇女住院分娩的医疗费。因此，农村生育保障的对象与参加新型农村合作医疗的参保对象基本相同。

【小思考 16-2】

男性也要参加生育保险吗?

答：生育保险参保时不分男女，但最终受益对象只能是就业参保的女性及其所生育的婴儿。《社会保险法》通过后，男性职工的未就业配偶也可享受生育保险权益。在一些地方性法规中男性也可以享受部分生育保险待遇。生育保险待遇主要包括生育休假、生育津贴以及生育的护理费用。生育保险由单位缴费，参保职工个人不缴费，所以职工当然不应该放弃这样的权益。

第三节　　　　　　　　　生育保险基金

一、生育保险基金的筹集原则

生育保险基金是指由企业按照工资总额的一定比例向社会保险经办机构缴纳的生育保险费等组成，由劳动部门所属的社会保险经办机构负责收缴、支付和管理，根据"以收定支，收支平衡"的原则筹集用于支付生育保险待遇等的资金。

（一）以支定收，收支平衡原则

根据《社会保险法》、《企业职工生育保险试行办法》以及《社会保险费征缴条例》的规定，生育保险费用实行社会统筹。生育保险根据"以支定收，收支基本平衡"的原则筹集资金。所谓"以支定收"是指在缴费主体相对确定的前提下，通过确定缴费比例，来确定社会保险基金的总额；再根据实际享受社会保险待遇的人群，确定具体的待遇支付水平。以支定收的原则有以下两方面的优点：一是在参保人数较为稳定的情形下，生育保险待遇的给付水平和缴费水平都相对稳定；二是由于以支定收，收支基本维持平衡，社会保险基金账户的积累较少，无须较多的基金运营来保值增值，因此，能够节省社会保险基金的管理成本；三是由于收支基本平衡，能够避免因金融波动等原因导致的资金贬值的风险。

（二）生育保险基金按属地原则实行社会统筹

按属地原则组织是指生育保险由以按行政区域划分的市、区（县）为单位组织实施，在同一区域所辖的各类企业，不分其所有制性质，不论其隶属关系，一律参加所在地的生育保险，执行当地的缴费标准和有关政策规定。

（三）专款专用原则

专款专用指生育保险基金是基于特定的目的筹集，且只能用于该特定目的。生育保险基金的整体水平涉及收支两条线，其中"专款"主要是指基金的筹集，而"专用"是指基金的使用，即生育保险基金必须用于生育妇女的经济补偿和医疗保健，不得挪作他用。

二、生育保险基金的筹集

《社会保险法》第53条规定，职工应当参加生育保险，由用人单位按照国家规定缴纳生育保险费，职工不缴纳生育保险费。因此，生育保险基金主要来自于用人单位缴纳的生育保险费。其具体构成包括以下几个部分：

1.用人单位缴纳的生育保险费

用人单位按照其工资总额的一定比例向社会保险经办机构缴纳生育保险费，建立生育保险基金。可根据支出费用的情况进行适时调整，但最高不得超过工资总额的1%。

【小案例16-1】

某合资企业，按照省政府相关规定参加当地的生育保险，并要求按企业中方职工工资总额0.7%的比例，按月向当地社保机构缴纳生育保险费。但是，该企业自行规定按照每个职工月工资0.3%的比例，向职工个人征收生育保险费。请分析该企业的做法是否合理？

分析提示：原劳动部1994年颁布的《企业职工生育保险试行办法》明确规定，企业按照其工资总额的一定比例向社保机构缴纳生育保险费，建立生育保险基金，职工个人不缴纳生育保险费。该企业向职工个人征收生育保险费显然违反国家规定，企业应撤销向职工征收生育保险费的决定，同时企业应退还已经向职工征收的生育保险费。

2.生育保险基金的利息收入

社会保险经办机构筹集的生育保险基金应存入社会保险经办机构在银行开设的生育保险基金专户。银行应按照城乡居民个人储蓄同期存款利率计息。

3.滞纳金

滞纳金是指在企业未按期缴纳生育保险费时，由法定的收缴部门要求其承担的一种迟延履行的法律责任。缴费企业未按规定缴纳和代扣代缴社会保险费的，由劳动保障行政部门或者税务机关责令限期缴纳；逾期仍不缴纳的，除补缴欠缴数额外，从欠缴之日起，按日加万分之五的滞纳金。滞纳金并入社会保险基金，滞纳金计入营业外支出，在纳税时进行调整。

4.其他依法应当缴入生育保险基金的资金

其他依法应当缴入生育保险基金的资金主要包括生育保险基金运营收入以及国家的财政补贴等。

三、生育保险基金的支付与管理

各国生育保险基金一般采用定期支付现金的方式。除了医疗费用外，主要是支付生育津贴。1994年12月，劳动部颁发的《企业职工生育保险试行办法》，对生育保险基金的支付和管理进行了明确规定。生育保险基金主要用于支付两部分的费用：一部分是生育津贴，即过去人们常说的产假工资；另一部分是生育医疗费，包括女职工生育的检查费、接生费、手术费、住院费和药费以及生育引起疾病的医疗费。

我国生育保险基金由劳动保障部门所属的社会保险经办机构负责收缴、支付和管理。生育保险基金存入社会保险经办机构在银行开设的生育保险基金专户，专款专用。银行按照城乡居民个人储蓄同期存款利率计息，所得利息转入生育保险基金。生育保险基金不征收税费。生育保险基金的筹集和使用，实行财务预、决算制度，由社会保险经办机构做出年度报告，并接受同级财政的审计监督。

第四节　　生育保险待遇

一、申请生育保险待遇的条件

生育保险待遇，是指女职工在生育期间依法享有的各种帮助和物质补偿。

（一）参加生育保险

申领生育保险待遇的女职工应该已参加了生育保险，即其所在的企业应该办理了生育保险登记，且为其按时、足额缴纳了生育保险费。

（二）符合计划生育规定

2016年，我国全面实行二孩政策。《中华人民共和国人口与计划生育法》第18条规定，国家提倡一对夫妻生育两个子女；符合法律、法规规定条件的，可以要求安排再生育子女。女职工由于计划外生育行为产生的费用，由职工自己负担。

（三）申请人建立合法、有效的婚姻关系

公民有生育的权利，也有依法实行计划生育的义务，符合计划生育规定的前提是申领人已经建立合法、有效的婚姻关系，即符合《婚姻法》的规定，达到法定婚龄，男女双方自愿建立婚姻关系，并依法办理结婚登记，且双方没有禁止结婚的情形。

（四）符合生育保险的就医规定，符合药品、诊疗和医疗服务设施的规定

职工生育、实施计划生育手术也应该按照所在地社会保险经办机构确定的基本医疗或生育保险就医的规定，到具有助产、计划生育手术资质的定点医疗机构就医。

【小案例16-2】

江女士原来没有工作，2010年5月，随丈夫来到浙江，找到一家自己非常满意的公司上班，工薪不错，还有"五险一金"。同年9月，她休假生子，当家属帮她办理生育医疗费报销和要求享受生育津贴时，却被告知不能享受生育保险待遇。这让江女士很不理解，所在单位明明告诉她公司为自己办理了社会保险。江女士认为，现在每对夫妇只能生一个孩子，生育保险一般也只能享受一次，如果她这次生育不能享受生育保险，那么以后就没有机会享受了。为此，她咨询了当地社会保险经办机构。工作人员告诉她，她所在的公司确实给她缴纳了各项社会保险费，但《浙江省生育保险条例》规定，要享受生育保险待遇，投保期必须满半年才可以，而江女士生育保险参保期尚不足半年，所以不能享受生育保险待遇。

分析提示：关于生育保险政策，国家目前没有参保时间的规定，各省市可以自行规定。比如，《浙江省生育保险条例》第12条规定，职工享受生育保险待遇，必须同时具备下列条件：第一，用人单位及其职工按照规定参加生育保险并履行缴费义务满6个月；第二，符合法定条件生育或者实施计划生育避孕节育手术和复通手术的。又如，广东省规定参保时间必须满1年，才能享受生育保险。

二、生育保险待遇的内容

生育保险待遇的具体内容是指生育保险对象所能享受的具体的生育保险项目，包括以下几个方面。

（一）生育休假

国际劳工组织1952年通过的《保护生育公约》（第103号公约）中规定，产假假期至少为12周，并应包括分娩后的强制休假期，其后，在2000年通过的《保护生育建议书》（191号建议书）中又明确规定，产假期限应延长至至少18周。目前我国生育休假主要包括以下几个部分：

（1）标准产假为98天。《女职工劳动保护特别规定》明确规定，女职工生育享受98天产假，其中，产前可以休假15天。

（2）增加产假。增加产假的情况包括：①难产的，增加产假15天。②生育多胞胎的，每多生育1个婴儿，增加产假15天。

（3）流产产假。女职工怀孕未满4个月流产的，享受15天产假；怀孕满4个月流产的，享受42天产假。

另外，我国部分省市在地方性法律规范中规定了3~30天不等的带薪"父育假"。

【法律小知识16-2】

所谓"父育假"是在母亲生育期间，父亲照顾护理的假期。需要注意的是，我国目前关于"父育假"的规定多是各地对晚育者的一种奖励措施，并不等同于国外立法明确规定的为生育保险待遇的内容。

（二）生育津贴

生育津贴是指在法定生育期间对生育者的工资收入损失给予的经济补偿。国际劳工组织1952年《保护生育公约》规定，现金津贴的标准应以足够使生育的妇女及其孩子按照适当的生活标准维持无所匮乏的健康的生活。如果根据过去的收入来提供现金津贴，则津贴标准应不低于该妇女过去收入的2/3。《社会保险法》规定，生育津贴按照职工所在用人单位上年度职工月平均工资计发。

生育津贴相当于女职工产假期间的工资，生育津贴低于本人工资标准的，差额部分由企业补足。生育津贴按照女职工本人生育当月的缴费基数除以30再乘以产假天数计算。

女职工生育出院后，因生育引起疾病的医疗费由生育保险基金支付，其他疾病的医疗费，按医疗保险待遇规定处理。女职工产假期满后，因病需要休息治疗的，享受有关病假待遇和医疗保险待遇。

《社会保险法》规定了计划生育的医疗费用和法律、法规规定的其他费用。职工计划生育手术费用是指职工因实行计划生育需要，实施放置（取出）宫内节育器、流产术、引产术、绝育及复通手术所发生的医疗费用。法律、法规规定的其他费用的规定是考虑到今后可能会出现新的项目费用。此外，各地还根据本地区经济、社会、资源、环境实际情况以及人口发展状况确定生育保险基金的具体支付范围。

（三）医疗护理费

医疗护理费是指由生育保险基金承担的与生育有关的医护费用，具体包括女职工生育的检查费、接生费、手术费、住院费和药费等，而超出规定的医疗服务费和药费（含自费药品和营养药品的药费）由职工个人负担。

（四）生育期间的特殊保护

女职工生育期间的特殊劳动保护，是指女职工孕期由于生理变化而在工作中可能遇到特殊困难，为保证女职工的基本收入和母子生命安全而制定的一项特殊政策，包括收入保护和健康保护。主要措施有：

（1）不得安排怀孕女职工从事高强度劳动和孕期禁忌的劳动，也不得安排在正常工作日以外延长劳动时间。

（2）对不能胜任原劳动的孕期女职工，应当减轻其劳动量或安排其他工作。

（3）对怀孕7个月以上的女职工，不应延长劳动时间和安排夜班劳动，并应在工作时间安排一定的休息时间。

（4）允许怀孕女职工在劳动时间进行产前检查，检查时间计做出勤时间。

【小案例16-3】

北京市某电子公司为职工办理了生育保险，该公司女职工张某即将生小孩，请分析张某能够享受哪些生育保险待遇？其中的生育津贴标准为多少？

分析提示：张某能够享受的生育保险待遇包括生育医疗费用、生育津贴和产假。生育津贴，即女职工产假期间的工资。生育津贴按照女职工本人生育当月的缴费基数除以30再乘以产假天数计算。由生育保险基金按照职工所在用人单位上年度职工月平均工资支付。如果本人工资低于生育津贴，则应当享受生育津贴，用人单位不得克扣；如果本人工资高于生育津贴的，职工在享受生育津贴后，用人单位应补足工资与生育津贴之间的差额。生育医疗费用，包括女职工因怀孕、生育发生的医疗检查费、接生费、手术费、住院费和药品费。超出规定的费用由职工个人承担。生育休假，女职工产假不少于98天，其中，产前休假15天，难产的增加15天，多胞胎生育的每多生育1个婴儿增加15天。

三、申领生育保险待遇的程序

申领生育保险待遇的程序是指参加生育保险的生育者或其所在企业，在其生育或流产后，依法向社会保险经办机构申请支付生育津贴、医疗服务费用等步骤。根据《企业职工生育保险试行办法》，女职工生育或流产后，由本人或所在企业持当地计划生育部门签发的计划生育证明，婴儿出生、死亡或流产证明，到当地社会保险经办机构办理手续，领取生育津贴和报销生育医疗费。

社会保险经办机构应当自受理申请之日起20日内，对生育妇女享受生育生活津贴、生育医疗费补贴的条件进行审核。对符合条件的，核定其享受期限和标准，并予以一次性计发；对不符合条件的，应当书面告知。一般而言，社会保险经办机构在进行审核时，主要是对生育者本人是否符合相应的条件以及相应的保险待遇标准进行审核，对于下列生育、计划生育手术医疗费用，生育保险基金不予支付：

（1）不符合国家或者本市计划生育规定的；

（2）不符合所在地基本医疗或生育保险就医规定的；

（3）不符合所在地基本医疗或生育保险药品目录、诊疗项目和医疗服务设施项目规定的；

（4）按照规定应当由个人负担的费用等。

▶ **本章小结**

生育保险，是指女职工因怀孕和分娩所造成的暂时丧失劳动能力，中断正常收入来源时，从国家和社会获得物质帮助的一种社会保险制度。我国的生育保障制度分为三大体系：一是城镇职工生育保险制度；二是城镇居民生育保障制度；三是农村生育保障制度。城镇职工生育保险制度的对象和范围包括城镇各类企业及其职工（含职工未就业配偶）。其生育保险基金主要由用人单位缴纳的生育保险费（不超过1%）、生育保险基金的利息收入、滞纳金、其他依法应当缴入生育保险基金的资金构成。城镇居民生育保险规定，将城镇居民基本医疗保险参保人员住院分娩发生的符合规定的医疗费用纳入城镇居民基本医疗保险基金支付范围，其主要内容是已经开展城镇居民基本医疗保险的地区，可以将参保居民符合规定的产前检查、住院分娩费用纳入基金支付范围。新型农村合作医疗基金主要解决农民的大额医疗费用或住院医疗费用，其中，包括农村妇女住院分娩的医疗费。

▶ 复习与思考

一、名词解释

生育保险　生育保险基金　生育津贴　父育假　女职工生育期间特殊劳动保护　申领生育待遇的程序

二、选择题

1. 我国第一部生育保险相关法规的建立时间（　　）年。

A. 1951　　　　　B. 1958　　　　　C. 1986　　　　　D. 1993

2. 我国生育保险基金的筹集渠道不包括（　　）。

A. 单位缴费　　　　　　　　B. 个人缴费

C. 生育保险基金的利息收入　　D. 滞纳金

3. 我国生育保险规定标准产假为（　　）天。

A. 56　　　　　B. 90　　　　　C. 98　　　　　D. 126

4. 生育保险待遇包括（　　）。

A. 产假　　　B. 生育津贴　　　C. 产前检查费　　D. 接生费

5. 我国生育保障制度包括（　　）。

A. 城镇职工生育保险制度　　　　B. 城镇居民生育保障制度

C. 农村生育保障制度　　　　　　D. 儿童津贴

三、简答题

1. 简述生育保险对象包括男性的原因。

2. 简述我国生育保险待遇的内容。

3. 简述如何确定我国生育保险的对象和范围。

4. 简述生育保险基金的筹集原则及渠道。

5. 简述享受生育保险待遇的资格条件。

四、案例分析题

1. 吴某是某食品有限公司的职工，2014年1月与单位签订了为期3年的劳动合同。2015年1月，该企业以效益不好为由，让吴某内部下岗。2016年3月，吴某怀孕并准备分娩。请问：吴某能否享受生育保险相关待遇？若能享受，具体包括哪些待遇？

2. 王某是北京市某厂职工，与企业签订了为期1年的劳动合同，合同于2016年10月11日到期。2016年9月11日，该厂通知王某将不再与其续签合同。王某于10月11日离开公司，办理了转出手续。同年10月23日，经医院检查，王某已怀孕一个半月，即9月上旬就已经怀孕了。于是王某与原厂协商，由于怀孕期工作不好找，希望与原厂再保持一段时间的劳动关系，结果被原厂拒绝。王某向劳动争议仲裁委员会申请劳动仲裁，要求续签劳动合同。请问：王某的合同能否得到延期？

第十七章
社会保障的其他法律制度

▶ **学习目标**

通过本章学习，重点掌握专门福利及其内容、城市居民最低生活保障制度；掌握社会福利、社会救助、社会优抚的概念和特征；理解自然灾害社会救助及内容、农村社会救助及内容、城市流浪乞讨人员救助及内容；了解公共福利及内容、职业福利及内容、社会优抚的内容。

▶ **案例导入**

小李一家如何摆脱目前因学费导致的困境？

2016年，参加高考的学生小李，考上了梦寐以求的重点大学。在他接到录取通知书时，全家却一筹莫展。小李家住某小区，父亲给某运输个体户开货车，家庭经济十分拮据。小李在逆境中没有沉沦，从小学到高中，他的学习成绩一直名列前茅。尽管考上大学是一件高兴的事情，可是每年7 000多元的学费以及生活费让小李的父母犯了愁。小李的父亲试图向车主借钱，但是遭到了拒绝。眼看开学的日子临近，学校要求学费汇款的期限已到，家里还是没有筹够小李的学费。母亲发愁地说：孩子寒窗苦读，就是为了上大学这一天，可现在……哎！

教育福利是我国福利体系中的一项内容，主要体现为九年制义务教育、针对贫困学生的国家助学制度、奖学金制度等。小李一家可以向校方申请减免一定的费用，申请国家助学金、助学贷款等。此外，小李也可以通过在校期间奖学金的获得缓解经济压力。

<table>
<tr><td>第一节</td><td>社会福利</td></tr>
</table>

一、社会福利的概念和特征

（一）社会福利的概念

"福利"一词的本意是美满、幸福。而社会福利（social welfare）首见于1941年《大西洋宪章》。随着历史的演变，社会福利的对象由穷人发展到更多的社会成员，社会福利在内涵和外延上也不断深化和延伸。

广义的社会福利，是指政府和社会为保障和提高社会的物质生活和精神生活而采取的在卫生、环境、住房、教育、就业等方面提供保障和服务措施的总称；狭义的社会福利，是指国家和社会为维持公民一定生活质量而提供一定的物质帮助，以满足公民共同和特殊生活需要的社会保障制度，是与社会保险、社会救助等并列的一种社会保障形式。

依据国情和立法现状，我国的社会福利概念是从狭义理解的，是我国政府和社会通过专业化的福利机构为解决社会上的特殊群体以及一般社会成员的实际困难，提高国民生活质量而有针对性地提供服务和设施的一种社会保障制度。

（二）社会福利的特征

1.目标的高层次性

社会保障的目标，是为了让社会成员生活得更加美好，不仅包括物质方面的，也包括精神方面的。

2.对象的普遍性

社会福利是国家和社会向全体成员提供的一种福利，任何人都有权享受。即便是某些向特殊群体提供的福利，在特殊群体范围内，人人有权享受。

3.内容的广泛性

社会福利项目众多，覆盖面广，涵盖社会生活的方方面面。社会福利的各个项目都涉及教育、卫生、环境保护、文化娱乐、交通、住房、关乎社会成员的衣食住行、身心健康等方面。

4.资金来源的单向性

社会福利的资金来源于国家和社会，社会成员享受各种社会福利无需缴费。从国家来说，社会福利资金主要来源于国家税收；从社会来说，资金主要来源于各单位的福利资金和各种社会捐助。

二、社会福利的基本内容

社会福利既包括公共福利，即由国家和社会举办的以全体社会成员为对象的公益性事业，如教育、科学、文化、体育、卫生、环境保护等；也包括由国家和社会为职工举办的职工福利，还包括以特定社会群体为对象的专门性福利事业，如为妇女、未成年人（儿童）、老年人、残疾人举办的各种福利事业。

（一）公共福利

公共福利是国家和社会为满足全体社会成员的物质及精神生活基本需要而兴办的公益性设施和提供的相关服务，主要包括教育、住房、卫生、文化康乐等方面。与其他类型的社会福利相比，公共福利具有服务对象普遍、服务内容广泛、资金来源单一等特点。

1.教育福利

教育是现代人生存和发展的基本条件，国家有发展教育事业的责任，公民享有受教育的权利。教育福利是以免费或者低费方式向国民提供教育机会和教育条件的社会福利事业，是国家对公民受教育权利的保障。我国已经建立了包括基础教育、职业教育、高等教育、成人教育，以及针对残疾人的特殊教育在内的较为完整的教育体系，为处于不同年龄阶段、不同身体状况的公民提供尽量多的教育机会。

我国教育福利的主要内容包括：

（1）九年制义务教育。义务教育是国家统一实施的所有适龄儿童、少年必须接受的教育，是国家必须给予保障的公益性事业，国家保障所有适龄未成年人接受免费教育。

（2）设立国家助学制度。通过减免费用、建立助学金、发放助学贷款的方式向贫困学生提供一定的资助。

（3）奖学金制度。从2002年开始，我国实行国家奖学金制度，对普通高等学校中符合条件的大学本科生或研究生提供无偿资助。

（4）鼓励企业、社团、私人等社会力量办学，并给予政策优惠。

（5）举办和扶持职业培训，提供职业培训津贴。

2.住房福利

住房福利是国家对公民适足住房权（适足住房权是指从法律的角度规定的每一位男人、女人、年轻人和儿童获得并持续享有安全家庭和可以和平并有尊严地生活的权利）的保障，其目的是利用国家和社会的力量着重解决低收入家庭的住房问题。在向市场经济转型的过程中，住房福利体系由福利分房的公有制转变为住房商品化为主的私有制，住房公积金、住房货币补贴、经济适用房以及廉租房等多种保障形式的存在，使得我国住房福利制度呈现出多样化的发展趋势。目前，我国住房福利的主要内容包括：

（1）在农村，农民可以获得"宅基地"，可建设住房。

（2）实行住房公积金制度。住房公积金由用人单位和职工共同出资建立，按照"个人存储，单位资助"的方式缴纳，实行专款专用，在职工个人的住房公积金不足以支付购房、建房、修房等费用时可以申请公积金贷款。

（3）提供经济适用房。经济适用房是指供中低收入家庭购买自住的优惠商品房，使之与中低收入家庭的承受能力相适应。政府提供优惠政策，限定套型面积和销售价格，按照合理标准建房，向城市低收入住房困难家庭提供经济适用房。

（4）提供廉租房。廉租房住房保障对象与经济适用住房供应对象相衔接，由国家向无力购买房屋的城市低收入家庭提供租金低廉的住房。廉租住房可以从腾退的旧公有住房中调剂解决，也可以由政府或单位出资兴建，其租金实行政府定价。

（5）提供公租房。为解决既买不起经济适用房又不够廉租房条件的中等偏下收入家庭提供的住房保障。

3.卫生福利

卫生福利，又称卫生保健福利，是国家和社会为保护和促进人民健康而提供的公共社会福利。

健康服务是社会成员的基本需求，社会保障不仅应保障人们得到医疗的权利，还应保障人们得到基本卫生保健的权利。卫生福利的主要内容有：

（1）国家和社会投资建立医院、防疫、保健等机构，为社会成员的保健、预防、医疗和康复等提供便利；

（2）提供包括疾病预防、伤病诊治、医疗与康复、健康教育、宣传与咨询、计划生育服务与教育等卫生保健服务；

（3）制定医疗卫生制度，保障公民能够享受较好的卫生福利；

（4）支持医学教育和科研，培养医疗和防疫人才，促进医疗水平的进步。

卫生福利的提供可以是免费的，如部分地区对法定传染病的诊治、医疗；也可以是低收费的，这与经济发展水平和人民群众的承受能力相适应。

4.文化康乐福利

文化康乐福利是指国家和社会为满足社会成员的精神需要而兴办的具有福利性质的文体活动设施和提供的以非商业化经营文化康乐设施和服务为内容的公共福利。

文化康乐福利主要通过国家、社会建设公共文化康乐设施和提供免费、低收费服务的方式实施。文化康乐设施类型多样，包括图书馆、公园、广场、纪念馆、博物馆、展览馆、剧院、电影院、俱乐部、康乐宫、体育场、社区健身场所与设施等。

作为公共福利的文化康乐设施和服务，主要由国家出资兴办和管理，不以营利为目的，以免费或低收费形式向社会成员开放，使社会成员能普遍平等地享用。

（二）职工福利

职工福利又称集体福利或劳动福利，是由用人单位通过兴建集体福利设施，建立福利补贴制度，为职工提供生活上的便利，减轻职工的经济负担，提高职工生活水平的一项社会福利。与公共福利相比，职工福利具有对象的特定性和资金来源于用人单位的特点。

职工福利以满足职工的物质生活和精神生活需求为目标，从职工福利对象来看，可以分为职工集体福利和职工个人福利；从福利项目满足需求的层次不同，可以分为生存型福利、安全保障型福利、社会交往型福利和自我实现型福利；根据福利形式，可以分为建立福利设施、提供福利服务和福利补贴。

1.建立福利设施

建立福利设施是为方便职工生活而举办的集体福利设施，如职工食堂、宿舍、幼儿园、哺乳室等，也包括为活跃和丰富职工文化生活而建立起来的文化设施，如俱乐部、图书馆、健身房等。

2. 福利服务

福利服务的内容非常广泛，包括与上述设施相关的服务，也包括接送上下班、接送职工子弟上学、健康检查等特别服务。

3. 福利补贴

福利补贴一般是以现金形式发放给职工的工资之外的收入，是为了解决职工的生活需要，减轻职工生活困难而建立起来的福利补贴制度，包括伙食补贴、通信补贴、生活困难补贴、交通补贴等。

（三）专门福利

专门福利，也称特殊群体福利，是指国家和社会向社会特殊群体提供的福利形式。妇女、儿童、老年人、残疾人因自身的年龄、生理、心理等原因，是社会中的弱势群体，社会福利应当向他们提供更多的福利待遇。

1. 妇女福利

妇女福利是以妇女为对象的社会福利项目，是国家和社会为保障妇女的特殊需要和特殊利益而提供的福利设施和福利服务。妇女福利是维护女性社会成员身心健康，切实保障其获得与男性社会成员平等社会地位的重要制度。1988年以来，我国制定了《女职工劳动保护规定》《妇女权益保护法》《母婴保健法》《母婴保健法实施办法》等多部法律法规，为妇女提供多方面的福利。妇女福利的主要内容包括：

（1）生育福利。国家推行生育保险制度，提供生育津贴和生育医疗待遇，这部分内容已由我国的《社会保险法》做出规定。

（2）母婴保健福利。国家、社会和单位建立保健院、女职工卫生室等，为妇女提供保健服务。

（3）就业福利。就业福利指因女性特殊角色而提供的劳动过程中的各项福利措施，包括就业机会均等的保障、安全卫生保护、工时限制、托育服务、子女养育津贴等。

（4）文化康乐服务。国家和社会为妇女建立专门的妇女活动中心等设施，保障妇女进行科学、文化、娱乐等活动，丰富妇女精神文化生活，促进女性身心健康。

2.儿童福利

儿童福利是政府和社会为所有儿童提供健康的生存环境和接受教育的机会，保护其合法权益，向其提供个人成长所必需的各种保护性措施和社会福利的制度安排。发展儿童福利是国家义不容辞的责任，国家、社会和家庭应尽力为儿童营造更好的生活环境。我国儿童福利的内容有：

（1）提供医疗保健设施及服务。儿童医疗健康福利是指国家和社会专门为儿童提供医疗和卫生保健服务的儿童医院、儿童保健院等机构，开展的儿童医疗卫生保健免费咨询、教育活动。

（2）提供教育福利。儿童教育福利主要是普及义务教育，保障每一位学龄儿童有受到教育的机会，国家对接受义务教育的儿童免收学费，对家庭贫困的儿童给予教育补贴。此外，儿童教育福利还包括为达到一定年龄的未成年人提供职业教育，促使其发展。

（3）提供儿童看护、文化科学活动场所和设施。国家和社会建立和普及托儿所、幼儿园，为婴幼儿提供良好的活动、生活条件和保育服务；建立儿童活动中心、儿童乐园、少年宫等公共文化设施，为儿童进行文化、科学、娱乐活动提供保障。

（4）设立儿童救助、福利机构。孤儿、弃儿、流浪儿童、残疾儿童是未成年人中最需要保护的群体。我国《未成年人保护法》第43条规定，县级以上人民政府及其民政部门应当根据需要设立救助场所，对流浪乞讨等生活无着的未成年人实施救助，对孤儿、无法查明其父母或者其他监护人的以及其他生活无着的未成年人，由民政部门设立的儿童福利机构收留抚养。

【法律小知识17-1】

儿童福利机构是政府举办的为孤儿、弃婴、残疾儿童等提供福利服务的机构。基本上可以分为3类：

（1）收养性的儿童福利事业单位，如儿童福利院、儿童村等；

（2）康复型的儿童社会福利事业单位，如聋哑康复中心、智障儿童康复中心等；

（3）教育性的儿童社会福利事业单位，如残疾儿童寄托所、残疾儿童学前班、特殊教育学校等。

3.老年人福利

老年人福利是国家和社会面向老年人提供的为安定老年人生活、维护老年人健康、充实老年人精神文化生活而采取的政策措施和服务。我国《老年人权益保障法》对老年人的社会福利问题做了系统的规定，主要包括：

（1）提供老年福利津贴。老年人的收入保障是一个非常重要的问题，老年福利津贴是养老保险、老年社会救助、家庭保障和个人积蓄等传统保障外的新的保障形式。原则上，所有超过一定年龄的老年人都有权领取，数额均等。但由于整体经济条件有限，我国仅部分地区存在老年津贴。此外，我国鼓励地方建立80周岁以上低收入老年人高龄津贴制度。

（2）设立老年人生活照料机构。老年人生活照料是对因年事已高而在生活中存在困难的老年人进行的生活上的照料，包括吃、穿、住、行等方面以及医疗保健方面的照顾。可以通过家庭照料、机构照料和社区照料为老年人提供照料服务。我国政府鼓励开办养老院、福利院、老年公寓等多层次、多形式的老年人生活照料机构，为老年人提供生活保障和便利。

（3）建立相应的医疗保健体系。老年是最需要医疗卫生保健的人生阶段，国家和社会有义务，建立以医疗机构为基础、以社区为依托的医疗保健组织体系，配备必要的专业人员和设备，为老年人提供疗养、护理、健身指导等保健服务。

（4）建立专门的老年活动中心。为老年人的文化、教育、体育等提供专门的学习、文娱、体育等活动，改善和丰富老年人的精神生活。

【小思考17-1】

赵某，北京某区老年人。2013年3月，赵某持"老年人优待证"到某公园玩，公园卖给赵某的门票是优惠的。赵某想知道，老年人还可以享受哪些优待？

答：《关于加强老年人优待工作的意见》规定，国家财政支持的各级各类公益性文化设施应向老年人免费或优惠开放。城市公共交通应为老年人提供票价优惠，老年人可以免费使用收费公厕，公园、园林、旅游景点应积极为老年人提供门票减免服务，并提倡对外埠老年人实行同等优待政策。

4.残疾人福利

残疾人社会福利是政府和社会以资金、设施和服务等形式对残疾人在年老、疾病、缺乏劳动能力及退休、失业、失学等情况下提供基本的物质帮助，并根据社会的经济、文化发展水平，给予残疾人相应的康复、医疗、教育、劳动就业、文化生活、社会环境等方面的权益保障。关心残疾人，为残疾人提供福利与服务是社会文明进步的标志，是中国社会福利转型到适度普惠型的重点之一。

我国历来重视残疾人事业，先后制定和出台了《残疾人保障法》《残疾人教育条例》《残疾人就业条例》等一系列法律法规，为残疾人提供多方面的保障。

第二节　　　　　社会救助

一、社会救助的概念和特征

（一）社会救助的概念

社会救助（social assistance），译为社会救济、社会帮助或社会援助。

现代意义上的社会救助是指国家和其他社会主体依法对遭受自然灾害、失去劳动能力或者其他低收入公民给予物质帮助或精神救助，以维持其基本生活需求，保障其最低生活水平的各种措施。其目标是扶危济贫，救济社会弱势群体，其救助对象是社会的低收入人群和困难人群。

从我国现阶段的实际情况来看，社会保障体系还未成熟，作为社会保障核心的社会保险还比较薄弱，无收入、无生活来源、无家庭依靠并失去工作能力者，以及生活在国家贫困线以下和生活在最低生活标准以下的家庭和个人、遭受自然灾害和不幸事故者、城市流浪乞讨的生活无助的人，都需要通过社会救助来达到社会保障的最低目标。

（二）社会救助的特征

1.社会救助的给付是国家的责任

社会救助是一种以政府为主的行为，它表现为政府在相应的立法规范下，承担为公民提供社会救助的责任，提供必要的物质条件和组织保障。社会救助的资金来源于国家财政和地方财政，列入国家财政预算支出。

2.社会救助的对象具有选择性

社会救助通常在公民由于社会的或者个人的、生理的或心理的原因致使其收入低于最低生活保障线陷入生活困境时发生作用。社会救助的对象仅限于这些生存面临严重威胁的人，不像社会保险和社会福利的对象那么广泛。

3.社会救助的标准较低

社会救助是保障性救助，为生活在贫困线之下的社会成员提供物质及其他方面的救助，目的是避免社会成员陷入生存危机，确保满足社会成员的基本生活需求。相比社会福利和社会保险，社会救助的水平通常是社会保障体系中最低的，是社会保障制度的最后一道防线，所以又被称为"最低保障制度"。

【小思考17-2】

社会救助与传统的社会救济有哪些区别？

答：社会救助和社会救济有一定的差别，社会救济是一种消极的救贫济困的措施，是基于慈善和人道的心理对贫困者给予一定的物质帮助，而社会救助更多地表现为一种主动、积极的救济行为。二者的区别具体表现在：

（1）思想基础：社会救济被看成是恩赐、施舍，而社会救助则是公民应当享受的权利；

（2）救助的范围：社会救济只对极少数的赤贫人员发放为数甚微的救济，而社会救助则针对社会中生活相对困难一些的家庭和个人；

（3）救助的依据：社会救济无法可依，依靠施舍者的主观意愿，而社会救助则按照法律程序确定。

二、我国社会救助的基本内容

依据我国的基本国情，我国目前的社会救助法律制度主要包括：

（一）城市居民最低生活保障制度

城市居民最低生活保障，俗称"低保"，是指对持有非农业户口的城市居民，凡共同生活的家庭成员人均收入低于当地城市居民最低生活保障标准，政府和社会给予一定的物质帮助，以保障该类家庭最低生活需求的社会救助制度。我国城市居民最低生活保障制度的基本内容为：

1.救助对象

根据《城市居民最低生活保障条例》，我国城市居民最低生活保障的对象是共同生活的家庭成员人均收入低于当地城市居民最低生活保障标准，持有非农业户口的城市居民。这里所指的收入，是指共同生活的家庭成员的全部货币和实物收入，包括法定赡养人、扶养人或者抚养人应当给付的赡养费、扶养费或抚养费，不包括优抚对象按照国家规定享受的抚恤金、补助金。具体而言，城市居民最低生活保障的对象主要包括：一是传统的"三无对象"；二是失业保险期满未能重新就业、家庭人均收入低于最低生活保障标准的居民；三是家庭有人在职，但在领取工资或最低工资、退休金后，家庭人均收入仍低于当地最低生活标准的居民；四是因天灾人祸造成暂时生活困难的居民。

2.资金来源

城市居民最低生活保障所需资金由国家财政预算解决。具体地说，居民最低生活保障所需资金由地方人民政府列入财政预算，纳入社会救助专项资金支出项目，专项管理，专款专用。国家也鼓励社会组织和个人为城市居民最低生活保障提供捐赠、资助。

3.救助标准

国家的救助使救助对象的收入水平达到当地的最低生活保障线。居民最低生活保障标准按照当地维持城市居民基本生活所必需的衣、食、住费用，并适当考虑水、电、燃煤（燃气）费用以及未成年人的义务教育费用确定。

城市居民最低生活保障标准并不是固定不变的，考虑到生活水平的逐年提高和物价的不断上涨，每一年或两年要调整一次，以使救助对象的基本生活得到保证。

4.申领程序

（1）申请。符合最低生活保障待遇的居民或家庭申请最低生活保障时，应由户主向户籍所在地的街道办事处或者镇人民政府提出书面申请，并出具有关证明材料，填写《城市居民最低生活保障待遇审批表》。

（2）初审。对最低生活保障的申请，申请人所在地的街道办事处或者镇人民政府的低保经办机构直接受理，并将有关材料和初审意见报送县级人民政府民政部门审批。

（3）审批。最低生活保障待遇的审批机关是县级人民政府民政部门。管理审批机关通过入户调查、邻里访问以及信函索证等方式对申请人的家庭经济状况和实际生活水平进行调查核实，并做出审批意见。

（4）给付。对县级人民政府民政部门审批享受最低生活保障的居民或家庭，由管理审批机关以货币形式发放最低生活保障待遇，必要时，也可以给付实物的形式发放最低生活保障待遇。

【小案例17-1】

某社区李某一家三口都是城镇居民。他43岁，原在工地打工，月收入3 600元，现在得病住院无法打工，近一个月花去医疗费2万多元。妻子一边照顾他，一边打零工，月收入900元。儿子20岁，在上大学。当地最低生活保障线是520元。请问：李某符合享受低保的条件吗？

分析提示：李某因病造成家庭生活困难，目前，家中只有妻子打工的收入900元，家庭人均月收入300元，低于当地最低生活保障线。李某可以向所在社区或者社区所在街道申请享受城市低保，按程序报批。

（二）农村社会救助

农村社会救助是相对城市社会救助而言的，包括社会救助制度中面向农村地区实施的项目。具体而言，农村社会救助制度主要有"五保"供养、特困户救济、临时救济、灾害救助、最低生活保障以及扶贫等救助形式。

1.农村"五保"供养制度

对农村"三无"（无法定扶养义务人、无劳动能力、无生活来源）人员实行"五保"供养制度，是我国农村长期实施的一项基本的社会救助制度。"五保"供养，是指在吃、穿、住、医、葬方面给予村民一定的生活照顾和物质帮助。农村"五保"供养的对象为老年、残疾人或者未满16周岁的村民，他们无劳动能力、无生活来源又无法定赡养、抚养、扶养义务人，或者其法定赡养、抚养、扶养义务人无赡养、抚养、扶养能力。农村"五保"供养资金，在地方人民政府预算中安排。农村"五保"供养的标准不得低于当地村民的平均生活水平，并根据当地村民平均生活水平的提高适时调整。我国农村"五保"供养的形式主要有集中供养和分散供养两种，农村"五保"供养对象可以自行选择供养形式。

2.农村最低生活保障制度

农村最低生活保障制度是国家和社会为保障收入难以维持最基本生活的农村贫困人口而建立的一种社会救助制度。农村最低生活保障的对象是家庭年人均纯收入低于当地最低生活保障标准的农村居民，主要是因病残、年老体弱、丧失劳动能力以及生存条件恶劣等原因造成生活常年困难的农村居民。农村最低生活保障资金的筹集以地方为主，地方各级人民政府要将农村最低生活保障资金列入财政预算，省级人民政府需加大投入。农村最低生活保障标准由县级以上地方人民政府按照能够维持当地农村居民全年基本生活所必需的吃饭、穿衣、用水、用电等费用确定，并报上一级地方人民政府备案后公布执行。农村最低生活保障标准要随着当地生活必需品价格的变化和人民生活水平的提高适时进行调整。

（三）城市流浪乞讨人员救助法律制度

1.救助原则

自愿受助、无偿救助。

2.救助目的和对象

救助制度是为生活无着的城市流浪乞讨人员提供临时性救助，以解决其临时的生活困难，并使其返回家庭或所在单位。救助对象必须同时具备4个条件：

（1）自身无力解决食宿；

（2）无亲友可以投靠；

（3）不享受城市最低生活保障或者农村"五保"供养；

（4）正在城市流浪乞讨度日。

3.救助内容

（1）根据受助人员的需要提供符合食品卫生要求的食物；

（2）提供符合基本条件的住处；

（3）在站内发急病的，及时送医院救治；

（4）帮助其与亲属或所在单位联系；

（5）对没有交通费返回其住所或者所在单位的，提供乘车凭证。

4.救助标准

救助站为受助人员提供的食物和住处应当能够满足受助人员的基本健康和安全需要。受助人员食宿定额定量的标准由省级人民政府民政部门与财务部门具体规定。

5.救助程序

（1）流浪乞讨人员向救助站求助时，首先应当提供本人情况，包括姓名、年龄、性别、居民身份证或者能够证明身份的其他证件、本人户口所在地、住所地；是否享受城市最低生活保障或者农村"五保"供养；流浪乞讨的原因、时间、经过；近亲属和其他密切亲戚的姓名、住址、联系方式；随身携带物品的情况。

（2）救助站应当向救助的流浪乞讨人员告知救助对象的范围和实施救助的内容，询问与求助需求有关的情况，并对其个人情况进行登记。属于救助对象的，应当及时安排救助；不属于救助对象的，不予救助并告知原因。对因年老、年幼、残疾等原因无法提供个人情况的，救助站应先提供救助，再查明情况。

【小案例17-2】

　　身着破衣烂衫，每天早上喝得醉醺醺的"无名氏"在某市火车站附近非常"出名"。没人知道这位40多岁的流浪汉来自何方，姓甚名谁，家中是否有父母亲人。据一位老大爷说，这位流浪汉在火车站附近流浪了20多年，靠乞讨和拾荒维持生活。为了帮助他，路人曾多次拨打报警电话，但他不能提供有效的身份证件，也不愿说出自己是谁，来自哪里，而且每当民警提出要将其送到救助站时都遭到其拒绝。请问：如果流浪乞讨人员不愿接受救助，政府可以不对其实施救助吗？

分析提示：自愿是《救助管理办法》和《实施细则》体现的一个重要原则，是与传统收容遣送工作的一个显著区别。流浪乞讨人员请求并表示愿意接受救助时，救助站才可以实施救助。如果受助人员自愿放弃救助，要求离开救助站，救助站不得限制。

（四）自然灾害救助制度

自然灾害救助，是指国家和社会对遭受各种自然灾害及其他特定灾害袭击并因此陷入生活困难的社会成员给予一定现金、实物或服务援助，以帮助其度过特殊困难的一种社会救助制度。自然灾害救助内容包括：

1.灾害救助的方针

面对各种灾害威胁，我国政府强调防灾、抗灾、救灾三结合，同时，发动人民群众开展生产自救。我国政府奉行的灾害救助方针是"以防为主、防救结合"。

2.灾害救助的对象

自然灾害救助的对象是因自然灾害侵害而遭受损害的灾民，包括灾区和非灾区的灾民。

3.灾害救助的形式

根据提供救助的时间，自然灾害救助的形式可以分为灾前救助、灾时救助与灾后救助。

（1）灾前救助。灾前救助是指对可能发生的自然灾害进行事先评估预防，采取各种措施提前应对灾害，减少损失，《突发事件应对法》第44条、第45条对此作了具体规定。

（2）灾时救助。灾时救助包括组织力量进行抢救，减少损失；对受伤患病的灾民进行治疗；对缺衣少食、无房住的灾民提供基本的生活保障等。

（3）灾后救助。灾后救助采取的形式有：救助灾民生命；采取措施，对灾民进行安置或转移；由政府提供各种物资，为灾民提供口粮、衣被、医疗服务，保障灾民最基本的生活需要；安抚灾民情绪，实施精神救灾；发动和帮助灾民进行生活与生产自救；组织和帮助灾民恢复生产，重建家园等。

第三节　　　　　　　　　　社会优抚

一、社会优抚的概念和特征

社会优抚，是指国家和社会对特殊的社会群体给予一定的物质照顾、工作帮助和精神鼓励，以保障其生活不低于一般生活水平的社会保障制度。在我国，社会优抚主要体现为政府对军人等为国家安全与社会稳定做出牺牲与贡献的人员及其家属进行物质补偿和精神褒扬。

与其他的社会保障制度相比，社会优抚具有如下特征：

（1）社会优抚对象的确定性。社会优抚是国家和社会对特殊社会成员实施的一项制度，优抚对象是对国家有着特殊贡献的个人和家庭。根据我国现行法律，优抚对象主要包括中国人民解放军的现役军人、残疾军人、复员退伍军人、烈士家属、因公牺牲军人家属、病故军人家属、现役军人家属。

（2）责任主体的明确性。社会优抚的责任主体是政府。社会优抚的任务是由政府来完成的，资金来源于政府的财政支出。

（3）优抚内容的综合性。社会优抚既不是单纯的社会救助，也不是单纯的社会保险和社会福利，而是兼具三种制度的特点，内容涉及社会保险、社会救助和社会福利等，包括抚恤、优待、养老、就业安置等多方面内容。

（4）待遇标准的优厚性。由于优抚对象的特殊性和优抚的褒扬性质，优抚对象不仅能够优先地享受国家和社会提供的各种优待、抚恤、服务和政策扶持，而且根据有关立法规定，对军人及其家属的保障待遇要高于普通国民的保障标准。

（5）优抚目的的双重性。军队是国家赖以生存并发展的后盾，所以，社会优抚不仅要满足特定人群的生活需求、维护社会稳定，更要与国家及其自身的运作密切相连。社会优抚兼具稳定军心、巩固国防的目的，与其他社会保障制度相比具有强烈的政治目的。

【小思考17-3】

社会救助和社会优抚的主要区别是什么？

答：二者最主要的区别是福利对象。社会救助是对生活在社会底层的人给予救助的一种社会保障制度，包括灾民救助、城市贫民救助、农村"五保户"救助、城乡特殊对象救助、流浪乞讨人员救助等。而社会优抚是对现役、退伍、复员、残疾军人及烈军属给予抚恤和优待的一种社会保障制度。

二、社会优抚的内容

我国社会优抚包括社会优待、社会抚恤和安置保障等内容。

（一）社会优待

社会优待，是指国家和社会按照法律规定和社会习俗，对现役军人及其亲属提供保障一定生活水平和生活质量的资金和服务的优抚保障项目。根据优待对象，社会优待可以分为烈士家属以及牺牲或病故军人家属的优待、残疾军人优待、现役军人及其家属的优待、复员及退伍军人的优待；根据优待的内容，社会优待可以划分为生活优待、医疗优待、交通优待及其他优待等方面。

（二）社会抚恤

社会抚恤是指国家通过发放抚恤金向优抚对象提供生活保障的优抚形式，其主要对象是烈士家属、因公牺牲军人家属和病故军人家属、因战或因公以及因病致残的残疾军人。

根据抚恤的事由和对象不同，社会抚恤分为死亡抚恤和伤残抚恤。

1.死亡抚恤

死亡抚恤指国家对现役军人死亡被批准为烈士、被确认为因公牺牲或者病故的遗属给予的物质抚慰形式。其形式有：

（1）一次性抚恤金。现役军人死亡，根据死亡性质和本人死亡时的工资收入，由民政部门发给家属一次性抚恤金。

（2）定期抚恤金。革命烈士、因公牺牲军人、病故军人的家属按照规定的条件享受定期抚恤金。

（3）特别抚恤金。在国防和军队建设、科研职业或者作战中做出牺牲贡献的现役军人死亡，除了上述抚恤金外，可由国防部发给特别抚恤金。

【小思考17-4】

负伤致残的见义勇为英雄能否像伤残军人一样得到社会优抚的待遇？

答：负伤致残的见义勇为英雄能像伤残军人一样得到社会优抚的待遇。见义勇为者，他们面临危险挺身而出，可以说对社会有着特殊的贡献。因此，国家应当给予他们优于一般人的保障与奖励。近年来，我国各地纷纷制定有关见义勇为的法规，立法目的在于奖励和保障见义勇为者，保障是维护见义勇为者合法权益的最起码的要求。

2.伤残抚恤

伤残抚恤是以特定伤残人士为对象的抚恤。伤残抚恤的事故范围，只限于因战致残、因工致残、因病致残。依据丧失劳动能力及影响生活能力的程度来确定伤残等级，并且根据有无工作分别发给伤残保障金或伤残抚恤金。

（三）安置保障

安置保障是国家和社会以安置退出现役的军人就业或养老为主要内容的一项制度安排，包括对军队转业干部、退伍义务兵、离退休军人以及退役的伤病残军人的安置。

1.退役军人安置

退役安置是国家和社会依法向退出现役的军人提供资金和服务保障，使之重返并适应社会的一种优抚保障制度，是为了解决军人退役后的生活方式和职业能力"再社会化"的过程。

退役安置的对象包括转业的军官、复员的志愿兵和退伍的义务兵。退役安置的形式主要有：

（1）提供资金。军人退役后的安家、返乡、进行新的生产和生活都需要资金，因此，政府按照有关规定向退役军人提供货币资金。向退役军人发放退役保障金的标准是根据退役军人的军龄、退役的性质来确定的。

（2）提供服务。政府和社会在就业、就学、安家、落户、培训等方面为退役军人提供服务。

2.离退休军人安置

离退休军人安置是向直接从军队现役中离退休的军人提供的保障措施，实施对象包括离退休干部、落实政策而退休的原军队干部、退休的志愿兵、退休的军队无军籍职工。离休干部的一部分由军队安置，其他的全部由民政部门接收安置。

▶ 本章小结

社会福利，是我国政府和社会通过专业化的福利机构为解决社会上的特殊群体以及一般社会成员的实际困难，提高国民生活质量而有针对性地提供服务和设施的一种社会保障制度。其具有目标的高层次性、对象的普遍性、内容的广泛性、资金来源的单向性等特点，包括公共福利、职业福利和专门福利。社会救助是社会保障制度的最后一道防线。依据我国的基本国情，我国目前的社会救助法律制度主要包括城市居民最低保障、农村社会救助、城市流浪乞讨人员救助和自然灾害社会救助等。社会优抚主要体现为政府对军人等为国家安全与社会稳定做出牺牲与贡献的人员及其家属进行物质补偿和精神褒扬。我国社会优抚包括社会优待、社会抚恤和安置保障等内容。

▶ 复习与思考

一、名词解释

公共福利　职工福利　专门福利　社会优抚　社会优待　社会抚恤

二、选择题

1.我国的公共福利不包括（　　　）。

A.教育福利　　B.卫生福利　　C.住房福利　　D.职工福利

2.住房福利属于（　　　）范畴。

A.公共福利　　B.社会优待　　C.专门福利　　D.社会救助

3.对流浪乞讨人员的救助属于（　　　）范畴。

A.社会福利　　B.社会救助　　C.社会优抚　　D.专门福利

4.（　　　）群体是社会优抚的主要对象。

A.老年群体　　B.儿童群体　　C.军人群体　　D.妇女群体

5.农村社会救助制度主要有（　　）。

A.特困户救济　B.临时救济　　C.农村最低生活保障制度

D.扶贫　　　　E."五保"供养制度

6.死亡抚恤包括（　　）。

A.一次性抚恤　　　　B.定期抚恤金　　　　C.特别抚恤金

D.丧葬补助费　　　　E.伤残抚恤

三、简答题

1.如何理解广义的和狭义的社会福利概念？

2.儿童福利通常包括哪些内容？

3.简述社会救助的概念和特征。

4.谈谈我国城市居民最低生活保障制度的内容。

四、案例分析题

1.某社区居住着81岁的王大爷和他患有脑血栓瘫痪的女儿。某天，邻居发现了从家中一点点爬出来求救的王大爷的女儿后，方知王大爷已经死亡4天。由于气温高，门窗封闭，王大爷面部已经腐烂。4天来王大爷的女儿仅靠一盒饼干维持生命，险些被饿死。据了解，王大爷生前是一名离休干部，性格内向，虽然在本地住了几十年，但很少与邻居来往。他的老伴已去世多年，他与离异的女儿一起生活。自从2个月前女儿患脑血栓后，老人的生活起居就没人照顾，而且自己还要照看病重的女儿。请问：如何解决老年人的生活照料问题？

2.退伍士官小许怀着美好的愿望来到人力资源市场。他不喜欢当保安，认为招聘会提供岗位多，选择余地大，可以很快为自己谋个好职位。当他拿着个人简历来到各个招聘摊位前，招聘栏里"熟练工优先""有相关机械技能"等字眼让他泄气了。当天，不愿当保安的小许没有找到其他适合自己的岗位。请问：对退伍军人的安置就业，我国有哪些优抚政策？

参考文献

［1］尹晓东，杨茂．劳动与社会保障法学［M］．北京：中国政法大学出版社，2014．

［2］郭捷．劳动法与社会保障法［M］．北京：中国政法大学出版社，2014．

［3］贾俊玲．劳动法与社会保障法学［M］．北京：中国劳动社会保障出版社，2013．

［4］贾洪波．社会保障概论［M］．天津：南开大学出版社，2014．

［5］林闽钢．现代社会保障通论［M］．北京：中国社会科学出版社，2014．

［6］方乐华，吴晓宇．劳动法与社会保障法案例与图表［M］．北京：法律出版社，2013．

［7］关怀．劳动与社会保障法学［M］．北京：法律出版社，2014．

［8］黎建飞．劳动与社会保障法教程［M］．北京：中国人民大学出版社，2014．

［9］谢根成．劳动和社会保障法学［M］．广州：暨南大学出版社，2014．

［10］关怀，林嘉．劳动法［M］．北京：中国人民大学出版社，2012．

［11］教学辅导中心组．劳动与社会保障法配套测试［M］．北京：中国法制出版社，2015．

［12］林嘉．劳动法和社会保障法［M］．北京：中国人民大学出版社，2014．

［13］张晓红．劳动与社会保障法学［M］．北京：北京交通大学出版社，2013．

［14］蒲春平，唐正彬．劳动法与社会保障法［M］．北京：航空工业出版社，2013．